Martin Guddat, Jürgen Wolf

Grundkurs C++

Rheinwerk
Computing

Liebe Leserin, lieber Leser,

Programmiersprachen kommen und gehen – nicht aber C++. Die Sprache begleitet uns schon lange und es gibt gute Gründe, sie zu lernen, auch wenn das mit der einen oder anderen Herausforderung verbunden ist.

Dieses Taschenbuch haben wir für diejenigen gemacht, die beim Lernen gern schnell zur Sache kommen und es schätzen, alles Grundlegende übersichtlich und kompakt vorliegen zu haben.

Martin Guddat und Jürgen Wolf haben für Sie die Kernthemen ausgesucht, die Sie unabhängig vom genauen Einsatzzweck und von der Wahl des Compilers gebrauchen können. Wenn es doch einmal wichtig ist zu wissen, dass ein Feature erst ab einer bestimmten C++-Version enthalten ist, weisen die Autoren Sie direkt darauf hin.

Jedes Thema, seien es Datentypen, Klassen oder Templates, wird in einem eigenen Kapitel behandelt. So können Sie schnell nachschlagen, was Sie an Informationen benötigen. Wenn Sie bislang noch nicht mit C++ programmiert haben und die Sprache lernen wollen, gehen Sie einfach das Buch vom Anfang bis zum Ende durch. Die Aufgaben mit Lösungen helfen Ihnen, ein Kapitel sicher abzuschließen, bevor Sie sich mit dem nächsten Thema beschäftigen.

Dieses Buch wurde mit großer Sorgfalt geschrieben, überarbeitet, lektoriert und produziert. Sollte doch einmal etwas nicht so funktionieren wie erwartet, wenden Sie sich an mich. Fragen, Feedback und konstruktive Kritik sind herzlich willkommen.

Ihre Almut Poll
Lektorat Rheinwerk Computing

almut.poll@rheinwerk-verlag.de
www.rheinwerk-verlag.de
Rheinwerk Verlag · Rheinwerkallee 4 · 53227 Bonn

Auf einen Blick

1	Einstieg in die Welt von C++	19
2	Erste Schritte in C++	33
3	Die eingebauten C++-Basisdatentypen	46
4	Arbeiten mit den eingebauten Typen	78
5	Kontrollstrukturen	97
6	Arrays und Strings	125
7	Referenzen und Zeiger	146
8	Funktionen	160
9	Modularisierung und Präprozessor	193
10	Strukturen, Aufzählungen und dynamische Speicherobjekte	226
11	Klassen	250
12	Objekte und Klassenelemente	297
13	Operatoren überladen	338
14	Vererbung (Abgeleitete Klassen)	370
15	Templates	395
16	Ausnahmebehandlung (Fehlerbehandlung)	413
17	Ein-/Ausgabestreams für Dateien	436
18	Die Standardbibliothek und weitere Sprachelemente	452

Wir hoffen, dass Sie Freude an diesem Buch haben und sich Ihre Erwartungen erfüllen. Ihre Anregungen und Kommentare sind uns jederzeit willkommen. Bitte bewerten Sie doch das Buch auf unserer Website unter **www.rheinwerk-verlag.de/feedback**.

An diesem Buch haben viele mitgewirkt, insbesondere:

Lektorat Almut Poll, Lisa Helmus
Korrektorat Friederike Daenecke, Zülpich
Herstellung Nadine Preyl
Typografie und Layout Vera Brauner
Einbandgestaltung Barbara Thoben, Köln
Satz SatzPro, Krefeld, gesetzt aus der TheAntiquaB (8,65/12,25 pt) in FrameMaker
Druck Beltz Grafische Betriebe, Bad Langensalza

FSC
www.fsc.org
MIX
Papier | Fördert gute Waldnutzung
FSC® C089473

Dieses Buch wurde mit mineralölfreien Farben auf chlorfrei gebleichtem und FSC®-zertifiziertem Offsetpapier (90 g/m²) gedruckt. Der Umwelt zuliebe wurde auf die Einschweißfolie verzichtet. Hergestellt in Deutschland.

Bibliografische Information der Deutschen Nationalbibliothek:
Die Deutsche Nationalbibliothek verzeichnet diese Publikation in der Deutschen Nationalbibliografie; detaillierte bibliografische Daten sind im Internet über *http://dnb.dnb.de* abrufbar.

ISBN 978-3-367-10452-9

5., aktualisierte und erweiterte Auflage 2025

Rheinwerk Verlag GmbH • Rheinwerkallee 4 • 53227 Bonn
service@rheinwerk-verlag.de

Informationen zu unserem Verlag und Kontaktmöglichkeiten finden Sie auf unserer Verlagswebsite **www.rheinwerk-verlag.de**. Dort können Sie sich auch umfassend über unser aktuelles Programm informieren und unsere Bücher und E-Books bestellen.

Inhalt

1 Einstieg in die Welt von C++ 19

1.1 Der C++-Standard ... 19
1.2 Die nötigen Werkzeuge für C++ ... 20
1.3 Übersetzen mit g++ und clang++ ... 24
1.4 Übersetzen mit einer Entwicklungsumgebung ... 26
1.5 Listings zum Buch ... 30
1.6 Kontrollfragen und Aufgaben im Buch ... 30
1.7 Aufgabe ... 30
1.8 Aufgabe zu C++ 23 ... 31

2 Erste Schritte in C++ 33

2.1 Das erste Programm in C++ ... 33
2.2 Anweisungen und Ausdrücke ... 35
2.3 Die Standardeingabe- und -ausgabestreams ... 37
2.3.1 Die Streams von C++ ... 37
2.3.2 Ausgabe mit »std::cout« ... 37
2.3.3 Ausgabe mit »std::print« ... 38
2.3.4 Eingabe mit »std::cin« ... 39
2.3.5 Ausgabe mit »std::cerr« ... 40
2.4 Einige Begriffe zu C++ ... 43
2.4.1 Bezeichner ... 43
2.4.2 Literale ... 43
2.4.3 Kommentare ... 44
2.5 Kontrollfragen und Aufgaben ... 45

3 Die eingebauten C++-Basisdatentypen 46

3.1 Variablen 46
3.2 Definition und Deklaration von Variablen 47
3.3 Initialisierung und Zuweisung von Werten 48
3.4 Ganzzahltypen 51
3.4.1 Literale von Ganzzahltypen 56
3.5 Ganzzahldatentyp für Zeichen 58
3.5.1 Weitere Datentypen für Zeichen 64
3.5.2 Die Unicode-Typen »char8_t«, »char16_t« und »char32_t« 66
3.6 Fließkommazahlentypen 68
3.6.1 Literale von Fließkommazahlen 70
3.7 Der »auto«-Typ 71
3.8 Konstanten 72
3.9 Die Byte-Größe mit dem »sizeof«-Operator 73
3.10 Limits für die Basisdatentypen 74
3.11 Kontrollfragen und Aufgaben 77

4 Arbeiten mit den eingebauten Typen 78

4.1 Arithmetische Operatoren 78
4.1.1 Kurzschreibweise arithmetischer Operatoren 83
4.1.2 Inkrement- und Dekrementoperator 83
4.2 Ungenaue Fließkommazahlen 86
4.3 Typumwandlung 88
4.3.1 Implizite Umwandlung durch den Compiler 88

4.3.2 Die automatische Typumwandlung beschränken ... 91
4.3.3 Explizite Typumwandlung ... 92
4.4 Formatierte Ausgabe von Werten ... 94
4.5 Kontrollfragen und Aufgaben ... 95

5 Kontrollstrukturen 97

5.1 Der eingebaute Datentyp »bool« ... 97
5.2 Vergleichsoperatoren ... 98
5.3 Bedingte Anweisung mit »if« ... 101
5.4 Anweisungsblock für Kontrollstrukturen ... 102
5.5 Alternative »else«-Verzweigung ... 103
5.6 Bedingte Anweisung mit Initialisierung ... 105
5.7 Mehrfache Verzweigung ... 105
5.8 Der Bedingungsoperator »?:« ... 108
5.9 Logische Operatoren ... 109
5.10 Die Fallunterscheidung – »switch« ... 111
5.11 Die kopfgesteuerte »while«-Schleife ... 114
5.12 Die fußgesteuerte »do-while«-Schleife ... 116
5.13 Die Zählschleife »for« ... 117
5.14 Kontrollierte Sprunganweisungen ... 121
5.14.1 Die »break«-Anweisung ... 121
5.14.2 Die »continue«-Anweisung ... 122
5.15 Kontrollfragen und Aufgaben ... 123

6 Arrays und Strings 125

6.1 Arrays ... 125
6.1.1 Der C++-Container »std::vector« ... 127
6.1.2 Der C++-Container »std::array« ... 135
6.1.3 C-Arrays ... 136
6.2 Strings in C++ ... 139
6.2.1 Der C++-Container »std::string« ... 140
6.2.2 Unterstützung von Unicode ... 141
6.2.3 C-Zeichenketten ... 142
6.2.4 Zeichenkettenliterale ... 144
6.3 Kontrollfragen und Aufgaben ... 145

7 Referenzen und Zeiger 146

7.1 Referenzen ... 146
7.2 Zeiger ... 149
7.2.1 Die Syntax von Zeigern ... 149
7.2.2 Zeiger dereferenzieren ... 152
7.2.3 Der Zeiger »nullptr« ... 153
7.2.4 Zeiger prüfen ... 154
7.2.5 Die Adresse einer Referenz ... 155
7.2.6 Referenzen vs. Zeiger: Wann verwenden Sie was? ... 156
7.2.7 Verwendung von Zeigern und Alternativen ... 157
7.3 Kontrollfragen und Aufgaben ... 158

8 Funktionen 160

8.1 Grundlegendes zu Funktionen 160

8.1.1 Funktionen definieren und aufrufen 160
8.1.2 Funktionen deklarieren 162
8.1.3 Funktionsparameter (Call-by-Value) 164
8.1.4 Konstante Funktionsparameter 166
8.1.5 Standardparameter 167
8.1.6 Rückgabe aus Funktionen 169
8.1.7 Funktionen überladen 172
8.1.8 Gültigkeitsbereich und Sichtbarkeit von Variablen 175
8.1.9 Die »main()«-Funktion 178
8.1.10 Aufruf eines Programms mit Parametern 178
8.1.11 Das Programmende 179

8.2 Referenzen als Parameter und Rückgabe 180

8.2.1 Referenzen als Parameter 182
8.2.2 Konstante Funktionsparameter 183
8.2.3 Referenzen als Rückgabe 185

8.3 Zeiger als Parameter und Rückgabewert 187

8.3.1 Referenzen vs. Zeiger als Parameter 188

8.4 Übergabe großer Elemente als Funktionsparameter 188

8.5 C-Arrays oder C-Strings als Funktionsparameter 190

8.6 Kontrollfragen und Aufgaben 191

9 Modularisierung und Präprozessor 193

9.1 Präprozessor-Direktiven 193

9.1.1 Die »#include«-Direktive 194
9.1.2 Module und »import std;« 195

9.1.3 Die »#define«-Direktive ... 196
9.1.4 Bedingte Kompilierung ... 197

9.2 Modulare Programmierung ... 199
9.2.1 Aufteilung ... 199
9.2.2 Die öffentliche Schnittstelle (Headerdatei) ... 200
9.2.3 Die nicht öffentliche(n) Datei(en) ... 202
9.2.4 Die Client-Datei ... 203
9.2.5 Aufgabe ... 203
9.2.6 Wenn nur Objektcode oder eine Bibliothek vorhanden ist ... 204

9.3 Namensräume ... 205
9.3.1 Einen Namensraum deklarieren und verwenden ... 206
9.3.2 Namensräume verschachteln ... 209
9.3.3 Ein Namensraum ist ein eigener Gültigkeitsbereich ... 209
9.3.4 Einen Namensraum mit »using« importieren ... 212
9.3.5 Einzelne Bezeichner mit »using« importieren ... 213
9.3.6 Alias für Namensräume ... 214
9.3.7 Anonymer Namensraum ... 214
9.3.8 Der Namensraum »std« ... 215

9.4 Spezifizierer und Qualifikatoren ... 217
9.4.1 Das Schlüsselwort »static« ... 217
9.4.2 Das Schlüsselwort »extern« ... 219
9.4.3 Das Schlüsselwort »constexpr« ... 220
9.4.4 Das Schlüsselwort »const« ... 221
9.4.5 Das Schlüsselwort »inline« ... 222

9.5 Kontrollfragen und Aufgaben ... 223

10 Strukturen, Aufzählungen und dynamische Speicherobjekte 226

10.1 Erste eigene Datentypen mit Strukturen ... 226

10.1.1 Strukturen definieren, Elemente erzeugen und initialisieren ... 227

10.1.2 Zugriff auf die Strukturelemente ... 230

10.1.3 Zugriff auf die Elemente in einer Funktion ... 231

10.1.4 Strukturen in einem Vektor oder Array ... 232

10.1.5 Methoden statt Funktionen ... 233

10.1.6 Strukturen vergleichen ... 235

10.2 Der Aufzählungstyp »enum« ... 235

10.3 Eigene Namen mit »using« ... 237

10.4 Dynamische Speicherobjekte ... 238

10.4.1 Dynamisch Objekte mit »new« anlegen und mit »delete« freigeben ... 240

10.4.2 Dynamisch Arrays mit »new[ ]« anlegen und mit »delete[ ]« freigeben ... 243

10.4.3 Der smarte »unique_ptr«-Pointer ... 246

10.5 Kontrollfragen und Aufgaben ... 249

11 Klassen 250

11.1 Klassen ... 250

11.1.1 Klassendefinition ... 250

11.1.2 Zugriffskontrolle mit »public« und »private« ... 252

11.1.3 Methoden definieren ... 256

11.1.4 Objekte erzeugen und benutzen ... 259

11.2 Konstruktoren ... 264

11.2.1 Konstruktoren deklarieren ... 266

11.2.2 Konstruktoren definieren ... 266
11.2.3 Konstruktoren delegieren ... 269
11.2.4 Der Standardkonstruktor (Default-Konstruktor) ... 272
11.2.5 Implizite Konvertierungen und wie Sie sie verhindern – »explicit« ... 273
11.2.6 Der Kopierkonstruktor (Copy-Konstruktor) ... 276
11.2.7 Der Verschiebekonstruktor (Move-Konstruktor) ... 278

11.3 Destruktoren ... 281
11.3.1 Die Lebensdauer eines Objekts ... 281
11.3.2 Wann ist ein Destruktor erforderlich? ... 282
11.3.3 Einen Destruktor deklarieren ... 283
11.3.4 Destruktor definieren ... 284

11.4 Weitere Formen von Methoden ... 286
11.4.1 »inline«-Methoden ... 287
11.4.2 Konstante Methoden (»nur-lesend«) ... 290
11.4.3 Konstante Methoden explizit ausschließen ... 292
11.4.4 »this«-Zeiger ... 293

11.5 Kontrollfragen und Aufgaben ... 295

12 Objekte und Klassenelemente ... 297

12.1 Objekt als Parameter ... 297
12.1.1 Objekte an eine Funktion übergeben ... 297
12.1.2 Objekte an eine Methode übergeben ... 300

12.2 Freundfunktionen (»friend«) ... 302

12.3 Objekte einer Klasse als Rückgabewerte ... 304
12.3.1 Referenzen auf eine Klasse als Rückgabewerte ... 307

12.4 Arrays von Objekten ... 310

12.5 Dynamische Objekte ... 311

12.6 Klassenobjekte als Klassenattribute ... 313

12.7 Eine Containerklasse als Klassenattribut ... 318

12.8 Smart Pointer als Klassenattribut ... 321

12.9 Statische und konstante Klassenelemente ... 325

12.9.1 Statische Klassenelemente ... 326

12.9.2 Konstante Klassenelemente ... 330

12.9.3 Rohe Zeiger als Klassenelemente oder direkt die Nullregel ... 332

12.10 Die Nullregel (Rule of Zero) ... 333

12.10.1 Die großen Fünf ... 334

12.11 Kontrollfragen und Aufgaben ... 336

13 Operatoren überladen 338

13.1 Das Schlüsselwort »operator« ... 340

13.2 Zweistellige (arithmetische) Operatoren überladen ... 341

13.2.1 Operatorüberladung als Methode einer Klasse ... 343

13.2.2 Operatorüberladung als globale Hilfsfunktion ... 346

13.3 Einstellige Operatoren überladen ... 348

13.4 Den Zuweisungsoperator überladen ... 352

13.4.1 Die Zuweisung von Operatoren unterbinden ... 354

13.4.2 Die Verschiebezuweisung ... 355

13.5 Ausgabe- und Eingabeoperatoren überladen ... 357

13.5.1 Den Ausgabeoperator << überladen ... 358

13.5.2 Den Eingabeoperator >> überladen ... 359

13.6 Vergleichsoperatoren ... 361

13.6.1 Der Drei-Wege-Vergleichsoperator ... 362

13.7 Weitere Operatorüberladungen ... 364

13.8 Konvertierungsoperatoren 364
13.8.1 Der Konvertierungskonstruktor 365
13.8.2 Die Konvertierungsfunktion 366
13.9 Kontrollfragen und Aufgaben 368

14 Vererbung (Abgeleitete Klassen) 370

14.1 Die Vorbereitung 371
14.2 Das Ableiten einer Klasse 373
14.2.1 Erben und erweitern 374
14.2.2 »public«-Zugriffsrechte einer abgeleiteten Klasse 375
14.2.3 Methoden überschreiben 377
14.2.4 Konstruktoren 379
14.2.5 Programmbeispiel 380
14.2.6 Konstruktoren vererben 381
14.2.7 Destruktor 383
14.2.8 Mehrfachvererbung 383
14.2.9 Die Zugriffsspezifikation »protected« 384
14.2.10 Implizite Typumwandlung abgeleiteter Klassen 385
14.2.11 Überschreiben mit virtuellen Methoden 387
14.2.12 Vererbung und Überschreiben verhindern 390
14.2.13 Abstrakte Klassen und rein virtuelle Methoden 391
14.3 Kontrollfragen und Aufgaben 393

15 Templates 395

15.1 Funktionstemplates 395
15.1.1 Funktionstemplates definieren 396
15.1.2 Funktionstemplates über mehrere Module 399

15.1.3 Ein Funktionstemplate spezialisieren ... 399
15.1.4 Templates mit verschiedenen Parametern ... 401
15.1.5 Explizite Template-Argumente ... 402
15.1.6 Einschränkungen mit Concepts ... 403
15.1.7 Wiederverwendbare Templates ... 404

15.2 Klassentemplates ... 405
15.2.1 Klassentemplate definieren ... 406
15.2.2 Template-Methoden definieren ... 406
15.2.3 Template-Methoden spezialisieren ... 407
15.2.4 Klassentemplate instanziieren ... 408
15.2.5 Klassentemplates mit mehreren formalen Parametern ... 410

15.3 Kontrollfragen und Aufgaben ... 411

16 Ausnahmebehandlung (Fehlerbehandlung) 413

16.1 Grundlagen der Fehlerbehandlung ... 413

16.2 Eine Ausnahme auslösen ... 415

16.3 Eine Ausnahme auffangen und behandeln ... 416
16.3.1 Ausnahmen aus der Standardbibliothek ... 418
16.3.2 Alternatives »catch (...)« ... 421
16.3.3 Eine Ausnahme mit »throw« weiterwerfen ... 422
16.3.4 Das Schlüsselwort »noexcept« ... 424
16.3.5 Stack-Abwicklung ... 425

16.4 Standardausnahmen (Fehlerklassen) ... 426
16.4.1 Die Ausnahme»std::invalid_argument« ... 427
16.4.2 Die Ausnahme »std::out_of_range« ... 427
16.4.3 Die Ausnahme »ios_base::failure« ... 428
16.4.4 Systemausnahmen ... 430

16.5 Die Alternative »std::expected« ... 431
16.6 Vermeidung von Fehlern mit [[nodiscard]] ... 433
16.7 Fehlerdiagnose mit »std::source_location« ... 434
16.8 Kontrollfragen ... 435

17 Ein-/Ausgabestreams für Dateien 436

17.1 Der Umgang mit Dateien in C++ ... 436
17.2 Verschiedene Streams für Dateien ... 436
17.3 Eine Datei öffnen und schließen ... 437
17.3.1 Prüfung auf Fehler ... 438
17.3.2 Schließen von Filestreams ... 439
17.3.3 Verschiedene Modi zum Öffnen von Dateien ... 440
17.3.4 Byteweise lesen und schreiben ... 443
17.3.5 Zeilenweise lesen und schreiben ... 444
17.3.6 Blockweise lesen und schreiben ... 446
17.3.7 Die Lese- oder Schreibposition ändern ... 447
17.4 Mit »std::filesystem« arbeiten ... 449
17.5 Kontrollfragen und Aufgaben ... 450

18 Die Standardbibliothek und weitere Sprachelemente 452

18.1 Die Container der Standardbibliothek ... 452
18.1.1 Sequence Container und Iteratoren ... 453
18.1.2 Assoziative Container ... 459
18.1.3 Zusammenfassende Übersicht der Container ... 461

18.2 Algorithmen der Standardbibliothek 465

18.3 Fortgeschrittene Sprachelemente 468

18.3.1 Verbundtypen der Standardbibliothek 468
18.3.2 Mit »std::ranges« Container als Ganzes behandeln 472

18.4 Fortgeschrittene Funktionskonzepte 473

18.4.1 Typermittlung mit »decltype« 474
18.4.2 Rückgabesyntax mit nachlaufendem Rückgabetyp 475
18.4.3 Automatische Ermittlung des Rückgabetyps 476
18.4.4 Funktionsobjekte (Funktor) 478
18.4.5 Lambda-Funktionen 479

18.5 Smart Pointer 483

18.5.1 »unique_ptr« 484
18.5.2 »shared_ptr« 487
18.5.3 »weak_ptr« 489
18.5.4 Die Move-Semantik 492

18.6 Textansichten und Formatierung 494

18.6.1 Effiziente Textansichten mit »std::string_view« 494
18.6.2 Mehr zu »std::format« 495
18.6.3 Eigene Datentypen formatieren mit »std::formatter« 497

18.7 Die Zeitbibliothek 501

18.7.1 Zeitdauer (Duration) 502
18.7.2 Vorhandene Zeitgeber 503
18.7.3 Die »ratio«-Bibliothek 506

18.8 Ausblick auf das Multithreading 507

Anhang 509

A Lösungen der Übungsaufgaben 509

A.1 Lösungen zu Kapitel 2 509
A.2 Lösungen zu Kapitel 3 510
A.3 Lösungen zu Kapitel 4 510
A.4 Lösungen zu Kapitel 5 512
A.5 Lösungen zu Kapitel 6 513
A.6 Lösungen zu Kapitel 7 514
A.7 Lösungen zu Kapitel 8 515
A.8 Lösungen zu Kapitel 9 517
A.9 Lösungen zu Kapitel 10 519
A.10 Lösungen zu Kapitel 11 522
A.11 Lösungen zu Kapitel 12 524
A.12 Lösungen zu Kapitel 13 525
A.13 Lösungen zu Kapitel 14 527
A.14 Lösungen zu Kapitel 15 529
A.15 Lösungen zu Kapitel 16 530
A.16 Lösungen zu Kapitel 17 530

Index 533

Kapitel 1
Einstieg in die Welt von C++

Bereit für Ihren Start mit C++? In diesem Kapitel erhalten Sie einen Überblick darüber, was C++ ausmacht und welche Arbeitsumgebung und Werkzeuge Sie nutzen werden, um eigene C++-Programme zu erstellen.

1.1 Der C++-Standard

In diesem Buch lernen Sie das moderne C++ kennen, wie es heute eingesetzt wird. Wichtige Entwicklungen der Sprache werden erwähnt, aber wir betrachten nicht, wie C++ zu dem geworden ist, was es heute ist. Falls Sie sich für die Historie von C++ interessieren, finden Sie im Internet genügend weiterführende Informationen.

Als dieses Buch in Druck ging, war der C++23-Standard technisch finalisiert. Die Umsetzung in den gängigen Compilern geht voran, aber insbesondere bei den zugehörigen Bibliotheken ist noch kein einheitlicher Stand erreicht. Um besser zu verstehen, was das bedeutet, müssen Sie zuerst einmal wissen, dass die Sprache C++ aus zwei Teilen besteht:

- Sie besteht zum einen aus dem eigentlichen *Sprachkern* von C++, der mithilfe der *Syntax* die formalen Regeln festlegt: Strukturen, erlaubte Schlüsselwörter und Symbole, Verwendung von Klammern, Operatoren und vieles anderes. Mit der *Semantik* bestimmt er die Bedeutung dieser Strukturen: Was bewirkt eine bestimmte Anweisung, wie verhält sich ein spezieller Datentyp?
- Zum anderen besteht die Sprache aus der *C++-Standardbibliothek* mit ihren vielen Aspekten und Modulen, die für eine Menge von Problemen Lösungen anbietet. Insbesondere seit der Version C++11 enthält die Standardbibliothek enorm viele praktische Werkzeuge – von nützlichen Containern, intelligenten Zeigern und Thread-Unterstützung bis hin zu komplexen Datenstrukturen. Ohne die Standardbibliothek wäre

die Sprache deutlich weniger leistungsfähig, da Entwickler viele Funktionen selbst implementieren müssten.

Was Sie in diesem Buch erwartet

Sie halten einen Grundkurs in der Hand (und nicht etwa ein Kompendium), der die fundamentalen Paradigmen von C++ behandelt. Sein Ziel ist, Ihnen die Grundlagen von C++ näherzubringen. Wir gehen davon aus, dass dies nicht Ihre allererste Berührung mit der Programmierung ist. Wir erklären alle wichtigen Begriffe, greifen aber bei Konzepten, die Ihnen vermutlich schon einmal begegnet sind, gelegentlich ein klein wenig vor. Das soll helfen, den Fluss und die Beispiele etwas lebendiger zu gestalten.

Neben dem Sprachkern werden Sie einige grundlegende und häufig benutzte Module der Standardbibliothek kennenlernen. Wenn Sie das Buch durchgearbeitet haben, besitzen Sie das Handwerkszeug, mit dem Sie zielgerichtet recherchieren können, um sich die Module und Bibliotheken, die Sie benötigen, selbst zu erarbeiten.

1.2 Die nötigen Werkzeuge für C++

Um aus einem C++-Quellcode eine ausführbare Datei zu erstellen, gibt es im Grunde zwei Wege: einen manuellen und einen geführten. Der manuelle Weg bedeutet, dass Sie

1. den Quellcode in einen beliebigen *Texteditor* eingeben und abspeichern,
2. den Quellcode mit einem *Compiler* übersetzen, wodurch eine Objektdatei (**.obj* oder **.o*) erzeugt wird, und
3. die Objektdatei (oder -dateien) mit einem *Linker* binden, was eine ausführbare Datei erzeugt. Der Linker sucht dazu alle benötigten Funktionen der verwendeten Bibliotheken heraus und macht sie dem übersetzten Programm verfügbar.

Für diesen manuellen Weg brauchen Sie also nur einen einfachen Texteditor, einen Compiler und einen Linker. In der Praxis wird allerdings selten zwischen dem Compiler und dem Linker unterschieden. Ist von einem »Compiler« die Rede, ist meist der Compiler mit einem Linker als komplette Einheit gemeint. Abbildung 1.1 zeigt den Übersetzungsvorgang in vereinfachter Form.

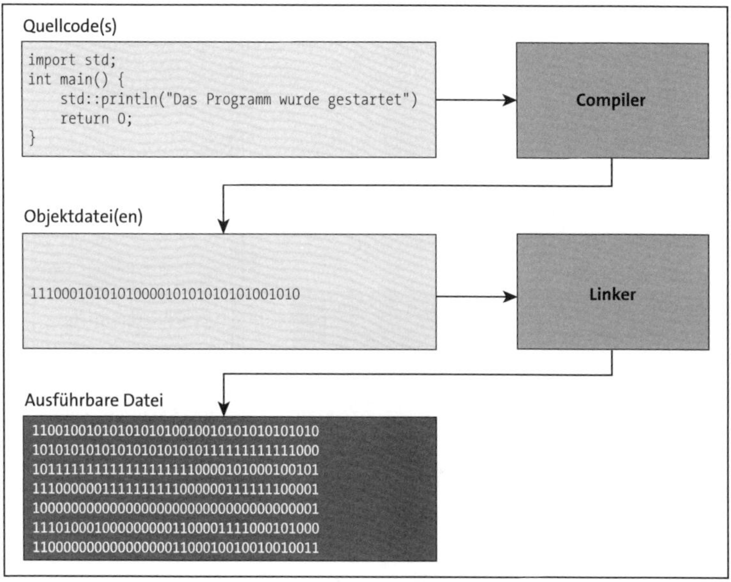

Abbildung 1.1 Der Weg vom Quellcode zu einer ausführbaren Datei

Auf dem manuellen Weg rufen Sie den Compiler und Linker in der Kommandozeile Ihres Systems auf. Der geführte Weg geht über eine *All-in-one*-Lösung, eine *Entwicklungsumgebung*, die auch als *Integrated Development Environment* (IDE) bezeichnet wird. Wie der Name schon vermuten lässt, finden Sie hier alles, was Sie zum Programmieren benötigen, in einer Anwendung (siehe Abbildung 1.2). Eine Entwicklungsumgebung bietet meist weitaus mehr als nur Texteditor, Compiler und Linker. Häufig finden Sie hier auch einen *Debugger* zum schrittweisen Durchlaufen einer Anwendung, eine *Projektverwaltung*, um die Übersicht zu behalten, oder einen *Profiler*, um die Laufzeit des Programms zu analysieren.

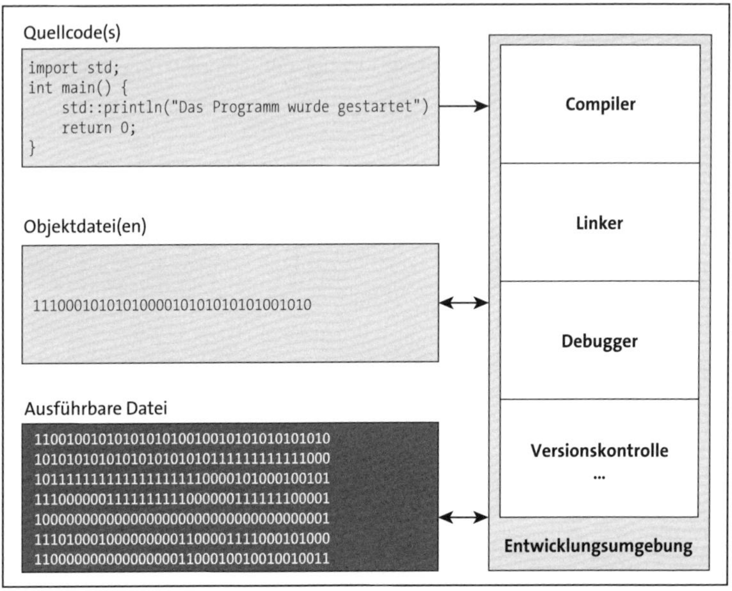

Abbildung 1.2 Beim geführten Weg, ein ausführbares Programm zu erstellen, nutzen Sie eine Entwicklungsumgebung.

In den folgenden Abschnitten werden wir Ihnen kurz sowohl die Übersetzung von Quellcode auf dem manuellen Weg über die Kommandozeile als auch auf dem geführten Weg mit der Entwicklungsumgebung zeigen.

Wegen der Version des C++-Standards müssen Sie sich bei der Auswahl Ihres Compilers eigentlich nur noch Gedanken machen, wenn Sie sehr spezielle Systeme verwenden oder den allerneuesten Stand benötigen. Die größeren Compiler sind in der Regel auf einem aktuellen Stand. Insbesondere bieten alle gängigen Compiler den Stand, den wir hier im Buch benötigen. Die »großen Drei« sind:

- **g++ aus GNU GCC**: Der C++-Compiler *g++* aus der GNU Compiler Collection (kurz: GCC) wird auf vielen Plattformen verwendet und ist sehr beliebt, um neue Features auszuprobieren. Bei Linux ist dieser Compiler meist die erste Wahl. Viele moderne Entwicklungsumgebungen wie Visual Studio Code, Visual Studio, CLion und Qt Creator unterstützen auf verschiedenen Betriebssystemen die Verwendung von GNU GCC und den darin enthaltenen g++ als Compiler. Auch ältere IDEs wie Code::Blocks, Eclipse CDT oder NetBeans bieten diese Möglichkeit, werden aber heute seltener für die C++-Entwicklung eingesetzt. Soll der g++ unter Windows verwendet werden, passiert dies mithilfe von *MinGW (Minimal GNU for Windows)*, das wiederum eine Portierung von GNU GCC darstellt, oder mit dem *Windows Subsystem for Linux (WSL)*.
- **Clang++ der LLVM**: *Clang++* aus dem LLVM-Projekt ist der C++-Standardcompiler für die macOS-Entwicklung. Wenn Sie auf dem Mac das für Apple kostenlos verfügbare Xcode für die Entwicklung verwenden, steht Ihnen hier gleich von Haus aus Clang++ beim Übersetzen von C++-Programmen zur Verfügung. Für Xcode gibt es auch die sogenannten Command-Line-Tools, die es Ihnen erlauben, auf der Kommandozeile zu übersetzen. Clang++ ist auch für Linux und Windows verfügbar und kann dort kostenlos installiert werden.
- **Microsoft Visual Studio**: Auch die Compilersuite von Microsoft bietet die notwendigen Features. Wenn Sie das Produkt von Microsoft für Windows einsetzen wollen, gibt es verschiedene Versionen, deren Preisspanne von kostenlos bis hin zu kostenpflichtigen Enterprise-Lösungen reicht. Zum Lernen von C++ reicht die kostenlose Version *Visual Studio Community* völlig aus. Hier liefert Microsoft einen eigenen Compiler für C++ mit. Beachten Sie, dass Microsoft auch das kostenlose *Visual Studio Code* als separates Produkt anbietet. Hierbei handelt es sich um einen leistungsstarken, erweiterbaren Editor, der mit den richtigen Erweiterungen zu einer vollwertigen IDE für C++ wird und für Windows, macOS und Linux verfügbar ist. Visual Studio Code hat sich in den letzten Jahren zu einer der beliebtesten Entwicklungsumgebungen für C++ entwickelt. Wenn Sie Visual Studio Code verwen-

den wollen, müssen Sie einen entsprechenden C++-Compiler aber selbst installieren, denn er ist nicht im Produkt enthalten.

Achtung: Verwendung von C++23

Die Sprachfeatures des C++23-Standards sind in den gängigen Compilern weitgehend verfügbar. Die Bibliotheksunterstützung hinkt jedoch hinterher. Die Art, wie Bibliotheken eingebunden werden, wird nach dem neuen Standard deutlich vereinfacht. Leider setzt noch keiner der gängigen Compiler dieses neue Modulsystem gebrauchstauglich um, sodass wir nur ganz kurz darauf eingehen werden. Welche Kernfunktionalitäten und Bibliotheken wo verfügbar sind, können Sie z. B. unter *https://en.cppreference.com/w/cpp/compiler_support* herausfinden.

1.3 Übersetzen mit g++ und clang++

Quelltext kann mit jedem beliebigen Editor erstellt werden, und er wird typischerweise mit der Dateiendung *.cpp* gespeichert. Mit Compilern wie `g++` oder `clang++` wird er dann in einem nächsten Schritt auf der Kommandozeile übersetzt.

Die Kommandozeile

An dieser Stelle setzen wir voraus, dass Sie wissen, was eine *Kommandozeile* ist und wie Sie sich mit unterschiedlichen Kommandos durch die Verzeichnisse bewegen können. Auf der Kommandozeile lassen sich auch viele andere Aufgaben sehr elegant lösen, daher raten wir sehr dazu, diese zuerst vielleicht ungewohnte Umgebung kennenzulernen. Eine einfache Einführung hierzu finden Sie beispielsweise unter *https://en.wikibooks.org/wiki/Linux_Guide/Using_the_shell*. Wenn Sie tiefer einsteigen wollen, finden Sie im Rheinwerk-Verlag auch *https://www.rheinwerk-verlag.de/linux-der-grundkurs/*.

Auch wenn Sie vorhaben, eine Entwicklungsumgebung zu verwenden, raten wir Ihnen, diesen manuellen Weg ebenfalls auszuprobieren. Gerade bei kleineren Listings, wie sie in diesem Buch vorkommen, ist dieser Weg sogar weniger aufwendig, als den Quelltext mit einer Entwicklungsumgebung zu übersetzen. Zusätzlich bekommen Sie auf diese Weise ein besseres Gefühl dafür, was »hinter den Kulissen« passiert.

Wenn Sie Ihren Quelltext geschrieben und gesichert haben (beispielsweise den Code aus Abschnitt 1.7, »Aufgabe«), öffnen Sie die Kommandozeile und wechseln in das Verzeichnis, in dem der Quelltext gespeichert ist. Geben Sie die folgenden Kommandos ein (*listing01.cpp* steht hier für den Namen des abgespeicherten C++-Quelltextes):

```
$ g++ -o listing01 listing01.cpp
$ ./listing01
...
```

Der Schalter `-o` bewirkt, dass der Compiler aus der Quelldatei *listing01.cpp* zusammen mit dem Linker die ausführbare Datei *listing01* generiert. In der folgenden Zeile wurde die generierte Datei mit dem Programmnamen gestartet. Sie können auch einen anderen Programmnamen vergeben. Lassen Sie den Schalter und Namen ganz weg, wird die ausführbare Datei mit dem Namen *a.out* generiert.

In der Praxis ist es oft hilfreich, weitere Schalter zu verwenden, um mehr Informationen bei möglichen Fehlern zu erhalten. Die von uns favorisierte Zeile zum Übersetzen eines Quelltextes lautet daher mindestens:

```
$ g++ -Wall -Wextra -pedantic -o listing01 listing01.cpp
$ ./listing01
...
```

Der Schalter `-Wall` für »Warnings all« zeigt viele sinnvolle Warnungen des Compilers an (allerdings nicht wirklich alle). Mit `-Wextra` wird die Liste dieser Warnungen noch erweitert, und `-pedantic` ergänzt Warnungen, die vom ANSI-C++-Standard gefordert werden. Sollten Sie den Quellcode nur kompilieren wollen, ohne ihn zu linken, müssen Sie anstelle von `-o` den Schalter `-c` verwenden.

Schalter für C++ 23

Welcher C++-Standard als Default verwendet wird, unterscheidet sich je nach Compiler und dessen Version. Sie gehen ganz sicher, wenn Sie den gewünschten Standard mit dem Flag `-std` aktivieren, beispielsweise `-std=c++23` oder `-std=c++17`. Beachten Sie dabei, dass in älteren Versionen des g++ der Standard C++20 nicht mit `-std=c++20`, sondern mit `-std=c++2a` aktiviert wurde.

```
$ g++ -Wall -Wextra -pedantic -std=c++23 -o listing01 listing01.cpp
$ ./listing01
...
```

Wir erwähnen es, wenn Funktionalitäten erst mit einem aktuelleren Standard verfügbar geworden sind, Sie sollten aber typischerweise mindestens C++ 17 verwenden.

1.4 Übersetzen mit einer Entwicklungsumgebung

Im folgenden Beispiel gehen wir davon aus, dass Sie die Entwicklungsumgebung bereits installiert haben. Wir haben vorab Microsoft Visual Studio in der kostenlosen Community Edition installiert. Diese Anleitung ist relativ einfach und allgemein gehalten, und der Vorgang ist bei anderen Entwicklungsumgebungen in der Regel ähnlich, auch wenn hier und da ein Befehl anders lautet und sich auch woanders befindet.

1. Am einfachsten ist es in der Regel, wenn Sie ein neues Projekt anlegen, weil sich die Entwicklungsumgebung dann gleich um viele Details kümmert. Sie müssen nur noch Ihre Dateien zum Projekt hinzufügen, da die Entwicklungsumgebung das Projekt verwaltet und sich auch um die nötigen Abläufe kümmert, um aus dem Code eine ausführbare Datei zu erstellen. Ein neues Projekt starten Sie wie in Abbildung 1.3 mit DATEI • NEU • PROJEKT.

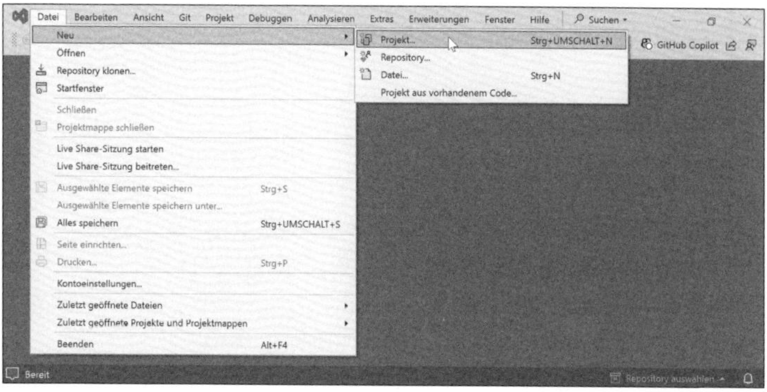

Abbildung 1.3 Als ersten Schritt sollten Sie ein neues Projekt anlegen.

2. Gewöhnlich folgt jetzt ein Dialog, der Ihnen dabei hilft, zu definieren, was für eine Art von Projekt Sie erstellen, wie der Name des Projekts lauten soll und wo Sie es speichern wollen. Hier ist es häufig am einfachsten, ein leeres C++-Projekt oder eine C++-Konsolenanwendung zu erstellen (siehe Abbildung 1.4 und Abbildung 1.5). Wird kein passendes Projekt als Vorlage aufgelistet, bietet der Dialog häufig auch an, entsprechende Projekte auszuwählen und herunterzuladen.

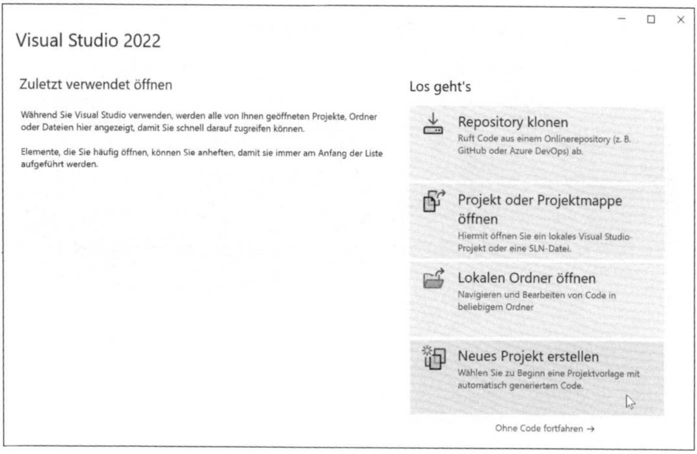

Abbildung 1.4 Ein Assistent hilft Ihnen gewöhnlich dabei, das Projekt zu erstellen.

Abbildung 1.5 Den Namen und den Speicherort des Projekts festlegen

3. Abhängig von der Entwicklungsumgebung finden Sie jetzt bereits ein C++-Grundgerüst mit Quellcode vor. Bei anderen Entwicklungsumgebungen müssen Sie möglicherweise noch ein neues Element hinzufügen, beispielsweise eine neue Quellcodedatei. Hierbei müssen Sie immer darauf achten, dass Sie die neue Datei tatsächlich dem Projekt hinzufügen und nicht einfach nur eine neue, unabhängige Datei anlegen.
4. Meistens hilft Ihnen ein weiterer Dialog dabei, eine Datei zum Projekt hinzuzufügen (siehe Abbildung 1.6 und Abbildung 1.7).

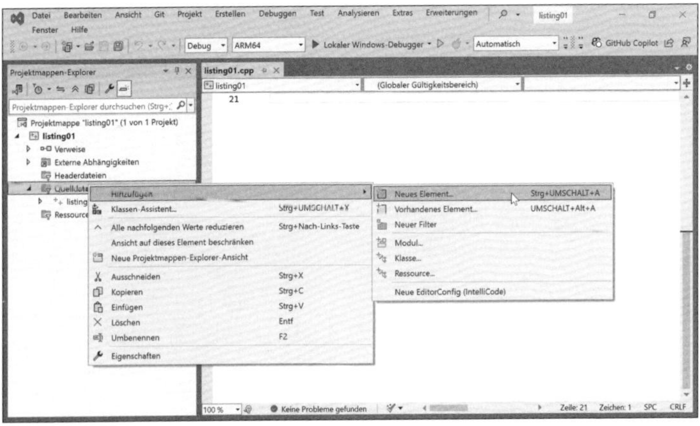

Abbildung 1.6 Ein neues Element bzw. eine neue Datei zum Projekt hinzufügen

Bei Ihren ersten Projekten werden Sie eine Quelldatei mit der Endung **.cpp* hinzufügen wollen. Bei späteren Projekten werden Sie dann neben Quellcodedateien auch Headerdateien mit der Endung **.h* verwenden.

5. Wenn Sie die Datei zum Projekt hinzugefügt haben, können Sie den Quelltext eingeben (siehe Abbildung 1.7). Nach dem Abspeichern des Quellcodes können Sie diesen übersetzen (kompilieren) und ausführen. Bei Visual C++ übersetzen Sie den Quelltext beispielsweise über ERSTELLEN • PROJEKTMAPPE ERSTELLEN und ERSTELLEN • KOMPILIEREN.

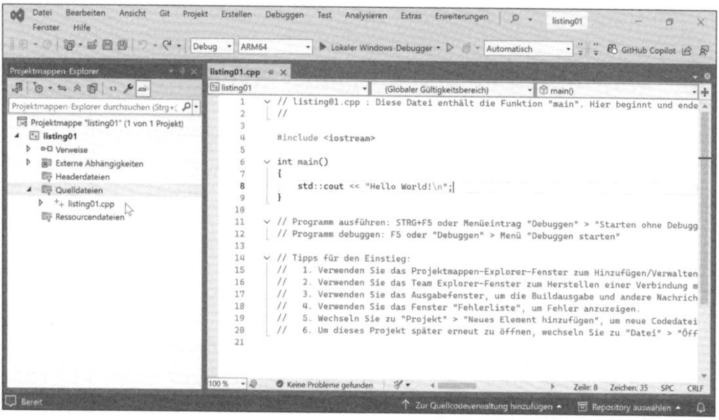

Abbildung 1.7 Quelltext eintippen, übersetzen und dann das Programm starten

Das übersetzte Programm führen Sie dann mit DEBUGGEN • STARTEN OHNE DEBUGGING aus.

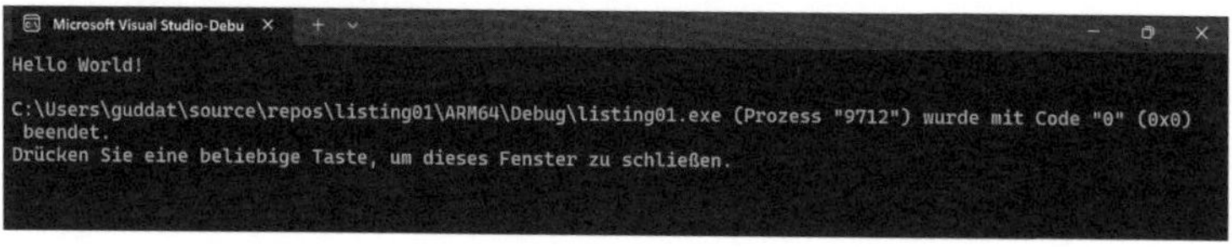

Abbildung 1.8 Das gestartete Programm wird beispielsweise so dargestellt.

1.5 Listings zum Buch

Es ist empfehlenswert, dass Sie die Beispiele aus diesem Buch selbst eintippen. Wir wissen aber aus eigener Erfahrung, dass bei dem einen oder anderen Beispiel einfach die Lust oder Zeit fehlt. Außerdem haben wir an manchen Stellen auf seitenlangen Code verzichtet und nur die zum Thema passenden Codezeilen ins Buch übernommen. Daher können Sie die (kompletten) Listings aus dem Buch und auch die Musterlösungen zu den Aufgaben von der Webseite *https://www.rheinwerk-verlag.de/5988* herunterladen. Die Listings zum Buch wurden auf vielen gängigen Systemen (Windows, Linux, macOS) und Compilern getestet.

1.6 Kontrollfragen und Aufgaben im Buch

Sie finden am Ende jedes Kapitels einige Kontrollfragen und Aufgaben. Mit den Tests überprüfen Sie, dass Sie das Gelesene grundsätzlich verstanden haben, und üben, das erworbene Wissen anzuwenden.

1.7 Aufgabe

In diesem Kapitel haben Sie eine sehr wichtige Aufgabe, bevor Sie mit dem Buch fortfahren. Tippen Sie den im Folgenden abgedruckten C++-Quellcode in eine Entwicklungsumgebung oder in einen Editor Ihrer Wahl ein. Übersetzen Sie dann das Programm und bringen Sie es zur Ausführung. Wenden Sie sich dem nächsten Kapitel erst zu, wenn Sie das Programm eingetippt, gespeichert und zur Ausführung gebracht haben. Die einzelnen Elemente dieses Programms werden nämlich im folgenden Kapitel besprochen. Hier ist das Listing:

```
#include <iostream>
int main() {
  std::cout << "Das Programm wurde gestartet\n";
  return 0;
}
```

Aufpoppende Fenster unter Windows

Wenn Sie ein Programm in einer Entwicklungsumgebung unter Windows übersetzen und ausführen, kann es je nach Konfiguration vorkommen, dass das ausgeführte Programm kurz in einem Fenster erscheint, das unmittelbar wieder geschlossen wird. Es gibt auch Entwicklungsumgebungen, die beim Beenden des Programms das Fenster offen halten. Dies ist beispielsweise bei der von uns getesteten aktuellen Version von Visual Studio Community 2022 auch der Fall.

Sollten Sie unter Windows nur ein Fenster zu Gesicht bekommen, das für einen Moment erscheint und direkt wieder verschwindet, können Sie den Ablauf dort kurz anhalten, indem Sie die unten fett hervorgehobene Zeile zu Ihrem Programm hinzufügen:

```
#include <iostream>
#include <cstdlib>
int main() {
  std::cout << "Das Programm wurde gestartet\n";
  std::cin.get(); // Wartet auf Eingabe
  return 0;
}
```

Damit wartet das Programm auf eine Eingabe, bevor es weitermacht. Wir werden diese Funktionalität bald auch so verwenden.

1.8 Aufgabe zu C++ 23

Wie oben schon erklärt, unterstützen die aktuellen Compiler das neue Modulsystem noch nicht. Es wird Bibliotheken unkomplizierter einbinden und die Übersetzung beschleunigen. Künftig wird das Standardbeispiel für ein C++-Programm so aussehen:

```
import std;
int main() {
```

```
    std::println("Das Programm wurde gestartet");
    return 0;
}
```

Zum Zeitpunkt des Drucks war nur der Compiler von Microsoft Visual Studio in der Lage, diesen Code in ein lauffähiges Programm zu verwandeln. Dazu sind momentan diverse Schritten vorab erforderlich, die aktuell hier beschrieben werden:

https://learn.microsoft.com/de-de/cpp/cpp/tutorial-import-stl-named-module?view=msvc-170

Sie können versuchen, ob Ihr System dieses Programm erfolgreich übersetzt. Wundern Sie sich aber nicht, wenn es (noch) nicht funktioniert. Freuen Sie sich schon mit uns auf die neuen Möglichkeiten, während Sie in den nächsten Kapiteln lernen, wie es mit den heute verfügbaren Werkzeugen schon geht.

Kapitel 2
Erste Schritte in C++

In diesem Kapitel werden Sie Ihr erstes Programm genauer untersuchen. Hier zeigt sich bereits die grundlegende Struktur eines C++-Programms. Dabei lernen Sie direkt die fundamentalen Verfahren kennen, mit denen Sie in C++ etwas auf dem Bildschirm ausgeben und von der Tastatur einlesen können.

2.1 Das erste Programm in C++

Betrachten wir als Erstes das Programm in der Datei *listing01.cpp* genauer, das Sie im letzten Kapitel kompiliert und ausgeführt haben:

```
00 // listings/02/listing01.cpp
01 #include <iostream>
02 int main() {
03   std::cout << "Mein erstes Programm\n";
04   return 0;
05 }
```

Es gibt den Text `Mein erstes Programm` aus, gefolgt von einem Zeilenumbruch. Damit haben Sie bereits das komplette Grundgerüst für ein C++-Programm vor sich.

In Zeile **(01)** finden Sie eine `#include`-Direktive. Damit wird der Bibliothekscode der dahinter angegebenen Datei zum Programm hinzugefügt, in unseren Fall also `iostream`. Genau genommen wird die Aufgabe vorab vom sogenannten Präprozessor erledigt (siehe Kapitel 9, »Modularisierung und Präprozessor«).

Das Modul `iostream` ist ein Teil der Standardbibliothek und wird mit dem Compiler mitgeliefert. Es stellt unter anderem die Funktionalität für die einfache Ein- und Ausgabe zur Verfügung und wird von fast jedem C++-

Programm benötigt. Alle Namen darin werden von einem `std` angeführt, gefolgt vom sogenannten *Bereichsauflösungsoperator* `::` (engl. *scope resolution operator*).

Wenn Sie die `#include`-Direktive entfernen, kann der Compiler mit `std::cout` in Zeile (**03**) nichts mehr anfangen und Sie erhalten eine Fehlermeldung, die die Information enthält, dass das dort verwendete `std::cout` nicht deklariert ist.

In Zeile (**02**) beginnt mit `main()`die Hauptfunktion des Programms. Jedes ausführbare C++-Programm benötigt eine `main()`-Funktion, damit ein lauffähiges Programm entsteht. Sie ist der sogenannte Einsprungspunkt, an dem der auszuführende Code erwartet wird.

Die geschweiften Klammern in Zeile (**02**) und Zeile (**05**) fassen die Anweisungen der Funktion `main()` zu einem *Anweisungsblock* zusammen. Sie müssen die Klammern nicht so einrücken wie hier im Beispiel – das entspricht nur dem Stil für dieses Buch. Generell ist aber eine gute Formatierung sehr wichtig, damit Menschen den Code gut lesen und problemlos warten können. Dem C++-Compiler ist die Verwendung von sogenanntem *Weißraum* (engl. *whitespace*), also Leerzeichen oder Tabulatoren, herzlich egal. Er wird einfach überlesen. Sie könnten die geschweiften Klammern also auch so formatieren:

```
{ /* Anweisungen */ }
```

Im Anweisungsblock wird in Zeile (**03**) mit `std::cout` der Text »Mein erstes Programm« auf dem Bildschirm ausgegeben. Das `\n` sorgt dabei für einen Zeilenumbruch. Wie genau das geschieht, erfahren Sie in Kapitel 3, »Die eingebauten C++-Basisdatentypen«.

In Zeile (**04**) wird die Funktion `main()` mit `return` verlassen und gibt den Rückgabewert `0` zurück. Die `0` bedeutet, dass das Programm sauber beendet wurde.

Automatisches return 0;

Wenn Sie die `return`-Anweisung am Ende der Funktion `main()` weglassen, wird automatisch `0` als Ergebnis zurückgegeben. Obwohl diese implizite Variante kürzer ist, empfehlen wir Ihnen dennoch die explizite Schreibweise. Sie macht den Code verständlicher und zeigt klar Ihre Absicht. Für noch bessere Lesbarkeit können Sie vor die `main`-Funktion noch die Direktive `#include <cstdlib>` einfügen; dann können Sie die Zeile (**04**) durch die folgende Zeile ersetzen:

```
return EXIT_SUCCESS;
```

Das Modul `cstdlib` enthält die Definition des Wertes `EXIT_SUCCESS`. Bei der Übersetzung wird `EXIT_SUCCESS` durch eine `0` ersetzt werden. Was dabei genau passiert, werden Sie in Kapitel 9, »Modularisierung und Präprozessor«, sehen. Die Bezeichnung macht klar, dass es um die Rückmeldung eines erfolgreichen Programmablaufs geht, ohne dass sich jemand den Wert 0 für diesen Zweck merken müsste. Wir verwenden die explizite `return`-Anweisung in den ersten Beispielen, die wir in diesem Buch zeigen. Später verzichten wir bewusst auf diese Zeile, um Platz zu sparen.

Jetzt noch zu einem besonders wichtigen Punkt oder besser gesagt: zum **Semikolon** (;) am Ende von Zeile (**03**) und (**04**). Ein Semikolon zeigt das Ende einer *Anweisung* an. Nach einem Semikolon fährt das Programm mit der nächsten Anweisung fort.

2.2 Anweisungen und Ausdrücke

Es ist für das Verständnis von C++-Konstrukten nützlich, genauer darüber Bescheid zu wissen, was sich hinter den wichtigen Begriffen *Anweisungen* (engl. *statement*) und *Anweisungsblock* verbirgt. Gleiches gilt für einen dritten Begriff, nämlich für *Ausdruck* (engl. *expression*).

Ein *Ausdruck* ist gewöhnlich eine Kombination aus *Operatoren* und *Operanden*, die einen Wert ergeben. Zum Beispiel ist der Term `5+4` ein Ausdruck, der den Wert 9 ergibt. `5` und `4` sind hierbei die Operanden, und `+` ist der Operator. Auch eine einzelne Zahl ohne Operanden ist bereits ein Ausdruck. Einfache Beispiele für Ausdrücke sind:

```
5+4
99
a<b
(a+b)*c
```

Ausdrücke treten in C++ nicht allein auf. Auszuführender Code besteht in C++ aus *Anweisungen*, und nur als Teil einer Anweisung wird ein Ausdruck überhaupt ausgewertet – zum Beispiel der Ausdruck `3+4` in dieser Anweisung:

```
c = 3 + 4;
```

Nach der Auswertung wird sein Wert, also 7, der Variable `c` auf der linken Seite des Operators `=` zugewiesen. (Zu Variablen siehe Kapitel 3, »Die eingebauten C++-Basisdatentypen«.)

Die *Zuweisung* `c = 3 + 4` ist selbst wieder ein Ausdruck, der mit dem Semikolon zur ausführbaren Anweisung wird.

Wie die meisten Anweisungen besteht `c = 3 + 4;` also aus einem Ausdruck und einem Semikolon. Solche Anweisungen nennt man auch *Ausdrucksanweisungen*.

Bei der folgenden Zeile handelt es sich ebenfalls um ausführbaren Code:

```
1 + 2;
```

Hier wird allerdings der Wert des Ausdrucks nur berechnet, ohne weiter verwendet zu werden.

Anweisungen können, wie oben in der `main()`-Funktion, mit geschweiften Klammern zu einem *Anweisungsblock* zusammengefasst werden. Jede Anweisung darin wird mit einem Semikolon abgeschlossen. Der Block selbst hingegen benötigt kein abschließendes Semikolon.

Auch ein Anweisungsblock ist selbst wieder eine Anweisung. Damit können also mehrere Anweisungsblöcke ineinander verschachtelt werden.

Wie Sie die Abfolge von Anweisungen mit *Kontrollstrukturen* wie Bedingungen, Wiederholungen und Sprüngen steuern können, erfahren Sie im gleichnamigen Kapitel 5.

2.3 Die Standardeingabe- und -ausgabestreams

Im Beispiel *listing01.cpp* sind Sie mit `std::cout` in Berührung gekommen. `std::cout` repräsentiert einen sogenannten *Ausgabestream*, dem Sie beispielsweise Text zur Ausgabe übergeben können. Sie werden in diesem Abschnitt neben `std::cout` noch einen weiteren Ausgabestream und einen Eingabestream näher kennenlernen.

Streams

In C++ wird beim Datenverkehr von einem *Stream* gesprochen. Übersetzt heißt dies in etwa so viel wie *Datenstrom*. Sie können sich einen solchen Stream wie eine Pipeline vorstellen, die die Daten von Ihrem Programm an die zugehörige Ausgabe weiterleitet.

2.3.1 Die Streams von C++

Wie schon erwähnt, ist die Ein- und Ausgabe in C++ kein Bestandteil der Sprache selbst. Die einfache Ein- und Ausgabe wird über die (objektorientierte) Streambibliothek `iostream` bereitgestellt, die dazu inkludiert (eingebunden) wird.

Der meistverwendete Stream ist der Standardausgabestream `std::cout`. Er entspricht der Ausgabe an die Konsole, in der das Programm gestartet worden ist. Diese Konsole kann auch von der Entwicklungsumgebung für Sie geöffnet werden.

2.3.2 Ausgabe mit »std::cout«

Um eine Ausgabe durch den Stream `std::cout` zu veranlassen, schieben Sie mit dem Ausgabeoperator << die auszugebenden Daten in den Stream. Die Form des Operators deutet dieses »Hineinschieben« bereits an. Der Ausgabeoperator ist so implementiert, dass Sie mit ihm alle grundlegenden Datentypen von C++ ohne weitere Vorkehrungen ausgeben können. Auf diese Datentypen selbst kommen wir im nächsten Kapitel zu sprechen.

```
00 // listings/02/listing02.cpp
01 #include <cstdlib>
02 #include <iostream>
03 int main() {
04   std::cout << "Einfache Ausgabe\n";
05   std::cout << "Lange Ausgabe mit "
06             << "mehr Text\n";
07   return EXIT_SUCCESS;
08 }
```

Mit der Anweisung in Zeile (**04**) schieben Sie die Zeichenkette `"Einfache Ausgabe"` in den Standardausgabestream `std::cout`. Es handelt sich hier wieder um eine Ausdrucksanweisung mit `<<` als Operator zwischen den Operanden `std::cout` und `"Einfache Ausgabe\n"`. Der Operator bewirkt, dass der Text in den Ausgabestream geschrieben wird, der hier als erster Operand angegeben wurde. Das Ergebnis dieses Ausdrucks ist wieder ein Ausgabestream `std::cout`, er wird hier aber nicht wieder verwendet.

Sie können mehrere Ausdrücke miteinander verketten, wie Sie in Zeile (**05**) und (**06**) sehen. Diesmal wird der Stream, der das Ergebnis des ersten Ausdrucks ist, weiterverwendet: als erster Operand zum Operator `<<` in Zeile (**06**). Der zweite Operand ist `"mehr Text\n"`. Die Formatierung in zwei Zeilen ist nicht relevant, die Anweisung könnte ebenso gut in einer Zeile stehen.

2.3.3 Ausgabe mit »std::print«

Seit C++23 gibt es auch die Möglichkeit, Ausgaben mit `std::print` und `std::println` zu erzeugen. Um sie zu verwenden, muss die Bibliothek über `#include<print>` eingebunden werden:

```
// listings/02/listing03.cpp
#include <cstdlib>
#include <print>
int main() {
  std::print("Einfache Ausgabe");
```

```
05    std::println("Lange Ausgabe mit "
06                 "mehr Text über zwei Zeilen");
07    return EXIT_SUCCESS;
08  }
```

Um die beiden Befehle verwenden zu können, muss ein anderer Header eingebunden werden als für `std::cout`. Das passiert hier in Zeile (**02**). In Zeile (**04**) erfolgt eine Ausgabe mit `std::print`. Wie bei `std::cout` erfolgt hier kein automatischer Zeilenumbruch, die Ausgabe kann aber wie dort für einen Umbruch um `\n` ergänzt werden. Mit `std::println` als Kurzform für *printline* erfolgt automatisch ein Zeilenumbruch nach der Ausgabe.

Diese neue Syntax ist besonders für Einsteiger und Einsteigerinnen intuitiv. Sie wird sich in den kommenden Jahren voraussichtlich auch stark verbreiten. Aktuell ist sie allerdings noch selten. Die Ausgabe über Streams mit `std::cout` ist eng mit C++ und weiteren Konzepten verbunden. Wir verwenden daher im Buch beide Ausgabemethoden nebeneinander und `std::println` hauptsächlich an den Stellen, an denen es deutlich kompakter ist.

2.3.4 Eingabe mit »std::cin«

Analog zu `std:cout` bietet die Standardbibliothek mit `std::cin` einen Stream für die Eingabe, in der Regel per Tastatur. Er verwendet den Eingabeoperator `>>`. Der eingelesene Wert wird in einer Variablen gespeichert:

```
// listings/02/listing04.cpp
#include <cstdlib>
#include <iostream>
int main() {
  int zahl = 0;
  std::cout << "Bitte eine Ganzzahl: ";
  std::cin >> zahl;
  std::cout << "Sie haben " << zahl << " eingegeben\n";
  return EXIT_SUCCESS;
}
```

Das Programm bei der Ausführung:

```
Bitte eine Ganzzahl: 1234
Sie haben die Zahl 1234 eingegeben
```

In Zeile (**04**) greifen wir dem nächsten Kapitel wieder ein wenig vor und definieren die Variable `zahl` vom Datentyp `int` (*Integer* = Ganzzahl). Den Wert setzen wir vorerst auf `0`. Mit `zahl` haben wir jetzt ein benanntes Element, in dem wir eine Ganzzahl speichern und wieder abrufen können.

In Zeile (**06**) wartet das Programm bei der Ausführung, um über den Standardeingabestream `std::cin` von der Tastatur eine solche Ganzzahl in `zahl` einzulesen. Der eingegebene Wert wird nach der Bestätigung mit der Taste [↵] vom Eingabestream `std::cin` über den Eingabeoperator >> quasi in die Variable `zahl` hineingeschoben. Auch hier sehen Sie wieder einen Ausdruck mit zwei Operanden. Über den Datentyp des zweiten Operanden (hier die Variable `zahl` vom Typ `int`) hat der Compiler die Information, dass eine Ganzzahl erwartet wird. Damit kann er steuern, welche Eingabe überhaupt akzeptiert wird. Beim Einlesen mit `std::cin` und dem Operator >> gelten außerdem folgende Regeln:

- Die Verarbeitung der Eingabe bricht an der Stelle ab, an der das erste Zeichen nicht mehr verarbeitet werden kann. Geben Sie beispielsweise bei der Ausführung des Programms aus *listing04.cpp* als Wert »1234Euro« ein, wird in der Variablen `zahl` nur der Wert `1234` gespeichert, weil der eingebaute Datentyp `int` nur Ganzzahlen kennt.
- Führende Leerraumzeichen (*Whitespace*) wie Leerzeichen, Tabulator oder *Newline* (das Neue-Zeile-Zeichen) werden überlesen. Befindet sich vor dem eigentlichen Wert ein solches »Zeichen«, wird der Wert dennoch richtig eingelesen.

2.3.5 Ausgabe mit »std::cerr«

Sie haben schon die Ausgabe an den Standardausgabestream mit `std::cout` kennengelernt. Mit dem Fehlerausgabestream `std::cerr` gibt es einen weiteren Kanal, und zwar zur Ausgabe von Fehlermeldungen. Auch `std::cerr` sendet seine Ausgabe standardmäßig an den Bildschirm. Damit scheint er das Gleiche zu tun wie `std::cout`. Es gibt allerdings einen wichtigen Unterschied: Sie können auf der Konsole die Ausgabe eines Programms in Dateien umleiten und dabei zwischen dem Stream zur allgemeinen Ausgabe und dem Stream zur Fehlerausgabe unterscheiden. Damit haben Sie die Möglichkeit, das »Ergebnis« eines Programms in eine Datei umzuleiten, aber seine Fehlermeldungen immer noch auf dem Bildschirm angezeigt zu bekommen. So müssen Sie die Fehlermeldungen nachher nicht aus der Ausgabe entfernen. Hierzu ein kurzes Beispiel:

```
00 // listings/02/listing05.cpp
...
01 int main() {
02   std::cout << "Das Ergebnis (std::cout)\n";
03   std::cerr << "Programmende(std::cerr)\n";
04   return EXIT_SUCCESS;
05 }
```

Auslassungen von Wiederholungen

Elemente, die sich wiederholen, werden im Verlauf des Buches in den Listings oft nur noch durch Auslassungszeichen angedeutet, um Platz zu sparen. In *listing05.cpp* sind das beispielsweise:

```
#include <cstdlib>
#include <iostream>
```

Sie sollten die notwendigen `#include`-Direktiven bald automatisch kennen. Neue Header werden im Text angekündigt und Sie können die Angabe auch in den Beispieldateien nachsehen.

Wenn Sie dieses Programm ausführen, erhalten Sie die folgende Ausgabe:

```
Das Ergebnis (std::cout)
Programmende(std::cerr)
```

Wenn Sie das Programm auf der Kommandozeile starten, können Sie beispielsweise die Standardausgabe in eine Datei umleiten:

```
./listing5 > ausgabe.txt
```

So landen alle Ausgaben des Programms an `std::cout` in der Datei *ausgabe.txt*. Auf der Konsole sehen Sie nur noch Inhalte, die an `std::cerr` geleitet worden sind:

```
Programm ende(std::cerr)
```

Arbeiten mit der Konsole

Wie wir schon erwähnt haben, sollten Sie sich mit der Arbeit in der Konsole vertraut machen, da es dort sehr viele nützliche Optionen gibt. Die erwähnte Umleitung funktioniert mit Linux, macOS und auch unter Windows. Unter Windows hat lediglich die ausführbare Datei typischerweise eine andere Endung:

```
listing05.exe > ausgabe.txt
```

Es ist wichtig zu wissen, dass `std::cerr` ungepuffert arbeitet – die Ausgabe erfolgt direkt ohne Umwege auf dem Bildschirm. Aus Effizienzgründen ist die Ausgabe auf `std::cout` gewöhnlich gepuffert, d. h., das System speichert erst einmal eine Anzahl von Zeichen zwischen, bevor sie alle auf einmal ausgegeben werden.

Welche Ausgabe wofür?

Der Stream `std::cerr` ist für die Ausgabe von Fehlermeldungen gedacht und der Stream `std::cout` für die Ausgabe des eigentlichen Ergebnisses. Eine saubere Trennung hilft auch, Programme später leichter in automatisierten Skripten verwenden zu können.

Reguläre Ausgaben können Sie auch mit den neuen `std::print`-Funktionen machen. Sie brauchen aber `std::cerr` weiterhin für Fehlermeldungen, da es kein spezielles `print`-Pendant für Fehlerausgaben gibt.

2.4 Einige Begriffe zu C++

Wenn Sie sich mit einer Sprache befassen, gehört ein gewisser Fachwortschatz dazu. Wir halten den vielleicht etwas trockenen Stoff knapp und behandeln nur die für das Buch grundlegenden Begriffe.

2.4.1 Bezeichner

Den Begriff *Bezeichner* verwendet man für Namen bestimmter Elemente im Programm, z. B. für Namen von Variablen, Funktionen und Klassen. Wir haben bereits den Bezeichner `zahl` für eine Variable vom Typ `int` verwendet.

Ein gültiger Bezeichner darf aus Buchstaben, Ziffern und dem Zeichen _ (Unterstrich) bestehen. Das erste Zeichen darf allerdings keine Ziffer sein. Sie sollten außerdem beachten, dass C++ zwischen Groß- und Kleinbuchstaben unterscheidet, also *case sensitive* ist. Somit sind `Hallo`, `hallo` und `HALLO` drei verschiedene Bezeichner.

Nicht als Bezeichner verwendet werden dürfen:

- die *Schlüsselwörter* der Sprache C++, beispielsweise `int` und `return`
- Bezeichner, die mit zwei Unterstrichen oder einem Unterstrich, gefolgt von einem Großbuchstaben, beginnen. Sie sind für die C++-Implementierung reserviert, und zwar Bezeichner wie `__asdf` für Compilerzwecke und Bezeichner wie `_Asdf` für Betriebssystem- und Bibliothekszwecke.

2.4.2 Literale

Literale sind die einfachsten Bausteine in einem Programm. Sie repräsentieren direkt eingegebene Daten verschiedener Typen, die als feste Bestandteile im Programmtext erscheinen. In den bisherigen Beispielen haben wir bereits verschiedene Literale verwendet:

```
int zahl = 0;
std::cerr << "Programm fertig (std::cerr)";
```

Hier haben wir der Variablen mit dem Bezeichner `zahl` einen durch das Literal `0` gegebenen Wert zugewiesen und das Textliteral `"Programm fertig (std::cerr)"` zur Ausgabe an `std::cerr` weitergereicht.

Der Compiler erkennt anhand der Schreibweise, um welche Art von Literal es sich handelt, hier beispielsweise um ein Ganzzahl- und ein Textliteral. Darauf gehen wir in Kapitel 3, »Die eingebauten C++-Basisdatentypen«, detaillierter ein.

2.4.3 Kommentare

Mit Kommentaren können Sie Ihren Code beschreiben und besser lesbar gestalten. Kommentare werden vom Compiler bei der Übersetzung des Quelltextes ignoriert, haben also keine Auswirkung auf Umfang und Ablaufgeschwindigkeit des Programms. Es gibt in C++ zwei Möglichkeiten:

- Kommentare in einer Zeile werden mit der Zeichenfolge // eingeleitet. Alles, was Sie dahinter in diese Zeile schreiben, wird vom Compiler ignoriert, beispielsweise:

  ```
  // Ein Kommentar mit einer Zeile
  ```

- Kommentare über mehrere Zeilen werden von den Zeichenfolgen /* und */ eingeschlossen. Das heißt, der Kommentar beginnt an der Stelle, an der die Zeichenfolge /* steht, und endet bei der Zeichenfolge */. Diese Methode wird auch gerne benutzt, um einen kompletten Block Quellcode »auszukommentieren«.

  ```
  /*  Ein Kommentar
      über mehrere
      Zeilen          */
  ```

Was Sie kommentieren, bleibt Ihnen selbst überlassen. Wenn Sie undurchsichtigen Code begreifbarer machen möchten, denken Sie zuerst daran, sprechende, also gut verständliche Bezeichner für Variablen und Funktionen zu verwenden.

2.5 Kontrollfragen und Aufgaben

1. Sie haben in diesem Kapitel Standardstreams für die Ein- und Ausgabe kennengelernt. Nennen Sie diese grundlegenden Streams und erläutern Sie, wofür sie verwendet werden.
2. C++ ist *case sensitive*. Was bedeutet das?
3. Erklären Sie die Begriffe *Ausdruck*, *Anweisung* und *Ausdrucksanweisung*.
4. Hier haben sich Fehler eingeschlichen! Beheben Sie sie und bringen Sie den folgenden Code zur Ausführung.

```
// listings/02/aufgaben/aufgabe01.cpp
#include <cstdlib>
#include <iostream>
int main() {
  int ivar = 0;
  cout << "Bitte einen Wert eingeben: " cin << ivar;
  cout << "Die Eingabe lautete: " >> ivar;
  return EXIT_SUCCESS;
}
```

5. Bringen Sie den folgenden Code zur Ausführung:

```
// listings/02/aufgaben/aufgabe02.cpp
#include <cstdlib>
#include <iostream>
int main() {
  std::println("Ausgeschlossen");
  return EXIT_SUCCESS;
}
```

Kapitel 3
Die eingebauten C++-Basisdatentypen

Datentypen sind ein grundlegender Bestandteil von C++. Der Datentyp eines Elements hat ganz konkrete Auswirkungen. Er bestimmt, wie viele Bytes der C++-Compiler als Speicher für ein solches Element vorsieht und wie die dort gespeicherten Daten interpretiert werden. Daraus ergibt sich, welche Werte das Element überhaupt annehmen kann und wie es genau verwendet werden kann. In C++ hat nicht nur jede Variable einen Datentyp, sondern praktisch alle Elemente haben einen. Zum Beispiel haben auch die Ausdrücke, die Sie schon kennengelernt haben, einen Datentyp.

C++ hat eingebaute Datentypen für Ganzzahlen, Fließkommazahlen, Zeichen und Wahrheitswerte. Diese grundlegenden Typen werden wir zuerst betrachten. Beim Programmieren können sie noch um eigene Datentypen ergänzt werden, wie Sie in Kapitel 10, »Strukturen, Aufzählungen und dynamische Speicherobjekte«, sehen werden.

Eingebaute Datentypen in C++

Die eingebauten Datentypen sind im C++-Sprachkern enthalten, benötigen also keine Standardbibliothek und somit kein `#include`.

3.1 Variablen

Wenn in einem Programm Werte gespeichert, verändert und wieder gelesen werden sollen, werden sogenannte *Variablen* verwendet. Eine Variable ist im Grunde genommen nichts anderes als ein benannter Bereich im Arbeitsspeicher des Rechners. Wird ein dort abgelegter Wert wieder benötigt, wird er an der verwendeten Speicheradresse ausgelesen. Den Wert einer Variablen können Sie während ihrer Lebensdauer jederzeit ändern. Um ohne kryptische Adressangaben auf diese Werte zugreifen zu können, erhalten die Variablen einen eindeutigen Namen, ihren *Bezeichner*. Der Compiler wandelt diesen Bezeichner später in eine Adresse um.

Jede Variable belegt einen gewissen Speicherplatz. Wie viel das genau ist, hängt zunächst von ihrem Datentyp ab. Außerdem ist auch das System relevant, auf dem gearbeitet wird, also die Kombination von Prozessortyp und Betriebssystem. Der C++-Standard schreibt lediglich eine Mindestgröße für die einzelnen Datentypen vor.

3.2 Definition und Deklaration von Variablen

Um eine Variable verwenden zu können, müssen Sie sie vorab definieren. Mit der *Definition* fordern Sie den Compiler auf, eine Variable mit dem von Ihnen vorgegebenen Namen und dem angegebenen Datentyp zu erzeugen. Dadurch wird ein konkretes Speicherobjekt für diesen Namen erzeugt. Die Regeln, welche Bezeichner erlaubt sind, haben wir schon in Abschnitt 2.4.1, »Bezeichner«, erläutert.

Sie können beispielsweise eine Ganzzahlvariable `zahl`, also eine Variable vom Datentyp `int` mit dem Bezeichner `zahl`, wie folgt definieren:

```
// datei01.cpp
int zahl; // Definition
```

Es lassen sich auch mehrere Variablen des gleichen Datentyps in einer Zeile definieren, und zwar jeweils durch ein Komma getrennt:

```
int zeile, spalte, wert; // Definitionen
```

Eine Definition darf in ihrem Gültigkeitsbereich nur einmal existieren. Wenn Sie versuchen, in einem Bereich mehrere Variablen mit demselben Bezeichner (auch bei unterschiedlichen Datentypen) zu definieren, erhalten Sie eine Fehlermeldung.

Sie werden später Fälle kennenlernen, in denen wir eine Variable verwenden wollen, die an anderer Stelle definiert worden ist, beispielsweise in einer anderen Quelldatei. In einem solchen Fall nutzen wir eine *Deklaration*. Mit einer Deklaration teilen Sie dem Compiler mit, dass es eine Variable mit dem von Ihnen vorgegebenen Namen und dem angegebenen

Datentyp gibt. Durch die Deklaration hat der Compiler mit dem Datentyp und Bezeichner die für ihn wichtigsten Informationen vorliegen. Um eine Variable nur zu deklarieren, setzen Sie das Schlüsselwort `extern` davor:

```
// datei2.cpp
extern int zahl;  // Deklaration
```

Der Compiler wird dann keinen Speicherplatz für `zahl` reservieren. Durch die Deklaration kennt er den Bezeichner mit zugehörigem Datentyp und verlässt sich darauf, dass die Variable woanders definiert wird. In unserem Beispiel erfolgt die Definition und damit auch die Speicherplatzreservierung in einem anderen Quelltextmodul:

```
// datei1.cpp
int zahl; // Definition
```

Während eine *Definition* innerhalb eines Bereichs nur einmal existieren kann, darf eine *Deklaration* mehrmals im Code vorkommen.

Da eine Definition wie eine Deklaration Bezeichner und Datentyp angibt, ist sie immer auch eine Deklaration. Andersherum gilt das nicht!

Wozu überhaupt zwischen Deklaration und Definition unterscheiden?

Wenn Ihre Projekte wachsen und Sie Ihren Quellcode auf mehrere Quelltextmodule aufteilen, wird es essenziell, den Unterschied zwischen Deklaration und Definition zu verstehen und in der Praxis zu berücksichtigen. In Kapitel 9, »Modularisierung und Präprozessor«, erfahren Sie mehr über diese Themen. Mit Strukturen, Klassen und Funktionen behandeln wir später auch noch Elemente, bei denen die Unterscheidung zwischen Deklaration und Definition weniger offensichtlich sein wird.

3.3 Initialisierung und Zuweisung von Werten

Nachdem Sie eine Variable definiert haben, besitzt diese in den meisten Fällen noch keinen vorhersagbaren Wert, sondern lediglich den Inhalt, der sich bereits an der entsprechenden Stelle im zugewiesenen Speicherbereich befunden hat. Verwenden Sie einen solchen Wert lesend, ist das Verhalten *undefiniert*. Das klingt vielleicht harmlos, kann aber vom Lesen eines unerwarteten Wertes bis zum Absturz des Programms alles bedeuten. Sie sollten undefiniertes Verhalten auch in anderen Situationen unbedingt vermeiden!

Ausnahmen bei dem initialen Wert

Ausnahmen sind globale und mit `static` ausgezeichnete Variablen sowie Klassen und Strukturen (siehe Abschnitt 9.4, »Spezifizierer und Qualifikatoren«).

Bevor Sie eine Variable auslesen, müssen Sie ihr immer einen Wert zuweisen. Das könnten Sie beispielsweise mit dem Zuweisungsoperator (=) erledigen:

```
int zahl; // Definition
zahl = 12345;    // Zuweisung
```

Hier haben Sie die Definition und die Zuweisung in zwei separate Schritte aufgeteilt. Effizienter und sicherer ist es, einer Variablen immer direkt bei der Definition einen Initial- beziehungsweise Anfangswert zuzuweisen. Dieser Vorgang wird als *Initialisierung* bezeichnet.

Ein Beispiel dafür kennen Sie schon:

```
int zahl = 12345; // Definition mit Initialisierung
```

Sie können auch mehrere Variablen in einer Zeile initialisieren:

```
int zeile = 1, spalte = 2, wert  = -1;
```

Was ist der Unterschied zwischen Initialisierung und Zuweisung?

Eine Initialisierung findet ausschließlich bei der Definition einer Variablen statt. Eine Zuweisung kann bei Variablen jederzeit und auch mehrmals erfolgen.

Mit C++11 wurde zusätzlich die sogenannte *einheitliche Initialisierung* mit den geschweiften Initialisierungsklammern {} eingeführt. Für das Beispiel oben können Sie gleichbedeutend schreiben:

```
int zahl = {12345};    // Initialisierung nach C++11-Stil
```

Entsprechend für mehrere Variablen:

```
int zeile = {1}, spalte = {2}, wert = {-1}; // Nach C++11-Stil
```

Mit der einheitlichen Initialisierung kann auch ohne das Gleichheitszeichen initialisiert werden:

```
int zeile {1}, spalte {2}, wert {-1}; // Nach C++11-Stil
```

Die Initialisierung nach dem alten Stil ist weiterhin üblich, insbesondere bei Basisdatentypen wie `int`. Erst bei komplexeren Datentypen bringt die einheitliche Initialisierung mit {} auch neue Möglichkeiten mit sich.

Variablen sofort mit einem Wert initialisieren

Das Arbeiten mit nicht initialisierten Variablen kann zu undefinierten Ergebnissen führen. Die zugehörige Fehlersuche ist unnötiger Aufwand. Sie sollten es sich zur Angewohnheit machen, Variablen bei der Definition immer mit einem Anfangswert zu initialisieren, beispielsweise:

```
int index1 = 0;  // index1 mit 0 initialisiert
int index2 {0};  // index2 mit 0 initialisiert im modernen Stil
```

Es gibt Regeln, welche Werte in C++ automatisch initialisiert werden. Sie sind aber nicht einfach, und die explizite Initialisierung ist nicht aufwendig. Wenden Sie sie daher immer an – in welcher Form, ist erst mal zweitrangig.

3.4 Ganzzahltypen

Ganzzahlen mit und ohne Vorzeichen werden in der Programmierung vermutlich am häufigsten verwendet. C++ bietet für solche Daten gleich mehrere Datentypen, die *integralen Datentypen*. Der bevorzugte Datentyp für Ganzzahlen lautet `int`. Die meisten Systeme können mit diesem Datentyp am natürlichsten umgehen und oft auch am schnellsten rechnen.

Üblicherweise wird ein `int`-Wert aus mindestens zwei Bytes zu je acht Bits gebildet. Mit diesen 16 Bits kann der gespeicherte Wert 2^{16} = 65.536 Ausprägungen haben. Verteilt man diese 65.536 Ausprägungen auf positive und negative Zahlen, erstreckt sich der *Wertebereich* von –32.768 bis +32.767. Wenn ein anderer Wertebereich benötigt wird, muss einer der anderen verfügbaren Datentypen ausgewählt werden. In Tabelle 3.1 finden Sie die Datentypen für vorzeichenbehaftete Ganzzahlen mit ihrer Mindestgröße und dem entsprechend verfügbaren Wertebereich (die tatsächlichen Wertebereiche sind meistens größer).

Datentyp	Bytes (mindestens)	Wertebereich (mindestens)
`char`	1	mit Vorzeichen (`signed`): –128 bis +127 oder ohne Vorzeichen (`unsigned`): 0 bis +255
`short`	2	–32.768 bis +32.767
`int`	2	–32.768 bis +32.767
`long`	4	–2.147.483.648 bis +2.147.483.647
`long long`	8	–9.223.372.036.854.775.808 bis +9.223.372.036.854.775.807

Tabelle 3.1 Grundlegende Datentypen für Ganzzahlen

Es gibt außerdem noch den ganzzahligen Datentyp `bool`, den wir aber gemeinsam mit seinen Einsatzfällen in Kapitel 5, »Kontrollstrukturen«, behandeln.

Sind die Wertebereiche nicht auf allen Systemen gleich?

C++ legt nicht exakt fest, wie viel Speicher für einen bestimmten Datentyp verwendet werden muss. Dadurch ist auch der Wertebereich der Typen nicht exakt bestimmt. Der C++-Standard sieht für jeden Datentyp lediglich eine Mindestgröße vor. Das ist Absicht: Auf diese Weise können die für den Prozessor und das Betriebssystem effizientesten Größen gewählt werden. Auf den meisten Compilern und Plattformen werden diese Mindestgrößen übertroffen. Auf der Plattform, auf der dieses Kapitel geschrieben wurde, hat ein `int` die Größe von 4 Byte, also 32 Bit, und deckt den Wertebereich von `-2.147.483.648` bis `+2.147.483.647` ab. Wir werden Ihnen weiter unten auch zeigen, wie Sie die tatsächlichen Werte für Ihr System herausfinden. Wie in Tabelle 3.1 schon angedeutet ist, lässt der C++-Standard außerdem offen, ob der Datentyp `char` Werte mit oder ohne Vorzeichen speichert. Dazu erfahren Sie aber weiter unten noch mehr.

Die exakte Größe der Datentypen ist also nicht festgelegt, wohl aber deren Mindestgrößen und Reihenfolge:

```
char <= short <= int <= long <= long long
```

(`<=` bedeutet hier: Die Größe ist kleiner oder gleich.)

Der Datentyp `char` ist der kleinste; `short`, `int`, `long` und `long long` sind jeweils mindestens so groß wie ihre Vorgänger.

short oder short int?

Die Datentypen heißen genau genommen `short int`, `int`, `long int` und `long long int`. In der Praxis wird aber üblicherweise `short`, `long` und `long long` verwendet.

Wenn Sie eine Variable definieren, müssen Sie also abschätzen, welchen Wertebereich Sie benötigen werden, und dann den entsprechenden Datentyp auswählen.

Datentypen mit festen Größen

Wenn Sie genau festgelegte Größen verwenden müssen, beispielsweise aus Kompatibilitätsgründen, verwenden Sie die in der `#include <cstdlib>` enthaltenen Typdefinitionen wie `int32_t` und `int64_t`, um beispielsweise vorzeichenbehaftete Ganzzahltypen mit 32 und 64 Bit, also 4 und 8 Byte, zu erhalten. Dort sind auch weitere Varianten dieser Art definiert. Diese werden bei der Übersetzung in passende Datentypen für Ihr System umgesetzt. Eine folgendermaßen definierte Variable

```
int32_t ivar32 = 1234;
```

würde auf unserem Testsystem mit dem dortigen 32-Bit-Datentyp `int` implementiert werden.

Vorzeichenlos und vorzeichenbehaftet

Für die oben dargestellten Ganzzahl-Datentypen kann man festlegen, ob sie Werte mit oder ohne Vorzeichen speichern können. Ohne weiteren Zusatz geht der Compiler davon aus, dass Werte mit Vorzeichen gespeichert werden sollen. Eine Ausnahme bildet der Datentyp `char`, auf den wir gleich noch separat eingehen werden.

Wenn Sie eine `int`-Variable wie folgt vereinbaren

```
int wert = 0;
```

dann können in dieser Variablen `wert` (abhängig von der Implementierung) mindestens Zahlen in einem Bereich von –32.768 bis +32.767 gespeichert werden (siehe dazu Tabelle 3.1).

Sie können für eine ganzzahlige Variable aber auch vereinbaren, dass sie ohne Vorzeichen verwendet wird. Hierfür müssen Sie lediglich das Schlüsselwort `unsigned` voranstellen, beispielsweise so:

```
unsigned int positiv = 0;
```

In diesem Fall könnten Sie keine negativen Werte mehr in `positiv` speichern. Dafür reicht der (positive) Wertebereich von `positiv` jetzt bis `65.565`.

Größerer Wertebereich bedeutet nicht größer

Achtung, die Speichermenge, die für `int` und `unsigned int` verwendet wird, ist gleich, ebenso wie die Anzahl der unterschiedlichen Werte, die in der Variablen gespeichert werden können. Mit `unsigned` verschiebt sich lediglich der Wertebereich der 65.536 Ausprägungen von mindestens `-32.768` bis `+32.767` auf mindestens `0` bis `+65.535`. Abbildung 3.1 zeigt diese Verschiebung bei gleicher Anzahl der Werte.

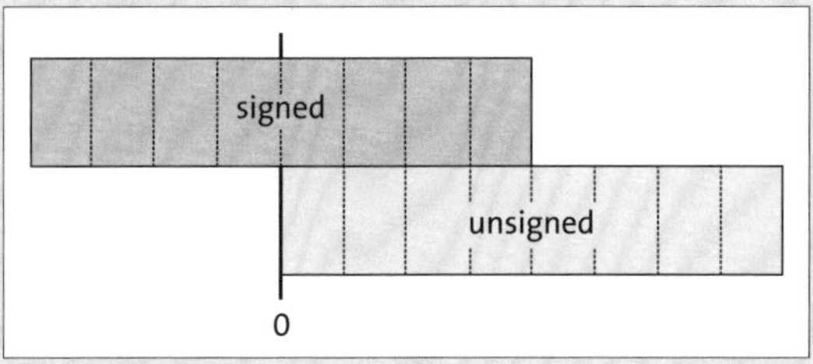

Abbildung 3.1 »unsigned« ändert nicht die Anzahl der Bits oder die Gesamtanzahl der möglichen Werte eines Typs, es verschiebt nur den Wertebereich zu nicht-negativen Zahlen.

Wenn Sie einer vorzeichenlosen Variablen einen negativen Wert zuweisen, wird dieser in einen positiven Wert umgewandelt, der am anderen Ende des Wertebereichs liegt:

```
unsigned int positiv = -2; // 65.534 (16 Bit) oder 4.294.967.294
```

In unserem Beispiel gehen Sie praktisch in dem verfügbaren Wertebereich beginnend bei `0` um zwei Schritte »zurück« und erhalten als Ergebnis den zweithöchsten Wert, den Sie in dem vorzeichenlosen Datentyp speichern können.

Gemischte Verwendung vermeiden!

Wie Sie oben schon gesehen haben, erfordert die gemischte Verwendung von Datentypen mit und ohne Vorzeichen eine gewisse Vorsicht, damit es nicht zu unerwarteten Ergebnissen kommt. Viele Compiler sind zudem so voreingestellt, dass sie in diesem Fall keine Warnung ausgeben und eine entsprechende Warnfunktion explizit aktiviert werden muss.

Natürlich gibt es mit `signed` auch ein Schlüsselwort, um eine Variable explizit als vorzeichenbehaftet zu vereinbaren. Dabei entspricht die Schreibweise

```
signed int wert = 0;
```

der von:

```
int wert = 0;
```

Das Gleiche wie für `int` gilt auch für die Vorzeichen der Datentypen `short`, `long` und `long long`. Die Verwendung des Schlüsselwortes `signed` ist dort nur ein zusätzlicher Hinweis, denn diese Datentypen sind ohne Verwendung von `unsigned` sowieso vorzeichenbehaftet. Nur beim Datentyp `char` ist es etwas komplizierter. Dieser wird aber aufgrund seines engen Wertebereichs meist anders verwendet und daher in Abschnitt 3.5, »Ganzzahldatentyp für Zeichen«, noch separat behandelt.

Der Vollständigkeit halber finden Sie hier einen Überblick über die `unsigned`-Gegenstücke zu den Ganzzahlen. Die Wertebereiche in Tabelle 3.2 entsprechen auch hier wieder dem Mindestwert. Der tatsächliche Wert hängt von der Implementierung ab.

Datentyp	Wertebereich (mindestens)
`unsigned char`	0 bis 255
`unsigned short`	0 bis 65.535
`unsigned int`	0 bis 65.535
`unsigned long`	0 bis 4.294.967.295
`unsigned long long`	0 bis 18.446.744.073.709.551.615

Tabelle 3.2 Grunddatentypen für vorzeichenlose Ganzzahlen

3.4.1 Literale von Ganzzahltypen

Sie haben in Abschnitt 2.4.2 schon erfahren, dass im Quelltext Werte als Literale angegeben werden. Oben sind auch schon Literale zur Initialisierung verwendet worden. Literale für Ganzzahlen können in C++ zu unterschiedlichen Zahlenbasen angegeben werden. Die Dezimalzahlen zur Basis 10 werden Ihnen am vertrautesten sein. Die Literale für Oktal-, Hexadezimal- und Binärzahlen sind aber auch sehr nützlich. Es gelten die folgenden Regeln:

- **Dezimalzahlen (Basis 10):** Eine Dezimalzahl ist eine beliebig lange Ziffernreihe aus den Zeichen 0 bis 9. Die erste Ziffer darf allerdings keine 0 sein. Seit C++14 können Sie auch das Apostrophzeichen (') zwischen zwei Dezimalziffern einfügen. Das dient der besseren Lesbarkeit von größeren Zahlen (beispielsweise `1'000'000`).
- **Oktalzahlen (Basis 8):** Eine Oktalzahl beginnt mit einer 0, gefolgt von einer Reihe von Oktalzahlen (0–7), beispielsweise `012` für die Zahl 10 in oktaler Darstellung.
- **Hexadezimalzahlen (Basis 16):** Eine Hexadezimalzahl beginnt mit der Sequenz `0x` oder `0X`, gefolgt von einer Reihe von Hexadezimalzahlen (0–F = 0 1 2 3 4 5 6 7 8 9 A B C D E F oder mit Kleinbuchstaben: a b c d e f). Beispielsweise steht `0x0A` für die Zahl 10 in hexadezimaler Darstellung. Hier unterscheidet C++ nicht zwischen Groß- und Kleinschreibung.
- **Binärzahlen (Basis 2):** Seit C++14 können Sie auch binäre Literale verwenden. Ein binäres Literal beginnt mit der Sequenz 0b oder 0B, gefolgt von einer Reihe mit 0 und 1. Auch hier können Sie Blöcke mit einem Apostroph abtrennen (beispielsweise `0b0000'1001` für die Zahl 9 in binärer Darstellung).

Apostroph oder Hochkomma (Single Quote)

Das Zeichen ' wird hier im Buch je nach Kontext unterschiedlich genannt. Es kann als Trennzeichen bei allen numerischen Literalen verwendet werden, dann nennen wir es *Apostroph*. Schließt es ein Zeichen `'paarweise'` ein, nennen wir es *Hochkomma* oder *Single Quote*.

Die vorangestellten 0, 0x und 0b werden als *Präfixe* bezeichnet. Im folgenden Beispiel werden verschiedene Literale mit gleichem Wert, aber unterschiedlicher Darstellung zur Initialisierung verwendet:

```
// listings/03/listing01.cpp
...
  int dez = 254;            // Dezimal
  int okt = 0376;           // Oktal
  int hex = 0xFE;           // Hexadezimal
  int bin = 0b1111'1110;    // Binaer
  std::cout << "dez: " << dez << ", ";
  std::cout << "okt: " << okt << ", ";
  std::cout << "hex: " << hex << ",";
  std::cout << "bin: " << bin << "\n";
...
```

Die Ausgabe lautet:

```
dez: 254, okt: 254, hex: 254, bin: 254
```

Suffixe in Ganzzahlliteralen

Sie können einem Ganzzahlliteral Informationen zum Datentyp mitgeben, indem Sie ein *Suffix* anhängen. Das Suffix u oder U gibt an, dass es sich um einen vorzeichenlosen (unsigned) Wert handelt. l bzw. L signalisieren, dass es sich um eine long-Zahl handelt. Den Datentyp long long markieren Sie mit ll beziehungsweise LL. Sie können die Datentypen auch mit unsigned kombinieren, indem Sie ein ul oder UL für unsigned long und ull oder ULL für unsigned long long verwenden. Wenn Sie kein Suffix verwenden, betrachtet der Compiler das Literal als vom Typ int, solange der Wert passt, sonst nimmt er einen entsprechend größeren Typ an. In Tabelle 3.3 sehen Sie einige Beispiele, die in jeder Zeile den gleichen Wert darstellen.

Dezimal	Oktal	Hexadezimal	Binär (seit C++14)
123	0173	0x7B	0b1111011
66u	0102U	0x42u	0b1000010u

Tabelle 3.3 Beispiele für gültige Ganzzahlen

Dezimal	Oktal	Hexadezimal	Binär (seit C++14)
1234567L	04553207L	0X12D687L	0b100101101011010000111L
9876UL	023224UL	0x2694	0b10011010010100UL
123987LL	0362123LL	0x1E453LL	0b11110010001010011LL
55566ULL	0154416ULL	0xD90ULL	0b1101100100001110ULL

Tabelle 3.3 Beispiele für gültige Ganzzahlen (Forts.)

3.5 Ganzzahldatentyp für Zeichen

Der kleinste Datentyp für Ganzzahlen heißt `char`. Ein `char` belegt in der Regel ein Byte Speicherplatz und hat damit $2^8 = 256$ Wertausprägungen. Der Datentyp wird `char` genannt, da er traditionell verwendet wurde, um Zeichen, also einzelne Buchstaben, sogenannte *Character*, zu speichern. Da der Computer intern nur Bitmuster kennt, die als Binärzahlen interpretiert werden, muss es eine Zuordnung dieser Bitmuster zu Buchstaben geben. Eine solche Zuordnung nennt man einen *Code*. Ein klassischer Code für die gebräuchlichsten Zeichen ist der ASCII-Code (siehe Abbildung 3.2).

	_0	_1	_2	_3	_4	_5	_6	_7	_8	_9	_A	_B	_C	_D	_E	_F
0_ 00	NUL 0	1	2	3	4	5	6	7	8	HT 9	LF 10	CR 11	12	CR 13	14	15
1_ 16	16	17	18	19	20	21	22	23	24	25	26	27	28	29	30	31
2_ 32	SP 32	! 33	" 34	# 35	$ 36	% 37	& 38	' 39	(40	) 41	* 42	+ 43	, 44	- 45	. 46	/ 47
3_ 48	0 48	1 49	2 50	3 51	4 52	5 53	6 54	7 55	8 56	9 57	: 58	; 59	< 60	= 61	> 62	? 63
4_ 64	@ 64	A 65	B 66	C 67	D 68	E 69	F 70	G 71	H 72	I 73	J 74	K 75	L 76	M 77	N 78	O 79
5_ 80	P 80	Q 81	R 82	S 83	T 84	U 85	V 86	W 87	X 88	Y 89	Z 90	[91	\ 92	] 93	^ 94	_ 95
6_ 96	` 96	a 97	b 98	c 99	d 100	e 101	f 102	g 103	h 104	i 105	j 106	k 107	l 108	m 109	n 110	o 111
7_ 112	p 112	q 113	r 114	s 115	t 116	u 117	v 118	w 119	x 120	y 121	z 122	{ 123	| 124	} 125	~ 126	127

Abbildung 3.2 ASCII-Tabelle

Der in einer Tabelle dargestellte ASCII-Code dient dazu, einem Zeichen wie dem `'A'` einen Zahlenwert zuzuweisen und andersherum. Intern arbeitet der Rechner immer mit den Zahlenwerten. Erst bei einer möglichen Ausgabe wird ein solcher Zahlenwert als ein Zeichen dargestellt.

Die Initialisierung eines `char` kann beispielsweise so aussehen:

```
char ch1 = 'A';    // Initialisierung
char ch2 = {'B'}; // Initialisierung im modernen Stil
```

Ein einzelner `char` als Literal wird dabei in einfache Hochkommata (*Single Quotes*) gesetzt. Dabei entspricht das Zeichen `'A'` (laut ASCII-Tabelle) dem hexadezimalen Wert `0x41`, einer dezimalen 65. Das Zeichen `'B'` entspricht dem hexadezimalen Wert `0x42` und so weiter. Sie können die Zuordnung auch in die andere Richtung vornehmen und dem `char` den entsprechenden Zahlenwert zuweisen, wenn Sie ein Zeichen aus der Tabelle nutzen wollen. Betrachten wir dazu ein einfaches Beispiel:

```
// listings/03/listing02.cpp
...
int main() {
  char ch1 = 'A';   // mit Initialisierung im alten Stil
  char ch2{'B'};    // mit Initialisierung im modernen Stil
  char ch3 = 67;    // laut ASCII-Tabelle 'C'
  char ch4 = {68};     // laut ASCII-Tabelle 'D'
  std::cout << ch1 << ch2 << ch3 << ch4 << "\n";
  return EXIT_SUCCESS;
}
```

Die Ausgabe des Programms lautet:

```
ABCD
```

Wenn Sie die ASCII-Tabelle in Abbildung 3.2 studieren, erkennen Sie vielleicht auch, dass Sie nicht den Fehler machen sollten, Zeichen wie `'8'` oder `'9'` mit den Zahlenwerten 8 oder 9 gleichzusetzen. Die Zeichen `'8'` und `'9'` haben in der ASCII-Tabelle die dezimalen Werte 56 beziehungsweise 57.

Sie können `char` nicht nur verwenden, um einzelne Zeichen zu speichern und auszugeben. Sie können mit diesem Datentyp arbeiten und rechnen, wie mit anderen Typen auch. Da die ASCII-Zeichen sinnvoll geordnet sind, können Sie sie auch miteinander vergleichen. Der Zeichenwert von `'A'` ist kleiner als `'B'`, und auch die Differenz `'8'-'0'` ergibt den Wert `8` (und nicht das Zeichen `'8'`).

Vorzeichen bei »char«

Es hängt von der Compiler-Implementierung ab, ob `char` negative Zahlen aufnehmen kann – also ob `char` als `signed char` oder `unsigned char` umgesetzt ist. Auf unserem Testtechner wird ein `char` ohne Zusatz als `signed char` interpretiert. Wenn Sie eine Variable vom Typ `char` nicht für Zeichen, sondern zum Zählen oder Rechnen mit kleinen Ganzzahltypen verwenden, sollten Sie explizit mit `signed` oder `unsigned` angeben, ob Sie Werte mit oder ohne Vorzeichen nutzen wollen, um sich Doppeldeutigkeiten zu ersparen.

Die Zeichen mit den Werten zwischen `0x20` und `0x7E` in der ASCII-Tabelle stellen die sogenannten *druckbaren Zeichen* dar. Darüber hinaus sind aber auch noch etliche (nicht druckbare) *Sonderzeichen* enthalten.

Das wichtigste dieser Sonderzeichen ist das sogenannte *Newline-Zeichen* (auch *Linefeed* oder LF genannt). Es bewirkt, dass ein Zeilenvorschub »ausgegeben« wird. Sie stellen es als Zeichen-Literal mit `'\n'` dar.

Generell werden Sonderzeichen – genauer gesagt *Escape-Zeichen* (oder auch *Fluchtzeichen*) – in einer Ersatzdarstellung angegeben, die mit einem Backslash (\) eingeleitet, aber als einzelnes Zeichen interpretiert wird. Ähnlich wie das Newline-Zeichen können Sie beispielsweise mit dem Escape-Zeichen `'\t'` für das Tabulatorzeichen eine Einrückung vornehmen. (Meist wird damit in der Zeile um vier oder acht Zeichen eingerückt.)

Tabelle 3.4 zeigt die Bedeutung der wichtigsten nicht druckbaren Steuerzeichen.

Steuerzeichen	Bedeutung
\n	NL (*Newline*) – Der Cursor geht zum Anfang der nächsten Zeile.
\r	CR (*Carriage Return*) – Der Cursor springt zum Anfang der aktuellen Zeile.
\t	HT (*Horizontal Tab*) – Zeilenvorschub zur nächsten horizontalen Tabulatorposition (meistens vier oder acht Leerzeichen weiter)
\"	" wird ausgegeben.
\'	' wird ausgegeben.
\?	? wird ausgegeben.
\\	\ wird ausgegeben.
\0	Ist die Endmarkierung eines Strings.

Tabelle 3.4 Steuerzeichen (Escape-Sequenzen) in Zeichenkonstanten

Das folgende Beispiel zeigt die Verwendung der Steuerzeichen in der Ausgabe. Wir haben es unkommentiert gelassen; Sie sollten es anhand der Tabelle aber direkt nachvollziehen können:

```
// listings/03/listing03.cpp
...
int main() {
  char ch1 = 'A';
  char ch2 = 'B';
  char nl = '\n';
  std::cout << ch1 << '\t' << ch2 << nl;
  std::cout << 'C' << '\t' << 'D' << nl;
  return EXIT_SUCCESS;
}
```

Die Ausgabe des Programms lautet:

```
A       B
C       D
```

Zeichenkettenliterale

Ein *Zeichenkettenliteral* ist eine Sequenz von Zeichen, die zwischen doppelten Hochkommata (*Double Quotes*) stehen, beispielsweise `"Ich bin eine Zeichenkette"`. Zeichenketten in C++ enthalten intern ein Zeichen mehr, als (sichtbar) dargestellt wird. Das liegt daran, dass sie durch das Zeichen mit dem Wert `0` abgeschlossen werden, dem sogenannten *Terminator*, der das Ende der Zeichenkette markiert. So enthält etwa die Zeichenkette `"C++"` vier Zeichen, weil am Ende das nicht dargestellte Zeichen `0x00` (beziehungsweise `'\0'`, Achtung: *nicht* `'0'`) den Abschluss markiert.

Spezielle Zeichen wie Anführungszeichen oder Backslash-Zeichen in einem String-Literal müssen für gewöhnlich auch mit einem Backslash-Zeichen (\) maskiert werden. Das ist oft nur noch sehr schwer zu lesen, beispielsweise:

```
"\"backslash\"=\"\\\""
```

Als Abhilfe gibt es seit C++11 *rohe String-Literale*. Diese werden mit `R"(` eingeleitet und mit `)"` beendet. Das Beispielliteral lautet damit:

```
R"("backslash"="\")"
```

Es gibt auch Präfixe und Suffixe, um dem Compiler Informationen zum Typ eines Zeichenkettenliterals mitzugeben. Zum Beispiel markiert das Präfix `u8` eine Zeichenkette explizit als UTF8-codiert:

```
u8"UTF-8-kodiert"
```

Wenn Sie keine weiteren Angaben durch ein Präfix oder Suffix machen, wird ein Zeichenkettenliteral als konstantes `char`-Array mit einem String-Ende-Zeichen (`'\0'`) verwendet. Was ein Array genau ausmacht, werden wir uns in Kapitel 6, »Arrays und Strings«, genauer ansehen.

Literale für Character und für Zeichenketten

Ein Character steht also für genau ein einzelnes Zeichen wie `'x'` oder einen Zeilenumbruch, der durch `'\n'` repräsentiert wird, und wird in einfachen Hochkommata geführt. Ein Zeichenketten- oder auch *Textliteral* enthält eine Folge von Charactern und wird mit doppelten Hochkommata begrenzt, wie `"das Ende\n"` oder `"\n"`. Mehr zu Zeichenketten und Strings erfahren Sie in Kapitel 6, »Arrays und Strings«.

Zeilenende mit '\n' oder "\n"?

Sie werden in Code verschiedene Varianten finden, um eine Ausgabe in einer neuen Zeile fortzusetzen. In den obigen Beispielen haben Sie einen Umbruch mit dem Zeichen `\n` (Zeilenende, *Newline*, *Linefeed*) am Ende des Ausgabetextes gesehen. Sie können den Zeilenumbruch an ein auszugebendes Zeichenkettenliteral anhängen, als weitere Ausgabe einer Zeichenkette mit nur einem Zeichen oder als Ausgabe eines Zeichen-Literals `'\n'` vornehmen:

```
std::cout << "Es geht so,\n";
std::cout << "oder so," << "\n";
std::cout << "oder auch so" << '\n';
```

Welche der Varianten Sie verwenden, macht praktisch keinen Unterschied. Wenn Sie für die Ausgabe statt `std::cout` lieber das seit C++23 verfügbare `std::println` verwenden, sparen Sie sich das Zeilenendezeichen ganz.

In Beispielen, die Sie an anderer Stelle finden, wird die Ausgabe mit einem `std::endl` beendet, einem sogenannten *Manipulator*:

```
std::cout << "Ausgabe" << std::endl;
```

Dieser Manipulator sorgt neben einem Zeilenumbruch dafür, dass alle im Ausgabepuffer zwischengespeicherten Zeichen unmittelbar ausgegeben werden. Wird lediglich ein Zeilenumbruch mit `\n` angefordert, kann es je nach Füllstand des Puffers passieren, dass die tatsächliche Ausgabe erst etwas verzögert erfolgt.

Die Pufferung von Ausgaben reduziert allerdings insgesamt die zur Ausgabe benötigte Zeit, da die relativ langsame Ausgabeoperation dadurch seltener erfolgen muss. Immer die sofortige Leerung des Schreibpuffers mit `std::endl` anzufordern, kann die Ausgabe also verlangsamen. Falls die Geschwindigkeit von Bedeutung und eine solche Synchronisation des Puffers nicht nötig ist, reicht `\n` aus.

Sie können auch die direkte Ausgabe eines gepufferten Streams anfordern, ohne eine neue Zeile zu beginnen. Verwenden Sie dazu statt `std::endl` den Manipulator `std::flush`, zum Beispiel mit:

```
std::cout << "ohne Umbruch" << std::flush;
```

3.5.1 Weitere Datentypen für Zeichen

Mit den oben angegebenen 127 Zeichen des weitverbreiteten ASCII-Zeichensatzes gibt es selten Probleme. Allerdings ist der angebotene Zeichenvorrat auch recht übersichtlich. Die deutschen Umlaute fehlen ebenso wie die Sonderzeichen anderer Sprachen und viele weitere Zeichen. Seit der Entwicklung des ASCII-Codes in den 1960er-Jahren gab es mehrere Ansätze, einen größeren Zeichenvorrat zu unterstützen.

Selbst mit der aktuellen Unicode-Codierung, die das Potenzial hat, viele der Probleme zu überwinden, bleibt die Lage komplex. Deshalb raten wir Ihnen dazu, zuerst mit dem Datentyp `char` und ASCII zu arbeiten und die Hinweise zum Unicode hintenanzustellen.

Um mehr Zeichen codieren zu können, wurde die genutzte Breite der ASCII-Tabelle von 7 auf 8 Bits ausgedehnt. Damit sind weitere 128 Zeichen codierbar. Diese sind allerdings – beispielsweise regional – unterschiedlich belegt worden. Es müssen also alle Beteiligten die gleiche Codierung verwenden, damit die erwartete und die tatsächliche Ausgabe für ein `char` zusammenpassen. In Westeuropa etwa sind unter anderem die Codierung der Tabellen *ISO 8859-1* (auch *ISO Latin-1* genannt) und *ISO 8859-2* gängig.

Für eigene Programme einfach die Eingabeaufforderung anzuweisen, alle Ausgaben gemäß ISO Latin-1 zu interpretieren, hilft leider oft auch nicht.

In der Vergangenheit sind Einsteiger unter Windows während ihrer ersten Schritte in C++ oft verzweifelt, wenn sie Konsolenprogramme mit Sonderzeichen geschrieben haben. Dort wurde aus Kompatibilitätsgründen lange am alten IBM-PC-Zeichensatz festgehalten, bei dem die Werte der Zeichen anders zugeordnet sind als bei ISO Latin-1. Mit aktuellen Versionen sollten etliche dieser Probleme ausgeräumt sein. Es bleibt aber fehlerträchtiger als die Verwendung der ASCII-Zeichen.

Mit dem *Unicode-Standard*, der sich seit den 1980er-Jahren entwickelt, wird praktisch jedem Schriftzeichen ein Code zugewiesen. Unicode enthält auch Emojis und umfasst mittlerweile sogenannte *Code Points* für über 150.000 Zeichen.

Es haben sich mehrere Wege etabliert, wie diese Code Points zu referenzieren sind, sogenannte *Encodings*. Die Encodings unterscheiden sich in der Einfachheit ihrer Nutzung und in ihrem Speicherverbrauch.

Die wichtigsten Encodings sind UTF-8, UTF-16 und UTF-32. Je nach Plattform unterscheidet sich deren Verbreitung. C++ bietet erst seit C++11 eine richtige Unicode-Unterstützung und in den letzten Versionen gab es hier eine ständige Weiterentwicklung.

Um UTF-8 zu encodieren, kann weiterhin `char` verwendet werden.

Zeichentypen und Zeichensatz

Egal welchen Zeichentyp Sie verwenden, Sie sollten sich immer vor Augen halten, dass diese Typen keine »wirklichen« Zeichen speichern, sondern letztlich nur Ganzzahlen. Welches Zeichen bei der Ausgabe dargestellt wird, ergibt sich aus der dort verwendeten Zuordnung von Wert und Zeichen (Codierung) und dem genutzten Zeichensatz.

Wie oben schon angedeutet, raten wir Ihnen, mit `char` und den Zeichen der ASCII-Codierung zu beginnen und sich dem Thema schrittweise zu nähern.

3.5.2 Die Unicode-Typen »char8_t«, »char16_t« und »char32_t«

Mit C++20 wurde der Datentyp `char8_t` eingeführt, um auch für UTF-8-codierten Text einen spezifischen Datentyp bereitzustellen.

Dieser neue Datentyp ist – anders als `char` – ein eigenständiger Typ speziell für UTF-8-kodierten Text und kann nicht implizit in andere Zeichentypen umgewandelt werden. Wenn man `char8_t` verwendet, macht man mit dem Datentyp ganz klar, was man meint. Die Verwendung von `char` für UTF-8 ist allerdings weiter zulässig und üblich, auch weil es in der praktischen Verwendung und bei der Rückwärtskompatibilität noch Schwierigkeiten gab.

Mit `char16_t` und `char32_t` liegen außerdem zwei Datentypen für Zeichen vor, die (mindestens) 16 Bit breit beziehungsweise (mindestens) 32 Bit breit sind. Tabelle 3.5 bietet einen Überblick.

Codierung	Datentyp	String-Literal
UTF-8	`char, char8_t`	`"String ist UTF-8-kodiert"`
UTF-8	`char8_t`	`u8"String ist UTF-8-kodiert"`
UTF-16	`char16_t`	`u"String ist UTF-16-kodiert"`
UTF-32	`char32_t`	`U"String ist UTF-32-kodiert"`

Tabelle 3.5 Die Datentypen für Unicode-Zeichen

Auch `char16_t` ist im Grunde nur ein Ganzzahltyp. Es ist nicht festgelegt, dass ein `char16_t` einem gültigen UTF-16-Zeichen entspricht. Es gibt auch Unicode-Zeichen, die in UTF-16 zwei `char16_t` belegen. Umgekehrt sind aus `char16_t` zusammengesetzte Zeichenketten UTF-16-codiert (jedoch nicht zwangsläufig). Bei `char32_t` ist es etwas einfacher: Ein UTF-32 ist eine Codierung in 4 Bytes, und da passt in jede Speicherstelle ein volles Unicode-Zeichen. Seit C++11 können Sie den Typ `char16_t` in Zeichenliteralen mit einem kleinen `u` (etwa `u'Z'`) kennzeichnen und mit einem großen `U` (wie in `U'Z'`) den Typ `char32_t`.

UTF-8-Tabellen

Tabellen mit Unicode-Zeichen finden Sie im Internet. Eine hilfreiche Tabelle finden Sie beispielsweise unter *https://www.utf8-zeichentabelle.de.* Wenn Sie mehr als die landestypischen Unicode-Zeichen suchen, empfehlen wir Ihnen die Seite *https://www.isthisthingon.org/unicode/.*

Die Verwendung der Unicode-Zeichen lässt sich auch mit Escape-Sequenzen realisieren. Für ein Unicode-Zeichen in einem String können Sie entweder `\u` (für UTF-16) oder `\U` (für UTF-32) verwenden, gefolgt von der vierstelligen 16- bzw. achtstelligen 32-Bit-Hexadezimalzahl für das gewünschte Unicode-Zeichen. Wie das geht, sehen Sie im folgenden einfachen Codeausschnitt:

```
00  // listings/03/listing04.cpp
...
03  int main() {
04    char16_t c16val = u'\u03A9';  // (mind.) 16 Bit Zeichen
05    char32_t c32val = U'\u03A9';  // (mind.) 32 Bit Zeichen
06    std::cout << sizeof(c16val) << "\n";
07    std::cout << sizeof(c32val) << "\n";
08    std::cout << "Im Angebot: ";
09    std::cout << "\u00bb\u00c4\u00d6\u00dc\u00ab, ";
10    std::cout << "nur 99\u20ac" << "\n";
11    std::cout << "Im Angebot: »ÄÖÜ«, nur 99 €\n";
12  }
```

In Zeile (**04**) wird das Zeichen `'Ω'` als 16 Bit breites Unicode-Zeichen `c16val` zugewiesen. Das Gleiche finden Sie in Zeile (**05**), nur handelt es sich hier um ein 32 Bit breites UTF-32-Zeichen. Mit dem `sizeof`-Operator, der in Zeile (**06**) und (**07**) verwendet wird (und den Sie in Abschnitt 3.9, »Die Byte-Größe mit dem ›sizeof‹-Operator«, näher kennenlernen), wird die Byte-Größe für den Typ ermittelt. Die Ausgabe in Zeile (**06**) wird daher 2 (Bytes) zurückgeben, die Ausgabe von Zeile (**07**) 4 (Bytes) ergeben. Ab Zeile (**08**) wird zur Demonstration ein UTF-8-codierter String mit dem Inhalt `"Im Angebot: »ÄÖÜ«, nur 99 €"` ausgegeben.

Wie in Zeile (11) als Alternative zu den vorherigen Zeilen zu sehen ist, können Sie Unicode-Zeichen auch direkt in Ihren Strings verwenden, sofern Ihr Editor und Ihr Compiler UTF-8-kodierte Dateien unterstützen. Das ist lesbarer, erfordert aber möglicherweise eine Konfiguration Ihrer Entwicklungsumgebung.

Unicode vor C++20

In früheren C++-Versionen konnte man UTF-8-Strings mit dem Präfix `u8` kennzeichnen (z. B. `u8"Text"`). Seit C++20 erzeugen `u8`-Strings nun Werte vom Typ `char8_t`, die nicht mehr direkt mit `std::cout` funktionieren. Daher verwenden wir in unserem Beispiel reguläre Strings mit Unicode-Escape-Sequenzen oder direkte Unicode-Zeichen ohne `u8`-Präfix.

3.6 Fließkommazahlentypen

Neben den Ganzzahlen gibt es auch grundlegende Datentypen für Fließkommazahlen (auch *Gleitkommazahlen* genannt). Zahlen mit Nachkommastellen können Sie nach dem Standard in den Datentypen `float`, `double` und `long double` speichern. Der Standard macht dabei zu Speicherbedarf und Genauigkeit kaum Vorgaben. Es ist lediglich gefordert, dass bei `float`, `double` und `long double` jeder Typ die Werte des vorherigen Typs aufnehmen kann. Damit sind die Genauigkeit und die Wertebereiche dieser Typen komplett implementierungsabhängig. Die meisten Implementierungen folgen für die Datentypen `float` und `double` der Norm IEEE 754 für binäre Fließkommazahlen und haben damit die Eigenschaften, die Sie in Tabelle 3.6 sehen.

Datentyp	Wertebereich	Genauigkeit
`float`	±3.4E+38 minimal (>0): 1.2E-38	einfach (etwa 6 Dezimalstellen)

Tabelle 3.6 Datentypen für Fließkommazahlen

Datentyp	Wertebereich	Genauigkeit
`double`	±1.7E+308 minimal (>0): 2.3E-308	doppelt (etwa 15 Dezimalstellen)
`long double`	±1.1E+4932 minimal (>0): 3.4E-4932	erweitert (etwa 18 Dezimalstellen)

Tabelle 3.6 Datentypen für Fließkommazahlen (Forts.)

Bevorzugter Fließkommatyp

In der Praxis empfiehlt es sich, den Fließkommatyp `double` zu verwenden. Auf vielen Hardware-Plattformen wandelt der Compiler den Typ `float` intern ohnehin in den Typ `double` um.

In C++ sind alle Fließkommazahlen vorzeichenbehaftet. Anders als bei Ganzzahlen gibt es daher keine unterschiedlichen Datentypen für vorzeichenbehaftete und vorzeichenlose Fließkommazahlen.

Vorsicht beim Vergleichen von Werten

Tabelle 3.6 können Sie entnehmen, dass die Fließkommazahlen mit einer hohen Genauigkeit an Nachkommastellen gespeichert werden. Das klingt zuerst einmal so, als wäre es für die meisten Problemstellungen mehr als ausreichend. Die interne Darstellung dieser Zahlen hat aber prinzipbedingt einige Tücken. Gehen Sie immer von Rundungsfehlern aus, gerade bei der Addition und Subtraktion von Werten!

```
double x = 0.1 + 0.2; // ergibt nicht exakt 0.3
```

Prüfen Sie Fließkommawerte, die Sie vergleichen wollen, deshalb nicht auf exakte Gleichheit. In Kapitel 5, »Kontrollstrukturen«, betrachten wir das Problem noch einmal praktisch.

Beachten Sie außerdem, dass die Trennzeichen bei den Fließkommazahlen in US-amerikanischer Schreibweise angegeben werden. Anstatt eines

Kommas zwischen den Zahlen müssen Sie einen Punkt benutzen (man spricht im Englischen von *floating point variables*):

```
double pi = 3.14159265; // Dezimalpunkt
```

Wenn der Wert vor oder hinter dem Dezimalpunkt 0 ist, beispielsweise 0.5 oder 1.0, können Sie die Ziffer 0 auch weglassen. Der Compiler fügt eine ausgelassene 0 automatisch ein:

```
double c = .5; // entspricht 0.5
double d = 5.; // entspricht 5.0
```

3.6.1 Literale von Fließkommazahlen

Wie bei den Ganzzahlen können Sie auch den *Fließkommazahlen* ein Suffix hinzufügen. Mit dem Suffix `f` oder `F` kennzeichnen Sie ein `float`, mit `l` oder `L` hingegen ein `long double`. Ohne eine solche Angabe wird der Typ `double` verwendet. Der Exponent der Zehnerpotenz, die in der wissenschaftlichen Schreibweise die Größe der Zahl bestimmt, wird durch `e` oder `E` eingeleitet und besteht aus einem optionalen Vorzeichen (+ oder -) und einer Ziffernsequenz. So entspricht beispielsweise `22.45e1` dem Wert `224.5`.

Eine Fließkommazahl lässt sich sowohl in Dezimal- als auch in exponentialer (wissenschaftlicher) Schreibweise darstellen – es ist jeweils dieselbe Zahl:

Dezimalschreibweise	Exponentialschreibweise (wissenschaftliche Schreibweise)
.25	25e-2
0.334	3.34E-1
3341.2	3.3412E3
3.1415F	31415e-4F
3.1415L	0.00031415e4L

Tabelle 3.7 Beispiele für gültige Fließkommazahlen

3.7 Der »auto«-Typ

Nachdem Sie die grundlegenden Datentypen kennengelernt haben, kommen wir zur Bedeutung des Schlüsselwortes auto. Es sorgt dafür, dass der Compiler automatisch den passenden Datentyp auswählt:

```
auto tage = 365;              // = int
auto umrechnung = 3*1.5;      // = double
```

Der Compiler definiert an dieser Stelle Variablen vom Datentyp int beziehungsweise double. Der Datentyp wird implizit durch den Datentyp des Ausdrucks festgelegt (*Typinferenz*).

Typinferenz kann nur verwendet werden, wenn Sie die Variable sofort initialisieren – wozu wir ja ohnehin raten. Einige Beispiele:

```
auto avar1 = 1234;        // = int
auto avar2 = 1234L;       // = long int
auto avar3 = 12.34;       // = double
auto avar4 = 12.34F;      // = float
auto avar5 = 'A';         // = char
auto avar6 = 10 / 3;      // = int
auto avar7 = 10. / 3.;    // = double
```

Bei den hier gezeigten fundamentalen Datentypen wird meist der Typ explizit angegeben. Besonders nützlich ist auto bei komplexeren Typen, die schwer zu schreiben sind. Gerade wenn der Typ aus dem Kontext ohnehin klar ist, wird der Code damit deutlich übersichtlicher. Später werden Sie sehen, dass auto bei der Arbeit mit Templates und modernem C++ fast unverzichtbar wird.

Vorsicht bei auto mit geschweiften Klammern

Sie sollten auto nicht mit den geschweiften Klammern der einheitlichen Initialisierung verwenden, da der Compiler dann einen anderen Typ wählt, als Sie erwarten würden. Verwenden Sie stattdessen die normale Initialisierung mit =.

Der Compiler leitet per Typinferenz aus dem Initialisierungswert automatisch einen konkreten Datentyp ab. Die Variable behält diesen Typ dann während ihrer gesamten Lebensdauer. Es handelt sich bei auto nicht um eine dynamische Typisierung, die Sie vielleicht von anderen Sprachen kennen.

Die Bedeutung von »auto« vor C++11

In sehr altem C++-Code hatte auto eine andere Bedeutung als Speicherklasse. Diese wird heute nicht mehr verwendet.

3.8 Konstanten

In der Praxis ist es oft sinnvoll, benannte Elemente zu verwenden, die nach der Initialisierung nicht mehr verändert werden können. Solche Elemente werden als *Konstanten* bezeichnet.

Mit dem Schlüsselwort constexpr definieren Sie Konstanten, deren Wert zur Übersetzungszeit feststeht:

```
// listings/03/listing06.cpp
...
constexpr int monate = 12;                     // Integerkonstante
constexpr int sek_p_stunde = 60;               // Integerkonstante
constexpr int sek_p_tag = sek_p_stunde*24;     // Aus Ausdruck
constexpr char doublequote = '"';              // Zeichenkonstante
```

Mit constexpr sind auch Berechnungen möglich, wie das Beispiel sek_p_tag zeigt. Der Compiler führt diese zur Übersetzungszeit aus.

Wenn Sie versuchen, einen constexpr-Wert zu ändern, wird sich der Compiler mit einer Fehlermeldung bei Ihnen beschweren:

```
constexpr int monate = 12;
monate = 13;  // Fehler, Änderung von constexpr nicht erlaubt
```

Richtig eingesetzt, wird Ihnen `constexpr` helfen, manchen logischen Fehler aufzudecken und zu erkennen, wo versehentlich etwas verändert werden sollte, was nicht für Änderungen vorgesehen war. Weil Sie mit `constexpr` auch signalisieren, für was ein Wert *nicht* gedacht ist, ist es auch ein gutes Hilfsmittel für Dokumentationszwecke.

Konstanten mit const

Konstanten, deren Wert sich nicht bereits zur Übersetzungszeit ermitteln lässt (beispielsweise, weil sie von Benutzereingaben abhängig sind), können auch mit dem Schlüsselwort `const` angelegt werden. Ein Beispiel dafür finden Sie im folgenden Kapitel.

Das Schlüsselwort `const` wird als *Qualifikator* auch häufig bei Variablen, Objekten, Zeigern sowie bei Parametern von Funktionen und Methoden verwendet, wenn ein Wert nicht mehr verändert werden soll. Da wir all diese Begriffe noch nicht behandelt haben, ist es an dieser Stelle nicht sinnvoll, ausführlicher auf dieses Thema einzugehen. Sie sollten nur schon einmal im Hinterkopf behalten, dass `const` in C++ vielseitig eingesetzt wird.

3.9 Die Byte-Größe mit dem »sizeof«-Operator

Die tatsächliche Größe der Datentypen ist implementierungsabhängig. Sie ermitteln die Größe eines Datentyps oder einer entsprechenden Variablen auf Ihrem System mit dem `sizeof`-Operator. Er liefert als Ergebnis die Größe seines Operanden in Byte. Auf einen Datentyp wird er mit dem Operanden in Klammern angewendet, beispielsweise `sizeof(char)`. Ist der Operand eine Variable, kann auf die Klammern verzichtet werden:

```
// listings/03/listing07.cpp
...
int main() {
  char zeichen = 'X';
  int zahl = 99;
  std::cout << "sizeof(char): " << sizeof(char)
```

```
07                << '\n';  // = immer 1 Byte
08    std::cout << "sizeof zeichen: " << sizeof zeichen
09                << '\n';  // = immer 1 Byte
10    std::cout << "sizeof(int): " << sizeof(int) << '\n';
11    std::cout << "sizeof(zahl): " << sizeof(zahl) << '\n';
12    std::cout << "sizeof(double): " << sizeof(double) << '\n';
13    std::cout << "sizeof(long double): " << sizeof(long double)
14                << "\n";
15    return EXIT_SUCCESS;
16  }
```

Wenn Sie dieses Programm auf unterschiedlichen Systemen ausführen, können Sie durchaus unterschiedliche Größen als Ausgabe erhalten. Bei unseren Versuchen auf verschiedenen Testsystemen haben wir beispielsweise für die Größe von `long double` in Zeile (**13**) Werte von 8 und 16 Bytes erhalten.

Der Datentyp des Ergebnisses von sizeof()

Das Ergebnis des `sizeof`-Operators ist eine positive Ganzzahl; negative Werte sind ja nicht möglich. Die Werte, die Sie als Ergebnis erhalten, haben den Datentyp `std::size_t`.

Er wird vom Compiler zu einem konkreten Datentyp aufgelöst, der die maximale Größe eines Speicherobjekts garantiert aufnehmen kann. Er kann auch für Werte verwendet werden, die wesentlich größer sind als die Handvoll Bytes, die wir hier erwarten. Je nach Compiler handelt es sich daher um einen `unsigned int`, `unsigned long` oder auch um einen `unsigned long long`. Wie so ein *Alias* für einen Datenyp funktioniert, zeigen wir Ihnen in Kapitel 9, »Modularisierung und Präprozessor«.

3.10 Limits für die Basisdatentypen

Mit dem `sizeof`-Operator können Sie ermitteln, wie viele Bytes ein `int` auf Ihrem System verwendet. Ob Ihr System `char` als `signed char` oder `unsigned char` implementiert hat, bekommen Sie so nicht heraus. Auch die minimalen und maximalen Werte für einen `int` oder einen `double` können Sie auf diese Weise nicht ermitteln.

Um die konkreten Daten zu den Basisdatentypen auf Ihrem System herauszufinden, gibt es in der C++-Standardbibliothek die Template-Klasse `numeric_limits`. Um sie im Detail zu verstehen, ist noch mehr C++-Wissen aus Kapitel 15 über Templates nötig. Verwenden können Sie sie aber bereits jetzt. Binden Sie dazu die Headerdatei `<limits>` ein und gehen Sie nach diesem Muster vor:

```
std::numeric_limits<DATENTYP>::konstante-oder-funktion;
```

Zwischen den spitzen Klammern geben Sie den Datentyp an, um den es geht, und hinter dem Doppelpunkt tragen Sie ein, welche Information Sie wünschen, etwa `min()`.

Den minimalen und den maximalen Wert, den der Datentyp `int` aufnehmen kann, bekommen Sie zum Beispiel mit:

```
std::numeric_limits<int>::min()       // minimaler Wert
std::numeric_limits<int>::max()       // maximaler Wert
```

Mit `is_signed` können Sie ermitteln, ob ein Datentyp Vorzeichen hat. Die Anzahl der Bits eines eingebauten Datentyps *ohne* das Vorzeichenbit erhalten Sie mit `digits`:

```
std::numeric_limits<int>::is_signed  // Vorzeichen?
std::numeric_limits<int>::digits     // Anzahl der Bits
```

Hierzu betrachten wir ein einfaches Beispielprogramm. Um Informationen zu anderen eingebauten Datentypen zu erhalten, ändern Sie den Datentyp zwischen den spitzen Klammern:

```
// listings/03/listing08.cpp
...
#include <limits>
int main() {
  std::cout << std::numeric_limits<int>::min() << '\n';
  std::cout << std::numeric_limits<int>::max() << '\n';
```

```
05    std::cout << std::numeric_limits<int>::digits << '\n';
06    std::cout << std::numeric_limits<int>::is_signed << '\n';
07    std::cout << std::numeric_limits<float>::digits10 << '\n';
08    std::cout << std::numeric_limits<double>::digits10 << '\n';
09    std::cout << std::numeric_limits<long double>::digits10
                << '\n';
10    std::cout << std::numeric_limits<char>::digits << '\n';
11    std::cout << std::numeric_limits<unsigned char>::digits
                << '\n';
12    std::cout << std::flush;
...
```

Die Headerdatei in Zeile (**01**) ist nötig, um `numeric_limits` verwenden zu können. In Zeile (**03**) und (**04**) ermitteln Sie mit `min()` den kleinstmöglichen und mit `max()` den größtmöglichen Wert, der im eingebauten Datentyp `int` auf Ihrem System gespeichert werden kann.

Falls Sie in Zeile (**05**) statt der 31 Bits den Wert 32 erwartet haben, erinnern Sie sich bitte daran, dass `digits` das Vorzeichenbit nicht mitzählt. Testen Sie das aus, indem Sie stattdessen ein `unsigned int` verwenden, bei dem tatsächlich die erwarteten 32 (Bits) zurückgegeben werden.

In Zeile (**06**) sehen Sie `is_signed`. Die Funktion gibt entweder `true` (mit Vorzeichen) oder `false` (ohne Vorzeichen) zurück. Für den Wahrheitswert `true` wird `1` ausgegeben, für `false` eine `0`.

In Zeile (**07**) bis (**09**) wird jeweils die Genauigkeit der Dezimalziffern für die Fließkommazahlen `float`, `double` und `long double` ausgegeben.

Die Zeilen (**10**) und (**11**) sollen ein häufiges Missverständnis beseitigen, das mit `numeric_limits<char>::digits` entsteht, wenn man die Anzahl der Bits eines `char` ermitteln will. Da nicht sicher gesagt werden kann, ob `char` als `signed` oder als `unsigned` implementiert ist, könnte der Rückgabewert `7` (bei `signed`) oder `8` (bei `unsigned`) lauten. Es wird leider immer wieder vergessen, dass `digits` die Anzahl von Bits *ohne* Vorzeichenbit zurückgibt.

Da die Werte von `numeric_limits` bereits zur Compile-Zeit bekannt sind, können Sie sie auch für Überprüfungen während der Übersetzung nutzen. Mehr dazu erfahren Sie in späteren Kapiteln.

Datentypen der Abfragen von min() und max()

Der Datentyp des Ergebnisses (beispielsweise bei der Abfrage `std::numeric_limits<char>::max()`) entspricht dem abgefragten Datentyp, hier also `char`. Wenn Sie das Ergebnis direkt mit `std::cout` ausgeben, wird das zu dem Wert gehörige Zeichen aus der Zeichentabelle ausgegeben. Wollen Sie aber die entsprechende Zahl ausgeben, müssen Sie den Wert explizit in einen Ganzzahlwert umwandeln, der dann auch als Zahl ausgegeben wird, beispielsweise so:

```
static_cast<int>(std::numeric_limits<char>::max())
```

Mehr zur Konvertierung von Datentypen erfahren Sie in Abschnitt 4.3, »Typumwandlung«.

3.11 Kontrollfragen und Aufgaben

1. Welche eingebauten Datentypen zum Speichern von Ganzzahlen stehen Ihnen zur Verfügung?
2. Mit welchem Ganzzahltyp können Sie einzelne Zeichen darstellen und einlesen?
3. Ist eine Integer-Variable per Standard vorzeichenlos oder vorzeichenbehaftet? Und wie können Sie das beeinflussen?
4. Nennen Sie die grundlegenden Fließkommatypen.
5. Welches Schlüsselwort müssen Sie vor einen Datentyp setzen, wenn der Wert zur Laufzeit des Programms nicht mehr veränderbar sein soll?
6. Ermitteln Sie den minimalen und maximalen möglichen Wert und die Anzahl der Bits des Datentyps `long long` auf Ihrem System.

Kapitel 4

Arbeiten mit den eingebauten Typen

Sie kennen nun die grundlegenden Datentypen von C++. Damit können wir Berechnungen durchführen. Wir beginnen mit einfachen Operatoren aus der Mathematik. Dabei betrachten wir auch gleich den Inkrement- und Dekrementoperator. Diese Kurzformen von Operationen sind für die Programmierung besonders nützlich.

Danach werden wir die Frage klären, was passiert, wenn man die Datentypen miteinander vermischt, und welche Regeln in C++ für die Typumwandlung gelten.

4.1 Arithmetische Operatoren

Wir beginnen mit arithmetischen Operatoren, wie beispielsweise in `3+5`. Der Operator `+` addiert seine beiden Operanden `3` und `5` und gibt das Ergebnis als Wert zurück. Der Operator `+` hat hier zwei Operanden und gehört damit zu den *binären Operatoren*. Das Ergebnis des Ausdrucks kann direkt in einer Initialisierung oder Zuweisung verwendet werden:

```
int a = 3+5;  // entspricht int a = 8;
a = 9-4;      // entspricht a = 5;
```

Die beiden Operatoren + und – arbeiten aber auch als sogenannte *unäre Operatoren* mit nur einem Operanden, wenn Sie sie als Vorzeichen nutzen. Die Art des Operators ergibt sich hier aus dem Kontext. Gegebenenfalls muss ein Ausdruck in Klammern gesetzt werden, um dem Compiler klar anzuzeigen, welche Anwendung gemeint ist:

```
int c = -3;
int d = +4-(-7);  // entspricht int d = 11;
```

Tabelle 4.1 veranschaulicht einige arithmetische Operatoren für mathematische Operationen, die in C++ zur Verfügung stehen.

Operator	Beispiel	Bedeutung
+	x+y	Addiert zwei Werte.
-	x-y	Subtrahiert zwei Werte.
*	x*y	Multipliziert zwei Werte.
/	x/y	Dividiert zwei Werte. Eine Division durch 0 ist nicht erlaubt und sollte vermieden werden.
%	x%y	Rest einer Division (Modulo). Funktioniert nur mit Ganzzahlen, nicht mit Fließkommazahlen als Datentyp. Eine Modulo-Division durch 0 ist nicht erlaubt und sollte vermieden werden.
+	+x	Positives Vorzeichen
-	-x	Negatives Vorzeichen

Tabelle 4.1 Darstellung von binären und unären arithmetischen Operatoren in C++

Wichtiger Hinweis zur Division

Eine Division durch 0 führt zu undefiniertem Verhalten: Das Programm kann abstürzen oder unvorhersehbare Ergebnisse liefern. Das Gleiche gilt für die Modulo-Operation mit 0. Sie müssen vor jeder Division sicherstellen, dass der Divisor nicht 0 ist.

Für arithmetische Operatoren gelten die klassischen Punkt-vor-Strich-Regeln. Das bedeutet, `100 + 100 * 2` ergibt 300. Klammern binden stärker als die Rechenzeichen: `(100 + 100) * 2` ergibt den Wert 400.

Hier sehen Sie ein einfaches Beispiel, das arithmetische Operationen in der Praxis zeigt:

```
00 // listings/04/listing01.cpp
...
01 int main() {
02   int wert1 = 0, wert2 = 0, wert3 = 0;
03   int sum = 0, mul = 0, div = 0, rest = 0;
04   std::cout << "Wert 1: ";
05   std::cin >> wert1;
06   std::cout << "Wert 2: ";
07   std::cin >> wert2;
08   std::cout << "Wert 3: ";
09   std::cin >> wert3;
10   sum = wert1 + wert2 + wert3;  // Alles addieren
11   mul = wert1 * wert2 * wert3;  // Alles multiplizieren
12   div = sum / wert3;            // Ganzzahldivision
13   rest = sum % wert3;           // Rest ermitteln
14   std::cout << wert1 << "+" << wert2 << "+" << wert3 << "="
15             << sum << '\n';
16   std::cout << wert1 << "*" << wert2 << "*" << wert3 << "="
17             << mul << '\n';
18   std::cout << sum << "/" << wert3 << "=" << div << ", Rest "
19             << rest << "\n";
20 }
```

Das Programm bei der Ausführung:

```
Wert 1: 2
Wert 2: 4
Wert 3: 5
2+4+5=11
2*4*5=40
11/5=2, Rest 1
```

In Zeile (**03**) bis (**09**) lesen Sie die Werte für die anschließenden Berechnungen über den Eingabestream `std::cin` ein. In Zeile (**10**) werden alle eingegebenen Werte addiert und das Ergebnis des Ausdrucks mit dem Zuweisungsoperator (`=`) der Variablen `sum` zugewiesen. In Zeile (**11**) wird das Ergebnis der Multiplikation der drei Werte der Variablen `mul` zugewiesen.

Die Zeile (**12**) ermittelt das Ergebnis der Division von `sum` durch `wert3`. Der erste Operand ist ein Ganzzahltyp, daher kommt die Ganzzahldivision zum Einsatz. Mithilfe des Modulo-Operators wird in Zeile (**13**) der Rest einer Ganzzahldivision berechnet. In den Zeilen (**14**) bis (**19**) erfolgt die Ausgabe der berechneten Werte.

Eingabe von Anwendern prüfen

Machen Sie im Programm zu *listing01.cpp* eine falsche Eingabe, tippen Sie beispielsweise einen Buchstaben statt einer Zahl ein, ist die weitere Abarbeitung des Programms nicht mehr vorhersehbar. In der Praxis sollten Sie daher alle Eingaben prüfen. Dazu können Sie den Eingabestream `std::cin` abfragen, ob es einen Fehler gegeben hat. Die Eingabe eines Wertes, der nicht zum geforderten Datentyp passt, ist ein solcher Fehler. Hier soll das Programm nach einer Fehlermeldung direkt beendet werden.

Zur Implementierung einer Fehlerbehandlung greifen wir jetzt den ersten Abschnitten von Kapitel 5 vor. Praktisch sieht die Fehlerbehandlung in *listing02.cpp* dann so aus:

```
if (std::cin.fail()) {
  std::cerr << "Fehler bei der Eingabe\n";
  return EXIT_FAILURE;
}
```

In der ersten Zeile wird ermittelt, ob es bei der letzten Eingabe mit `std::cin` einen Fehler gegeben hat. Wenn das der Fall ist, wird eine Fehlermeldung ausgegeben und das Programm wird mit `return EXIT_FAILURE` beendet.

Wie mit den Ganzzahltypen lässt sich auch mit Fließkommatypen rechnen. Hierzu betrachten wir ein Programm, das nach Angabe eines Radius den Umfang des entsprechenden Kreises ermittelt. Den Kreisumfang berechnet man mit $U = pi * 2 * r$:

```
00  // listings/04/listing02.cpp
...
01  int main() {
```

```
02   constexpr double pi = 3.141592;
03   double r = 0.0;
04   std::cout << "Kreisumfangsberechnung\n";
05   std::cout << "Radius eingeben: ";
06   std::cin >> r;
07   if (std::cin.fail()) {
08     std::cerr << "Fehler bei der Eingabe\n";
09     return EXIT_FAILURE;
10   }
11   const double U = 2 * r * pi;
12   std::cout << "Der Umfang betraegt " << U << "\n";
13   return EXIT_SUCCESS;
14 }
```

Das Programm bei der Ausführung:

```
Kreisumfangsberechnung
Radius eingeben: 1.2
Der Umfang betraegt 7.53982
```

Als Fließkommatyp haben wir `double` gewählt, und den Wert von `pi` haben wir gleich bei der Definition als konstanten Datentyp festgelegt, der bereits zur Übersetzungszeit bekannt ist. Nachdem wir den Wert für den Radius in Zeile (**06**) eingelesen haben, wird in Zeile (**11**) die Berechnung durchgeführt und das Ergebnis der Konstanten `U` zugewiesen, die in Zeile (**12**) ausgegeben wird.

Variablen, const und constexpr

Der Wert von `U` wird im Programmverlauf nicht mehr verändert, daher ist `U` mit `const` als Konstante angelegt worden. Das ist korrekt, in der Praxis wird allerdings in solchen Fällen oft auch eine Variable verwendet. Die Verwendung von `constexpr` hingegen hätte an dieser Stelle zu einem Fehler geführt, denn aufgrund der Benutzereingabe von `r` kann der Wert noch nicht zur Übersetzungszeit ermittelt werden.

In Zeile (07) bis (10) wird die Eingabe überprüft. Wird ein Fehler festgestellt, werden die Anweisungen innerhalb des Anweisungsblocks `{}` von `if` ausgeführt. Das heißt, es wird eine Fehlermeldung über den Stream `std::cerr` ausgegeben und das Programm direkt mit `return EXIT_FAILURE` beendet.

4.1.1 Kurzschreibweise arithmetischer Operatoren

Bestimmte Konstrukte kommen in der Programmierung besonders oft vor, beispielsweise das schrittweise Erhöhen eines Wertes:

```
wert = wert + schrittweite;
```

Für diesen und ähnliche Ausdrücke gibt es die gleichwertige (und kürzere) Darstellung mit dem `+=`-Operator:

```
wert += schrittweite;
```

Alle binären arithmetischen Operatoren aus dem vorherigen Abschnitt lassen sich in einer solchen Kurzschreibweise verwenden, korrekt sind also auch die Anweisungen:

`var1-=var2`, `var1*=var2`, `var1/=var2` und `var1%=var2`.

4.1.2 Inkrement- und Dekrementoperator

Besonders oft wird der Wert von Variablen um 1 erhöht oder verringert. Für dieses sogenannte Inkrementieren und Dekrementieren gibt es eigene Operatoren. Tabelle 4.2 veranschaulicht, wie diese Operatoren in C++ geschrieben werden.

Operator	Bedeutung
`++`	Inkrementoperator (Die Variable wird um 1 erhöht.)
`--`	Dekrementoperator (Die Variable wird um 1 verringert.)

Tabelle 4.2 Inkrement- und Dekrementoperator

Anwendungsgebiete des Inkrement- und Dekrementoperators

Die beiden Operatoren werden meist bei Schleifen verwendet. Sie sind beide unär, brauchen also nur einen Operanden.

Für die Verwendung dieser beiden Operatoren, die sich neben Ganzzahlen auch auf Fließkommazahlen anwenden lassen, gibt es jeweils zwei Möglichkeiten, wie Tabelle 4.3 zeigt.

Anwendung	Bedeutung
`var++`	Postfix-Schreibweise: Der Operator erhöht den Wert von `var`, gibt noch den alten Wert an den aktuellen Ausdruck weiter.
`++var`	Präfix-Schreibweise: Der Operator erhöht den Wert von `var` und gibt diesen sofort an den aktuellen Ausdruck weiter.
`var--`	Postfix-Schreibweise; Der Operator reduziert den Wert von `var`, gibt noch den alten Wert an den aktuellen Ausdruck weiter.
`--var`	Präfix-Schreibweise: Der Operator reduziert den Wert von `var` und gibt diesen sofort an den aktuellen Ausdruck weiter.

Tabelle 4.3 Postfix- und Präfix-Schreibweisen

Hierzu folgt ein einfaches Beispiel, das den Inkrementoperator (`++`) in beiden Varianten demonstriert. Der Dekrementoperator (`--`) verhält sich analog.

```
// listings/04/listing03.cpp
...
int main() {
  int ivar = 1;
  std::cout << "ivar = " << ivar << '\n';
```

```
04   ivar++;
05   std::cout << "ivar = " << ivar << '\n';
06   std::cout << "ivar = " << ivar++ << '\n';
07   std::cout << "ivar = " << ivar << '\n';
08   std::cout << "ivar = " << ++ivar << '\n';
11 }
```

Das Programm bei der Ausführung:

```
ivar = 1
ivar = 2
ivar = 2
ivar = 3
ivar = 4
```

Der Inkrementoperator wird in Zeile (**04**) erstmals verwendet, und zwar in der Postfix-Schreibweise. Hier wird der Wert der Variablen `ivar` um eins erhöht. Die Inkrementierung steht als Ausdruck allein. Ob Sie die Postfix- oder Präfix-Schreibweise verwenden, ist daher an dieser Stelle egal. In Zeile (**05**) wird der zuvor auf 2 inkrementierte Wert von `ivar` ausgegeben. In Zeile (**06**) wird es interessanter: Die Ausgabe aus dieser Zeile ist immer noch 2, da der noch unveränderte Wert von `ivar` an den aktuellen Ausdruck weitergegeben wird. Der aktuelle Ausdruck endet am Semikolon, erst hier wirkt sich das Postfix-Inkrement aus dem Ausdruck aus. Der nächste Ausdruck in Zeile (**07**) verwendet den erhöhten Wert 3. Wollen Sie den Wert einer Variablen sofort innerhalb eines Ausdrucks inkrementieren, verwenden Sie statt der Postfix-Schreibweise die Präfix-Schreibweise, wie hier in Zeile (**08**). Dort wird das Ergebnis des Inkrementoperators direkt an den aktuellen Ausdruck gegeben.

Seiteneffekt

Anhand des Beispiels haben Sie gesehen, wie der Wert einer Variablen mithilfe der Inkrement- und Dekrementoperatoren innerhalb eines Ausdrucks verändert wird. Dies bezeichnet man als *Seiteneffekt*. Verwenden Sie diese Operatoren nur als einzelne Anweisung. Eine Variable darf in einem Ausdruck nie mehrfach geändert werden:

```
int ivar = 1;
std::cout << ivar++ << ivar++ << ivar++ << "\n"; // NEIN
```

Ebenso wenig dürfen Sie eine Variable im gleichen Ausdruck sowohl geändert als auch ungeändert verwenden:

```
int ivar = 1;
int result = ivar + ivar++; // NEIN
```

Die Reihenfolge, in der diese Ausdrücke ausgewertet werden, ist laut Standard unspezifiziert. Daher kann das Programm auf unterschiedlichen Systemen unterschiedliche Ergebnisse erzeugen. Verwenden Sie stattdessen separate Anweisungen, deren Reihenfolge eindeutig ist.

4.2 Ungenaue Fließkommazahlen

Die Fließkomma-Arithmetik ist nur so genau, wie es die interne Darstellung der Fließkommazahlen erlaubt. Das klingt vielversprechender, als es ist. Das liegt daran, dass reelle Zahlen im Fließkommaformat nicht immer exakt dargestellt werden können. Das Fließkommaformat besteht aus einem Vorzeichen, einem Dezimalbruch und einem Exponenten:

$\pm f.fff \times 10^{\pm e}$

Zunächst finden Sie mit ± das Vorzeichen, gefolgt vom Dezimalbruch mit den vier Stellen (f.fff), und am Ende den Exponenten mit einer Stelle ($^{\pm e}$). Große und kleine Zahlen werden in der Regel im wissenschaftlichen E-Format ($\pm f.fffE^{\pm e}$) geschrieben. Das E steht für den Exponenten, die »Zehnerpotenz«. Die Zahl nach dem E gibt an, wie oft wir mit 10 multiplizieren (bei + nach dem E) oder durch 10 teilen (bei – nach dem E).

Oder in einer anderen Sichtweise: Der Wert nach dem E verschiebt den Dezimalpunkt der Zahl: bei positiven Werten nach rechts, bei negativen Werten nach links.

So wird beispielsweise die Zahl 1.0 im E-Format mit +1.000E+0 dargestellt, die 0.0 mit +0.000E+0 und die –0.006321 mit –6.321E-3.

Weitere Beispiele für das E-Format

Schreiben Sie beispielsweise:

- 1.5E+2 statt 1,5 × 100 = 150
- 1.5E-2 statt 1,5 ÷ 100 = 0,015
- 6.02E+23 statt 602.000.000.000.000.000.000.000
- 5.9E-8 statt 0,000000059

Diese interne Darstellung ist für viele Fälle gut geeignet, hat aber prinzipbedingt auch Schwächen. Rechnen Sie selbst beispielsweise 2/6 + 2/6, kommen Sie auf 4/6. Hier geht aber das Dilemma mit den Rundungsfehlern schon los: 2/6 entspricht im E-Format +3.333E–1. Addieren Sie nun +3.333E–1 und +3.333E–1, erhalten Sie als Ergebnis +6.666E–1 (beziehungsweise 0.6666). Gut, aber leider ist dies nicht das, was Sie erhalten, wenn Sie 4/6 berechnen, denn das sind im E-Format +6.667E–1 und nicht wie berechnet +6.666E–1.

Derartige Rundungsfehler können an verschiedenen Stellen vorkommen. Das liegt auch nicht an einer fehlerhaften Implementierung, die man einfach verbessern könnte, sondern an der Form, wie die Fließkommawerte intern behandelt werden. Um unter diesen Voraussetzungen möglichst gut zu arbeiten, geben wir Ihnen folgenden Rat für die Arbeit mit Fließkommazahlen:

- Vergleichen Sie Fließkommaergebnisse nie auf exakte Gleichheit. Überprüfen Sie stattdessen, ob Ihr Wert im Bereich einer gewissen Toleranz liegt. Statt mit

  ```
  // variable gleich 1.33
  (var == 1.33)
  ```

  prüfen Sie besser so:

  ```
  // var  groesser als 1.3299 und var kleiner als 1.3301
  (var > 1.3299 && var < 1.3301)
  ```

  Die passende Toleranz hängt dabei von den erwarteten Werten ab.
- Falls Sie eine Software entwickeln, die Geldbeträge verwaltet, verwenden Sie zum Speichern dieser Beträge niemals Fließkommazahlen! Be-

zogen auf die europäische Währung sollten Sie als Grundlage Eurocent und für die Geldbeträge geeignete Ganzzahlen (`int`, `long` oder `long long`) verwenden. Statt mit 9,99 Euro würden Sie also mit 999 Eurocent rechnen.

4.3 Typumwandlung

Sie kennen jetzt unterschiedliche Datentypen. Wir haben aber noch nicht erklärt, was passiert, wenn Typen gemischt werden. Es ist möglich und auch üblich, Elemente unterschiedlicher Datentypen miteinander zu verwenden. Dabei ist es oft erforderlich, die Werte eines Datentyps in einen anderen umzuwandeln. Diese Typumwandlung, auch *Type-Casting* genannt, wird oft automatisch durch den Compiler vorgenommen. Diesen Vorgang bezeichnet man als *implizite Umwandlung*. Er tritt auf, wenn ein Wert eines Typs an einer Stelle verwendet wird, an der ein anderer, kompatibler Datentyp erwartet wird. Typische Situationen für eine implizite Umwandlung sind:

- Initialisierung und Zuweisung
- binäre Operatoren (arithmetische Ausdrücke und Vergleiche)
- Funktionsaufrufe (Funktionen werden ab Kapitel 8 behandelt.)

Eine Typumwandlung können Sie aber auch explizit anfordern. Auf beide Vorgehensweisen gehen wir in den folgenden Abschnitten näher ein.

4.3.1 Implizite Umwandlung durch den Compiler

Der Compiler nimmt eine erlaubte Standardtypumwandlung automatisch vor, wenn der Typ eines Ausdrucks nicht mit dem erwarteten Typ übereinstimmt. Betrachten wir zuerst einen einfachen Fall:

```
short svar = 1024;
int ivar = 0;
ivar = svar;  // ivar = 1024
int ivar2 = svar;  // ivalr2 = 1024
```

Sowohl bei der Zuweisung an `ivar` als auch bei der Initialisierung von `ivar2` wird der Wert vom Typ `short` vom Compiler in einen `int` umgewandelt und zugewiesen. Der Wertebereich des Datentyps `int` schließt den von `short` komplett ein. Daher ist es garantiert möglich, den Wert unverändert in dem anderen Datentyp darzustellen. Diese Art der impliziten Umwandlung nennt sich *Promotion* oder auch *Anhebung*.

Hier handelt es sich um eine sogenannte Integer-Promotion (im Englischen auch als *integral promotion* bezeichnet), die von links nach rechts in der Folge dieser Datentypen immer möglich ist:

```
char, short, int, long, long long
```

Analog zur Integer-Promotion gibt es auch eine Fließkomma-Promotion, mit der Werte vom Datentyp `float` bei Bedarf implizit auf den Typ `double` angehoben werden. (Achtung, eine Konvertierung zum `long double` ist keine Promotion!)

In den obigen Fällen ist aufgrund der Promotion garantiert, dass der Zieldatentyp den erhaltenen Wert komplett darstellen kann. Wir können aber leicht Fälle finden, in denen das nicht mehr möglich ist. So kann eine Variable vom Typ `short` nur einen Bruchteil der Werte aufnehmen, die als `long int` dargestellt werden können. Auch ein `int` kann nur einen Teil der ganzzahligen Werte eines `double` aufnehmen und die Nachkommastellen überhaupt nicht. Diese Fälle betrachten wir gleich.

Arithmetische Konvertierung

Neben der Konvertierung bei Initialisierung und Zuweisung gibt es einen weiteren wichtigen Fall der automatischen Typumwandlung.

Bei arithmetischen Operationen sowie bei der Nutzung der Vergleichsoperatoren, die wir in Kapitel 5 behandeln werden, müssen die Operanden der arithmetischen Operatoren vom gleichen Typ sein. Dies wird automatisch durch die sogenannte *arithmetische Konvertierung* erreicht. Initialisieren Sie beispielsweise `auto`-Variablen auf die folgende Art und Weise, ergibt sich jeweils ein anderer Datentyp:

```
// listings/04/listing04.cpp
auto auto1 = 1 + 3;      // auto1 vom Typ int
auto auto2 = 1 + 3l;     // auto2 vom Typ long
auto auto3 = 1 + 3.0;    // auto3 vom Typ double
```

```
auto auto4 = 1 + 3.0f;  // auto4 vom Typ float
short short1 = 0; long long1 = 0;
auto auto5 = short1 + long1;  // auto5 vom Typ long
```

Die Datentypen beider Operanden werden in einen gemeinsamen Datentyp umgewandelt, und zwar jeweils in den »größeren«. Dieser ist dann auch der Datentyp des Ergebnisses.

Diese »Vereinheitlichung« zu einem Datentyp bei Datentypen unterschiedlicher Größe liegt noch nahe. Die arithmetische Konvertierung sorgt allerdings auch dafür, dass auf den Datentyp `int` angehoben wird, wenn an einer Operation nur integrale Datentypen »kleiner« als `int` beteiligt sind, also `char` und `short` (jeweils `signed` und `unsigned`):

```
auto auto6 = 'A' + 'B'; // auto6 vom Typ int
auto auto7 = 'A' + '\0'; // auto7 vom Typ int
```

Diese Umwandlung ist weniger naheliegend und könnte den einen oder die andere von Ihnen überraschen.

Integral-Fließkomma-Typumwandlung

Sie können einem integralen Typ einen Fließkommatyp zuweisen, der integrale Typ kann aber keine Nachkommastelle speichern. Diese Information geht bei der Konvertierung verloren, denn die Nachkommastelle wird abgeschnitten (es wird nicht abgerundet). Einen Informationsverlust bei der Konvertierung bezeichnet man als *Narrowing*:

```
// listings/04/listing05.cpp
double fwert = 3.14567;
// Fließkomma Integral-Umwandlung -> aus 3.14567 wird 3
int iwert = fwert;
```

Lässt sich der Wert ohne den Nachkommaanteil nicht als integraler Wert darstellen, beispielsweise, weil er außerhalb des Wertebereiches liegt, ist das Ergebnis der Umwandlung undefiniert und das Resultat hängt von der Compiler-Implementierung ab.

Der umgekehrte Fall – wenn Sie einen integralen Typ in einen Fließkommatyp umwandeln oder diesem zuweisen – ist weniger problematisch. Das Ergebnis entspricht einer Gleitkommarepräsentation.

Die automatische Umwandlung kann willkommen sein, aber auch eine Fehlerquelle darstellen. Sie sollten die automatischen Umwandlungen daher kennen und wissen, wie Sie mit ihnen umgehen.

Fließkomma-Typumwandlung

Eine Fließkommazahl kann auch von `double` in `float` umgewandelt werden. Sofern allerdings der Wert der umzuwandelnden Fließkommazahl in dem Zieldatentyp nicht komplett abgedeckt werden kann, ist auch in diesem Fall das Ergebnis wieder undefiniert und hängt vom eingesetzten Compiler ab.

Integral-Typumwandlung und die Vorzeichen

Wir haben schon im vorigen Kapitel vor der gemischten Verwendung von Datentypen mit und ohne Vorzeichen gewarnt. Verwenden Sie in Ihren Programmen entweder nur Ganzzahlen mit Vorzeichen (`int`, `signed int`) oder nur Ganzzahlen ohne Vorzeichen (`unsigned int`). Die Mischung dieser Typen führt leicht zu Fehlern. Die Regeln für die Typumwandlung zwischen `signed int` und `unsigned int` oder andersherum sind zwar seit C++20 vollständig definiert, aber das Risiko für Fehler bei der Verwendung ist hoch, wenn Sie nicht immer alle Wertebereiche im Blick haben. Wenn Sie die gemeinsame Verwendung dieser Datentypen nicht vermeiden können, sollten Sie sich vorab detailliert mit den erwarteten Wertebereichen und der Umwandlung dieser Datentypen auseinandersetzen.

4.3.2 Die automatische Typumwandlung beschränken

Bei der Initialisierung von Variablen können Sie mithilfe der einheitlichen Initialisierung mit den geschweiften Klammern die versehentliche »Verengung« (*Narrowing*) von Datentypen verhindern, die beispielsweise eintritt, wenn Sie einer Ganzzahl eine Fließkommazahl zuweisen:

```
// houd
   double dvar = 3.14;
   int ivar{dvar};  // Fehler! Narrowing, Nachkommastellen
```

```
03    short svar1{1234};
04    short svar2{svar1 + 1}; // Fehler! evtl. zu groß für short
05    long lvar = {svar1 + 1};  // Okay!
```

In Zeile (02) findet ein Narrowing statt. Die Daten von `dvar` passen nicht komplett in `ivar`, und somit ist es jetzt ein Fehler. Der Compiler quittiert den Übersetzungsversuch mit einer Fehlermeldung. Das Gleiche gilt für Zeile (04), in der ein `int` aus der arithmetischen Konvertierung nicht sicher aufgenommen werden kann. Die Konvertierung in Zeile (05) hingegen ist problemlos möglich. Die geschweiften Klammern helfen Ihnen, Fehler durch unbeabsichtigte Typumwandlungen früh zu erkennen. Verwenden Sie sie bevorzugt bei der Initialisierung von Variablen.

4.3.3 Explizite Typumwandlung

Sie haben gesehen, wie der Compiler automatisch implizite Umwandlungen durchführt. Als Entwickler oder Entwicklerin können Sie Typumwandlungen mit den C++-Typumwandlungsoperatoren auch selbst veranlassen.

C++-Typumwandlungsoperatoren

Die Operatoren, die C++ zur expliziten Typumwandlung bereitstellt, wirken sich beabsichtigt kleinteilig auf die Typumwandlung aus. Auch die Absicht der Umwandlung soll durch den Operator deutlich dargestellt werden.

Den in der Praxis am meisten verwendeten Operator `static_cast<TYP>(ausdruck)` setzen Sie ein, um zwischen verwandten Ganzzahl- und Fließkommatypen zu konvertieren. `TYP` ist dabei der Typ, in den Sie den Ausdruck in den runden Klammern konvertieren wollen:

```
int z = 10, n = 4;
std::cout << (z/n) << '\n'; // Ausgabe: 2
std::cout << (static_cast<double>(z)/n) << '\n'; // Ausgabe: 2.5
```

Durch die Umwandung des Wertes der Variablen `z` in den Typ `double` wird die Berechnung in der dritten Zeile nicht (wie ohne die Umwandlung) als Ganzzahldivision ausgeführt, sondern als Division von zwei `double`-Werten. (n wird aufgrund der arithmetischen Konvertierung bei der Ausführung ebenfalls wie ein double behandelt.)

Wenn Sie den static_cast-Operator für alle typischen Standardtypumwandlungen verwenden – auch für die Umwandlungen, die der Compiler ohnehin so ausführen würde –, dann bringen Sie in Ihrem Code die Absicht zum Ausdruck, genau diese Umwandlungen wirklich zu wollen, und zeigen, dass hier nicht versehentlich eine Standardtypumwandlung durchgeführt wird:


```
// listings/04/listing07.cpp
  double dwert = 9.1;
  // explizite Typumwandlung von double nach int
  int iwert = static_cast<int>(dwert);
  // explizite Typumwandlung von int nach float
  float fwert = static_cast<float>(iwert);
  // Konvertiert das Ergebnis in einen int-Wert
  int idoppelt = static_cast<int>(dwert * dwert);
  // Typumwandlungsbeschränkung aufheben
  int ivar{static_cast<int>(dwert)};
  // Mit auto geht es auch
  auto auto1{static_cast<int>(dwert)};
```

Neben dem static_cast gibt es in C++ weitere »benannte« Cast-Operatoren, beispielsweise:

```
const_cast<TYP>(ausdruck)
dynamic_cast<TYP>(ausdruck)
reinterpret_cast<TYP>(ausdruck)
```

Insbesondere die explizite Typumwandlung per reinterpret_cast und der dynamic_cast sind ein relativ kompliziertes und weitreichendes Thema. Sie werden daher an dieser Stelle nicht weiter behandelt.

»Function-Style«-Cast und C-Style-Casts

Es gibt in C++ weiterhin den sogenannten *C-Style-Cast*. Der Name deutet schon an, dass er aus der Sprache C übernommen wurde. Wir zeigen ihn nur, damit Sie ihm aus dem Weg gehen können:

```
double dval = 123.123;
int ival = (int)dval; // C-Style-Cast, nicht verwenden!
```

Dem C-Style-Cast sehr ähnlich ist der sogenannte *Function-Style-Cast* von C++:

```
double fval = 123.123;
int ival = int(fval); // Function-Style-Cast
```

Vermeiden Sie diese Casts in C++-Projekten unbedingt, auch wenn der Code erfreulich kompakt aussieht. Beide Casts erlauben eine extreme Bandbreite von Umwandlungen. Es lässt sich praktisch jede Konvertierung zwischen verwandten, nicht verwandten oder höheren Typen erzwingen. Die Folgen reichen bis zu Programmabstürzen, auch wenn wir für einen solchen Fall hier noch keine Beispiele aufführen können.

Bei diesen Casts wird nicht direkt deutlich, was alles konvertiert werden wird, zudem sind sie mit einer Textsuche nur schwer zu finden. Mit den C++-Casts muss die vom Programmierer verlangte explizite Typumwandlung zumindest ausgeschrieben werden. Die explizite Schreibweise der C++-Casts sorgt zusätzlich dafür, dass sie sich mit einer Textsuche leicht lokalisieren lassen.

4.4 Formatierte Ausgabe von Werten

Bisher haben wir Werte mit `std::cout` ausgegeben. Seit C++20 gibt es mit `std::format` eine flexible Möglichkeit zur formatierten Ausgabe:

```
// listings/04/listing08.cpp
#include <cstdlib>
#include <iostream>
#include <print>
#include <format>
int main() {
  std::cout << std::format("Pi = {:.2f}\n", 3.141592);
  std::println("Pi = {:.4f}", 3.14159265);
```

```
08     return EXIT_SUCCESS;
09 }
```

Die Ausgabe dieses Programms ist:

```
Pi = 3.14
Pi = 3.1416
```

In Zeile (06) wird `std::format` verwendet. Der Text der gewünschten Ausgabe wird in den Anführungszeichen angegeben. Geschweifte Klammern `{}` dienen als Platzhalter für den oder die Werte, die auf diesen String folgen. In den Klammern kann bestimmt werden, wie die Platzhalterwerte formatiert werden. Das geschieht mit einem sogenannten *Format-Spezifizierer*. In unserem Fall ist das `:.2f`. Der erwartete Fließkommawert soll mit zwei Nachkommastellen ausgegeben werden.

Damit erstellt `std::format` hier den Text `"Pi = 3.14\n"`, der dann zur Ausgabe an `std::cout` weitergeleitet wird.

Die neuen `print`-Funktionen aus C++23 erlauben die gleiche Formatierungssyntax in einer insgesamt einfacheren Schreibweise. In Zeile (07) erfolgt die Ausgabe mit `std::println`, automatisch mit Zeilenumbruch. Hier wird eine Formatierung mit vier Nachkommastellen spezifiziert.

Die Formatierungsmöglichkeiten sind besonders nützlich, wenn Sie die Darstellung von Werten für die Ausgabe kontrollieren möchten, ohne die internen Werte zu verändern. Es gibt etliche weitere Formatierungsmöglichkeiten, die wir an dieser Stelle aber nicht weiter ausbreiten. Im Kapitel 18, »Die Standardbibliothek und weitere Sprachelemente«, werden noch weitere Formatierungsoptionen vorgestellt und Sie lernen, wie man Formatter für eigene Datentypen erstellt.

4.5 Kontrollfragen und Aufgaben

1. Was sind Typumwandlungen und welche Arten von Umwandlungen gibt es?
2. Welcher Wert wird in den folgenden Zeilen ausgegeben?

```
int i = 1;
std::cout << i-- << '\n';
std::cout << ++i << '\n';
std::cout << i++ << '\n';
std::cout << ++i << '\n';
```

3. Welche Werte werden hier ausgegeben?

```
int ival1, ival2 = 2;
double dval1 = 3.5;
ival1 = dval1;
std::cout << ival1 << '\n';
std::cout << dval1 / ival2 << '\n';
std::cout << static_cast<int>(dval1 / ival2) << '\n';
std::cout << static_cast<double>(dval1 / ival2) << '\n';
```

4. Schreiben Sie ein Listing, das eine Strecke in Kilometern (`km`) abfragt. Diesen eingelesenen Wert rechnen Sie in das Streckenmaß Meilen (`ml`) um (1 Meile = 1,60934 km). Verwenden Sie `double` als Basisdatentyp.
5. Gehen Sie die Beispiele in diesem Kapitel, die eine Ausgabe haben, durch und testen Sie selbst, wo Sie die Ausgabe mit `std::println` vereinfachen können.

Kapitel 5
Kontrollstrukturen

Sie kennen jetzt grundlegende Datentypen und Operatoren von C++ und können weiter in die C++-Programmierung eintauchen. Der Rechner arbeitet Programme Zeile für Zeile ab, also sequenziell. Um davon abzuweichen, werden Kontrollstrukturen mit Verzweigungen und Schleifen verwendet. In C++ haben Sie prinzipiell drei Möglichkeiten, den sequenziellen Programmfluss zu verändern:

- Mit *Verzweigungen* (bedingte Anweisung, engl. *conditional statement*) beeinflussen Sie den Ablauf des Programms, indem Sie eine Bedingung definieren und davon abhängig entscheiden, an welcher Stelle das Programm fortgesetzt wird. Dabei sind `if` und `switch` die zwei typischen Verzweigungsarten in C++.
- Mit *Schleifen* (oder *Iterationen*) können Sie eine Gruppe von Anweisungen mehrfach ausführen Dazu stehen Ihnen mit `for`, `while` und `do while` drei verschiedene Schleifenkonstrukte zur Verfügung. Diese werden auch *Iterationsanweisungen* oder *Wiederholungen* genannt.
- Mit *Sprunganweisungen* führen Sie kontrollierte Sprünge aus und verwenden dazu Schlüsselwörter wie `break` und `continue`.

Verzweigungen sollen jeweils erfolgen, wenn bestimmte Bedingungen zutreffen. Um solche Bedingungen auszudrücken, wird ein Datentyp verwendet, den wir Ihnen jetzt vorstellen.

5.1 Der eingebaute Datentyp »bool«

Der Datentyp `bool` beschreibt Wahrheitswerte und kann ausschließlich die Werte `true` (für »wahr«) und `false` (für »falsch«) annehmen. Sie können beispielsweise Variablen mit diesem Datentyp definieren:

```
bool weitermachen = false;
bool ausgabe {true};
```

Prinzipiell könnte der Datentyp bool in einem einzigen Bit gespeichert werden. Von der Logik her kann ein Wert ja nur 0 oder nicht 0 sein. In der Praxis beträgt die Breite dieses Datentyps allerdings für gewöhnlich ein Byte.

5.2 Vergleichsoperatoren

Wie Sie gerade gesehen haben, können Werte des Typs bool direkt als Literal zugewiesen oder verwendet werden. Meist ist ein boolescher Wert aber das Ergebnis eines Ausdrucks, beispielsweise eines Vergleichs:

```
int wert = -1;
bool ist_negativ = (wert < 0);
```

Ein Vergleichsoperator, hier der »Kleiner als«-Operator, vergleicht zwei Operanden und liefert als Ergebnis des Vergleichs einen Wert vom Typ bool zurück. Ist der Vergleich wahr, wird der Wert true zurückgegeben; ist der Vergleich unwahr, lautet das Ergebnis false. Hier im Beispiel wird ist_negativ mit dem Ergebnis des Vergleichs initialisiert, also mit true, da -1 kleiner als 0 ist.

Die Vergleichsoperatoren, die Ihnen zur Verfügung stehen, sehen Sie in Tabelle 5.1.

Operator	**Bedeutung**	**Beispiel**	**Rückgabewert**
<	kleiner als	a < b	true, wenn a kleiner als b, ansonsten false
<=	kleiner als oder gleich	a <= b	true, wenn a kleiner als oder gleich b, ansonsten false

Tabelle 5.1 Übersicht über die Vergleichsoperatoren

Operator	Bedeutung	Beispiel	Rückgabewert
>	größer als	a > b	true, wenn a größer als b, ansonsten false
>=	größer als oder gleich	a >= b	true, wenn a größer als oder gleich b, ansonsten false
==	gleich	a == b	true, wenn a gleich b ist, ansonsten false
!=	ungleich	a != b	true, wenn a ungleich b ist, ansonsten false

Tabelle 5.1 Übersicht über die Vergleichsoperatoren (Forts.)

Beachten Sie dabei insbesondere, dass der Operator zum Feststellen der Gleichheit das doppelte Gleichheitszeichen == ist. Durch die Verwechslung mit der Zuweisung = entstehen oft Ausdrücke, die so nicht gewollt waren:

```
( a == b ) // Ein Vergleich, das Ergebnis ist true oder false
( a = b ) //  Zuweisung, b wird a zugewiesen, das Ergebnis ist b
```

Dieser Fehler kommt häufig vor und wird leicht übersehen. Das liegt auch daran, dass konvertierbare Werte implizit, also ohne besondere Aufforderung, in den Datentyp bool konvertiert werden können.

Implizite Konvertierung nach »bool«

Ganzzahlige Datentypen können implizit in den Datentyp bool umgewandelt werden. Dabei wird der Wert 0 immer in den Wert false konvertiert, *alle anderen* Werte in true. Steht ein entsprechender Wert an einer Stelle, an der ein Wahrheitswert erwartet wird, findet automatisch eine Konvertierung statt. Es ist wichtig, dass Sie dieses Prinzip verinnerlichen. Betrachten Sie hierzu folgenden Codeausschnitt:

```
00 // listings/05/listing01.cpp
01 int ivar = 0;
02 bool b1 = ivar != 0;  //  false, Vergleich int, int -> bool
03 bool b2 = ivar == 0;  //  true,  Vergleich int, int -> bool
04 bool b3 = ivar;       //  false, impl. Konv. int -> bool
05 bool b4 = ivar = 1;   //  true, Zuweisung und impl. Konv.
```

In Zeile (**02**) findet ein Vergleich von zwei `int`-Werten statt. Das Ergebnis ist vom Typ `bool` mit dem Wert `false`, der `b1` initialisiert. Die Zeile (**03**) entspricht dem gleichen Prinzip, nur lautet hier das Ergebnis `true`, das `b2` initialisiert.

In Zeile (**04**) passiert nun etwas völlig anderes. Es findet *kein Vergleich* statt. Der Wert `0` vom Typ `int` initialisiert die boolesche Variable `b3` und wird dazu implizit in den Wert `false` konvertiert.

In Zeile (**05**) haben wir einen ähnlichen Fall, nur etwas tückischer: Die Variable `ivar` bekommt den Wert `1` zugewiesen. Es handelt sich erneut um *keinen* Vergleich. Der Rückgabewert dieser Zuweisung ist der soeben zugewiesene Wert `1`. Dieser initialisiert `b4` und wird dazu implizit in den Wert `true` konvertiert. Wenn der Programmierer an dieser Stelle eigentlich einen Vergleich mit `==` vornehmen wollte, hat er nicht nur ein unerwartetes Ergebnis in `b4`, sondern dazu auch noch einen geänderten Wert in `ivar`.

Vorsicht bei = statt ==

Die Verwechslung von `=` (Zuweisung) und `==` (Vergleich) ist ein häufiger Fehler. Der Compiler warnt nicht immer davor, da der Code syntaktisch korrekt ist. Tipp: Schreiben Sie in Vergleichen die Konstante nach links (also `42 == x` statt `x == 42`).

Auch Fließkommadatentypen werden nach der gleichen Regel implizit nach `bool` konvertiert: Der Wert 0.0 wird zu `false`, alle anderen Werte (auch sehr kleine wie 0.01 und negative Werte) werden zu `true` konvertiert. Eine Rundung findet dabei nicht statt.

5.3 Bedingte Anweisung mit »if«

Die Syntax einer `if`-Verzweigung in C++ sieht wie folgt aus:

```
if ( ausdruck ) {
   anweisung1;
   ...
   }
anweisung2;
```

Zuerst wird die Bedingung `ausdruck` ausgewertet. Wenn `ausdruck` wahr ist, also `true` ergibt, wird der Anweisungsblock mit `anweisung1` und den folgenden Zeilen ausgeführt. Anschließend wird die Programmausführung mit der Anweisung `anweisung2` fortgesetzt. Ist die Bedingung `ausdruck` aber `false`, werden die Anweisungen im Anweisungsblock nicht ausgeführt und das Programm fährt sofort mit der Anweisung `anweisung2` fort.

Ein einfaches Programm mit `if` sieht beispielsweise so aus:

```
// listings/05/listing02.cpp
...
int main() {
  int iwert = 0;
  std::cout << "Bitte eine Ganzzahl eingeben: ";
  std::cin >> iwert;
  if (std::cin.fail()) {
    // Code, wenn Fehler bei der Eingabe
    std::cout << "Es wurde keine Zahl eingegeben\n";
  }
  std::cout << "nach der if-Verzweigung\n";
}
```

Hier sehen Sie das Programm bei der Ausführung:

```
Bitte eine Ganzzahl eingeben: e
Es wurde keine Zahl eingegeben
Nach der if-Verzweigung

Bitte eine Ganzzahl eingeben: 100
Nach der if-Verzweigung
```

In Zeile (03) werden Sie aufgefordert, eine Ganzzahl einzugeben. In Zeile (05) wird geprüft, ob beim Einlesen über den Stream `std::cin` in `iwert` ein Fehler aufgetreten ist. Dazu wird der Ausdruck `std::cin.fail()` ausgewertet, der den Wert `true` ergibt, wenn ein logischer Fehler bei einer Eingabe auf `std::cin` aufgetreten ist.

Hat der Anwender keine gültige Ganzzahl, sondern beispielsweise einen Buchstaben eingegeben, werden die Anweisungen in dem Anweisungsblock der `if`-Verzweigung in Zeile (06) bis (08) ausgeführt. Anschließend geht der Programmablauf bei Zeile (09) weiter.

Bei einer gültigen Eingabe wird der Anweisungsblock der `if`-Anweisung nicht ausgeführt, sondern es erfolgt direkt die Ausgabe in Zeile (09).

5.4 Anweisungsblock für Kontrollstrukturen

Kontrollstrukturen steuern den Programmablauf. Durch Verzweigungen entscheiden Sie, *ob* ein Codeabschnitt ausgeführt wird, durch Schleifen, *wie oft* er wiederholt wird. Dieser Codeabschnitt wird in geschweiften Klammern `{}` zu einem *Anweisungsblock* (auch *Codeblock* oder *Block* genannt) zusammengefasst, wie oben in Zeile (05) bis (08). Ein Anweisungsblock ist selbst wieder eine Anweisung. Er kann also in C++ überall da verwendet werden, wo auch eine einzelne Anweisung stehen kann. Ein Anweisungsblock mit `{}` ist bei Kontrollstrukturen nur erforderlich, wenn Sie mehrere Anweisungen zusammenfassen. Bei einer einzelnen Anweisung können Sie die Klammern auch weglassen:

```
if ( iwert > 10 )
  std::cout << "iwert ist größer als 10\n";
```

Achtung beim Weglassen der Klammern

Beim Einsatz von einzelnen Anweisungen in Kontrollstrukturen ist allerdings Vorsicht geboten. Es passiert leicht, dass man den Code erweitert und dann einen Fehler macht, beispielsweise so:

```
01 if ( sonderfall )
02      std::cout << "Sonderfall\n"; // ACHTUNG
03      return EXIT_FAILURE;  // ACHTUNG! Immer ausgeführt!
04 std::cout << "Das Programm läuft weiter\n";
```

In diesem Fall wird das Programm immer mit `EXIT_FAILURE` beendet, da nur die Zeile **(02)** zu dem (einzeiligen) Anweisungsblock der `if`-Anweisung gehört, der bedingt nur dann ausgeführt wird, wenn `sonderfall` zutrifft. Zeile **(03)** ist Bestandteil des normalen Programmablaufs, der immer ausgeführt wird.

Editoren, die Code automatisch formatieren, helfen Ihnen, solche Fehler zu vermeiden, da der Code direkt entsprechend eingerückt dargestellt wird.

Des Weiteren müssen Sie wissen, dass Sie durch die Verwendung eines Anweisungsblocks einen neuen Gültigkeitsbereich definieren. Variablen, die innerhalb eines Anweisungsblocks definiert werden, sind nur dort gültig. Sie können auch Verzweigungen und ihre Anweisungsblöcke ineinander verschachteln; es empfiehlt sich jedoch, nur nach Bedarf davon Gebrauch zu machen. Die Strukturierung und die Lesbarkeit eines Programms leiden sonst schnell.

5.5 Alternative »else«-Verzweigung

Die `if`-Anweisung kann um einen `else`-Zweig erweitert werden. Dieser alternative Pfad wird ausgeführt, wenn die Bedingung nicht erfüllt ist. Das sieht dann so aus:

```
if ( ausdruck ) {
  anweisung1;
  ...
} else {
  anweisung2;
  ...
}
anweisung3;
```

Hierbei wird ebenfalls zuerst die Bedingung `ausdruck` ausgewertet. Ist `ausdruck` wahr (`true`), wird der Anweisungsblock mit `anweisung1` ausgeführt. Ist die Bedingung `ausdruck` allerdings `false`, wird der alternative `else`-Anweisungsblock mit der Anweisung `anweisung2` ausgeführt.

In beiden Fällen wird die Programmausführung anschließend mit der auf das Gesamtkonstrukt folgenden Anweisung fortgesetzt, hier also mit `anweisung3`.

Das Beispiel aus *listing02.cpp* wird jetzt um eine alternative `else`-Verzweigung erweitert:

```
00 // listings/05/listing03.cpp
...
01 int main() {
02   int iwert = 0;
03   std::cout << "Bitte eine Ganzzahl eingeben: ";
04   std::cin >> iwert;
05   if (std::cin.fail()) {
06     // Code, wenn Fehler bei der Eingabe
07     std::cout << "Es wurde keine Zahl eingegeben\n";
08   } else {
09     std::cout << "Ihre Eingabe: " << iwert << "\n";
10   }
11   std::cout << "Nach der if-Verzweigung\n";
12 }
```

Das Programm wurde um eine `else`-Verzweigung in Zeile **(08)** bis **(10)** erweitert. Wie bisher wird in Zeile **(05)** geprüft, ob ein Fehler bei der Eingabe aufgetreten ist. In dem Fall wird weiter eine Fehlermeldung ausgegeben. Ist das aber nicht der Fall – ist die Bedingung der `if`-Anweisung in Zeile **(05)** also `false` –, wurde ein korrekter Wert eingelesen. Im `else`-Anweisungsblock wird dieser korrekt eingelesene Wert `iwert` ausgegeben. In beiden Fällen wird nach der Ausführung des entsprechenden Anweisungsblocks das Programm mit Zeile **(11)** fortgesetzt.

5.6 Bedingte Anweisung mit Initialisierung

Im Kopf einer `if`-Anweisung kann auch initialisiert werden. Die Syntax sieht dann folgendermaßen aus:

```
if (initialisierung; ausdruck )
   {/* ... */}
```


Dies ist besonders hilfreich, wenn Variablen nur innerhalb des Anweisungsblocks verwendet werden sollen und außerhalb gar nicht bekannt sein müssen.

```
int r = 3;
if (int d = 2*r; d > 5) {
   std::cout << "durchmesser=" << d << " (>5)\n";
   }
// hier ist u nicht mehr bekannt
```

Das Beispiel ist mit den Mitteln, die uns hier schon zur Verfügung stehen, etwas künstlich; komplexere Anwendungsfälle lassen sich so aber vereinfachen.

5.7 Mehrfache Verzweigung

Reicht Ihnen eine `if`-Bedingung nicht aus, können Sie mehrere `if`-Anweisungen hintereinander verwenden. Hierzu fügen Sie nach der ersten `if`-Anweisung weitere `else if`-Anweisungen an. Die Syntax sieht dann folgendermaßen aus:

```
if ( ausdruck1 ) {
   anweisung1;
   ...
} else if (ausdruck2 ) {
   anweisung2;
   ...
}
//   Weitere else-if-Anweisungen möglich
anweisung3;
```

Hierbei wird zuerst die Bedingung `ausdruck1` ausgewertet. Ist `ausdruck1` wahr, wird die Anweisung `anweisung1` im Anweisungsblock ausgeführt. Anschließend wird die Programmausführung mit der Anweisung `anweisung3` fortgesetzt. Ist die Bedingung `ausdruck1` allerdings unwahr, geht es weiter mit der Überprüfung der Bedingung `ausdruck2`. Ist die Bedingung in diesem `ausdruck2` wahr, wird der Block mit `anweisung2` ausgeführt. Anschließend fährt das Programm mit der Anweisung `anweisung3` fort.

Es ist möglich, mehrere solcher `else if`-Anweisungen zu kombinieren. Optional können Sie am Ende noch eine alternative `else`-Verzweigung hinzufügen.

Hierzu wollen wir das Beispiel *listing03.cpp* erweitern, indem wir überprüfen, ob eine Ganzzahl ungleich 0 eingegeben wurde:

```
00 // listings/05/listing04.cpp
...
01 int main() {
02   int iwert = 0;
03   std::cout << "Bitte eine Ganzzahl ungleich 0 eingeben: ";
04   std::cin >> iwert;
05   if (std::cin.fail()) {
06     // Code, wenn Fehler bei der Eingabe
07     std::cout << "Es wurde keine Zahl eingegeben\n";
08   } else if (iwert != 0) {
09     std::cout << "Ihre Eingabe: " << iwert << "\n";
10   } else {
11     std::cout << "0 ist hier nicht erlaubt\n";
12   }
13   std::cout << "Nach der if-Verzweigung\n";
14 }
```

In diesem Beispiel wird, wie bereits in *listing03.cpp*, in Zeile **(05)** überprüft, ob es einen Fehler beim Einlesen der Zahl gegeben hat. Ist das der Fall, werden Zeile **(06)** bis **(08)** im Anweisungsblock ausgeführt. Anschließend fährt das Programm in Zeile **(13)** fort.

Ist die Bedingung in Zeile **(05)** `false`, wurde eine gültige Ganzzahl eingegeben, und das Programm fährt mit `else if` in Zeile **(08)** fort, in der geprüft wird, ob der eingegebene Wert von `iwert` nicht 0 ist. Ist das der Fall, ist das Ergebnis des Ausdrucks `true`, und der Anweisungsblock dazu gibt den eingegebenen Wert aus. Die Ausführung des Programms fährt dann ebenfalls mit Zeile (13) fort.

Wurde allerdings die Zahl 0 eingegeben, liefert der Ausdruck der Bedingung in Zeile (08) `false` zurück. In diesem Fall wird der `else`-Block in den Zeilen (10) bis (12) ausgeführt, ehe das Programm auch hier in Zeile (13) mit seiner Ausführung fortfährt. Im folgenden Listing sehen Sie das Programm bei der Ausführung:

```
Bitte eine Ganzzahl ungleich 0 eingeben: 1234
Ihre Eingabe: 1234
Nach der if-Verzweigung

Bitte eine Ganzzahl ungleich 0 eingeben: e
Es wurde keine Zahl eingegeben
Nach der if-Verzweigung

Bitte eine Ganzzahl ungleich 0 eingeben: 0
0 ist hier nicht erlaubt
Nach der if-Verzweigung
```

Wenn Sie eine Situation haben, die viele `else-if` verwendet, sollten Sie auch einen Blick auf Abschnitt 5.10, »Die Fallunterscheidung – ›switch‹« werfen.

Wir haben bereits erwähnt, dass Sie `if`-Verzweigungen verschachteln können. Je nach Situation können Sie damit das Programm verkürzen und die Logik vereinfachen oder aber unübersichtlichen Code erzeugen.

Tiefes Verschachteln und sauberes Einrücken

Vermeiden Sie es nach Möglichkeit, Anweisungsblöcke tief zu verschachteln. Meist müssen Sie dazu nur das Design des Codes etwas überdenken. Im Zweifelsfall sollten Sie sich für den einfacher lesbaren Code entscheiden.

Zwar gibt es keine Regeln, wie Sie Anweisungsblöcke anordnen; wenn Sie aber nicht umhinkommen, Anweisungsblöcke zu verschachteln, ist eine saubere Formatierung durch Einrückungen ein Schritt dahin, den Code verständlicher zu halten.

5.8 Der Bedingungsoperator »?:«

Bei einem Ausdruck mit dem Operator `?:` (auch *bedingter Ausdruck* genannt) handelt es sich um eine Kurzform der `if`-`else`-Anweisung. Die Syntax des Operators sieht wie folgt aus:

```
Bedingung ? Ausdruck1 : Ausdruck2
```

Ist die `Bedingung` wahr, ergibt sie also `true`, wird `Ausdruck1` ausgewertet. Andernfalls wird `Ausdruck2` ausgewertet. Der Programmablauf ist wie bei einer `if`-`else`-Anweisung. Diese Syntax entspricht folgender Langform:

```
if ( Bedingung ) {
  Ausdruck1
}
else {
  Ausdruck2
}
```

Der sinnvolle Einsatz dieses sogenannten *ternären* Operators (*ternär*, weil er drei Operanden verwendet: eine Bedingung und zwei Ausdrücke) beschränkt sich auf spezielle Fälle. Typischerweise ist der gesamte Ausdruck sehr kurz und die Bedingung unkompliziert – wie in diesem Beispiel, in dem wir das Maximum zweier ganzer Zahlen bestimmen:

```
int max = (wert1 > wert2) ? wert1 : wert2;
```

Das Ergebnis des fettgedruckten Ausdrucks initialisiert die Variable `max`. Zunächst wird die Bedingung (`wert1 > wert2`) ausgewertet. Ergibt sie `true`, wird der Ausdruck direkt hinter dem Fragezeichen ausgewertet. Es wird also der Wert der Variablen `wert1` verwendet, andernfalls der von `wert2`. Die Codezeile ist äquivalent zu:

```
if ( wert1 > wert2 ) {
  max = wert1;
}
else {
  max = wert2;
}
```


Die Langform ist meistens besser zu lesen und sollte bevorzugt werden. Nutzen Sie den ternären Operator insbesondere dort, wo er einen echten Vorteil bietet – beispielsweise bei dieser `constexpr`-Initialisierung, die mit einer `if`-Anweisung so gar nicht funktioniert:

```
// listings/05/listing05.cpp
constexpr int wert1 = 1, wert2 = 2;
constexpr int max = (wert1 > wert2) ? wert1 : wert2;
```

5.9 Logische Operatoren

Wir haben zuerst die Vergleichsoperatoren betrachtet. Diese erzeugen als Ergebnis einen booleschen Wert. C++ bietet Ihnen auch logische Operatoren an, die auf einen oder zwei boolesche Werte angewendet werden (siehe Tabelle 5.2). Diese logischen Operatoren sind `&&` (UND), `||` (ODER) und `!` (NICHT). Logische Operatoren werden mit `bool`-Werten verwendet. Verwenden Sie Zahlen, werden diese implizit in `bool` konvertiert, bevor sie mit `&&`, `||` oder `!` verknüpft werden.

Operator	Bedeutung
`&&`	logisches UND
`||`	logisches ODER
`!`	logisches NICHT

Tabelle 5.2 Die logischen Operatoren in C++

Der *UND-Operator* liefert genau dann wahr (`true`) zurück, wenn beide Ausdrücke wahr (`true`) sind. Im folgenden Beispiel liefert der fettgedruckte Ausdruck nur dann `true` zurück, wenn beide Werte, `iwert1` und `iwert2`, größer als 0 sind:

```
// listings/05/listing07.cpp
...
if ((iwert1 > 0) && (iwert2 > 0)) {
   // beide Ausdrücke sind wahr - true
   ...
}
else {
   // einer oder beide Ausdrücke ist/sind falsch - false
   ...
}
```

Ausdrücke, die mit dem logischen *ODER-Operator* verknüpft sind, geben wahr (`true`) zurück, wenn mindestens einer der beiden Ausdrücke wahr ist. Im folgenden Beispiel liefert also die fettgedruckte Bedingung `true` zurück, wenn mindestens einer der beiden Werte `iwert1` oder `iwert2` größer als 0 ist:

```
// listings/05/listing06.cpp
...
if ((iwert1 > 0) || (iwert2 > 0)) {
  // mindestens ein Ausdruck ist wahr - true
  ...
} else {
  // keiner der Ausdrücke ist wahr - false
  ...
}
```

Selbstverständlich können Sie mehr als zwei Ausdrücke miteinander verknüpfen und dabei auch den `&&`- und den `||`-Operator miteinander kombinieren. Allerdings sollten Sie dabei immer die Lesbarkeit im Auge behalten. Dafür ist es oft hilfreich, großzügig mit Klammern zu arbeiten.

Bedingte Auswertung

Die Auswertung der eingebauten logischen Operatoren wird automatisch beendet, sobald das Ergebnis feststeht. Ist bei einem UND-Operator der erste Operand `false`, wird der zweite Operand nicht mehr ausgewertet: Das Gesamtergebnis `false` steht ja bereits fest. Ist bei einem ODER-Operator der erste Operand `true`, erfolgt ebenfalls keine Auswertung des zweiten Operators, da das Gesamtresultat `true` ebenfalls bereits feststeht.

Dieses Vorgehen wird auch als *Kurzschlussauswertung* bezeichnet (engl. *short-circuit evaluation*). Das Verhalten kann auch aktiv genutzt werden:

```
int zaehler = 42, nenner = 0;

if (nenner!=0 && (zaehler/nenner)>3) {/* ... */}
```

Hier wird beispielsweise eine Division durch 0 verhindert, da der zweite Ausdruck in diesem Fall gar nicht ausgewertet wird.

Mit dem logischen *NICHT-Operator* (`!`) negieren Sie einen Ausdruck – aus `true` wird `false` und umgekehrt. Ein Beispiel:

```
!(iwert > 0)  // true, wenn iwert kleiner oder gleich 0 ist
```

5.10 Die Fallunterscheidung – »switch«

Die `switch`-Anweisung ist eine Alternative zu mehrfachen `if`-`else`-Verzweigungen. Sie vergleicht einen Wert mit verschiedenen konstanten Ausdrücken. Diese verwenden integrale Typen wie `char`, `int`, `long` oder auch `enum` (siehe Abschnitt 10.2, »Der Aufzählungstyp ›enum‹«). Die Syntax hierzu sieht folgendermaßen aus:

```
switch (bedingung)  {
  case konst_ausdruck1:  anweisungen1; break;
  case konst_ausdruck2:  anweisungen2; break;
  ...
```

```
  case konst_ausdruckN:  anweisungenN; break;
  default:  anweisungen;
}
```

Mit switch wird die ganzzahlige bedingung ausgewertet und mit den konstanten Ausdrücken der folgenden case-Marken verglichen. Bei einer Übereinstimmung wird die Programmausführung hinter dieser case-Marke fortgesetzt. Das schließt auch Anweisungen ein, die erst auf spätere case-Marken folgen. Die switch-Anweisung wird mit einem break verlassen, nachdem alle gewünschten Anweisungen ausgeführt worden sind.

Sie können auch eine optionale default-Marke verwenden, die angesprungen wird, wenn keine case-Marke mit der switch-Auswertung übereinstimmt.

Abbrechen mit break

Wenn mehrere case-Marken die gleichen Anweisungen ausführen sollen, sollten sie gruppiert werden, damit man die Absicht leicht erkennt. Ohne break läuft die Ausführung einfach in den nächsten case hinein. Alle folgenden case-Marken und deren Anweisungen werden ausgeführt – bis zum nächsten break oder bis zum Ende der switch-Anweisung. Dieses »Durchfallen« wird als »Fallthrough« bezeichnet. Da vergessene break-Anweisungen häufige Fehlerquellen sind, warnen viele Compiler, wenn der vorangegangene Fall nicht »leer« war. Sie können mit [[fallthrough]] explizit kennzeichnen, dass das Durchfallen beabsichtigt ist.

Hier sehen Sie ein Beispiel für eine praktische Anwendung:

```
// listings/05/listing08.cpp
...
int main() {
  int schulnote = 0;
  std::cout << "Bitte geben Sie die Note [1-6] ein: ";
  std::cin >> schulnote;
  switch (schulnote) {
    case 1:
```

```
09         std::cout << "Bestnote, hervorragend!\n";
10         [[fallthrough]];  // Zusätzlich Glückwunsch ausgeben
11       case 2:
12         std::cout << "Glückwunsch zur erbrachten Leistung!\n";
13         break;
14       case 3:
15         std::cout << "Prima gemacht!\n";
16         break;
17       case 4:
18         std::cout << "Bestanden!\n";
19         break;
20       case 5:
21       case 6:
22         std::cout << "Dann wohl noch mal!\n";
23         break;
24       default:
25         std::cout << "Die Note gibt es nicht\n";
26     }
27     std::cout << "Die Eingabe war: " << schulnote << "\n";
28 }
...
```

Das Programm gibt einen Kommentar zu einer eingegebenen Schulnote aus. Der in Zeile **(06)** eingelesene Wert wird im `switch`-Rumpf von Zeile **(07)** bis **(26)** mit den `case`-Marken verglichen. Je nachdem, welche `case`-Marke zutrifft – hier `1`, `2`, `3`, `4`, `5` oder `6` –, werden die dahinterstehenden Anweisungen ausgeführt. Haben Sie beispielsweise eine 1 eingegeben, werden die Anweisungen nach der `case`-Marke `1` in Zeile **(08)** von Zeile **(09)** bis **(13)** mit ihren beiden Ausgaben ausgeführt, bevor `break` die `switch`-Anweisung beendet. Mit `[[fallthrough]];` in Zeile **(10)** wird signalisiert, dass das Verhalten gewollt ist.

Für die Werte `2`, `3`, `4`, `5` und `6` wird ebenfalls die entsprechende `case`-Marke angesprungen. Für den Wert `5` in Zeile **(20)** ist allerdings keine eigene Anweisung, auch kein `break`, im Programm enthalten. Daher werden direkt die Anweisungen hinter der nächsten Marke ausgeführt. `case`-Marken ohne Anweisungen sind »leere Fallthroughs« und werden wie hier gruppiert, aber nicht gekennzeichnet. Wurde etwas anderes als eine Ganzzahl zwischen 1 und 6 eingegeben, werden die Anweisungen nach der (optionalen) `default`-Marke in Zeile (**24**) ausgeführt.

Hier sehen Sie das Programm bei der Ausführung:

```
Bitte geben Sie die Note [1-6] ein: 1
Bestnote, hervorragend!
Glückwunsch zur erbrachten Leistung!
Die Eingabe war: 1
Bitte geben Sie die Note [1-6] ein: 7
Die Note gibt es nicht.
Die Eingabe war: 7
```

Die Fallunterscheidung mit Initialisierung

Wie die `if`-Anweisung kann auch die Fallunterscheidung mit `switch` im Kopf eine Initialisierung enthalten:

```
switch (int note = vornote - bonus; note) {
  /* ... */
  }
```

5.11 Die kopfgesteuerte »while«-Schleife

Nachdem wir bisher die Verzweigungen behandelt haben, kümmern wir uns nun um Schleifenkonstrukte und beginnen mit der `while`-Schleife.

Bei der `while`-Schleife steht die Ausführungsbedingung am Anfang der Schleife, dem sogenannten *Schleifenkopf*. Sie wird daher auch als *kopfgesteuerte Schleife* bezeichnet. Die Syntax sieht folgendermaßen aus:

```
while ( Ausdruck ) {
   // Anweisungen
}
```

Die `while`-Schleife führt die Anweisungen des ihr folgenden Anweisungsblocks so lange aus, wie die Bedingung erfüllt ist, der Ausdruck der `while`-Anweisung also `true` ergibt. Ist der Ausdruck `false`, wird der Anweisungsblock nicht (mehr) ausgeführt und die Ausführung des Programms wird hinter dem Block fortgesetzt.

In der Regel sollten Sie darauf achten, dass eine Möglichkeit besteht, die Schleife zu verlassen, beispielsweise indem das Resultat der Bedingung beeinflusst wird.

Der eigentlichen Schleife geht oft die Initialisierung einer Variablen voraus, die später Teil des zu prüfenden Ausdrucks ist. Eine simple `while`-Schleife sieht folgendermaßen aus:

```
// listings/05/listing09.cpp
...
int main() {
  int zaehler = 1;
  while (zaehler <= 3) {
    std::cout << zaehler << ". Schleifendurchlauf\n";
    ++zaehler;
  }
}
```

Hier sehen Sie das Programm bei der Ausführung:

```
1. Schleifendurchlauf
2. Schleifendurchlauf
3. Schleifendurchlauf
```

Endlosschleife

Wird im Anweisungsblock vergessen, die Variable zu ändern, die in der Bedingung der `while`-Schleife geprüft wird, entsteht eine ungewollte Endlosschleife, die nur noch durch Abbruch des Programms unterbrochen werden kann.

Manchmal sind Endlosschleifen aber auch erwünscht – etwa, wenn Sie in Überwachungsaufgaben auf ein bestimmtes Ereignis warten. Mit der `break`-Anweisung lernen Sie gleich in Abschnitt 5.14.1 eine Methode kennen, um eine solche Schleife programmgesteuert zu verlassen.

5.12 Die fußgesteuerte »do-while«-Schleife

Die `do-while`-Anweisung unterscheidet sich von der `while`-Anweisung dadurch, dass die Bedingung erst am Ende des Anweisungsblocks überprüft wird. Die Syntax lautet:

```
do {
   // Anweisung(en)
} while ( Ausdruck );
```

Zunächst werden die Anweisungen im Schleifenrumpf ausgeführt. Anschließend wird geprüft, ob der Ausdruck `true` als Ergebnis liefert. In diesem Fall folgt ein erneuter Schleifendurchlauf. Trifft die Bedingung nicht (mehr) zu, wird die Programmausführung hinter dem Schleifenrumpf fortgeführt.

Wichtig: Semikolon nach while

Ganz im Gegensatz zur normalen `while`-Schleife muss die `do-while`-Schleife mit einem Semikolon nach der `while`-Bedingung abgeschlossen werden.

Die `do-while`-Schleife durchläuft den Schleifenrumpf immer mindestens einmal. Als Anwendungsbeispiel dient ein Benutzermenü, das mindestens einmal angezeigt werden muss:

```
// listings/05/listing10.cpp
...
int main() {
  constexpr int ENDE = 0;
  int aktion = 0;
  do {
    std::cout << "Bitte eine ganze Zahl eingeben,\n";
```

```
06      std::cout << ENDE << " - zum Beenden\n";
07      std::cin >> aktion;
08      if (std::cin.fail()) {
09        std::cerr << "Fehler bei der Eingabe\n";
10        return EXIT_FAILURE;  // Programm beenden
11      }
12    } while (aktion != ENDE);
13    std::cout << "Programm korrekt beendet!\n";
14  }
```

Bei der fußgesteuerten `do-while`-Schleife wird in Zeile (12) die Bedingung überprüft. Der Schleifenblock zwischen Zeile (04) und (11) wird so lange wiederholt, bis der Anwender entweder das Programm durch die Eingabe von 0 beendet oder ein Eingabefehler auftritt. Hier sehen Sie das Programm bei der Ausführung:

```
Bitte eine ganze Zahl eingeben,
0 - zum Beenden
4
Bitte eine ganze Zahl eingeben,
0 - zum Beenden
0
Programm korrekt beendet!
```

Verwendung der fußgesteuerten Schleife

Die fußgesteuerte Variante der `while`-Schleife ist weniger üblich. Gibt es keine handfesten Gründe für ihren Einsatz, sollten Sie die kopfgesteuerte Version bevorzugen.

5.13 Die Zählschleife »for«

Die `for`-Anweisung ist im Prinzip eine erweiterte Form der `while`-Anweisung. In der `for`-Anweisung können drei Elemente direkt angegeben werden:

- die Initialisierung einer Zählvariablen
- die Bedingung für die Schleifenausführung
- die Veränderung der Zählvariablen (*Iteration*)

Die `for`-Schleife enthält damit mehr als nur die bisher vorgestellte übliche Schleifenlogik und eignet sich besonders, wenn eine vorher bekannte Zahl von Iterationen benötigt wird oder die Durchläufe gezählt werden sollen – daher auch der Name Zählschleife. Die Syntax lautet:

```
for ( Initialisierung(en); Bedingung; Iteration(en) ) {
   // Anweisung(en)
}
```

Zunächst können Sie bei der `for`-Schleife eine oder mehrere Variablen initialisieren. Dieser Vorgang geschieht einmalig – egal, wie oft der Schleifenrumpf anschließend ausgeführt wird. Nach der Initialisierung der Schleifenvariablen wird der Ausdruck der Bedingung ausgewertet. Ergibt er `true`, wird der Anweisungsblock der `for`-Schleife ausgeführt. Danach erfolgt die Iteration, beispielsweise durch Inkrementieren oder Dekrementieren der Schleifenvariablen. Anschließend wird die Bedingung erneut überprüft. Der Rumpf der `for`-Schleife wird so lange durchlaufen, bis die Auswertung der Bedingung `false` ergibt.

Üblicherweise durchläuft eine `for`-Schleife damit folgende Schritte:

- **Initialisierung:** Die Schleifenvariable bekommt ihren Anfangswert.
- **Bedingung:** Die Bedingung wird ausgewertet.
- **Iterationsanweisung:** Der Wert der Schleifenvariablen wird verändert.

Hier sehen Sie ein Minimalbeispiel, das die `for`-Schleife bei der Ausführung demonstriert:

```
// listings/05/listing11.cpp
...
int main() {
```

```
02    for (int zaehler = 0; zaehler < 3; ++zaehler) {
03      std::cout << zaehler+1 << ".Schleifendurchlauf\n";
04    }
05  }
```


Der Schleifenablauf findet in Zeile (02) bis (04) statt. Zur Initialisierung der Schleife wird zunächst `zaehler` auf den Startwert `0` gesetzt. Daraufhin wird die Bedingung `zaehler<3` ausgewertet. Ist das Ergebnis `true`, werden die Anweisungen im Schleifenrumpf aus Zeile (03) ausgeführt. Wir haben hier wie üblich angefangen, bei 0 zu zählen, daher addieren wir `1` für die Ausgabe. Anschließend wird der dritte Ausdruck der `for`-Schleife ausgeführt. Hier wird mit `++zaehler` der Wert der Variablen um 1 erhöht. Der Schleifenrumpf wird so lange ausgeführt, bis die Abbruchbedingung `zaehler<3` als Ergebnis `false` zurückliefert. Dann wird der Schleifendurchlauf beendet und mit der Programmausführung hinter der Schleifenanweisung, hier Zeile (05), fortgefahren. Hier sehen Sie das Programm bei der Ausführung:

```
1. Schleifendurchlauf
2. Schleifendurchlauf
3. Schleifendurchlauf
```

Das einfache Beispiel soll nicht darüber hinwegtäuschen, dass `for`-Schleifen extrem vielseitig und flexibel sind: Es gibt nicht nur die Möglichkeit, verschiedene Ausdrücke in der `for`-Schleife zu verwenden; Sie können auch Ausdrücke in der `for`-Schleife auslassen, wenn sie nicht benötigt werden. Entscheidend ist, dass die beiden Semikola in den Klammern an der richtigen Stelle vorhanden sind. Folgende Beispiele sind allesamt erlaubt:

```
// Initialisierung außerhalb der Schleife
for ( ; i < 10; ++i ) { /* ... */ }
// Nur Bedingung (entspricht einem while)
for ( ; i < 10; ) { /* ... */ }
// ohne einen Ausdruck - eine Endlosschleife
for ( ; ; ) { /* ... */ }
```

»while«-Schleife oder »for«-Schleife?

Schleifen per `while` oder `for` sind prinzipiell austauschbar. Sie sollten fallweise entscheiden, welches Konstrukt für die Aufgabe passender ist. Für eine Schleife, die zählt und Initialisierung, Bedingung und Inkrement benötigt, ist die `for`-Schleife eine gute Wahl, da alle Elemente dann an einer Stelle explizit ausgewiesen sind. Eine Schleife, die keine eigene Variable benötigt und nur fortlaufend eine Bedingung prüft, ist als `while`-Schleife oft übersichtlicher.

Es ist in C++ üblich und empfehlenswert, die Schleifenvariable lokal zu deklarieren:

```
// listings/05/listing12.cpp
for ( int i = 1; i <= 3; ++i ) {
   std::cout << i << ". Schleifendurchlauf\n";
}
// Hier ist i nicht mehr gültig
```

Die Variable ist damit klar als Schleifenvariable erkennbar und nur im Schleifenrumpf gültig.

Es ist auch möglich, mehrere Variablen in der `for`-Schleife zu initialisieren, um somit gleichzeitig zwei Indizes zu behandeln. Dabei trennen Sie die einzelnen Variablen durch ein einfaches Komma voneinander:

```
for (int i = 0, i2 = 1; i < 10; ++i, i2 *= 2) {
  std::cout << "2^" << i << " = " << i2 << '\n';
}
```

Die bereichsbasierte »for«-Schleife

Es gibt eine weitere, elegante Form der `for`-Schleife. Diese eignet sich besonders gut, um alle Elemente einer Sammlung (wie Arrays oder Container) zu durchlaufen. Ein praktisches Beispiel dazu folgt im nächsten Kapitel, in dem Sie Arrays und Container kennenlernen.

5.14 Kontrollierte Sprunganweisungen

Mit Schlüsselwörtern wie `break` und `continue` können Sie Kontrollstrukturen verlassen oder Teile überspringen.

5.14.1 Die »break«-Anweisung

Die `break`-Anweisung haben Sie bereits in Abschnitt 5.10 mit der `switch`-Anweisung verwendet. Mit `break` führen Sie einen Sprung zum Ende der aktuellen Schleife oder der aktuellen `switch`-Struktur aus. Die `break`-Anweisung ist auch nur innerhalb von Schleifen und der `switch`-Struktur erlaubt.

Das folgende Beispiel liest so lange Zahlen von der Tastatur ein und gibt sie aus, bis eine ungültige Eingabe erfolgt. Dann wird die Schleife mit `break` beendet und die Ausführung des Programms hinter dem Schleifenrumpf fortgesetzt.

```
00  // listings/05/listing13.cpp
...
03  int main() {
04    int iwert = 0;
05    while (true) {
06      std::cout << "Bitte eine Ganzzahl: ";
07      std::cin >> iwert;
08      if (std::cin.good()) {
09        std::cout << iwert << " -> (Zahl ok)\n";
10      } else {
11        std::cerr << "Fehler bei der Eingabe\n";
12        break;
13      }
14    }
15    std::cout << "Programmende erreicht!\n";
16  }
```

Aus dieser (Endlos-)Schleife in Zeile **(05)** bis **(14)** gibt es nur einen Ausweg: Bei einer ungültigen Eingabe wird die `if`-Bedingung in Zeile **(08)** `false` und die `else`-Alternative in Zeile **(10)** bis **(13)** ausgeführt. Die `break`-Anweisung in Zeile **(12)** beendet die `while`-Schleife, und es wird mit der Programmausführung in Zeile (**15**) fortgefahren. Als Bedingung wird in diesem Beispiel mit `std::cin.good()`, dem Gegenstück von `fail()`, überprüft, ob die Eingabe im Stream ohne Fehler war.

Hier sehen Sie das Programm bei der Ausführung:

```
Bitte eine Ganzzahl: -123
-123 -> (Zahl ok)
Bitte eine Ganzzahl: 12345
12345 -> (Zahl ok)
Bitte eine Ganzzahl: r3
Fehler bei der Eingabe
Programmende erreicht!
```

5.14.2 Die »continue«-Anweisung

Im Gegensatz zu `break` beendet die `continue`-Anweisung nur den aktuellen Schleifendurchlauf. Das heißt, es werden alle noch hinter `continue` folgenden Anweisungen »ausgelassen« und die Programmausführung macht beim nächsten Schleifendurchlauf weiter. Bei der `for`-Schleife springt `continue` zu dem Schritt, in dem die Iterationsanweisung ausgeführt wird (vorausgesetzt, es gibt eine), und prüft danach die Bedingung. Bei `while` und `do-while` springt `continue` direkt zur Überprüfung der Bedingung. Die `continue`-Anweisung ist nur innerhalb von Schleifen erlaubt.

Hier sehen Sie ein Beispiel für die `continue`-Anweisung innerhalb einer `for`-Schleife:

```
00 // listings/05/listing14.cpp
...
01 int main() {
02   for (int i = 0; i < 20; ++i) {
03     if (i % 2) { continue; } // überspringt ungerade Zahlen
04     std::cout << i << "\n";
05   }
06 }
```

In diesem Beispiel werden alle positiven geraden Zahlen unter 20 ausgegeben. Bei einer ungeraden Zahl ist die `if`-Bedingung in Zeile (**03**) wahr (i%2 ergibt einen Rest von 1, der implizit zu true konvertiert wird), und daher wird mithilfe der Anweisung continue ebenfalls in Zeile (**03**) gleich wieder zum Schleifenanfang und somit direkt zum nächsten Schleifendurchlauf gesprungen. Ist die Bedingung in Zeile (**03**) unwahr, wird die gerade Zahl in Zeile (**04**) ausgegeben.

Wie im break-Beispiel zuvor könnten Sie in Listing *listing14.cpp* auch auf die continue-Anweisung verzichten. Dieselbe Schleife, nur jetzt ohne die continue-Anweisung, könnten Sie wie folgt realisieren:

```
for ( int i = 0; i < 20; ++i ) {
  if ( !(i % 2) ) {
    std::cout << i << "\n";
  }
}
```

Die »return«-Anweisung

Die return-Anweisung gehört zu den Sprunganweisungen und veranlasst einen sofortigen Rücksprung aus der Funktion heraus, in der sie ausgeführt wurde. Wir werden in Kapitel 8, »Funktionen«, die return-Anweisung detaillierter behandeln. Aber auch die main()-Funktion ist eine gewöhnliche Funktion, daher führt eine return-Anweisung hier zur Beendigung des Programms.

5.15 Kontrollfragen und Aufgaben

1. Welche Möglichkeiten haben Sie, den sequenziellen Programmfluss zu ändern?
2. Wie wird der Ausdruck einer if-Verzweigung ausgewertet, und was passiert, wenn der Ausdruck wahr oder unwahr ist?
3. Wenn der Ausdruck in if falsch (false) ist, womit können Sie einen alternativen Programmfluss steuern?
4. Mit welchem Operator machen Sie einen unwahren Ausdruck wahr und einen wahren Ausdruck unwahr?

5. Welcher Fehler wurde bei diesem Listing gemacht?

```
// listings/05/aufgaben/aufgabe01.cpp
#include <cstdlib>
#include <iostream>
int main() {
  unsigned int iwert = 0;
  std::cout << "Bitte eine Ganzzahl: ";
  std::cin >> iwert;
  if (std::cin.fail()) {
    std::cerr << "Fehler bei der Eingabe\n";
    return EXIT_FAILURE;
  }
  std::cout << "Alle geraden Zahlen von " << iwert
            << " bis 0 absteigend\n";
  while (iwert >= 0) {
    if (iwert % 2) { continue; }
    std::cout << iwert << "\n";
    iwert--;
  }
}
```

Kapitel 6
Arrays und Strings

In diesem Kapitel lernen Sie Arrays und Strings kennen. Beide sind eng verwandt und passen gut zusammen. Es geht bei beiden darum, mehrere Werte desselben Datentyps unter einem gemeinsamen Namen zu speichern und zu verarbeiten. So können Sie strukturiert auf einzelne Elemente zugreifen, anstatt mehrere Variablen des jeweiligen Typs anzulegen.

6.1 Arrays

Bisher haben wir uns auf einfache Datentypen beschränkt und mit Variablen gearbeitet, die genau einen Wert aufnehmen können.

In diesem Abschnitt erfahren Sie, wie Sie eine Reihe von Werten des gleichen Typs verwenden. Eine solche Aneinanderreihung wird als *Array* bezeichnet. Ein Array, das Werte vom Datentyp `T` enthält, wird als `T`-Array bezeichnet.

Arrays werden oft auch *Reihung* oder *Vektor* genannt. Das kann zu Missverständnissen führen, da hiermit erst einmal nur das generelle Konzept gemeint ist. Um in C++ ein konkretes Array zu erzeugen, gibt es mehrere Möglichkeiten:

- `std::vector` aus der Standardbibliothek
- `std::array` aus der Standardbibliothek
- die sogenannten *C-Arrays*, die Teil des Sprachkerns sind

Die drei Optionen unterscheiden sich teils deutlich, aber sie alle verwalten Werte vom gleichen Typ mit direktem, indexbasiertem Zugriff und repräsentieren damit konzeptionell ein Array.

Jedes Datenelement in einem Array hat einen Index, über den direkt auf dieses Element zugegriffen werden kann, wie Abbildung 6.1 schematisch darstellt.

ivec						
Index	0	1	2	3	4	5
Wert	11	22	0	44	–1	0

Abbildung 6.1 Ein Array namens »ivec« mit sechs Elementen und ihren Werten

Um auf einen Wert aus einem Array `ivec` zuzugreifen, verwenden wir den zugehörigen Index in eckigen Klammern:

```
std::cout << ivec[3] << "\n"; // 44
```

Das erste Element hat den Indexwert 0

Beachten Sie, dass das erste Element im Array den Indexwert 0 hat. In einem Array mit `n` Elementen hat das letzte Element den Indexwert `n-1`. Bei einem Array mit sechs Elementen sprechen Sie folglich die einzelnen Elemente mit dem Index 0 bis 5 an. Das Element, das Sie mit dem Index 6 ansprechen würden, gehört nicht mehr zum Array. Ein Zugriff auf dieses Element stellt einen sogenannten *Pufferüberlauf* dar: einen Zugriff außerhalb des gültigen Bereichs, der sogar zum Programmabsturz führen kann.

Die Auswahl unter den drei Möglichkeiten für ein Array ist nicht besonders schwer.

- Typischerweise verwenden Sie **`std::vector`**. Damit erhalten Sie ein dynamisches Array, das nach Bedarf vergrößert oder verkleinert werden kann.

std::vector als erste Wahl

Wenn Sie ein Array benötigen, sollte Ihr erster Gedanke `std::vector` gelten. Wählen Sie nur dann eine Alternative, wenn Sie konkrete Anforderungen haben, die nicht von `std::vector` abgedeckt werden.

- Für *Arrays fester Größe* enthält die Standardbibliothek **`std::array`**. Es gibt Situationen, in denen diese Variante sinnvoll oder notwendig ist, beispielsweise wenn es bestimmte Anforderungen gibt, wo und wie genau die Daten gespeichert werden sollen. Liegen keine solchen Gründe vor, sollten Sie auf `std::vector` zurückgreifen.

Feste oder veränderliche Größe?

Bei *Arrays mit fester Größe* kann die Zahl der Elemente nach der Erstellung nicht mehr geändert werden. Arrays mit veränderlicher Größe können nach Bedarf wachsen oder schrumpfen und werden als *dynamische Arrays* bezeichnet. Ihre erhöhte Flexibilität wird zwar mit etwas größerem Verwaltungsaufwand durch das System bezahlt, in der Regel fällt das aber nicht besonders ins Gewicht.

- Die *C-Arrays* stellen wir Ihnen in Abschnitt 6.1.3 kurz vor, weil sie eine grundlegende Datenstruktur darstellen und Ihnen helfen können, die zugrunde liegenden Prinzipien zu verstehen. Ihre Verwendung ist jedoch deutlich umständlicher und fehleranfälliger als die der Container der Standardbibliothek.

6.1.1 Der C++-Container »std::vector«

Die Klasse `std::vector` ist eine sogenannte *Containerklasse* der C++-Standardbibliothek. Sie liefert praktisch jede Funktionalität, die für ein Array veränderlicher Größe notwendig ist.

Um `std::vector` zu verwenden, binden Sie die Headerdatei `<vector>` ein. Wie andere Elemente der Standardbibliothek, die Sie schon kennengelernt haben (beispielsweise `std::cin` und `std::cout`), liegt sie im Namensbereich `std`.

Verwendung von Templates

Um die Containerklassen zu nutzen, greifen wir erneut der Syntax zur Verwendung von Templates vor, die Sie dann in Kapitel 15, »Templates«, genauer kennenlernen. Hier wenden wir sie nur an und kommen daher erst einmal mit wenigen Details aus.

Die meistverwendete Syntax zur Definition eines Containers std::vector sieht wie folgt aus:

```
std::vector<Datentyp> bezeichner (Anzahl_Elemente);
```

Nach std::vector geben Sie zwischen spitzen Klammern den Datentyp der Elemente an, die das Array aufnehmen soll. Wir sprechen hier auch von *Typisierung*. Danach folgt mit bezeichner der Name, den das Array erhalten wird. Die Anzahl der Elemente im Array folgt in runden Klammern. Ein Array, das initial sechs int-Elementen Platz bietet, wird somit wie folgt definiert:

```
std::vector<int> ivec (6);
```

Bei der Definition eines vectors werden dessen Elemente automatisch mit ihrem sogenannten *Standardwert* initialisiert. Bei dem Typ int ist das die 0.

Für den Zugriff auf ein einzelnes Element in einem Array verwenden Sie den *Indizierungsoperator* [], auch *Indexoperator* genannt. Mit seiner Hilfe sprechen Sie das Element mit dem jeweiligen Index an, beispielsweise so:

```
// Wertzuweisung
ivec[0] = 11;
```

Hier wird dem ersten Element im Array der Wert 11 zugewiesen. Wir erwähnen hier noch einmal, dass das erste Element im Array den Indexwert 0 hat.

Sie können den Zugriff auch nutzen, um über die Streams std::cout oder std::cerr Werte auszugeben oder mit std::cin Werte an eine bestimmte Stelle einzulesen.

```
// Ausgabe einzelner Elemente über den Index
std::cout << ivec[0];
// Einzelne Werte einlesen
std::cin >> ivec[1];
```

Die Anzahl der Elemente eines Arrays ermitteln Sie mit der Methode size():

```
std::cout << "Anzahl Elemente : " << ivec.size() << "\n";
```

Der Datentyp »size_t«

Vom Aufruf des sizeof-Operators kennen Sie schon std::size_t, einen vorzeichenlosen ganzzahligen Datentyp, der groß genug ist, um die maximale Größe eines Arrays oder Objekts im System darzustellen. Der Aufruf von std::vector.size() gibt einen Wert dieses Typs zurück, die Anzahl der Elemente kann ja nie negativ sein. Verwenden Sie für Array-Indizes und Größen bevorzugt size_t statt int, um Vorzeichenprobleme zu vermeiden.

Sie können einen solchen Wert explizit initialisieren:

```
std::size_t anzahl1 = ivec.size();
```

Mit auto lassen Sie den Datentyp auch vom Compiler ableiten:

```
auto anzahl2 = ivec.size(); // wird zu std::size_t
```

Sie wissen schon, dass das letzte Element in einem Array mit n Elementen den Index n-1 hat. Greifen Sie bei einem Array über den Indexoperator auf ein Element zu, das nicht im Array liegt, erhalten Sie weder zur Compilezeit noch zur Laufzeit eine Fehlermeldung. Das Verhalten bei einem solchen Pufferüberlauf ist undefiniert. Wenn Sie lesen, erhalten Sie in der Regel einen undefinierten Wert zurückgeliefert; schreibend könnten Sie in dem Moment gerade andere Daten überschreiben – alles ohne explizite Fehlermeldung. Das macht diese Fehler oft schwer auffindbar.

Sie können explizit eine Prüfung der Indizes und deren Grenzen beim Zugriff anfordern, was auch *bounds check* genannt wird. Dazu nutzen Sie statt des Indizierungsoperators [] die Methode at(). Sie entspricht in ihrer Funktion dem Indizierungsoperator, betreibt aber den zusätzlichen Aufwand, die Begrenzungen prüfen. Bei einem Versuch, außerhalb der Grenzen zuzugreifen, wird eine Ausnahme (siehe Kapitel 16, »Ausnahmebehandlung (Fehlerbehandlung)«) ausgelöst, mit der Sie den Fehler abfangen können. Prinzipiell kostet das zwar ein wenig Performanz bei der Ausführung, aber in den meisten Fällen ist die Unterstützung bei der Vermeidung undefinierter Zustände das wert.

Das folgende Beispiel zeigt die einfache Verwendung der std::vector-Containerklasse. In diesem Listing demonstrieren wir in Zeile (**09**) auch gleich, wie einfach es ist, mit der Methode resize() die Größe des Arrays zur Laufzeit zu ändern:

```
00 // listings/06/listing01.cpp
...
01 #include <vector>
02 int main() {
03   std::vector<int> ivec(3);
04   std::cout << "Anzahl Elemente: " << ivec.size() << '\n';
05   ivec[0] = 11;         // erstes Element
06   ivec.at(1) = 22;      // zweites Element
07   ivec.push_back(44);  // neues letztes Element
08   // Array um 2 weitere Elemente vergrößern
09   ivec.resize(ivec.size() + 2);
10   std::cout << "Wert für 5. Element (Index 4): ";
11   std::cin >> ivec.at(4);
12   if (std::cin.fail()) {
13     std::cerr << "Fehler bei der Eingabe\n";
14     return EXIT_FAILURE;
15   }
16   // Alle Elemente ausgeben
17   for (std::size_t i = 0; i < ivec.size(); ++i) {
18     std::cout << i << ": " << ivec[i] << "  ";
19   }
20 }
```

In Zeile (**03**) wird ein std::vector-Container angelegt, dessen drei Elemente automatisch mit dem Wert 0 initialisiert werden. In Zeile (**04**) wird mit der Methode size() ausgegeben, wie viele Elemente in diesem Container gespeichert werden können. In Zeile (**05**) weisen wir dem ersten Element mit dem Index 0 mithilfe des Indexoperators [] den Wert 11 zu. Sicherer als der direkte Zugriff mit dem Indexoperator ist die Methode at() aus Zeile (**06**), weil ein fehlerhafter Zugriff auf einen ungültigen Speicherbereich abgefangen würde. (Wir erläutern in Kapitel 16, wie Sie mit Pufferüberläufen umgehen, die Sie so entdeckt haben.) In Zeile (**07**) wird mit push_back(44) der bestehende Vektor vergrößert, indem ein neues Element angehängt wird. Der Container ivec hat durch diese Vergrößerung jetzt Platz für vier Elemente.

Fügen Sie neue Elemente in »std::vector« nach Möglichkeit hinten an

Die Elemente von std::vector liegen direkt hintereinander im Speicher. Der Zugriff auf ein beliebiges Element ist einfach möglich, da die Lage im Speicher anhand von Index und Datentyp schnell ermittelt werden kann. Soll allerdings ein Element an einer beliebigen Stelle im Vektor eingefügt werden, müssen alle Elemente im Speicher »rechts« davon um eine Position verschoben werden, um Platz zu schaffen. Der Aufwand dafür wächst mit der Größe des std::vector. Wollen Sie diesen Aufwand vermeiden, können Sie mit der Methode push_back() ein neues Element an einen std::vector hinten anfügen. Der Aufwand dafür ist von der Größe des Vektors unabhängig.

In Zeile (**09**) wird der Container um weitere zwei Elemente erweitert. Jetzt steht Ihnen Platz für sechs Elemente zur Verfügung. Auch diese neuen Elemente werden mit ihrem Standardwert initialisiert.

Neue Werte können auch über den Stream std::cin via Tastatur zugewiesen werden, wie Zeile (**11**) demonstriert. In Zeile (**17**) bis (**19**) werden alle Elemente des Containers ivec mit size()-Elementen unter Angabe ihres Index ausgegeben.

Hier sehen Sie das Programm bei der Ausführung:

```
Anzahl Elemente: 3
Wert für 5. Element (Index 4): -1
0: 11  1: 22  2: 0  3: 44  4: -1  5: 0
```

Mit den hier gezeigten Methoden können Sie schon grundlegende Arbeiten mit diesem flexiblen Array durchführen. Die Containerklasse std::vector hat aber umfangreiche weitere Möglichkeiten, die Sie sich mit wachsenden Kenntnissen erschließen werden.

Die bereichsbasierte »for«-Schleife

Bisher haben wir die Indizes genutzt, um auf die Elemente eines Arrays zuzugreifen. Seit C++11 gibt es eine Variante der `for`-Schleife, die über alle Elemente beispielsweise eines Containers iteriert. Sie begegnen dieser Schleife unter dem Namen *bereichsbasierte (*`for`*-)Schleife*, *rangebasierte Schleife* oder auch *Range-*`for`.

Da diese Schleife ohne Indizes auskommt, ist sie später auch für Container nutzbar, die ihre Elemente ohne einen Index verwalten, beispielsweise Listen oder Mengen.

Geht es Ihnen nur um die Werte im Container, können Sie mithilfe des Range-`for` das Hantieren mit den Indizes komplett vermeiden:

```
// listings/06/listing02.cpp
...
for (auto elem : ivec) {
  std::cout << elem << "  ";
}
```

Die Zeile `for (auto elem : ivec)` ist so zu interpretieren: »Verwende aus dem Container `ivec` ein Element, übergib seinen Wert an `elem`, und führe die Schleifenanweisungen aus. Wiederhole den Vorgang mit dem nächsten Element, bis alle Elemente des Containers durchlaufen sind.«

Dass `elem` jeweils der *Wert* eines Containerelements zugewiesen wird, bedeutet, dass eine Änderung von `elem` keine Auswirkung auf den Inhalt des Arrays hat. Wenn Sie in der bereichsbasierten Schleife schreibenden Zugriff auf die Elemente des Arrays selbst haben möchten, verwenden Sie eine *Referenz*, die Sie in Kapitel 7, »Referenzen und Zeiger«, genauer kennenlernen werden:

```
// listings/06/listing02.cpp
...
for (auto& elem : ivec) { //Referenz auf ein Containerelement
  elem*=2; // Wert der Array-Elemente verdoppeln
}
```

Nach dem Durchlauf dieser Schleife sind alle Werte im Array verdoppelt. Das bereichsbasierte `for` macht es einfach, komplette Arrays oder Container vom Anfang bis zum Ende zu durchlaufen. Intern basiert diese Schleife auf den sogenannten *Iteratoren*, die Sie in Abschnitt 18.1.1 kennenlernen. Dank des Schlüsselworts `auto` müssen Sie sich nicht einmal um den Typ der Variablen kümmern. Das stellt gerade für Container eine erhebliche Vereinfachung dar. Da in unserem Fall einfache bekannte Typen verwendet wurden, fällt dies hier nicht so ins Gewicht.

Das bereichsbasierte »for« in anderen Sprachen

Ein bereichsbasiertes `for` steht in anderen Programmiersprachen oft als sogenanntes `foreach`zur Verfügung.

Weitere Möglichkeiten der Initialisierung

Die Containerklasse `std::vector` kann auf diverse Arten initialisiert werden. Hier sehen Sie eine (unvollständige) Auswahl der Möglichkeiten:

```
// listings/06/listing03.cpp
...
#include <vector>
int main() {
  constexpr std::size_t size = 10;
  std::vector<int> v1;
  v1.push_back(11);
  v1.push_back(22);
  v1.push_back(33);
  std::vector<int> v2(size);
  std::vector<int> v3(size, 11);
  std::vector<int> v4 = {11, 22, 33, 44, 55, 66};
  std::vector v5 = {11, 22, 33, 44, 55, 66, 77};
  std::vector<int> v6 = v4;
  auto v7 = v5;
  {
    bool first = true;
    std::cout << "v1 = { ";
```

```
17        for (auto elem : v1) {
18          std::cout << (!first ? (", ") : ("")) << elem;
19          first = false;
20        }
21        std::cout << " }\n";
22      }
...
60  }
```

In Zeile (**04**) wird mit `v1` ein leerer `std::vector` erzeugt, dem in den Zeilen (**05**) bis (**07**) weitere Elemente hinzugefügt werden. Die Variante aus Zeile (**08**) kennen Sie bereits. Hier wird ein mit dem Standardwert 0 initialisierter `std::vector v2` erzeugt. In Zeile (**09**) sehen Sie für `v3` die Initialisierung, die neben der Angabe zur Anzahl einen Initialisierungswert für alle Elemente erlaubt, hier `11`. In Zeile (**10**) wird für `v4` gezeigt, wie Sie einen `std::vector` mit einer sogenannten *Initialisiererliste* direkt initialisieren. Die Anzahl der Elemente in `v4` entspricht dann der Anzahl der Elemente in dieser Liste. In Zeile (**11**) wird der Datentyp des Vektors über die sogenannte *Template Argument Deduction* aus dem Datentyp der Elemente der Initialisierungsliste abgeleitet.

Template Argument Deduction

Seit C++17 beherrscht der Compiler die sogenannte *Template Argument Deduction*. Hier wird der Datentyp für das Template nicht explizit angegeben. Stattdessen ermittelt der Compiler den Datentyp implizit aus dem Typ der Initialisierung. Wenn es Ihnen möglich ist, sollten Sie diese Variante nutzen. Beachten Sie dabei, dass die Initialisierungsliste in geschweiften Klammern steht, während die Erzeugung des `std::vector` in Zeile (**08**) und Zeile (**09**) mit runden Klammern erfolgt.

Als letzte Variante sehen Sie in Zeile (**12**) die Initialisierung von `v6` als Kopie von `v4`. Die Ausgabe der sieben Vektoren in den Zeilen (**14**) bis (**21**) nutzt ein range-`for`. Mit dem ternären Operator und dem Flag `first` wird das Komma vor dem ersten Element verhindert, während alle weiteren Elemente ein Komma als Trenner erhalten:

```
v1 = { 11, 22, 33 }
v2 = { 0, 0, 0, 0, 0, 0, 0, 0, 0, 0 }
v3 = { 11, 11, 11, 11, 11, 11, 11, 11, 11, 11 }
v4 = { 11, 22, 33, 44, 55, 66 }
v5 = { 11, 22, 33, 44, 55, 66, 77 }
v6 = { 11, 22, 33, 44, 55, 66 }
v7 = { 11, 22, 33, 44, 55, 66, 77 }
```


6.1.2 Der C++-Container »std::array«

Wenn Sie vorab wissen, wie viele Elemente Sie benötigen, können Sie mit dem Header `<array>` auch die Containerklasse `std::array` anstelle des dynamischen `std::vector` verwenden, beispielsweise so:

```
01  std::array<double, 365> jahr;
02  std::array monate{31u, 28u, 31u, 30u, 31u, 30u,
                      03u, 31u, 30u, 31u, 30u, 31u}; \\ uint
03  std::array<unsigned int, 12> kopie1{monate};
04  std::array kopie2{monate};
05  auto kopie3{monate};
```

Hierbei ist zu beachten, dass die anzugebende Anzahl der Elemente bei der Kompilierung feststehen muss. In dem Beispiel ist das in Zeile (**01**) durch das Literal `365` sichergestellt. Hier können auch konstante Ausdrücke (`constexpr`) genutzt werden.

In Zeile (**02**) erfolgt die Ermittlung von Datentyp und Anzahl der Elemente bei der Initialisierung über die *Template Argument Deduction* der Werte vom Typ `unsigned int`, in Zeile (**03**) anhand expliziter Angaben. Weitere Möglichkeiten, dem Compiler die Ermittlung von Typ und Größe zu überlassen, finden Sie in Zeile (**04**) oder – noch besser – in Zeile (**05**).

Stack statt Heap

Wie bei `std::vector` liegen die Daten bei `std::array` direkt nacheinander im Speicher. Ein `std::array` kann seine Größe aber nicht ändern: Die Lage und Größe seines Speicherbereichs bleiben zur Laufzeit gleich.

6.1.3 C-Arrays

Die klassischen C-Arrays werden auch *rohe Arrays* oder *Raw Arrays* genannt. Sie ähneln der Containerklasse `std::array`, sind aber deutlich fehleranfälliger in der Verwendung. Sie können auch nicht einfach wie mit `at()` eine Prüfung auf Überschreitung der Grenzen »zuschalten«. Bei einem C-Array arbeiten Sie mit rohem Speicher statt mit einem C++-Objekt. Im modernen C++ gibt es nur noch wenige Gründe, das zu tun.

Verwenden Sie »std::vector« anstelle eines C-Arrays

Wenn Sie nicht eine eigene Klasse auf einer tieferen Ebene schreiben wollen oder müssen, spricht eigentlich nichts für ein C-Array. Verwenden Sie daher die Containerklassen `std::vector` oder `std::array` statt der C-Arrays.

Die Syntax zur Definition eines C-Arrays sieht wie folgt aus:

```
Datentyp arrayname[Anzahl_der_Elemente];
```

Als `Datentyp` nutzen Sie den gewünschten Typ der Elemente des C-Arrays. Mit `Anzahl_der_Elemente` bestimmen Sie, wie viele Elemente im Array gespeichert werden können. Wie bei dem `std::array` muss der Wert bei der Kompilierung feststehen.

Der Zugriff auf die einzelnen Elemente eines C-Arrays erfolgt ebenfalls über den Indexoperator `[]`. Auch hier beginnt die Zählung bei `0`, und das letzte Element im Array hat bei der Array-Größe `n` den Index `n-1`.

Nehmen wir als Beispiel folgendes C-Array:

```
int iarr[10];
```

Das Array mit dem Namen `iarr` besteht aus `10` `int`-Elementen, reserviert also Speicherplatz für zehn Werte vom Typ `int`.

Lokale C-Arrays werden nicht initialisiert

Der Inhalt eines uninitialisierten Arrays ist undefiniert. Beachten Sie auch, dass lokale C-Arrays, im Gegensatz zu Arrays vom Typ `std::vector`, nicht automatisch mit 0 initialisiert werden. Sie müssen die Werte selbst initialisieren.

Wie viel Speicher ein Array belegt, können Sie analog zu den anderen Datentypen (siehe Kapitel 3, »Die eingebauten C++-Basisdatentypen«) mit dem sizeof-Operator ermitteln:


```
sizeof(iarr)
```

Die Anzahl der Elemente ermitteln

Wollen Sie die Anzahl der Elemente ermitteln, gibt es keine entsprechende Methode wie size() bei std::vector. Sie können allerdings die Größe des Arrays im Speicher durch die Größe eines einzelnen Elements teilen und erhalten so die Anzahl der Elemente als Ergebnis:

```
for( std::size_t i = 0; i < sizeof(iarr)/sizeof(iarr[0]); ++i ) {
  iarr[i] = i;
}
```

Sie können auf die Ermittlung der Elementanzahl verzichten, indem Sie auch hier das bereichsbasierte for verwenden:

```
for(auto element: iarr) {
  std::cout << element << "  ";
}
```

Wenn Sie die Werte im Array nicht nur lesen, sondern auch verändern wollen, können Sie auch hier eine Referenz (&element) verwenden.

Initialisierung mit einer Initialisierungsliste

Auch ein C-Array können Sie bereits bei der Definition mit einer Initialisierungsliste explizit initialisieren. Hierbei weisen Sie dem Array eine Liste von Werten zu. Die Werte werden jeweils durch ein Komma getrennt und stehen in geschweiften Klammern. Im Folgenden sehen Sie ein einfaches Beispiel:

```
float fArray[3] = { 0.75, 1.0, 0.5 };
```

Nach dieser Initialisierung haben die Elemente im Array `fArray` die gleichen Werte wie nach der folgenden Initialisierung:

```
fArray[0] = 0.75;
fArray[1] = 1.0;
fArray[2] = 0.5;
```

Wenn Sie bei der Definition eines C-Arrays eine Initialisierungsliste verwenden, darf die Längenangabe fehlen. Die folgende Definition entspricht daher der zuvor gezeigten:

```
// float-Array mit drei Elementen
float fArray[] = { 0.75, 1.0, 0.5 };
```

Geben Sie hingegen bei der Längenangabe einen größeren Wert an, als Elemente in der Initialisierungsliste vorhanden sind, haben die restlichen Elemente in der Liste automatisch den Wert 0.

Somit können Sie die Werte der Elemente eines lokalen C-Arrays mit folgender Definition mit 0 initialisieren:

```
int i_array[10] = {0}; // Alle Werte mit 0 initialisieren
```

Aufgepasst bei der Verwendung!

Bei der Initialisierung eines C-Arrays, wie sie gerade gezeigt wurde, kommt es oft zu dem Fehlschluss, alle Elemente würden mit dem angegebenen Wert initialisiert. Die gezeigte Initialisierung setzt *nur das erste Element auf den angegebenen Wert*, alle weiteren Elemente werden auf 0 gesetzt:

```
int i_array2[10] = {1}; // Erster Wert 1, Rest auf 0
```

C-Arrays von der Tastatur einlesen

Daten über `std::cin` von der Tastatur einzulesen, funktioniert mithilfe des Indexoperators auch bei Elementen eines C-Arrays:

```
std::cin >> iarr[6];
```

Die Verwendung eines C-Arrays kann damit so aussehen:

```
// listings/06/listing04.cpp
...
int main() {
  int iarr[10] = {0};
  // Alle Elemente mit einem Wert initialisieren
  for (std::size_t i = 0; i < sizeof(iarr) / sizeof(iarr[0]);
       ++i) {
    iarr[i] = i;
  }
  std::cout << "Wert für 7. Element (Index 6): ";
  std::cin >> iarr[6];
  if (std::cin.fail()) {
    std::cerr << "Fehler bei der Eingabe\n";
    return EXIT_FAILURE;
  }
  for (auto element : iarr) { // Elemente ausgeben
    std::cout << element << " ";
  }
}
```

Die Arbeitsweise des Programms sollte klar sein, daher haben wir seine Ausgabe hier nicht noch einmal eingefügt.

6.2 Strings in C++

Eine Zeichenkette oder (dem Englischen entlehnt) ein *String* setzt sich aus einer Folge von Zeichen zusammen. Im Standardfall handelt es sich um Zeichen des Datentyps `char`, die in der Containerklasse `std::string` verwaltet werden. Diese stellt eine spezialisierte Form eines dynamischen Arrays dar und erlaubt einen komfortablen Umgang mit Zeichenketten: Sie können sie vergleichen, manipulieren, suchen und ersetzen.

Generell ist auch heute noch die Nutzung der früher verwendeten C-Strings möglich. Sie basieren auf C-Arrays, und ihre Handhabung ist ebenso mühselig und fehleranfällig. Sie gelten daher als *nicht mehr empfehlenswert*. Wir gehen daher in Abschnitt 6.2.3, »C-Zeichenketten«, nur sehr knapp auf sie ein.

6.2.1 Der C++-Container »std::string«

Die Containerklasse `std::string` der Standardbibliothek erlaubt einen komfortablen Umgang mit Zeichenketten und lässt funktionsmäßig nichts zu wünschen übrig. (Sie können mit ihr Zeichenketten vergleichen, manipulieren, suchen und ersetzen). Die zugehörige Speicherverwaltung ist in der Containerklasse implementiert und verhindert Pufferüberläufe. Um die String-Bibliothek zu verwenden, müssen Sie die Headerdatei `<string>` einbinden. Auch hier sind die zugehörige Typdefinition, Funktionen und Operatoren im Namensraum `std` enthalten. Das folgende kurze Listing demonstriert die einfache und komfortable Verwendung der Containerklasse `std::string`:

```
// listings/06/listing05.cpp
...
#include <string>
int main() {
  std::string str1 = "String";
  std::string str2 {"String 2"};
  std::string str3 {};  // Leer
  std::string str4 ;    // Leer
  str1.append(" 1");    // anhaengen
  // Zuweisung und Konkatenierung
  str2 = str1 + (" und ") + str2;
  // Ausgabe über std::cout
  std::cout << "str1: " << str1 << '\n';
  std::cout << "str2: " << str2 << '\n';
  // Komplette Zeile einlesen
  std::cout << "String eingeben: ";
  std::getline(std::cin, str3);  // Zeile einlesen
  std::cout << "Ihre Eingabe: " << str3 << '\n';
  // String str1 durch einen Teil von str3 ersetzen
  // Ab dem Index 1 drei Zeichen aus str3
  str1.assign(str3, 1, 3);
```

```
    std::cout << "str1: " << str1 << "\n";
    // Anzahl der Zeichen im String ausgeben
    std::cout << "Zeichen in str1: " << str1.size() << '\n';
    // Maximal mögliche Größe
    std::cout << "Max. Zeichen für str1: ";
    std::cout << str1.max_size() << '\n';
}
```


Hier sehen Sie das Programm bei der Ausführung:

```
str1: String 1
str2: String 1 und String 2
String eingeben: 0123456789
Ihre Eingabe: 0123456789
str1: 123
Zeichen in str1: 3
Max. Zeichen für str1: 18446744073709551599
```

Ganze Zeile einlesen mit »std::getline()«

Zum Einlesen einer ganzen Textzeile ist der >>-Operator nicht geeignet. Er liest immer nur die Zeichen bis zum nächsten Whitespace-Zeichen (Newline, Leerzeichen, Tabulator) ein. Daher bietet die Standardbibliothek mit `std::getline()` eine Möglichkeit, standardmäßig eine ganze Zeile bis zum nächsten Newline-Zeichen einzulesen.

6.2.2 Unterstützung von Unicode

Bereits in Abschnitt 3.5.1, »Weitere Datentypen für Zeichen«, haben Sie gesehen, wie und warum Unicode verwendet wird. Ohne weitere Angaben setzt `std::string` die Strings aus Zeichen des Typs `char` zusammen. Mit diesem Datentyp lassen sich problemlos auch UTF-8-codierte Texte darstellen. Damit ist die aktuell gängigste Codierung der Unicode-Strings abgedeckt. Mit `std::string` lassen sich aber generell auch Zeichenketten implementieren, die andere Datentypen verwenden, beispielsweise `char16_t` oder `char32_t`.

UTF-8 seit C++20

Für die meisten Anwendungen ist `std::string` (basierend auf `char`) eine passende Wahl, die UTF-8 gut unterstützt. Mit C++20 wurde zusätzlich der Datentyp `char8_t` eingeführt, um auch für UTF-8-codierten Text einen spezifischen Datentyp bereitzustellen. Sein Einsatz ist aktuell aber erst bei speziellen Anforderungen notwendig.

Mit UTF-8 erstellen Sie Ihre Strings typischerweise so:

```
01  std::string text2 = "Omega (\u03A9) und Emoji \U0001F60A";
02  std::string text1 = "Omega (Ω) und Emoji 😊";
```

In Zeile (**01**) sehen Sie einen UTF-8-codierten String, der auf `char` basiert, mit Escape-codiertem Unicode. In Zeile (**02**) direkt eingegeben. Dazu müssen Ihr Editor und Ihr Compiler UTF-8-kodierte Dateien unterstützen.

Generell unterscheidet sich der Umgang mit den anderen String-Typen wenig. Alle gehen auf die gleiche Template-Klasse zurück, und die Funktionen von `std::string` arbeiten auch mit den anderen String-Typen. Allerdings ist es trotzdem nicht so einfach, mit den anderen String-Typen zu arbeiten, da sich die Handhabung im Detail unterscheidet und weitere Aspekte berücksichtigt werden müssen. Dies geht allerdings weit über den Rahmen eines einfachen Grundkurses hinaus und wird daher hier nicht vertieft. In der Praxis werden Sie wohl erst dann mit diesen Typen in Berührung kommen, wenn Sie internationalisierte Programme schreiben.

6.2.3 C-Zeichenketten

Für C-Strings (in der Regel sind das C-Arrays des Typs `char`) gelten die Einschränkungen der C-Arrays. Zusätzlich müssen Sie darauf achten, dass Sie die zusammenhängende Folge von Zeichen mit dem Null-Zeichen `'\0'` abschließen (`'\0'` wird auch *String-Ende-Zeichen* oder *Terminator* genannt). Es markiert jeweils das Ende der Zeichenkette. Das bedeutet: Die Länge eines `char`-Arrays muss um ein Zeichen größer sein als die Anzahl der relevanten Zeichen, um ebendiesen Terminator aufzunehmen. Das ist eine lösbare Aufgabe, bietet aber viel Raum für Fehler.

Verwenden Sie »std::string« statt eines C-Strings

Bei der Verwendung von C-Arrays entstehen leicht Fehler, wenn die Grenzen des Arrays überschritten werden. Das notwendige Terminierungszeichen ('\0') im C-String erhöht das Fehlerpotenzial noch.

Daher nochmals dasselbe Mantra: Wenn Sie nicht eigenen Code für einen ganz besonderen Fall schreiben wollen oder müssen, spricht eigentlich nichts für die Verwendung von C-Strings. Nutzen Sie `std::string` für mehr Komfort und um eine ganze Klasse von Fehlern generell auszuschließen.

Die Definition einer C-Zeichenkette als `char`-Array entspricht der bereits bekannten Form der C-Array-Deklaration:

```
char carray[100];
```

Damit legen Sie ein Array an, das 100 einzelne Zeichen speichert, beispielsweise:

```
constexpr char carray[100] = { 'H', 'a', 'l', 'l', 'o', ' ',
                               'W', 'e', 'l', 't', '\n', '\0' };
```

Auch hier kann bei Verwendung mit der Initialisiererliste die Längenangabe entfallen:

```
constexpr char carray[] = { 'H', 'a', 'l', 'l', 'o', ' ',
                            'W', 'e', 'l', 't', '\n', '\0' };
```

Die Schreibweise mit einzelnen Zeichen ist natürlich umständlich. Auch die folgende gängige Kurzform ist erlaubt:

```
const char carray[] = {"Hallo Welt\n"};
```

Hierbei haben Sie den Vorteil, dass Sie das String-Terminierungszeichen ('\0') nicht hinzufügen müssen. Bei der Verwendung von doppelten Hochkommata macht der Compiler das automatisch für Sie.

C-Strings einlesen

Sie können C-Strings prinzipiell auch mit `std::cin` einlesen (bis zum ersten Whitespace, also Tab-, Leer- oder Neue-Zeile-Zeichen). Allerdings wird dabei die Länge des eingelesenen Inhalts nicht überprüft. Bietet das C-Array nicht genügend Platz, wird über die Grenze hinausgeschrieben und ein Pufferüberlauf (*Buffer Overflow*) erzeugt:

```
constexpr int SIZE {10};
char carray[SIZE];
// !!! So nicht, weil ohne Längenüberprüfung!!!
std::cin >> carray; // Eingabe von Hallo Welt ist schon zu viel
```

Sie vermeiden Überläufe, indem Sie `std::cin.getline()` verwenden, wo die Länge des verfügbaren Speichers als Parameter gefordert wird. Dadurch werden maximal so viele Zeichen gefüllt, allerdings werden überzählige Eingaben einfach verworfen:

```
// Der sicherere Weg führt über getline mit einer Längenangabe
std::cin.getline(carray, SIZE);
std::cout << "Ihre Eingabe : " << carray << "\n";
```

Wenn Sie mit C-Strings arbeiten wollen oder müssen, bietet die Headerdatei `<cstring>` Funktionen für das Arbeiten auf C-Strings an, also für das Vergleichen, Zusammenfügen oder Kopieren. Diese Funktionen werden wir hier aber nicht weiter erläutern.

6.2.4 Zeichenkettenliterale

Wenn Sie ein Zeichenkettenliteral verwenden, um einen `std::string` wie folgt zu erzeugen:

```
std::string str1 = "String";
```

dann ist das zur Initialisierung verwendete Zeichenkettenliteral `"String"` ein C-String und damit von Typ `const char []`. In diesem Zusammenhang hat das keine besondere Auswirkung und ist auch so vorgesehen. Bei der Verwendung von `auto` wird das allerdings sehr relevant:

```
auto s1 = "String1";  // const char []
```

Der Compiler erkennt als Datentyp entsprechend ein `char`-Array. Um kenntlich zu machen, dass ein `std::string` gewollt ist, können Sie seit C++14 das Suffix `s` an das Literal anhängen:

```
auto s2 = "String2"s; // std::string
```


Damit dieses Suffix verfügbar ist, müssen Sie allerdings vorher den Namespace `std::string_literals` einbinden, beispielsweise mit:

```
using namespace std::string_literals;
auto s2 = "String2"s; // std::string
```

Mehr zu Namespaces finden Sie in Kapitel 9, »Modularisierung und Präprozessor«.

6.3 Kontrollfragen und Aufgaben

1. Was sind Arrays, und welche zwei Möglichkeiten haben Sie, sie zu verwenden? Welche Möglichkeit sollten Sie typischerweise nutzen?
2. Welche Möglichkeiten haben Sie in C++, um eine Zeichenkette zu speichern? Welche Möglichkeit ist die bessere?
3. Hier sehen Sie einen klassischen Fehler, der bei einem C-Array häufig gemacht wird. Finden Sie ihn und verbessern Sie den Code so, dass er sicherer wird.

```
constexpr int SIZE = 10;
int array[SIZE];
for (std::size_t i = 0; i <= SIZE; ++i) {
    array[i] = i + 1;
}
```

4. Zwar ist der folgende Codeausschnitt nicht unbedingt falsch, er enthält trotzdem einen gefährlichen Code. Beschreiben Sie kurz die gefährliche Codestelle und erläutern Sie, welche Alternative Sie empfehlen würden.

```
char text[10];
std::cout << "Text eingeben: ";
std::cin >> text;
std::cout << "Ihre Eingabe: " << text << "\n";
```

Kapitel 7
Referenzen und Zeiger

In diesem Kapitel erhalten Sie eine Einführung in Referenzen und Zeiger. Beides sind Möglichkeiten in C++, mit Daten zu arbeiten – entweder indem man ihnen einen anderen Namen gibt (*Referenz*) oder indem man sich ihre Position merkt (*Zeiger*). Diese Grundlagen werden Sie durch die folgenden Kapitel begleiten.

7.1 Referenzen

Eine Referenz in C++ ist ein anderer Name (*Alias*) für ein Speicherobjekt, beispielsweise eine Variable. Beim Anlegen einer Referenz wird diese mit einem bereits bestehenden Speicherobjekt initialisiert. Die Deklaration von Referenzen erfolgt, indem zwischen den Datentyp und den Namen das Zeichen & (auch *Ampersand* genannt) platziert wird. Leerzeichen vor und hinter dem & können beliebig gesetzt werden. Durch die verschiedenen Varianten der Initialisierung gibt es unterschiedliche Möglichkeiten, um zum gleichen Ziel zu kommen. Lassen Sie sich davon nicht verwirren:

```
01  int var = 100;          // Original-Variable
02  int  &vRef1 = var;      // Klassische Referenz-Initialisierung
03  int&  vRef2 = var;      // wie oben, anders formatiert
04  int  &vRef3 = {var};    // Uniforme Initialisierung (modern)
05  int  &vRef4 {var};      // Uniforme Initialisierung (bevorzugt)
```

Mit allen vier Objektnamendeklarationen vRef1, vRef2, vRef3 und vRef4 in Zeile (**02**) bis (**05**) werden *keine* neuen Objekte angelegt. Stattdessen werden nur neue Namen für ein vorhandenes Objekt vereinbart. Ein einfaches Beispiel demonstriert die Verwendung von Referenzen:

```
00 // listings/07/reference01.cpp
01 int main() {
02   int var = 0;
03   int& vRef1 = var;
04   int& vRef2  {var};
05   var = 123;
06   std::cout << "var  : " << var << '\n';
07   std::cout << "vRef1: " << vRef1 << '\n';
08   std::cout << "vRef2: " << vRef2 << '\n';
09   vRef1 = 456;
10   std::cout << "var  : " << var << '\n';
11   std::cout << "vRef1: " << vRef1 << '\n';
12   std::cout << "vRef2: " << vRef2 << '\n';
13 }
```

Hier sehen Sie das Programm bei der Ausführung:

```
var  : 123
vRef1: 123
vRef2: 123
var  : 456
vRef1: 456
vRef2: 456
```

An der Änderung der Variablen `var` in Zeile (**05**) und (**09**) und den Ausgaben in Zeile (**06**) bis (**08**) beziehungsweise (**10**) bis (**12**) erkennen Sie die Bindung zwischen dem Bezeichner `var` und den Bezeichnern `vRef1` und `vRef2`. Alle drei arbeiten mit demselben Objekt, lediglich die Bezeichner unterscheiden sich. Es ist egal, ob Sie `var` oder eine der Referenzen verwenden – Sie greifen immer auf dasselbe Objekt zu.

Referenzen können *nur bei ihrer Erzeugung* an ein Objekt gebunden werden. Jede Zuweisung danach ist genau das: eine Zuweisung, die den Wert der anfänglich referenzierten Variablen ändert. Sehen wir uns dazu ein Beispiel an:

```
00 // listings/07/reference02.cpp
...
01     int var = 100;
02     int otherVar = 200;
03     int& vRef1 = var;
04     int& vRef2  {var};
05     std::cout << vRef1 << "\n";
06     std::cout << vRef2 << "\n";
07     // entspricht: var = otherVar;
08     vRef1 = otherVar;
09     // entspricht: var = otherVar;
10     vRef2 = otherVar;
11     std::cout << vRef1 << "\n";
```

Da `vRef1` ab Zeile **(03)** ein Synonym für `var` ist, führt die Zuweisung in Zeile **(08)** lediglich dazu, dass der Wert von `var` über die bestehende Referenz in `200` geändert wird, aber nicht dazu – wie vielleicht irrtümlicherweise beabsichtigt –, dass `vRef1` eine Referenz auf `othervar` wird. Ist eine Referenz einmal an ein Objekt gebunden, gilt diese Bindung unabänderlich im gesamten Gültigkeitsbereich dieses Bezeichners. Wenn Sie für die Erstellung der Referenz die einheitliche Initialisierung verwenden, wie es in Zeile **(04)** für `vRef2` geschehen ist, dann fällt die Inkonsistenz in Zeile **(10)** leichter auf als mit einer »alten« Initialisierung, die in Zeile **(03)** verwendet worden ist.

Bei ihrer Entstehung unterscheidet sich eine Referenz von einer Variablen wie folgt:

- Bei einer Variablendefinition binden Sie einen *neuen Bezeichner* an ein *neues Objekt*.
- Bei der Deklaration einer Referenz binden Sie einen *neuen Bezeichner* an ein *existierendes Objekt*.

Danach wird eine Referenz dann aber wie eine Variable genutzt.

Referenzen sind vielseitig einsetzbar: Sie verbessern die Lesbarkeit durch aussagekräftige Aliasnamen und sind besonders bei der Übergabe von Parametern an Funktionen von Bedeutung. Diese Übergabe können Sie in bestimmten Fällen mithilfe von Referenzen sogar optimieren und beschleunigen. Diese Anwendungsfälle betrachten wir in Kapitel 8, »Funktionen«.

7.2 Zeiger

In diesem Abschnitt behandeln wir die Grundprinzipien eines breiten und diffizilen Themas, nämlich der Zeiger (auch *Pointer* genannt).

In der reinen C++-Praxis sollten Sie die rohen Zeiger nur verwenden, wenn es unbedingt sein muss. Zeiger gehören aber nach wie vor zu den Grundlagen der C++-Programmierung, und das nicht nur, weil es viele Schnittstellen gibt, für die sie benötigt werden. Ein grundlegendes Verständnis von Zeigern hilft auch dabei, andere Bereiche von C++ besser zu begreifen, da Zeiger an vielen Stellen verdeckt vorkommen oder Einfluss ausüben.

7.2.1 Die Syntax von Zeigern

Wenn Ihnen klar ist, dass Zeiger lediglich die Adresse und den Datentyp eines Speicherobjekts repräsentieren, haben Sie fast alles Grundlegende dazu verstanden. Die Syntax eines solchen Zeigers sieht wie folgt aus:

```
Datentyp *name;
```

Am Stern * in der Deklaration zwischen `Datentyp` und `name` erkennen Sie den Zeiger. Wie beim Ampersand für die Referenz gilt, dass vor und nach dem Stern Leerzeichen platziert werden dürfen. Der `name` ist der Bezeichner, für den die üblichen in Abschnitt 2.4.1 beschriebenen Regeln gelten. Der Datentyp von `name` ist dann als »Zeiger auf `Datentyp`« festgelegt.

Eine Zeigervariable muss immer von demselben (Grund-)Datentyp sein wie die Variable, auf die sie zeigt. Ein `int`-Zeiger (`int*`) muss somit auf einen Wert vom Typ `int` verweisen. Hier sehen Sie ein einfaches Beispiel:

```
int ival = 123;      // Eine int-Variable
int *iptr = &ival;  // Der Zeiger iptr zeigt auf ival
```

Mithilfe des Adressoperators wurde dem Zeiger `iptr` bei seiner Definition die Adresse der Variablen `ival` zugewiesen. Diese Adresse ist die Speicherposition, an der der Wert `123` von `ival` abgelegt ist.

Der Adressoperator &

Der Adressoperator `&` ermittelt die Adresse eines Speicherobjekts. Er verwendet zwar das gleiche Zeichen wie die Notation zur Angabe einer Referenz, ansonsten handelt es sich aber um ganz unterschiedliche Verwendungen.

Der Vorgang wird in Abbildung 7.1 dargestellt. Dort sehen Sie, dass die Daten von `iptr` und `ival` an ihren jeweiligen Adressen gespeichert sind (hier beispielsweise `0x19F928` und `0x19F934`). Der Wert, der an der jeweiligen Speicheradresse abgelegt ist, lautet `0x19F934` für `iptr` und `123` für `ival`. Der Zeiger hat als Wert die Speicheradresse der Variablen `ival`.

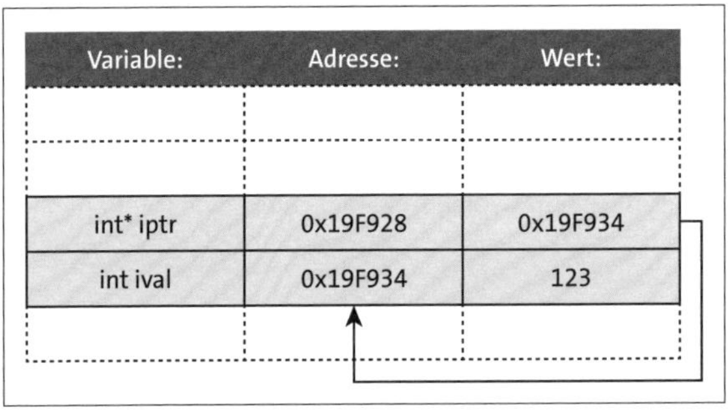

Abbildung 7.1 Zeiger werden verwendet, um auf die Adresse von anderen Datenobjekten mit demselben Typ zu verweisen.

Man spricht hier von einer *Indirektion*. Der Zeiger `iptr` enthält die Adresse des eigentlichen Speicherobjekts `ival` als Wert. Über diese Adresse kann indirekt auf den Wert von `ival` zugegriffen werden. Sie sehen im nächsten Abschnitt, was man damit machen kann.

Ein Zeiger speichert eine Adresse als seinen Wert. Diesen Wert können Sie mit den schon bekannten Mitteln ausgeben. Verwenden Sie den Adressoperator (&) bei einem Zeiger, erhalten Sie dessen eigene Speicheradresse – nicht die als Wert gespeicherte Adresse:

```
00 // listings/07/pointer01.cpp
...
01 int main() {
02   int ival = 123;
03   int* iptr = &ival;
04   std::cout << "Adresse von ival   : " << &ival << '\n';
05   std::cout << "iptr verweist auf : " << iptr << '\n';
06   std::cout << "Adresse von iptr   : " << &iptr << '\n';
07 }
```


Das Programm könnte bei der Ausführung beispielsweise Folgendes ausgeben (die ausgegebenen Adressen werden bei Ihnen anders sein, aber die beiden ersten werden auch übereinstimmen):

```
Adresse von ival  : 0x319708
iptr verweist auf : 0x319708
Adresse von iptr  : 0x319700
```

In Zeile (**03**) wurde dem Zeiger `iptr` die Adresse der Variablen `ival` als Wert zugewiesen. In Zeile (**04**) wird die Adresse der Variablen `ival` ausgegeben. Auch hierfür verwenden Sie den Adressoperator. In Zeile (**05**) hingegen wird die Adresse ausgegeben, auf die der Zeiger `iptr` verweist. Dies funktioniert ohne den Adressoperator `&`, da ein Zeiger die Adresse, auf die er zeigt, als Wert speichert. In der Zeile (**06**) wird zusätzlich die Adresse des Zeigers `iptr` ausgegeben.

Hinweis zu den angegebenen Adressen

Alle hier in Grafiken oder Ausgaben dargestellten Adressen sind nur Beispiele. Sie werden auf Ihrem System andere Adressen erhalten, und die Adressen können auch bei jedem Programmdurchlauf variieren.

Beachten Sie auch, dass bei der Ausgabe von Adressen durch `std::cout` führende Nullen nicht mit dargestellt werden. Die Adresse `0x0000deadbeef` wird damit als `0xdeadbeef` ausgegeben.

7.2.2 Zeiger dereferenzieren

Um mit einem Zeiger auf die Werte eines zuvor referenzierten Speicherobjekts zuzugreifen, wird der Indirektionsoperator * verwendet. (Er wird auch *Verweisoperator* genannt.) Auch hier wird wieder der Stern * eingesetzt, jetzt aber in einem anderen Kontext. Der Zugriff mit dem Indirektionsoperator auf den Wert eines Speicherobjekts wird häufig als *Dereferenzierung* bezeichnet. Über den Zeiger wird der Wert ausgelesen, auf den der Zeiger verweist. Hier sehen Sie ein einfaches Beispiel:

```
00  // listings/07/pointer02.cpp
...
01  int main() {
02    int ival = 123;
03    int* iptr = &ival;
04    std::cout << "*iptr: " << *iptr << "\n";
05    std::cout << "ival : " << ival << "\n";
06    // ival indirekt einen neuen Wert zuweisen
07    *iptr = 256;
08    std::cout << "*iptr: " << *iptr << "\n";
09    std::cout << "ival : " << ival << "\n";
10  }
```

Hier sehen Sie das Programm bei der Ausführung:

```
*iptr: 123
ival : 123
*iptr: 256
ival : 256
```

In Zeile **(04)** wird zum ersten Mal der Indirektionsoperator * mit dem Zeiger `iptr` verwendet. Der Zeiger `iptr` enthält die Adresse des Speicherobjekts `ival`. Mit dem Indirektionsoperator greifen Sie auf den Wert zu, der sich an dieser Adresse befindet, also auf den Wert von `ival`. In Zeile **(07)** haben wir zur Kontrolle `ival` über den Zeiger `iptr` einen neuen Wert zugewiesen, wie die Ausgabe von Zeile **(08)** und **(09)** zeigt. In Abbildung 7.2 wird dieser Vorgang veranschaulicht.

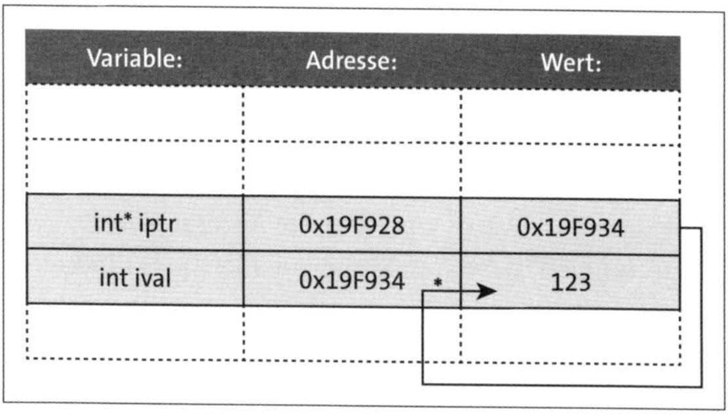

Abbildung 7.2 Mithilfe des Indirektionsoperators * greifen Sie direkt auf den Wert des Speicherobjekts zu, auf dessen Adresse der Zeiger verweist.

7.2.3 Der Zeiger »nullptr«

In den gezeigten Beispielen wurde der Zeiger immer direkt mit der Adresse eines existierenden Speicherobjekts initialisiert. Anders als eine Referenz kann ein Zeiger aber auch auf »nichts« zeigen. Das öffnet zwar einer ganzen Klasse von Fehlern Tür und Tor, ist aber oft eine notwendige und sinnvolle Technik.

Um einen Zeiger zu erzeugen, der ins Leere zeigt, initialisieren Sie ihn mit dem `nullptr` (gesprochen »Nullpointer«):

```
int* iptr = nullptr;  // Initialisierung von int*
```

Hier wurde ein Zeiger `iptr` definiert, der auf ein Speicherobjekt des Datentyps `int` zeigt. Der Zeiger wurde mit der Adresse `nullptr` initialisiert, er zeigt definiert auf »nichts«. Der Datentyp von `nullptr` passt automatisch zum jeweiligen Zeigertyp, sodass beispielsweise auch die folgende Initialisierung möglich ist:

```
char* cptr = nullptr;  // Initialisierung von char*
```

Anders als bei einer Referenz können Sie einem Zeiger auch jederzeit eine andere Adresse als Wert zuweisen:

```
int ival1 = 123;
int* iptr = nullptr;
iptr = &ival1;  // iptr die Adresse von ival1 übergeben
```

In diesem Beispiel wird der Zeiger zuerst mit dem `nullptr` initialisiert, bevor im nächsten Schritt über den Adressoperator die Adresse von `ival` zugewiesen wird. Wenn es möglich ist, sollten Sie Zeiger allerdings direkt mit ihrem richtigen Wert initialisieren, da Sie damit eine mögliche Fehlerquelle vermeiden.

Vermeiden Sie es, einen Zeiger folgendermaßen zu definieren:

```
int *iptr2;
```

Wie andere integrale Variablen erhält er damit einen unspezifizierten, zufälligen Wert zugewiesen, der Ihnen viele Probleme bereiten kann.

Verwenden Sie nullptr

Bis zu C++11 wurden zur (gültigen) Initialisierung von Zeigern auch Werte vom Typ `int` oder `long` verwendet:

```
int *iptr = 0;
```

```
int *iptr = 0L;
```

Das funktioniert auch weiterhin, öffnet aber die Tür für subtile Effekte. Sie werden in bestehendem Code möglicherweise auch dem Wert `NULL` aus der Headerdatei `<cstddef>` begegnen. Dieses Makro wurde früher in C++ verwendet, ist aber eigentlich ein Teil aus der C-Welt, das aus Kompatibilitätsgründen immer noch vorhanden ist. Verwenden Sie lieber direkt den C++-`nullptr`, da er Zweideutigkeiten vermeidet!

7.2.4 Zeiger prüfen

Sie haben im vorigen Abschnitt gesehen, dass Zeiger auch ins »Nichts« zeigen können. Das Setzen eines Zeigers auf `nullptr` verwendet man auch, um anzuzeigen, dass es kein passendes Ergebnis gibt. Sie müssen in der Praxis also immer damit rechnen, dass ein Zeiger ins »Nichts« zeigt.

Wenn Sie allerdings einen solchen Zeiger dereferenzieren und dort lesen oder schreiben, stürzt Ihr Programm in der Regel ab: Der Zugriff auf den `nullptr` ist undefiniert.

Daher sollten Sie bei Operationen mit und auf Zeigern den Zeiger immer überprüfen, bevor Sie ihn dereferenzieren. Ob ein Zeiger ins Leere geht, finden Sie mit einer einfachen Überprüfung auf `nullptr` heraus:


```
int *iptr = nullptr;  // Zeiger auf nichts definieren
...
// Fehlerüberprüfung des Zeigers
if( iptr == nullptr ) {
  // Zeiger hat keine gültige Adresse
  // nicht dereferenzieren!
}
```

Verwendung von Zeigern

Die Verwendung von Zeigern wird für Sie ungewohnt sein, und Sie werden voraussichtlich mehr mit Referenzen arbeiten, aber grundsätzlich zu wissen, wie man Zeiger nutzen kann, ist in C++ an vielen Stellen nützlich.

7.2.5 Die Adresse einer Referenz

Sie haben oben gelernt, dass eine Referenz ein Alias für die eigentliche Variable ist. Nachdem Sie nun Zeiger kennen, können wir das nachprüfen. Mit dem Adressoperator lässt sich die Speicheradresse einer Variablen und ihrer Referenz ausgeben:

```
// listings/07/referenceptr01.cpp
...
  int var = 1234;
  int& vRef = var;
  std::cout << "&var : " << &var << '\n';
  std::cout << "&vRef: " << &vRef << '\n';
```

Auf Ihrem Rechner mag es anders aussehen, auf unserem Testrechner gab der Codeausschnitt das hier aus:

```
&var : 0xe0e65718
&vRef: 0xe0e65718
```

Der Adressoperator gibt für die Variable und die Referenz die gleiche Speicheradresse als Ergebnis zurück. Die bei ihrer Erzeugung initialisierte Referenz arbeitet als Synonym für das eigentliche Ziel und hat kein eigenes Speicherobjekt. In Abbildung 7.3 wird dieser Sachverhalt noch einmal veranschaulicht.

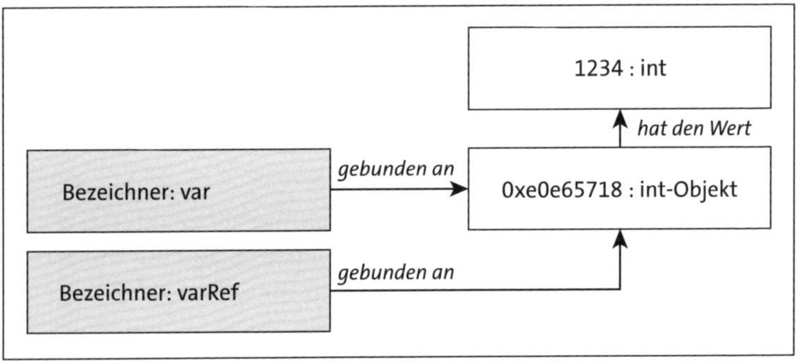

Abbildung 7.3 Bei einer Referenz wird kein neues Objekt angelegt, sondern nur ein weiterer Bezeichner für ein vorhandenes Objekt.

7.2.6 Referenzen vs. Zeiger: Wann verwenden Sie was?

Referenzen und Zeiger dienen ähnlichen Zwecken, unterscheiden sich aber grundlegend in ihren Eigenschaften. *Referenzen* sind Aliasnamen für existierende Objekte und müssen bei der Deklaration initialisiert werden. *Zeiger* speichern Adressen von Objekten und können während ihrer Lebensdauer auf unterschiedliche Objekte zeigen, mit `nullptr` explizit auch auf kein Objekt.

Das wirkt sich auf ihre Stärken und Einsatzgebiete aus. *Referenzen* werden nach dem Anlegen wie normale Variablen verwendet (kein spezieller Operator notwendig), *Zeiger* erfordern eine Dereferenzierung mit * und müssen vor der Verwendung geprüft werden, da sie auch `nullptr` sein können. Hier liegt eine der häufigsten Fehlerquellen bei der Arbeit mit Zeigern!

In modernem C++ werden Referenzen für die meisten Anwendungsfälle bevorzugt. Wenn Zeiger notwendig sind, werden als Alternative *Smart Pointer* verwendet, mit denen wir uns in Kapitel 10, »Strukturen, Aufzählungen und dynamische Speicherobjekte«, erstmals beschäftigen. Smart Pointer kombinieren die Flexibilität von Zeigern mit automatischer Speicherverwaltung. Rohe Zeiger sollten nur noch in sehr speziellen Situationen zum Einsatz kommen.

Wenn wir sagen, dass Sie Zeiger meiden sollten, bedeutet das nicht, dass Zeiger nutzlos sind. Ganz im Gegenteil: Hinter den Kulissen der C++-Alternativen, wie beispielsweise `std::vector`, stecken letztendlich auch rohe Zeiger, aber gekapselt in einer sicheren, benutzerfreundlichen Schnittstelle.

7.2.7 Verwendung von Zeigern und Alternativen

Da wir empfehlen, Zeiger nur wenn nötig zu verwenden, geben wir Ihnen in Tabelle 7.1 einen kleinen Überblick über den typischen Einsatz von Zeigern und die Alternativen.

Wenn Sie dies tun möchten ...	Verwenden Sie besser ...
Speicher für mehrere Elemente verwalten (dynamisches Array)	die Standardbibliothek von C++ mit fertigen Lösungen wie `std::vector`, `std::string`, `std::array` und weiteren
Daten an Funktionen übergeben	Referenzen mit `&`
komplexe Datenstrukturen wie Listen erstellen	fertige Container wie `std::list` oder `std::forward_list`

Tabelle 7.1 Zustände, die Sie mit rohen Zeigern realisieren können, bei denen Sie jedoch besser die Mittel von C++ verwenden

Wenn Sie dies tun möchten ...	Verwenden Sie besser ...
dynamischen Speicher verwalten mit `new` (siehe auch Kapitel 10)	smarte Zeiger (*Smart Pointer*, siehe Kapitel 10 und Kapitel 18)
Speicher manuell freigeben mit `delete`	Smart Pointer mit ihrer automatischen Freigabe

Tabelle 7.1 Zustände, die Sie mit rohen Zeigern realisieren können, bei denen Sie jedoch besser die Mittel von C++ verwenden (Forts.)

7.3 Kontrollfragen und Aufgaben

1. Was sind Referenzen, wofür sind sie gut und woran erkennt man sie?
2. Woran erkennt man einen Zeiger? Was ist dessen grundlegende Funktion?
3. Was versteht man bei einem Zeiger unter *Dereferenzierung*?
4. Der Umgang mit Zeigern will gelernt sein. Bei folgendem Codeausschnitt ist, bezogen auf die Ausgabe des Listings, einiges durcheinandergeraten. Korrigieren Sie diese Fehler.

   ```
   // listings/07/aufgaben/aufgabe01.cpp
   int* ptr = nullptr;
   int val = 123;
   ptr = &val;
   std::cout << "Wert von val    : " << ptr << "\n";
   std::cout << "Adresse von val: " << &ptr << "\n";
   std::cout << "Adresse von ptr: " << *ptr << "\n";
   ```

   Die Ausgabe des Programms lautet:

   ```
   Wert von val   : 0x7ffeec57b68c
   Adresse von val: 0x7ffeec57b690
   Adresse von ptr: 123
   ```

5. Zeiger, Referenzen und gewöhnliche Variablen – behalten Sie den Überblick darüber? Versuchen Sie herauszufinden (ohne einen Rechner zu nutzen), welche Ausgabe der folgende Codeausschnitt ergibt:

```
// listings/07/aufgaben/aufgabe02.cpp
int* ptr = nullptr;
int val1 = 123 , val2 {234};
ptr = &val1;
int& ref1 = *ptr;
int& ref2 = val2;
std::cout << ref1 << " ";
std::cout << ref2 << " ";
*ptr = 456;
ptr = &val2;
*ptr = 678;
std::cout << ref1 << " ";
std::cout << ref2 << "\n";
int* ptr = nullptr;
```

Kapitel 8
Funktionen

Funktionen sind fundamentale Bausteine der Programmierung. Sie ermöglichen es, komplexe Aufgaben in überschaubare Teilaufgaben zu zerlegen und Code besser zu strukturieren. Damit sind sie unerlässlich für praktisch jedes größere Programm. Später werden Sie Funktionen auch als Methoden kennenlernen – d. h. als spezielle Funktionen, die zu Klassen gehören.

8.1 Grundlegendes zu Funktionen

Funktionen können Daten als Eingabe erhalten, diese verarbeiten und optional ein Ergebnis zurückliefern. Jedes ausführbare C++-Programm benötigt eine spezielle Funktion `main()`. Sie ist der Startpunkt des Programms, und ihr Code (der Funktionsrumpf in den geschweiften Klammern) wird beim Programmstart automatisch ausgeführt.

Um Programme übersichtlich und wartbar zu gestalten, werden komplexe Aufgaben in Teilaufgaben gegliedert und in separate Funktionen ausgelagert. Diese können dann aus `main()` oder anderen Funktionen heraus aufgerufen werden. Eine solche systematische Aufgabenteilung macht Programme strukturierter und leichter verständlich.

8.1.1 Funktionen definieren und aufrufen

Eine Funktion besteht aus einem *Funktionskopf* (auch *Deklaration*), der festlegt, wie sie aufgerufen wird, und dem *Funktionsrumpf* in geschweiften Klammern, der die auszuführenden Anweisungen enthält. Die grundlegende Syntax lautet (die Details sehen wir uns gleich an):

```
[Spezifizierer] <Datentyp> <Funktionsname>( [Parameter] ) {
   // Anweisung(en)
}
```

Wir beginnen mit dem einfachen Beispiel einer Funktion, die in den Zeilen (01) bis (03) des folgenden Listings definiert wird. Der Funktionskopf in Zeile (01) beschreibt eine Funktion mit dem Namen `myFunc`. Die leeren Klammern zeigen an, dass sie keine Parameter als Input erwartet. Der Datentyp `void` am Anfang signalisiert, dass sie keinen Rückgabewert liefert:

```
00 // listings/08/function01.cpp
...
01 void myFunc() {
02   std::cout << "Ich bin myFunc()\n";
03 }
04 int main() {
05   std::cout << "Vor der Funktion\n";
06   myFunc();
07   std::cout << "Nach der Funktion\n";
08 }
```


Bei Programmstart wird zunächst die `main()`-Funktion ausgeführt. Sie beginnt hier in Zeile (05) mit einer Ausgabe. Anschließend wird in Zeile (06) unsere Funktion `myFunc()` mit ihrem Namen und leeren runden Klammern aufgerufen. Nun werden die Anweisungen der Funktion ausgeführt: In Zeile (02) erfolgt eine Ausgabe über `std::cout`. Am Ende ihres Funktionsrumpfes in Zeile (03) beendet die Funktion ihre Ausführung. Der Programmablauf wird hinter dem Funktionsaufruf, also in Zeile (07) der `main()`-Funktion fortgesetzt. In der Ausführung sieht das Programm dann so aus:

```
Vor der Funktion
Ich bin myFunc()
Nach der Funktion
```

»void«

`void` als Typ der Rückgabe in Zeile (01) ist kein klassischer Datentyp, da es keine Objekte dieses Typs gibt. Er zeigt stattdessen explizit an, dass eine Funktion keinen Wert zurückgibt oder keine Parameter erwartet.

Statt mit leeren Klammern für die Parameter hätte die Funktion auch so deklariert werden können:

```
01 void myFunc ( void )
```

Betrachten wir die Elemente der Definition noch einmal im Einzelnen:

- **Spezifizierer:** Ein Speicherklassenspezifizierer ist optional und wird in Abschnitt 9.4, »Spezifizierer und Qualifikatoren«, genauer beschrieben. Unser Beispiel verwendet keinen Spezifizierer.
- **Datentyp:** Der Datentyp spezifiziert den Typ des Rückgabewertes. Sie können beliebige Datentypen verwenden oder `void`, wenn eine Funktion keinen Rückgabewert liefert (wie in unserem Beispiel).
- **Funktionsname:** Er ist ein eindeutiger Bezeichner, mit dem Sie die Funktion aufrufen können. Für den Namen gelten dieselben Regeln wie für Variablennamen (siehe Abschnitt 2.4.1, »Bezeichner«).
- **Parameter:** Auch die Parameter einer Funktion sind optional – die Klammern hinter dem Funktionsnamen müssen aber vorhanden sein. Hat die Funktion keine Parameter, steht in den Klammern `void` oder die leere Liste. Andernfalls spezifizieren Sie die einzelnen Parameter mit ihrem Datentyp und einem Namen. Wenn Sie mehr als einen Parameter verwenden, trennen Sie die Kombinationen von Datentyp und Name mit Kommata voneinander.
- **Anweisungsblock:** Wie die `main()`-Funktion enthält eine Funktion einen Anweisungsblock. Dort wird die eigentliche Aufgabe der Funktion erledigt. Mit dem Ende des Anweisungsblocks endet die Funktion und der Programmfluss läuft an der Stelle des Funktionsaufrufs weiter.

8.1.2 Funktionen deklarieren

Im obigen Beispiel haben wir `myFunc()` vor der `main()`-Funktion definiert. Sie können Funktionen auch nach den aufrufenden Funktionen definieren. Der Compiler arbeitet den Code allerdings von oben nach unten durch und würde daher die Funktion `myFunc()` an der Stelle ihres Aufrufs noch nicht kennen.

Um Code erfolgreich zu übersetzen, haben Sie zwei Möglichkeiten:

- Sie *definieren* die Funktion *vor dem ersten Aufruf*, wie gerade schon gezeigt.
- Sie *deklarieren* die Funktion *vor dem ersten Aufruf*. Bei einer *Deklaration* geben Sie nur den Funktionskopf mit einem Semikolon am Ende an – ohne den Funktionsrumpf (den sogenannten Prototyp). Der Compiler kennt damit die erwarteten Parameter und den Rückgabetyp. Das reicht dem Compiler vorerst, um seine Aufgabe zu erledigen. Eine solche Deklaration wird auch als *Vorausdeklaration* (engl. *forward declaration*) bezeichnet.

Wenn die Funktion bei der Ausführung tatsächlich aufgerufen wird, muss eine zur Deklaration passende Definition aber irgendwo vorliegen. Sie kann aber an einer anderen Stelle folgen und sogar in einer anderen Quelldatei als die Deklaration liegen.

Definition: Der Prototyp

Als *Prototyp* bezeichnet man die Deklaration einer Funktion mit Namen und Angaben zum Datentyp der Rückgabe und zur Anzahl der Parameter und ihren Datentypen, aber ohne die definierende Implementation.

Hier haben wir unser Beispiel aus *function01.cpp* etwas umgeschrieben, um eine solche einfache Vorausdeklaration zu demonstrieren:

```
// listings/08/function02.cpp
...
void myFunc();

int main() {
  std::cout << "Vor der Funktion\n";
  myFunc();
  std::cout << "Nach der Funktion\n";
}

void myFunc() {
```

```
08   std::cout << "Ich bin myFunc()\n";
09 }
```

Dank der Vorausdeklaration in Zeile (**01**) hat der Compiler in Zeile (**04**) alle notwendigen Informationen zur Funktion (keine Rückgabe, keine Parameter). Die eigentliche Definition der Funktion findet sich hinter `main()` in Zeile (**07**) bis (**09**). Die Funktion wird also erst einmal *deklariert* (**01**) und dann *definiert* (**07** bis **09**).

> **Verwendung von Vorausdeklarationen**
>
> In der Praxis verwendet man Funktionsprototypen, um Quellcode in einzelne Module und unterschiedliche Dateien aufzuteilen. Hierbei wird häufig die Deklaration (der Funktionsprototyp) in einer eigenen *Headerdatei* und die Definition in einer separaten *Quelldatei* abgelegt. Details dazu folgen in Kapitel 9, »Modularisierung und Präprozessor«.

8.1.3 Funktionsparameter (Call-by-Value)

In der Praxis verwenden Funktionen meist Parameter für ihre Eingabewerte; Funktionen ohne Parameter sind selten. Eine Funktion mit Parametern könnte wie folgt aussehen:

```
// listings/08/param01.cpp
...
void sum_ausgabe(int summand1, int summand2);

int main() {
  int ival1 = 0, ival2 = 0;
  std::cout << "Bitte 1. Ganzzahl eingeben: ";
  std::cin >> ival1;
  if (std::cin.fail()) {
    std::cerr << "Fehler bei der Eingabe\n";
    return EXIT_FAILURE;
  }
  std::cout << "Bitte 2. Ganzzahl eingeben: ";
```

```
11    std::cin >> ival2;
12    if (std::cin.fail()) {
13      std::cerr << "Fehler bei der Eingabe\n";
14      return EXIT_FAILURE;
15    }
16    sum_ausgabe(ival1, ival2);
17  }

18  void sum_ausgabe(int summand1, int summand2) {
19    std::cout << "Die Summe lautet: "  //
20              << summand1 + summand2 << '\n';
21  }
```

An der Deklaration in Zeile (01) erkennen Sie, dass diese Funktion zwei Parameter vom Typ `int` erwartet und kein Ergebnis zurückliefert.

In Zeile (18) bis (21) wird die Funktion definiert. Innerhalb der Funktion werden die beiden Parameter `summand1` und `summand2` addiert und ausgegeben.

Parameter in Deklaration und Definition

Für den Compiler sind Parameternamen wie `summand1` und `summand2` in der Deklaration optional. Dort wäre auch Folgendes ausreichend:

```
03 void sum_ausgabe(int, int);
```

Zwingend sind hier nur die Datentypen und deren Reihenfolge. Programmcode wird allerdings auch von Menschen gelesen. Verwenden Sie daher direkt in der Deklaration sinnvolle Parameternamen. Viele Entwicklungsumgebungen zeigen sie bei der Arbeit mit einer Funktion auch als Hilfe an. Achtung: Die Parameternamen in Deklaration und Definition dürfen unterschiedlich sein! Konsistente Namen sind aber empfehlenswert, daher haben wir diese Möglichkeit im Beispiel nicht gezeigt.

Nachdem in `main()` zwei Integer-Werte eingelesen wurden, wird `sum_ausgabe` in Zeile (16) mit den eingelesenen Werten aufgerufen. Diese Werte werden als *Argumente* an die Funktion übergeben. In der Funktion sind die Werte aus den Variablen `ival1` und `ival2` dann unter den Namen `summand1` und `summand2` verfügbar. Die Funktion erhält dabei eine Kopie der verwendeten Argumente, die sie unter ihren eigenen Namen führt. Damit enthalten `ival1` und `summand1` bei einem Aufruf zwar die gleichen Werte, es besteht aber keine Verbindung zwischen ihnen. Insbesondere hätte eine Änderung an `summand1` keine Auswirkung auf `ival1`. Dieses Kopieren eines Wertes wird auch *Call-by-Value* genannt.

Formale Parameterliste

Wenn Sie eine Funktion mit Parametern (auch *formale Parameterliste* genannt) aufrufen, ist es besonders wichtig, dass die Typen der Argumente des Aufrufs in ihrer Reihenfolge mit denen der formalen Parameterliste übereinstimmen. Wird ein anderer Datentyp als Argument an die Funktion übergeben, als in der Parameterliste angegeben ist, findet eine implizite Typumwandlung statt. Diese erfolgt nach den Regeln, die wir in Abschnitt 4.3.1, »Implizite Umwandlung durch den Compiler«, beschrieben haben.

8.1.4 Konstante Funktionsparameter

Parameter werden als Kopie an die Funktion übergeben. Wenn wir wissen, dass sie innerhalb der Funktion nicht verändert werden sollen, kennzeichnen wir sie mit `const`. Im vorherigen Beispiel ist das der Fall: Die Parameter werden nur für die Berechnung verwendet, es ist keine Änderung vorgesehen.

Hierfür passen wir den Prototyp und den Kopf der Funktionsdefinition wie folgt an:

```
// listings/08/const01.cpp
...
void sum_ausgabe (const int summand1, const int summand2);
...
void sum_ausgabe (const int summand1, const int summand2) {
```

```
    std::cout << "Die Summe lautet: "
              << summand1 + summand2 << '\n';
}
```

Eine solche Kennzeichnung hat zwei Funktionen: eine für den Compiler und eine für den Leser des Codes. Der Compiler sorgt aufgrund dieser Angabe dafür, dass eine (versehentliche) Änderung der Parameter innerhalb der Funktion nicht mehr möglich ist. Damit kann er einige Missgeschicke verhindern. Sie werden gleich in Abschnitt 8.2.2 Anwendungsfälle kennenlernen, in denen die richtige Verwendung von `const` entscheidend sein wird.

Für den Nutzer ist durch die Kennzeichnung mit `const` zusätzlich erkennbar, dass keine Änderung innerhalb der Funktion stattfinden soll.

Prototyp und Definition bei »const«

Da die Parameter nur als Kopie übergeben werden, spielt `const` für den Aufrufer keine Rolle. Sie könnten `const` sogar nur in der Definition verwenden und in der Deklaration weglassen. Wir empfehlen aber, `const` immer an beiden Stellen zu verwenden – das macht den Code klarer und einheitlicher. (Der C++-Standard formuliert es so, dass ein `const` auf dem äußersten Level (*outermost level*) für das Zusammenpassen von Deklaration und Definition keine Rolle spielt.)

8.1.5 Standardparameter

Funktionsparameter können mit Standardwerten vorbelegt werden. Man spricht dabei von *Standardparametern* (engl. *default parameters*). Ein Beispiel zur Veranschaulichung:

```
void sprechstunde ( int dauer_minuten = 30 );
```

Wird die Funktion ohne Argument aufgerufen, wird der Standardwert, hier also `30`, verwendet. Bei einem Aufruf mit Argument wird der gegebene Wert genutzt.

Hier sehen Sie ein praktisches Beispiel mit gleich mehreren Standardwerten:

```
00 // listings/08/default01.cpp
...
01 // Funktionsprototyp mit Standardparametern
02 void hochzaehlen(int start = 0, int ziel = 5, int inc = 1);
03 int main() {
04   hochzaehlen();          // verwendet 0, 5, 1
05   hochzaehlen(2);         // verwendet 2, 5, 1
06   hochzaehlen(1, 6);      // verwendet 1, 6, 1
07   hochzaehlen(2, 8, 2); // verwendet 2, 8, 2
08 }
09 void hochzaehlen(int start, int ziel, int inc) {
10   for (auto i = start; i <= ziel; i += inc) {
11     std::cout << i << " ";
12   }
13   std::cout << "\n";
14 }
```

In Zeile (**02**) wird die Funktion `hochzaehlen` mit mehreren Standardwerten deklariert. In den Zeile (**04**) bis (**08**) wird die Funktion in verschiedenen Varianten aufgerufen: zuerst ohne Argument, dann mit einem und zuletzt mit vier Argumenten. Die Ausgabe zeigt, welche unterschiedlichen Zählweisen sich ergeben:

```
0 1 2 3 4 5
2 3 4 5
1 2 3 4 5 6
2 4 6 8
```

Wichtig bei Standardwerten ist:

- Sie können nur von rechts nach links vergeben werden, also immer nur für die »letzten« Argumente einer Funktion.
- Beim Aufruf können immer nur Argumente vom Ende der Parameterliste weggelassen werden. Benötigen Sie ein abweichendes Argument, müssen Sie alle davorliegenden Argumente mit angeben.

Ein Beispiel:

```
void hochzaehlen(int start, int ziel = 5, int inc = 1);
```

Hier hat `start` keinen Standardwert, daher muss für diesen Parameter immer ein Argument beim Aufruf angegeben werden, da die Zuordnung der Parameter von *links nach rechts* erfolgt.

Platzierung der Standardwerte

Hat eine Funktion mit Standardwerten *nur* eine Definition, können Standardwerte auch dort in der Schnittstelle festgelegt werden. Hat sie allerdings einen Funktionsprototyp, gehört die Festlegung der Standardwerte ausschließlich dorthinein. So dient der Prototyp als sichtbare Schnittstelle und informiert jeden, der die Funktion verwendet, über deren Standardwerte.

8.1.6 Rückgabe aus Funktionen

Bisher haben unsere Funktionen ihre Ergebnisse direkt mit `std::cout` ausgegeben. Oft wollen Sie aber in einer Funktion ein Teilproblem lösen und das Ergebnis an den Aufrufer zurückgeben, um damit weiterzuarbeiten (gegebenenfalls mit weiteren Funktionen). Dafür legen Sie bei der Definition und Deklaration den Datentyp der Rückgabe fest:

```
int addieren(int summand1, int summand2) {
    return summand1 + summand2;
    }
```

Die Funktion hat nun zwei Parameter vom Typ `int` und gibt deren Summe als `int`-Wert zurück. Die Rückgabe des Ergebnisses erfolgt mit der `return`-Anweisung. Sie wertet den nachfolgenden Ausdruck aus, gibt das Ergebnis zurück und beendet die Funktion. Das Ergebnis (es wird auch *Rückgabe-* oder *Returnwert* genannt) wird an den Aufrufer zurückgegeben.

Achtung: Implizite Konvertierung möglich!

Unterscheidet sich der Datentyp des für `return` ausgewerteten Ausdrucks vom Rückgabetyp, findet eine implizite Typumwandlung statt, wie Sie sie aus Abschnitt 4.3.1, »Implizite Umwandlung durch den Compiler«, kennen.

Weiteres zu »return«

Fehlt die `return`-Anweisung in einer Funktion mit Rückgabetyp (außer in `main`), ist das Verhalten undefiniert. Der Compiler wird Sie in der Regel mit einer Warnung oder einer Fehlermeldung darauf hinweisen. Bei `void`-Funktionen können Sie ein `return` ohne weitere Parameter verwenden, hier ist ja kein Rückgabewert erforderlich. Hierbei wird die Funktion an der Position beendet, an der Sie `return` aufrufen. Ansonsten wird bei `void`-Funktionen am Ende automatisch ein `return` ohne Wert eingefügt.

Die Rückgabe einer Funktion verwenden

Den Rückgabewert können Sie auf verschiedene Arten nutzen. Wollen Sie als Aufrufer den Rückgabewert speichern, verwenden Sie eine Variable des entsprechenden Typs:

```
int sum = addieren(123, 456); // initialisieren
sum = addieren (12, 34); // zuweisen
```

Die Variable `sum` erhält jeweils den Rückgabewert, den die Berechnung der Funktion `addieren()` ergibt.

Sie können einen Rückgabewert auch direkt verwenden, beispielsweise bei einer Ausgabe:

```
std::cout << addieren(345, 678); // Ausgabe
```

Sie können aber auch komplett darauf verzichten, das zurückgegebene Ergebnis zu nutzen:

```
addieren(123, 456);
```

Ein vollständiges Beispiel zeigt die Verwendung einer Funktion mit Rückgabewert. Hier wird die Summe zweier eingelesener Zahlen berechnet:

```
// listings/08/return01.cpp
...
int addieren(int summand1, int summand2);

int main() {
  int ival1 = 0, ival2 = 0;
  std::cout << "Bitte 1. Ganzzahl eingeben: ";
  std::cin >> ival1;
  if (std::cin.fail()) {
    std::cerr << "Fehler bei der Eingabe\n";
    return EXIT_FAILURE;
  }
  std::cout << "Bitte 2. Ganzzahl eingeben: ";
  std::cin >> ival2;
  if (std::cin.fail()) {
    std::cerr << "Fehler bei der Eingabe\n";
    return EXIT_FAILURE;
  }
  int sum = addieren(ival1, ival2);
  std::cout << "Die Summe lautet: " << sum << "\n";
}

int addieren(int summand1, int summand2) {
  return summand1 + summand2;
}
```

Nachlaufender Rückgabetyp

C++ erlaubt auch eine alternative Schreibweise für den Rückgabetyp:

```
auto addieren(int summand1, int summand2) -> int;
```

Der Rückgabetyp steht hier »nachlaufend« nach den Parametern. Diese Schreibweise macht bei einfachen Funktionen keinen Unterschied, wird aber bei Templates und komplexeren Typen wichtig. Wir gehen auf diese Variante in Kapitel 18, »Die Standardbibliothek und weitere Sprachelemente«, näher ein.

8.1.7 Funktionen überladen

Sie können mehrere Funktionen mit demselben Namen erstellen, die sich in ihren Parametern unterscheiden. Das ist nützlich, um ähnliche Operationen für verschiedene Datentypen anzubieten, und wird als *Überladen von Funktionen* bezeichnet.

Die Funktionen können sich in den Parametertypen oder auch durch die Anzahl der Parameter unterscheiden. Ein Beispiel:

```
void ausgabe(int a); // Gibt eine Ganzzahl (int) aus
void ausgabe(int a, int b); // Gibt zwei Ganzzahlen aus
void ausgabe(std::string str); // Gibt einen String aus
```

Alle drei Prototypen haben den Namen `ausgabe()`, unterscheiden sich aber durch ihre Parametertypen. Die Kombination aus Funktionsname und Parametertypen nennt man *Signatur*. Der Compiler wählt anhand der übergebenen Parameter bei einem Funktionsaufruf die überladene Funktion mit der passenden Signatur aus.

Rückgabewerte gehören nicht zur Signatur

In dem Beispiel haben alle Funktionen den gleichen Rückgabewert `void`. Überladene Funktionen können, wie andere Funktionen auch, beliebige Datentypen als Rückgabewerte haben. Der Datentyp der Rückgabe ist allerdings *kein* Bestandteil der Signatur und kann nicht dazu verwendet werden, überladene Funktionen zu unterscheiden. Die folgenden Funktionen haben damit dieselbe Signatur:

```
int funktion (int a);
```

```
double funktion (int a);
```

Sie sind für den Compiler nicht unterscheidbar und würden bei ihrer Deklaration eine Fehlermeldung erzeugen.

Ein vollständiges Beispiel mit der mehrfach überladenen Funktion `ausgabe()` zeigt die Verwendung:

```
// listings/08/overload01.cpp
...
void ausgabe(int a);
void ausgabe (int a, int b);
void ausgabe (std::string str);
int main() {
  ausgabe (99);
  ausgabe (1, 2);
  std::string text{"Hallo, Welt!"};
  ausgabe (text);
  return EXIT_SUCCESS;
}
void ausgabe (int a) {
  std::cout << "Ein int: " << a << '\n';
  return;
}
void ausgabe (int a, int b) {
  std::cout << "int: " << a << ", int: " << b << '\n';
  return;
}
void ausgabe (std::string str) {
  std::cout << "Ein std::string: " << str << '\n';
  return;
}
```

Das Programm generiert diese Ausgabe:

```
Ein int: 99
int: 1, int: 2
Ein std::string: Hallo, Welt!
```

Zu jedem Aufruf wird die passende Variante der überladenen `ausgabe()`-Funktion ausgeführt, abhängig von den Argumenten beim Funktionsaufruf. Dies funktioniert, da der Compiler die Funktionen anhand ihrer Signatur identifiziert, die eine Kombination aus ihrem Namen und ihrer Parameterliste ist.

Auswahl der passenden Funktion

Der Compiler sucht eine passende Funktion zu einem Aufruf nach einem festen Schema. Findet er eine Funktion mit exakt passender Signatur, wird – natürlich – diese verwendet. Anschließend versucht der Compiler, eine Funktion zu finden, die mit einer integralen Typpromotion passend wäre. Dazu würde beispielsweise aus `bool` (`true` = `1` und `false` = `0`) oder `char` ein `int`. Danach prüft der Compiler, welche Funktionen nach einer Standardtypumwandlung passen würden. Als letzte Variante prüft er, ob Signaturen nach einer benutzerdefinierten Typumwandlung passen würden.

Die oben beschriebenen Regeln sorgen dafür, dass auch die folgenden Aufrufe der überladenen Funktionen ausgeführt werden könnten:

```
01 ausgabe(true); // Ein int: 1
02 ausgabe(7.7); // Ein int: 7
03 ausgabe("abcdefg"); // Ein std::string: abcdefg
```

In Zeile (**02**) fände eine Konvertierung des Fließkommawertes in einen Integer statt. Je nach Einstellung wird Ihr Compiler das allerdings mindestens mit einer Warnung quittieren.

8.1.8 Gültigkeitsbereich und Sichtbarkeit von Variablen

Jede Variable hat einen Gültigkeitsbereich, der bestimmt, wo sie im Programm verwendet werden kann. *Lokale Variablen* werden innerhalb einer Funktion oder eines Anweisungsblocks deklariert. Auch die benannten Parameter einer Funktion gehören dazu. Sie sind nur dort gültig und verschwinden beim Verlassen des Blocks. *Globale Variablen* dagegen werden außerhalb von Funktionen deklariert und sind im ganzen Programm sichtbar.

Variablen außerhalb einer Funktion oder eines Anweisungsblocks sind globale Variablen. Globale Variablen sind im ganzen Programm sichtbar. Ein einfaches Beispiel für lokale und globale Variablen sehen Sie hier:

```
00 // listings/08/scope01.cpp
01 int global = 0;  // global

02 void myFunction() {
03   int lokal01 = global + 2;
04 }

05 int main() {
06   int lokal02 = global + 1;
07   global = lokal02;
08   myFunction();
09 }
```

In Zeile **(01)** wird die globale Variable `global` definiert, auf die dann in Zeile **(03)**, Zeile **(06)** und Zeile **(07)** zugegriffen wird.

Vorsicht mit globalen Variablen!

Globale Variablen sollten Sie nur sehr zurückhaltend verwenden. In größeren Projekten wird schnell unübersichtlich, welche Funktionen auf welche Variablen zugreifen. Lassen Sie Informationen lieber als Argumente und Rückgaben zwischen Funktionen fließen.

Setzen Sie vor eine global definierte Variable das Schlüsselwort `static`, ist sie nur noch in der Datei sichtbar, in der sie definiert worden ist. Noch besser ist es, eine solche Variable in einen Namespace ohne Namen zu platzieren. Wie das funktioniert, erfahren Sie in Kapitel 9, »Modularisierung und Präprozessor«. Dort finden Sie auch mehr zur Sichtbarkeit über Dateigrenzen hinaus und erfahren, wie Sie mit solchen Fällen umgehen können.

Existieren mehrere Variablen mit demselben Bezeichner, erhält bei der Verwendung diejenige Variable den Zuschlag, die bei der Ausführung im engsten Sinne lokal ist. Zum Beispiel gewinnt eine Variable aus demselben innersten Codeblock gegen eine, die lediglich in derselben Funktion oder in einem weiter außen gelegenen Codeblock deklariert wurde. Dies zeigt der folgende Codeausschnitt:

```
00 // listings/08/scope02.cpp
...
01 int ival = 123; // global
02 int main() {
03   std::cout << ival << '\n';  // 123
04   int ival = 456; // ueberdeckt den globalen Wert
05   {
06     std::cout << ival << '\n';  // 456
07     int ival = 789; // ueberdeckt beide äußeren
08     std::cout << ival << '\n';  // 789
09   }
10   std::cout << ival << '\n';  // 456
11 }
```

Hier wurde dreimal eine Variable mit dem Bezeichner `ival` definiert: in Zeile **(01)**, **(04)** und **(07)**. Hierbei haben wir absichtlich verschachtelte Anweisungsblöcke erzeugt und auch im innersten Block in Zeile **(07)** eine Variable mit dem Namen `ival` definiert.

Die Ausgabe in Zeile **(03)** lautet `123`: Hier existiert die globale Variable allein. In Zeile **(06)** ist die Ausgabe `456`, die lokale Variable aus Zeile **(04)** überdeckt hier die globale Variable. Das neue `ival` aus Zeile (**07**) ist hier noch nicht bekannt. In Zeile (**08**) wird dann `789` ausgegeben, da jetzt `ival` aus Zeile (**07**) aus dem innersten Anweisungsblock existiert. Damit ist sie die »lokalste«, die alle anderen Variablen gleichen Namens überdeckt. Die Ausgabe von Zeile (**10**) lautet nun wieder `456`, da hier `ival` aus Zeile (**07**) nicht mehr existiert. Diese Variable ist mit dem Ende ihres Gültigkeitsbereichs nach Zeile (**09**) abgebaut worden. Die globale Variable `ival` aus Zeile (**01**) ist hier noch von der lokaleren Variante aus Zeile (**04**) überdeckt.

Zugriff auf den globalen Gültigkeitsbereich – der Scope-Operator »::«

Mit dem *Scope-Operator* `::` können Sie explizit auf eine globale Variable zugreifen, auch wenn eine lokale Variable gleichen Namens sie überdeckt. Damit legen Sie einen Zugriffsbereich fest und können auf globale Variablen zugreifen:

```
00  // listings/08/scope03.cpp
...
01  int ival = 456; // global
02  int main() {
03    int ival = 123; // lokal
04    std::cout << ival << '\n';     // 123, lokales ival
05    std::cout << ::ival << '\n';   // 456, globales ival
06  }
```

In Zeile (**04**) wird der lokale Wert `123` aus Zeile (**03**) ausgegeben. In Zeile (**05**) hingegen wird durch den Scope-Operator die globale Variable `ival` aus Zeile (**01**) verwendet.

Weitere Verwendung

Sie haben den Scope-Operator in Kapitel 2 auch schon unter dem Namen *Bereichsoperator* kennengelernt, und wir werden ihn im Laufe des Buches auch für den Zugriff auf andere Gültigkeitsbereiche noch mehrfach nutzen.

8.1.9 Die »main()«-Funktion

Jedes ausführbare C++-Programm benötigt eine `main()`-Funktion als Startpunkt. Der C++-Standard schreibt für diese Funktion `int` als Typ der Rückgabe vor.

```
int main() {
  return 0; // muss nicht verwendet werden
}
```

Der Rückgabewert der `main()`-Funktion geht an ihren Aufrufer, also an den Prozess, der das übersetzte Programm gestartet hat, beispielsweise die Shell oder die Entwicklungsumgebung. Der Rückgabewert wird dort als sogenannter *exit status* des Programms betrachtet. Ein Rückgabewert von `0` bedeutet, dass das Programm regulär beendet wurde. Alle anderen Werte signalisieren, dass etwas schiefgelaufen ist. Die genaue Behandlung des Rückgabewerts ist allerdings vom Betriebssystem abhängig.

Mit der Headerdatei `<cstdlib>` können Sie statt Zahlenwerten bei der Rückgabe die Konstanten `EXIT_SUCCESS` und `EXIT_FAILURE` verwenden. Damit ersparen Sie sich »magische Zahlen«. Die Einbindung haben Sie schon in Kapitel 2 gesehen.

Verwendung von »EXIT_SUCCESS«

Bei den im Buch abgedruckten Beispielen haben wir aus Platzgründen meist auf `return EXIT_SUCCESS;` am Ende von `main` verzichtet.

8.1.10 Aufruf eines Programms mit Parametern

Programme können beim Start Parameter erhalten. Dazu verwenden Sie diese Variante der `main()`-Funktion:

```
int main(int argc, const char *argv[]) {
  return EXIT_SUCCESS; // optional
}
```

Der Parameter argc enthält die Anzahl der übergebenen Argumente. Das Array argv enthält die Argumente als Texte (C-Strings). Dabei wird immer mindestens ein Argument übergeben, nämlich der Name des gestarteten Programms, als argv[0]. Die Parameternamen argc und argv sind prinzipiell frei wählbar, diese sind aber üblich. Ein Beispielprogramm zum Auslesen und Anzeigen aller Parameter sieht damit so aus:

```
// listings/08/arguments01.cpp
...
int main(int argc, char* argv[]) {
  for (int i = 0; i < argc; ++i)
    std::cout << i << ": " << argv[i] << '\n';
  return EXIT_SUCCESS;
}
```


Wird das Programm mit Argumenten von der Kommandozeile gestartet, z. B. mit

```
./arguments01 -param1 PARAMETER
```

sieht die Ausgabe so aus:

```
0: ./arguments01
1: -param1
2: PARAMETER
```

Start aus einer Entwicklungsumgebung

In einer integrierten Entwicklungsumgebung können Sie die Parameter, die Ihrem Programm beim Start übergeben werden, in der Regel mithilfe entsprechender Dialoge ebenfalls einstellen.

8.1.11 Das Programmende

Ein C++-Programm kann auf verschiedene Arten beendet werden:

- regulär durch einen return-Aufruf in der main()-Funktion (wie schon bekannt)

- durch den Aufruf der Funktion `exit()` an beliebiger Stelle
- durch den Aufruf der Funktion `abort()` für sofortigen Abbruch
- durch eine unbehandelte Ausnahme, die das Programm mit `terminate()` beendet (Auf die Ausnahmebehandlung gehen wir detailliert in Kapitel 16 ein.)
- und nicht zu vergessen: durch unabsichtliche und unerwartete Fehler, die zu einem Abbruch führen

Die Funktionen `exit()` und `abort()` sind in der Headerdatei `<cstdlib>` implementiert, die Sie für `EXIT_SUCCESS` vermutlich schon eingebunden haben. Mit `exit()`können Sie ein Programm zur Laufzeit jederzeit beenden. Als Parameter erhält `exit()` einen ganzzahligen Wert, der – ähnlich wie `return` in der `main()`-Funktion – an die Aufrufumgebung zurückgegeben wird.

Vorsicht mit »exit()« und »abort()«!

Wir raten vom Gebrauch dieser Funktionen in der Praxis ab, da beide die Aufräumarbeiten beim Programmende beeinflussen, `abort()` noch deutlicher als `exit()`. Für Fehlerfälle bietet C++ als bessere Alternative die Ausnahmebehandlung an, mit der wir uns in Kapitel 16 näher beschäftigen.

8.2 Referenzen als Parameter und Rückgabe

Bisher haben wir bei der Übergabe von Argumenten mit Kopien der übergebenen Werte gearbeitet. Das verhindert, dass die Originalwerte geändert werden. Das folgende Programm lässt sich zwar kompilieren, macht allerdings nicht das, was Sie beim flüchtigen Betrachten zunächst erwarten könnten:

```
00  // listings/08/tauschen01.cpp
...
01  void tauschen(int val1, int val2);
```

```
int main() {
  int a = 1, b = 2;
  std::cout << "a: " << a << ", b: " << b << "\n";
  std::cout << "tauschen(a, b)" << "\n";
  tauschen(a, b);
  std::cout << "a: " << a << ", b: " << b << "\n";
}
// ACHTUNG, tauscht gar nicht!
void tauschen(int val1, int val2) {
  int temp = val1;
  val1 = val2;
  val2 = temp;
}
```


Die Ausgabe sieht dann folgendermaßen aus:

```
a: 1, b: 2
tauschen(a, b)
a: 1, b: 2
```

Das Verhalten passt zu dem, was Sie schon über Funktionen wissen: Die Werte von `a` und `b` werden der Funktion `tauschen()` als Kopien an `val1` und `val2` übergeben. Innerhalb der Funktion werden die Werte der lokalen Variablen getauscht – das hat aber keine Auswirkungen auf `a` und `b` in der aufrufenden `main()`-Funktion.

Wir wollen aber auch Aufgaben an Funktionen auslagern können, mit denen wir Variablen auf der aufrufenden Seite manipulieren, beispielsweise um `a` und `b` tatsächlich zu vertauschen.

In Abschnitt 7.1, »Referenzen«, haben Sie erfahren, wie mit Referenzen ein zusätzlicher Bezeichner für ein vorhandenes Objekt vereinbart wird. Diese Eigenschaft werden wir jetzt für Funktionen nutzen, indem wir in der Schnittstelle unserer Funktion Referenzen für die Übergabe der Parameter verwenden.

8.2.1 Referenzen als Parameter

Wir ändern die Funktion aus *tauschen01.cpp*, damit unsere neue Funktion `tauschen_ref()` Referenzen auf die bereits vorhandenen Speicherobjekte nutzt. Dafür sind nur zwei kleine Änderungen am Prototyp und am Funktionskopf nötig:

```
00 // listings/08/tauschen02.cpp
01 #include <cstdlib>
02 #include <iostream>
03 void tauschen_ref(int& val1, int& val2);
04 int main() {
05   int a = 1, b = 2;
06   std::cout << "a: " << a << ", b: " << b << "\n";
07   std::cout << "tauschen_ref(a, b)" << "\n";
08   tauschen_ref(a, b);
09   std::cout << "a: " << a << ", b: " << b << "\n";
10 }

11 void tauschen_ref(int& val1, int& val2) {
12   int temp = val1;
13   val1 = val2;
14   val2 = temp;
15 }
```

Wenn wir das Programm ausführen, werden nun die Werte von `a` und `b` in `main()` tatsächlich getauscht:

```
a: 1, b: 2
tauschen_ref(a, b)
a: 2, b: 1
```

In Zeile **(03)** und **(11)** werden die Parameter als Referenzen vereinbart, und beim Funktionsaufruf in Zeile **(08)** werden Referenzen auf die Argumente im Funktionsaufruf übergeben (*Call-by-Reference*). Das bedeutet, dass `val1` und `val2` in `tauschen_ref()` keine Kopien der Werte von `a` und `b` enthalten, sondern Referenzen sind, also neue Bezeichner für dieselben Speicherobjekte.

Da Sie in der Funktion jetzt Referenzen auf die Originaldaten verwenden, können Sie diese Originaldaten in der Funktion bearbeiten oder verändern. Beachten Sie, dass sich dabei der Aufruf in der Zeile (**08**) nicht von dem in *tauschen01.cpp* unterscheidet.

Die Übergabe als Referenz hat zwei Vorteile. Erstens können wir damit Funktionen wie `tauschen_ref()` überhaupt erst realisieren. Zweitens ist die Übergabe per Referenz sehr effizient, da keine Kopien erzeugt werden müssen. Bei Werten mit dem Datentyp `int` ist das noch nicht relevant. Wichtig wird das aber bei größeren Speicherobjekten, die entsprechend mehr Speicher und Rechenzeit beim Kopieren benötigen. Daher werden in C++ größere Speicherobjekte in der Regel als Referenz übergeben.

Beachten Sie auch, dass man in dem obigen Beispiel in Zeile (**08**) dem Funktionsaufruf nicht ansehen kann, ob die Parameter als Wert oder als Referenz übergeben werden.

8.2.2 Konstante Funktionsparameter

Die Übergabe per Referenz ist bequem und effizient. Es kann nun aber eine – auch versehentliche – Änderung der Variablen des Aufrufers aus der Funktion heraus geben. Funktionen, die Argumente per Referenz erhalten, aber ausschließlich lesenden Zugriff benötigen, sollten Änderungen grundsätzlich ausschließen. Das erreichen wir, indem die Argumente nicht als *Referenz auf den Typ*, beispielsweise `int&`, sondern als *Referenz auf den konstanten Typ* übergeben werden, hier also `const int&`. Dies bietet nicht nur Schutz vor unabsichtlichen Änderungen, sondern erweitert die Möglichkeiten beim Funktionsaufruf, wie Sie im folgenden Beispiel sehen werden. Dazu passen wir das Beispiel zum Addieren so an, dass Referenzen auf konstante Werte übergeben werden (diesmal vereinfacht, ohne Nutzereingabe):

```
// listings/08/const_ref01.cpp
...
int addieren(const int& summand1, const int& summand2);
int main() {
  int ival1 = 10, ival2 = 20;
```

```
04     int sum = 0;
05     sum = addieren(ival1, ival2);
06     std::cout << "Die Summe lautet: " << sum << "\n";
07     sum = addieren(50, ival1 + 5);
08     std::cout << "Die Summe lautet: " << sum << "\n";
09   }
10   int addieren(const int& summand1, const int& summand2) {
11     return summand1 + summand2;
12   }
```

Im Gegensatz zu *param01.cpp* macht es hier einen bedeutenden Unterschied, ob bei den Parametern `const` verwendet wird oder nicht.

Der Aufruf in Zeile (**05**) wäre auch mit einer nichtkonstanten Referenz problemlos. Der Aufruf der Addition in Zeile (**07**)

```
sum = addieren(50, ival1 + 5);
```

stellt allerdings eine andere Situation dar. Hier wird die Funktion mit dem Literal `50` und dem Ergebnis des Ausdrucks `ival1+5` aufgerufen. Mit nichtkonstanten Referenzen wie in

```
int addieren( int& summand1, int& summand2); // FEHLER
```

wäre das Resultat ein Fehler bei der Übersetzung. Die `50` ist kein Speicherobjekt, sondern ein nicht änderbares Literal. Auch der Ausdruck `ival1+5` ist kein Speicherobjekt, sondern das (temporäre) Ergebnis eines Ausdrucks. Diese Werte in der Funktion ändern zu wollen, ergäbe auch keinen Sinn.

Bei einer Übergabe als Kopie (*Call-by-Value*) gibt es diese Probleme nicht. In diesem Fall werden die Werte der beiden Ausdrücke ermittelt und kopiert. Um solche Fälle als Referenzen zu übergeben, muss der Compiler ein vorübergehendes Objekt erzeugen, es mit dem entsprechenden Wert initialisieren und es dann als Parameter verwenden. Mit Referenzen auf konstante Werte werden genau solche temporären Speicherobjekte bei Bedarf erzeugt, und der Aufruf wird möglich.

Verwenden Sie Referenzen auf konstante Datentypen

Wenn Sie Werte in einer Funktion nur lesend verwenden, stellen Referenzen auf konstante Datentypen auch für große Speicherobjekte sowie Literale und temporäre Ausdrücke einen effizienten und sicheren Mechanismus dar.

8.2.3 Referenzen als Rückgabe

Eine Funktion kann auch eine Referenz als Ergebnis zurückgeben. Dabei ist entscheidend, dass das referenzierte Element auch noch dann existiert, wenn die Funktion beendet worden ist. Referenzen auf Parameter der Funktion oder auf lokale Variablen, die nach Ausführung der Funktion gelöscht werden, sind damit ausgeschlossen.

Um diese Fehlerquelle konkret zu demonstrieren, zeigen wir hier einen solch problematischen Codeausschnitt:

```
00 // listings/08/return_ref01_error.cpp
...
01 const int& maxVal(const int val1, const int val2) {
02   if (val1 > val2) {
03     return val1;  // Fehler, lokale Variable
04   } else {
05     return val2;  // Fehler, lokale Variable
06   }
07 }
```

Der Fehler in der Funktion `maxVal()` entsteht durch die Lokalität von `val1` und `val2` in Zeile (**01**). Sobald Sie in Zeile (**03**) oder Zeile (**05**) das größere der beiden Elemente als Referenz `const int&` an den Aufrufer zurückgeben, werden die zuvor für die Funktion auf dem Stack angelegten lokalen Parameter wieder aufgeräumt. Das bedeutet: Wenn die Funktion beendet ist, existieren die Elemente, auf die referenziert wurde, nicht mehr. Das Verhalten an dieser Stelle ist somit »undefiniert« und führt zu schwer auffindbaren Fehlern.

Je nach seinen Einstellungen weist Ihr Compiler Sie im besten Fall mit einer Warnung darauf hin. Das Tückische dabei ist, dass der Code manchmal funktionieren kann, sogar mehrfach.

Wenn Sie Referenzen als Ergebnis einer Funktion zurückgeben, achten Sie also darauf, dass Sie ein Speicherobjekt referenzieren, das nach dem Beenden der Funktion weiter gültig ist. Sie könnten beispielsweise ein Objekt zurückgeben, das an einen konstanten Referenzparameter gebunden ist. Hierzu betrachten wir nun eine verbesserte Funktion `maxVal()`, die gültige Werte zurückliefert. Die zurückgegebenen Objekte sind jetzt an konstante Referenzparameter gebunden und nicht mehr an lokale Speicherobjekte:

```
// listings/08/return_ref02.cpp
...
const int& maxVal(const int& val1, const int& val2);

int main() {
  int ival1 = 100, ival2 = 200;
  std::cout << maxVal(ival1, ival2) << "\n";
  std::cout << maxVal(333, ival2) << "\n";
}

const int& maxVal(const int& val1, const int& val2) {
  if (val1 > val2) {
    return val1;
  } else {
    return val2;
  }
}
```

Gültigkeit der Referenzen

Wenn Sie Referenzen nutzen, liegt es immer in Ihrer Verantwortung, dass die referenzierten Speicherobjekte bei einem Zugriff noch existieren. Insbesondere wenn Sie später auch dynamisch angeforderte Elemente verwenden, ist diese Anforderung schwerer zu überblicken als momentan. In vielen Fällen ist die Rückgabe eines Wertes daher die sichere Wahl.

Verwenden Sie »std::max«

Die Funktionen oben sind als einfache Beispiele zu betrachten. Wenn Sie in der Praxis das Maximum von zwei Werten ermitteln wollen, verwenden Sie am besten die Funktion `std::max()` aus der Standardbibliothek. Diese können Sie nutzen, wenn Sie `#include <algorithm>` verwenden.

8.3 Zeiger als Parameter und Rückgabewert

Die Verwendung von Zeigern als Parameter und Rückgabewert von Funktionen wird in modernem C++ weniger empfohlen. In den meisten Fällen sollten Sie Referenzen oder, wo nötig, Smart Pointer bevorzugen. Trotzdem möchten wir kurz darauf eingehen, da Sie diese Technik in bestehendem Code antreffen werden. Damit Sie einen Vergleich zur Arbeit mit Referenzen haben, schreiben wir zunächst das Beispiel *const_ref01.cpp* in eine Zeigerversion (*Call-by-Pointer*) um:

```
// listings/08/pointer01.cpp
...
int addieren(const int* summand1, const int* summand2);
int main() {
  int ival1 = 10, ival2 = 20;
  int sum = addieren(&ival1, &ival2);
  std::cout << "Die Summe lautet: " << sum << "\n";
}
int addieren(const int* const val1,
             const int* const val2){
  return *val1 + *val2;
}
```

Im Vergleich mit den Referenzen aus *const_ref01.cpp* fällt die umständlichere Verwendung der Zeiger auf. Beim Funktionsaufruf müssen Sie den Adressoperator verwenden, um der Funktion Adressen zu übergeben. In der Funktion selbst müssen Sie dann wie in Zeile (08) den Indirektionsoperator verwenden, um auf die Speicherobjekte zuzugreifen.

8.3.1 Referenzen vs. Zeiger als Parameter

Auch wenn die Beispiele *const_ref01.cpp* und *pointer01.cpp* ähnlich erscheinen, gibt es wichtige Unterschiede. Bei Referenzparametern (*Call-by-Reference*) mit `&` wird kein neues Speicherobjekt angelegt, sondern nur ein weiterer Bezeichner für ein vorhandenes Objekt vereinbart und verwendet. Bei Zeigerparametern (*Call-by-Pointer*) mit * wird die Kopie eines Zeigers übergeben. Der Zeiger kann auf ein vorhandenes Element zeigen, aber anders als bei Referenzen müssen Sie hier zusätzlich mit der Möglichkeit eines `nullptr`-Zeigers rechnen. Ein ungeprüfter Zugriff wie oben in *pointer01.cpp* sollte entsprechend vermieden werden.

8.4 Übergabe großer Elemente als Funktionsparameter

Sie kennen jetzt drei Möglichkeiten der Parameterübergabe: Kopie, Referenz und Zeiger. Es bleibt die Frage, wann was verwendet werden sollte. Für kleine Datentypen wie `int` oder `double` und auch Strings vom Typ `std::string` ist die Übergabe als Kopie meist die richtige Wahl, wenn keine Änderung an den Daten nötig ist. Diese Typen benötigen wenig Speicherplatz und sind leicht zu erzeugen und zu löschen. Sollen allerdings die Werte auch beim Aufrufer geändert werden, empfehlen sich nichtkonstante Referenzparameter.

Verwenden Sie große Datentypen, die mehr Speicher benötigen, wie Strukturen oder Klassen (die wir in den kommenden Kapiteln behandeln), ist eine Kopie meist die schlechtere Wahl. Bei einem `std::vector` mit 1.000 Elementen würden alle Elemente kopiert, selbst wenn Sie vielleicht nur wenige davon in der Funktion benötigen. Für solche Zwecke sind ebenfalls Referenzparameter empfehlenswert. Wenn die Werte nicht verändert werden sollen, nutzen Sie am besten eine Referenz auf den konstanten Datentyp.

Das folgende Beispiel demonstriert die zwei typischen Anwendungsfälle mit der Standardcontainerklasse `std::vector`:

```
00 // listings/08/vector01.cpp
...
01 #include <vector>
02 void set_vector(std::vector<int>& v);
03 void print_head_and_tail (const std::vector<int>& v);
04 int main() {
05   std::vector<int> vec(1000);
06   set_vector(vec);
07   print_head_and_tail(vec);
08 }
09 void set_vector(std::vector<int>& v) {
10   int i = 0;
11   for (auto& elem : v) {
12     elem = i++;
13   }
14 }
15 void print_head_and_tail (const std::vector<int>& v) {
16   std::cout << "Kopf (Head): " << v.front() << "\n";
17   std::cout << "Schwanz (Tail): " << v.back() << "\n";
18 }
```


An den Prototypen in Zeile (**02**) und (**03**) erkennen Sie, dass hier ein `int`-Array der Klasse `std::vector` in Form einer Referenz übergeben wird, einmal veränderbar und einmal konstant. Der Funktionsaufruf in Zeile (**06**) und (**07**) ist dank Referenzen kein Problem. Die Definition der Funktionen finden Sie in Zeile (**09**) bis (**14**) bzw. (**15**) bis (**18**). In den Funktionen ist es dank der Referenzen genauso einfach, auf die einzelnen Elemente von `std::vector<int>` zuzugreifen.

Für die Funktion `set_vector()` wäre die Übergabe per Wert keine mögliche Option gewesen, da sie dann nur die Kopie des Vektors initialisiert hätte.

Für die Funktion `print_head_and_tail()` erfolgt die Übergabe per Referenz auf einen konstanten Vektor. Die Referenz wird gewählt, da nur der erste und der letzte Wert verwendet werden; ein Kopieren des kompletten Vektors ist unnötig. Die Übergabe erfolgt als konstante Referenz, da die Funktion nur lesenden Zugriff benötigt.

8.5 C-Arrays oder C-Strings als Funktionsparameter

Sollten Sie auf älteren Code stoßen, bei dem Sie C-Arrays bzw. C-Strings an eine Funktion übergeben müssen, ist eine wichtige Besonderheit zu beachten.

> **Zerfall von Arrays zu Zeigern**
>
> Bei der Übergabe eines C-Arrays oder C-Strings zerfällt das Array implizit zu einem Zeiger auf das erste Element. Die Information zur Länge des Arrays geht dabei verloren und muss anderweitig übergeben werden. Beim Programmieren in C++ sollten Sie diese niedrige Programmierebene vermeiden und stattdessen die Klassen `std::string` und `std::vector` verwenden.

Um mit der impliziten Degradierung des Arrays zum Zeiger umzugehen, verwenden Sie einen Zeigerparameter vom Typ des Arrays. Da ein Zeigerparameter keine Informationen darüber hat, wie viele Elemente im C-Array oder C-String enthalten sind, benötigen Sie einen zusätzlichen Parameter mit der Anzahl der Elemente. Hierzu zeigen wir an einem kurzen Programmbeispiel, wie Sie ein C-Array als Parameter an eine Funktion übergeben:

```
// listings/08/c_array01.cpp
...
void fktArray(const int* array, int elements);
int main() {
  int iarray[] = {11, 22, 33};
  fktArray(iarray, sizeof(iarray) / sizeof(iarray[0]));
}
void fktArray(const int* array, int elements) {
  for (int i = 0; i < elements; ++i) {
    std::cout << array[i] << ' ';
  }
}
```

Hier sehen Sie das Programm bei der Ausführung:

```
11 22 33
```

Array als Rückgabewert

Ein C-Array selbst können Sie nicht als Rückgabewert einer Funktion verwenden. Sie müssen stattdessen einen Zeiger auf die Anfangsadresse eines Arrays zurückgeben. Achten Sie dabei darauf, dass Sie nur Zeiger auf Daten zurückgeben, die nach Ablauf der Funktion weiter existieren. Besser ist es, die entsprechenden Containerklassen zu nutzen.

8.6 Kontrollfragen und Aufgaben

1. Was bedeutet *Call-by-Value* bei den Funktionen?
2. Was passiert, wenn Sie das Schlüsselwort `return` verwenden?
3. Dieses Programm lässt sich nicht einmal mehr übersetzen. Was wurde hier alles falsch gemacht?

```
// listings/08/aufgaben/aufgabe01.cpp
#include <cstdlib>
#include <iostream>
void multiplizieren();
int main() {
  double dval1 = 0.0, dval2 = 0.0;
  std::cout << "Bitte 1. Zahl eingeben: ";
  std::cin >> dval1;
  if (std::cin.fail()) { return EXIT_FAILURE; }
  std::cout << "Bitte 2. Zahl eingeben: ";
  std::cin >> dval2;
  if (std::cin.fail()) { return EXIT_FAILURE; }
  std::cout << "Die Ergebnis ist: "
            << multiplizieren(dval1, dval2) << "\n";
}
void multiplizieren(double val1, double val2) {
```

```
  double erg = val1 * val2;
  return;
}
```

4. Welchen schwerwiegenden Fehler enthält der folgende Code?

```
// listings/08/aufgaben/aufgabe02.cpp
#include <cstdlib>
#include <iostream>
double& km2mile(const double& km);
int main() {
  std::cout << km2mile(100) << "\n";
}

double& km2mile(const double& km) {
  double mile(km * 0.62137119);
  return mile;
}
```

5. Schreiben Sie ein Programm mit zwei Funktionen, mit denen Sie die Fläche und den Umfang eines Rechtecks berechnen. Die Fläche ermitteln Sie mit *Länge* × *Breite* und den Umfang mit 2 × *Länge* + 2 × *Breite*.

Kapitel 9
Modularisierung und Präprozessor

Werden die Programme größer, ist es notwendig und sinnvoll, sie zu strukturieren und auf mehrere Dateien aufzuteilen. Man spricht hier auch von *Modularisierung*. Ein gut modularisiertes Projekt profitiert in der Folge bei der Wartbarkeit, den Kompilierungszeiten und bei der Wiederverwendbarkeit.

Wir betrachten einige Aspekte des Präprozessors mit seinen *Präprozessor-Direktiven* (beispielsweise `#include`), um das zu erreichen, und stellen eine Auswahl dieser Direktiven und deren Verwendung vor.

Danach geht es um Themen wie Namensräume, spezielle Attribute für Datentypen und Funktionen, Typqualifizierer und andere Elemente der modularen Programmierung. Dabei erfahren Sie mehr zu dem wichtigen Thema Gültigkeitsbereiche, das Sie in Abschnitt 8.1.8, »Gültigkeitsbereich und Sichtbarkeit von Variablen«, kennengelernt haben.

9.1 Präprozessor-Direktiven

Vor dem Compiler wird in der Regel der Präprozessor aktiv. Der Präprozessor führt rein textuelle Manipulationen am Quelltext durch. Erst danach erhält der C++-Compiler den so bearbeiteten Quelltext zum Übersetzen.

Der Präprozessor fasst String-Literale zusammen und entfernt Kommentare, Whitespaces und Zeilenumbrüche mit vorangestelltem Backslash. Danach führt er die *Direktiven* aus (auch *Präprozessor-Direktiven* genannt). Deren wichtigste Aufgaben sind:

- Header- und Quelldateien in den Quelltext kopieren (`#include`)
- symbolische Konstanten definieren (`#define`)
- die bedingte Kompilierung steuern (`#ifdef`, `#elseif` ...)

Präprozessor-Direktiven können an beliebiger Stelle im Quelltext stehen. Sie beginnen in einer Zeile mit einem Hash-Zeichen # am Anfang und enden mit dem Zeilenumbruch. Sie werden *nicht* mit einem Semikolon beendet.

Die Direktiven sind nicht vom C++-Gültigkeitsbereich abhängig. Der Präprozessor kennt diese Gültigkeitsbereiche auch gar nicht.

Präprozessor-Direktiven in der modernen C++-Praxis

In der modernen C++-Programmierung sind nur noch `#include` und die weiter unten erläuterten »Include-Wächter« von besonderer Bedeutung. Ansonsten bietet C++ im Sprachkern bessere Alternativen für die früheren Einsatzbereiche des Präprozessors. Daher beschränken wir uns hier auf eine grundlegende Beschreibung des Themas.

9.1.1 Die »#include«-Direktive

Mit `#include` weisen Sie den Präprozessor an, Quellcode aus einer anderen Datei einzufügen. Die Syntax lautet:

```
#include datei
```

Diese Angabe bewirkt, dass die Zeile durch den kompletten Inhalt der mit `datei` angegebenen Datei ersetzt wird. Hat die Direktive die Form

```
#include <datei>
```

handelt es sich bei der Angabe mit den spitzen Klammern typischerweise um eine Standard-Headerdatei wie beispielsweise `#include <iostream>`. Die Suche nach diesen Dateien erfolgt in der Regel im *include*-Verzeichnis des Compilers oder in einem anderweitig festgelegten Verzeichnis. Auf UNIX-Systemen oder unter macOS finden Sie dieses Verzeichnis gewöhnlich als */usr/include* oder */usr/local/include* – unter MS Windows hängt dies vom Installationsverzeichnis des Compilers ab.

Angaben zu »lokalen« Headerdateien stellen Sie zwischen doppelte Anführungsstriche:

```
#include "datei.h"
```

Auf diese Weise binden Sie auch eigene Headerdateien ein, beispielsweise um Konstanten und Deklarationen darin abzulegen. Sie können hier einen relativen oder absoluten Pfad zur Datei angeben:

```
#include "./../../datei.h"      // relativer Pfad
#include "/home/user/datei.h"   // absoluter Pfad
```


Groß- und Kleinschreibung

Ob beim Einkopieren der Headerdatei zwischen Klein- und Großschreibung unterschieden wird, hängt von der Implementierung und vom verwendeten Dateisystem ab. Wir empfehlen Ihnen aber aus Erfahrung, am besten auch hier direkt auf konsistente Groß- und Kleinschreibung zu achten.

Zur Reihenfolge der `#includes` gibt es verschiedene Konventionen. Wenn Sie keine Vorgabe haben, ist es zuerst wichtig, dass Sie Ihr eigenes Vorgehen konsistent verfolgen.

9.1.2 Module und »import std;«

C++23 führt mit `import std;` ein Sprachfeature ein, mit dem die C++-Standardbibliothek als Modul importiert werden kann. Damit ersetzt es auch mehrere `#include`-Direktiven, die eine rein textuelle Einfügung vornehmen. Im Gegensatz zu diesen arbeitet `import std;` mit vorkompilierten Modulen. Damit werden alle Komponenten aus dem Namensraum `std` auf einmal importiert. Das heißt, Sie müssen nicht mehr `iostreams`, `vector`, `format` und weitere Header inkludieren, sondern sind mit einer einzigen Anweisung fertig.

Praktisch alle `#include`-Direktiven aus der Standardbibliothek, die wir im Laufe dieses Buches verwenden, können Sie theoretisch durch ein `import std;` ersetzen. Das ist besonders hilfreich, wenn Sie Elemente aus `std` verwenden, von denen Sie nicht genau wissen, in welchem Header deren Schnittstelle liegt. Durch die Vorverarbeitung werden die Übersetzungszeiten dazu drastisch reduziert, und diverse weitere Vorteile gibt es noch obenauf.

Compiler-Unterstützung von »import std;«

Wie schon in Kapitel 1 angesprochen, ist die Compiler-Unterstützung für dieses neue Feature noch nicht ausgereift und erfordert spezielle Konfigurationsschritte. Selbst mit korrekter Konfiguration kann es zu Kompatibilitätsproblemen mit bestehenden Bibliotheken kommen. Daher beschränken wir uns in diesem Buch auf die etablierte Methode mit Header- und Implementierungsdateien, werden die Entwicklungen und Neuerungen aber aufmerksam beobachten.

Die gute Nachricht: Sobald Module vollständig unterstützt werden, können Sie alle `#include`-Direktiven der Standardbibliothek durch ein einziges `import std;` ersetzen – der restliche Code bleibt unverändert!

9.1.3 Die »#define«-Direktive

Mit `#define` ist es möglich, Quelltext vor der Übersetzung durch andere Texte ersetzen zu lassen. Die Syntax der `define`-Direktive sieht so aus:

```
#define PI 3.1415
```

Damit wird die symbolische Konstante `PI` in Form eines Makros definiert. Während des Präprozessorlaufs wird danach jeder Bezeichner `PI` im Quelltext textuell durch `3.1415` ersetzt.

Kein Semikolon

Da eine reine Textersetzung erfolgt, würde ein Semikolon nach dem `3.1415` ebenfalls überall dort mit eingefügt, wo `PI` ersetzt wird.

Für die Namen der `#define`-Makros werden in der Praxis Großbuchstaben verwendet, um sie leichter zu erkennen. Ansonsten gelten für die Namen dieselben Regeln wie bei den Bezeichnern.

Es ist auch möglich, eine symbolische Konstante wie `MYDEBUG` einfach als existierend zu markieren oder eine Definition für den nachfolgenden Bereich wieder aufzuheben:

```
#define MYDEBUG // Ab hier ist MYDEBUG definiert
#undef MYDEBUG  // Ab hier nicht mehr
```


In Verbindung mit der bedingten Kompilierung, die wir in Abschnitt 9.1.4 vorstellen, ist dies die häufigste Verwendung von `#define` in C++.

`#define` ist kein Bestandteil von C++, sondern eben eine Präprozessor-Direktive mit stumpfer Textersetzung, ohne Gültigkeitsbereiche, Datentypen oder Rücksicht auf andere C++-Regeln. Im Präprozessor ist es sogar möglich, Makros zu erzeugen, die ähnlich wie Funktionen mit Parametern arbeiten. Diese Vorgehensweise ist sehr fehleranfällig, und Sie sollten nach Möglichkeit darauf verzichten. C++ bietet komfortablere und sicherere Alternativen an, unter anderem Template-Funktionen, Konstanten mit `const`, `constexpr` und `enum class`. Für eigene Typen wird in C++ `using` oder `typedef` verwendet.

9.1.4 Bedingte Kompilierung

Sie können den Präprozessor nutzen, um Bedingungen zu formulieren, die Quelltextbereiche für den im Ablauf nachfolgenden C++-Compiler ein- bzw. ausblenden. Eine solche *bedingte Kompilierung* ist in der Praxis oft nötig, wenn Sie einen Code auf mehreren Plattformen zum Laufen bringen wollen. Bevor Sie zu den Mitteln des Präprozessors greifen, sollte der Code allerdings möglichst portabel implementiert werden, indem Sie Sprachfeatures und die Standardbibliothek nutzen.

Tabelle 9.1 listet wichtige Direktiven auf, die Ihnen zur bedingten Kompilierung zur Verfügung stehen.

Schlüsselwort	Beschreibung
#if ausdruck	Wird ausdruck erfüllt (ungleich 0), wird der darauffolgende Dateiinhalt beibehalten.
#ifdef symbol	Ist symbol definiert, wird der darauffolgende Dateiinhalt beibehalten.
#ifndef symbol	Ist symbol *nicht* definiert, wird der darauffolgende Dateiinhalt beibehalten.
#endif	Zeigt das Ende der bedingten Kompilierung an.

Tabelle 9.1 Wichtige Direktiven zur bedingten Kompilierung

Wie Sie mehrfaches Inkludieren vermeiden (Include-Wächter)

Die bedingte Kompilierung wird am häufigsten verwendet, um die wiederholte Inkludierung von Dateien zu verhindern. Dazu wird vor dem eigentlichen Inhalt geprüft, dass eine bestimmte Definition aus dieser Headerdatei noch nicht existiert. Wenn Sie eine Headerdatei erstellen, sollten Sie immer Folgendes einfügen, damit Sie die Datei nicht mehrmals inkludieren:

```
01  // myheader.h
02  #ifndef MYHEADER_H_  //Include-Waechter
03  #define MYHEADER_H_
04  // Eigentlicher Quellcode der Headerdatei myheader.h
05  #endif
```

Hiermit stellt der Präprozessor sicher, dass die Headerdatei *myheader.h* nur einmal eingebunden wird. Beim ersten Inkludieren ist das Symbol MYHEADER_H_ nicht definiert. Die Prüfung in Zeile (02) ist erfolgreich, und der Dateiinhalt zwischen dem #ifndef und #endif in Zeile (05) wird beibehalten. Dadurch wird im weiteren Ablauf in Zeile (03) das Symbol MY_HEADER definiert. Wird Die Datei *myheader.h* jetzt erneut inkludiert, beispielsweise weil sie in einer weiteren Datei als #include auftaucht, ist das Symbol bei der Prüfung durch #ifndef in Zeile (02) bereits definiert, und alles zwischen #ifndef und #endif wird vom Präprozessor ignoriert.

Probleme durch mehrfaches Inkludieren

Mehrfaches Inkludieren tritt leicht auf, wenn Sie mehrere Dateien verwenden, die ihrerseits wieder inkludieren. Damit das Kompilieren nicht beispielsweise aufgrund doppelter Definitionen abbricht, sollten Sie das mehrfache Inkludieren konsequent mit Include-Wächtern verhindern.

9.2 Modulare Programmierung

Wenn Programme anwachsen und Sie Quellcode und Bibliotheken anderer Entwickler verwenden, wird eine sinnvolle Strukturierung des Codes wichtig. Die Aufteilung in verschiedene Dateien verbessert die Wartbarkeit, verkürzt Übersetzungszeiten und erleichtert die Wiederverwendbarkeit von Code. Dabei sollten die Grenzen so gezogen werden, dass die einzelnen Teile möglichst wenig Abhängigkeiten haben. Diese Strukturierung ist ein grundlegendes Konzept, das wir hier zunächst vereinfacht darstellen. Die konkrete Umsetzung hängt auch von der Entwicklungsumgebung ab. Machen Sie sich daher mit den spezifischen Möglichkeiten Ihrer Werkzeuge vertraut, bevor Sie größere Projekte beginnen.

9.2.1 Aufteilung

Code wird in der Regel in zwei Teile aufgeteilt: in einen öffentlichen und in einen nicht öffentlichen. Im öffentlichen Teil stellen Sie dem Nutzer Ihres Codes die Schnittstelle bereit. Hierfür wird eine Headerdatei verwendet. Diese Headerdatei enthält die Deklarationen der Datenstrukturen, Funktionen, Klassen und so weiter – das, was außerhalb der Übersetzungseinheit verwendet werden kann, wenn diese Datei inkludiert wird. In der Regel enden die Dateinamen dieser Headerdateien auf *.h*, seltener auf *.hpp*.

Eine Übersetzungseinheit ist der gesamte Quelltext, den der Compiler nach der Präprozessor-Phase erhält. Sie besteht aus dem Inhalt der Quelldatei, allen direkt und indirekt eingebundenen Headerdateien, ohne durch bedingte Kompilierung ausgeschlossene Teile. Der Quellcode, der die eigentliche Funktionalität implementiert, liegt in einer gesonderten Datei. In der Regel handelt es sich dabei um eine Datei mit der Endung *.cpp*, allerdings ohne eine `main()`-Funktion.

Für den Nutzer einer Übersetzungseinheit muss nicht einmal der Quellcode verfügbar sein. Es reicht aus, wenn die Headerdatei(en) und die aus dem Quellcode übersetzte Objektdatei (*.obj*) vorhanden sind. Dass Quellcode nicht verfügbar gemacht wird, ist bei kommerziellen Produkten gängige Praxis. Ein Beispiel für die Verwendung bereits kompilierter Elemente kennen Sie bereits von der Standardbibliothek: Wir binden per `#include` nur die Header ein, während der Linker später die fertigen Objektdateien verwendet.

Objektdateien sind nicht portabel

Objektdateien sind plattformspezifisch. Eine unter Windows erstellte Objektdatei funktioniert nicht unter Linux oder macOS und umgekehrt.

Am einfachsten lassen sich andere Übersetzungseinheiten verwenden, wenn sich die benötigte Headerdatei im *include*-Headerverzeichnis des Compilers befindet. Beim Einbinden mit `#include <header>` findet der Compiler diese Datei dann selbst. Ansonsten muss sie mit ihrem Pfad aus dem Verzeichnis der Datei, die inkludiert werden muss, erreicht werden können. Zusätzliche Suchpfade können bei Bedarf angegeben werden. Beim Übersetzen müssen dem Linker die benötigten Objektdateien bekannt gemacht werden; bei der Standardbibliothek geschieht dies automatisch.

9.2.2 Die öffentliche Schnittstelle (Headerdatei)

Headerdateien stellen die Schnittstelle einer Übersetzungseinheit dar. Die Namen von Headerdateien enden üblicherweise auf *.h* (gelegentlich auch auf *.hpp*). Tabelle 9.2 zeigt die Elemente, die solche Dateien typischerweise enthalten.

Element	Beispiel
Aufzählungen	enum class RGB { ROT, GRUEN, BLAU};
bedingte Übersetzung	#ifdef __Bedingung__
Deklarationen von Bezeichnern	class eineKlasse;
Funktionsdeklarationen	int funktion(int*);
#include-Direktiven	#include <headerdatei>
Inline-Funktionen (Definition)	inline int quadr(int v) { return v*v; }
Kommentare	// Macht dies, macht jenes
Konstantendefinitionen	constexpr int PI = 3.1415;
Makros	#define BLOP 1234
Namensräume	namespace Bereich { /* ... */ }
Templates (Definition)	template<typename X> class Y { /* ... */ };
Templates (Deklaration)	template<typename X> class Y;
Typdefinitionen	struct Liste { int ival; Liste* next; };

Tabelle 9.2 Übliche Bestandteile von Headerdateien (keine fest definierte Regel, nur als Richtlinie zu betrachten)

Hier sehen Sie ein Beispiel, das die Headerdateien *abc.h* und *xyz.h* erstellt. Zunächst der Header zu *abc.h*:

```
// listings/09/projekt/abc.h
// Mehrfaches Inkludieren verhindern
#ifndef _ABC_H_
#define _ABC_H_
void abc_funktion();
#endif
```

Jetzt der Header zu *xyz.h*:

```
// listings/09/projekt/xyz.h
// Mehrfaches Inkludieren verhindern
#ifndef _XYZ_H_
#define _XYZ_H_
void xyz_funktion();
#endif
```

In beiden Headerdateien finden Sie lediglich eine Funktionsdeklaration und die Präprozessor-Direktiven wie `#ifndef` als Include-Wächter, um mehrfaches Inkludieren zu vermeiden, wie in Abschnitt 9.1.4, »Bedingte Kompilierung«, beschrieben. Anhand der öffentlichen Schnittstelle erkennen Sie, dass jeweils eine Funktion ohne Rückgabe und ohne Parameter angeboten wird.

9.2.3 Die nicht öffentliche(n) Datei(en)

In der nicht öffentlichen Datei befindet sich gewöhnlich die Implementierung der Schnittstelle mit ihren Funktionen, Klassen und Methoden. Hier wird die eigentliche Arbeit ausgeführt und werden fast alle Definitionen vorgenommen. Auch anonyme Namensräume und exportierte Template-Definitionen sollten sich hier befinden. Der Name einer solchen nicht öffentlichen Datei stimmt in der Regel bis auf die Endung *.cpp* mit der Headerdatei überein. Allerdings ist auch das keine fest definierte Regel.

Hier sehen Sie nun die Quelltexte *abc.cpp* und *xyz.cpp*. Zunächst die Quelldatei *abc.cpp*:

```
// listings/09/projekt/abc.cpp
#include "abc.h"  // eigenen Header einbinden
#include <iostream>
// Funktionsdefinition
void abc_funktion() {
  std::cout << "Funktion abc gestartet\n";
}
```

Die Quelldatei *xyz.cpp*:

```
// listings/09/projekt/xyz.cpp
#include "xyz.h"  // eigenen Header einbinden
#include <iostream>
// Funktionsdefinition
void xyz_funktion() {
  std::cout << "Funktion xyz gestartet\n";
}
```


9.2.4 Die Client-Datei

Client-Datei ist kein feststehender Fachbegriff. So nennen wir hier die Datei, die auf die anderen Übersetzungseinheiten zugreift. Meist beherbergt eine solche Datei das Hauptprogramm mit der `main()`-Funktion. Hier müssen Sie im Grunde nur noch die öffentliche Schnittstelle – die Headerdatei(en) – einbinden und gegebenenfalls die Quelldatei(en) oder die Objektdatei(en) zum Projekt hinzufügen. (Quelldateien haben dabei die Endung *.cpp* und Objektdateien die Endung *.o* oder *.obj*.) Hier sehen Sie eine solche Client-Datei, die auf die Funktionen `abc_funktion()` und `xyz_funktion()` zugreift:

```
// listings/09/projekt/main.cpp
#include "abc.h"
#include "xyz.h"
int main() {
  abc_funktion();
  xyz_funktion();
}
```

9.2.5 Aufgabe

Der Abschnitt mit den Kontrollfragen und Aufgaben folgt erst, aber Sie sollten bereits an dieser Stelle das zuvor beschriebene Projekt mit den Quelldateien *main.cpp, abc.cpp, xyz.cpp, abc.h* und *xyz.h* mit dem Compiler Ihrer Wahl erstellen und übersetzen (siehe Abbildung 9.1). In den nächsten Kapiteln wird ein Programm häufiger in einzelne Übersetzungseinheiten aufgeteilt. Daher sollten Sie die gerade gezeigte Vorgehensweise selbst umsetzen können.

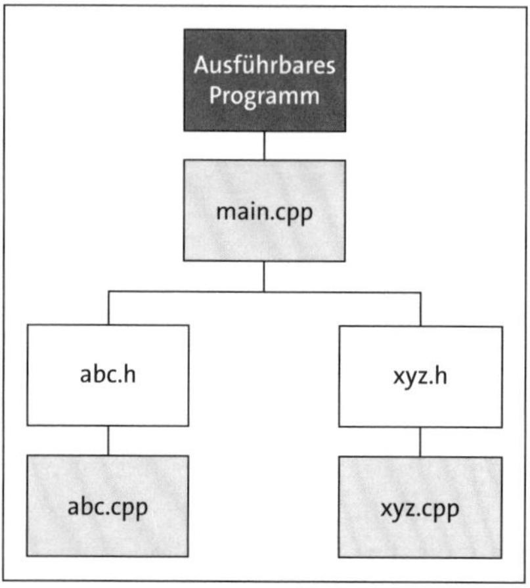

Abbildung 9.1 Mehrere Übersetzungseinheiten zu einer ausführbaren Datei zusammenfügen

Hierzu müssen Sie bei einer Entwicklungsumgebung in der Regel wie dort üblich zunächst ein leeres Projekt anlegen und dann eine Quelldatei mit *main.cpp* hinzufügen. Anschließend fügen Sie die weiteren Dateien *abc.cpp*, *abc.h*, *xyz.cpp* und *xyz.h* zum Projekt hinzu und übersetzen und starten es. Wenn Sie in der Kommandozeile übersetzen, geben Sie dem Compiler neben *main.cpp* auch die Dateien *abc.cpp* und *xyz.cpp* zum Übersetzen mit. Wenn sich die Headerdateien im selben Verzeichnis befinden, müssen Sie das Verzeichnis beim Übersetzen nicht mit angeben:

```
$ g++ main.cpp abc.cpp xyz.cpp -Wall -Wextra -o programmname
$ ./programmname
```

9.2.6 Wenn nur Objektcode oder eine Bibliothek vorhanden ist

Es ist gängige Praxis, den Quellcode nicht öffentlicher Datei(en) nicht mit auszuliefern, sondern nur die Headerdateien und den Objektcode. Das bedeutet, dass Sie bei der Übersetzung einer Anwendung die Headerdatei inkludieren und die Objektdatei hinzulinken müssen. Dabei müssen Sie dem Linker die Objektdatei gegebenenfalls mit Pfad angeben. Für das Erstellen einer Objektdatei reicht der Compilerlauf (beispielsweise mit der Option c) aus. So kompilieren Sie in der Kommandozeile beispielsweise nur *abc.cpp* und *abc.h*, um daraus eine Objektdatei wie *abc.o* oder *abc.obj* zu erstellen:

```
$ g++ abc.cpp xyz.cpp -Wall -Wextra -c
```

Um die Client-Datei zu kompilieren und mit den erstellten Objektdateien zu linken, reicht dann:

```
$ g++ main.cpp abc.o xyz.o -Wall -Wextra -o programmname
```

Ähnlich arbeiten Sie mit einer Bibliotheksdatei, für die die Headerdateien ohne Quellen vorliegen. Die eigentliche Implementierung bleibt verborgen und wird als Bibliotheksdatei verwendet, die Sie hinzulinken. Wenn Sie die C++-Standardbibliothek nutzen, geschieht das Hinzulinken gewöhnlich automatisch. Bei anderen Bibliotheken müssen Sie dies mit Linkeroptionen veranlassen. Sie können auch selbst eine solche Bibliotheksdatei erstellen. Diesen Vorgang hier zu beschreiben, würde jedoch den Rahmen des Buches sprengen.

9.3 Namensräume

Namensräume (*Namespaces*) vermeiden Konflikte bei der Benennung und gruppieren Elemente wie Funktionen oder Klassen. Sie werden auch Namensbereiche genannt. Wir arbeiten schon seit den ersten Kapiteln mit dem Namensraum `std`. Er enthält die Elemente der Standardbibliothek. Durch Voranstellen der Bezeichnung des Namensraums identifizieren wir beispielsweise `std::cout` oder `std::print`. Dadurch vermeiden wir Konflikte mit Bezeichnern in unserem eigenen Code, selbst wenn in der Standardbibliothek ein gleichnamiges Element existiert, von dem wir nichts wussten.

Mit Namensräumen erzeugen Sie auch einen eigenen Gültigkeitsbereich, in dem Sie beliebige Bezeichner wie Funktionen, Variablen, Typen, Klassen und auch weitere Namensräume deklarieren können. Namensräume sind hilfreich bei Projekten mit mehreren Übersetzungseinheiten und Klassenbibliotheken. Ohne Namensräume kommt es dort leicht zu Problemen mit gleichen Namen.

9.3.1 Einen Namensraum deklarieren und verwenden

Einen neuen Namensraum deklarieren Sie mit dem Schlüsselwort `namespace`, gefolgt von seinem Namen. Die Elemente, die anschließend zu diesem Namensraum gehören, geben Sie zwischen geschweiften Klammern an, zum Beispiel so:

```
00 // listings/09/namespace01.cpp
...
01 namespace VIP {
02   int ival;
03   void print() {
04     std::cout << "ival: " << ival << "\n";
05   }
06 } // namespace VIP
```

In Zeile (**01**) wurde der Namensraum `VIP` erzeugt, in dem die Elemente liegen. In Zeile (**02**) wird die Variable `ival` definiert, und die Funktion mit dem Bezeichner `print()` folgt in den Zeilen (**03**) bis (**05**).

Der Namensraum kann selbstverständlich weitere Elemente enthalten, beispielsweise auch Strukturen und Klassen, die Sie in den nächsten Kapiteln kennenlernen werden. Das Prinzip bleibt das gleiche.

Die Verwendung eines Elements aus dem Namensraum erfolgt über den sogenannten *qualifizierten Namen*, indem der Namensraum vorangestellt wird, wie Sie es schon von `std` kennen:

```
00 // listings/09/namespace01.cpp
...
07 int main() {
08   VIP::print();
09   VIP::ival = 99;
```

```
10    VIP::print();
11 }
```

In Zeile (**08**) wird die Funktion `VIP::print()` mit ihrem voll qualifizierten Namen aufgerufen, also der Namensraum, gefolgt vom Scope-Operator `::` und dem Namen der Funktion. Die Funktion kann auf das Element `ival` aus ihrem eigenen Namensraum ohne explizite Nennung dieses Namensraumes zugreifen.

In Zeile (**09**) erfolgt ein schreibender Zugriff auf die voll qualifizierte Variable, gefolgt von einem weiteren Aufruf von `VIP::print()` in Zeile (**10**), und wir erhalten wie erwartet die Ausgabe:


```
ival: 0
```

```
ival: 99
```

In dem gerade gezeigten Beispiel wurde die Funktion `print()` bereits innerhalb des Namensraums *definiert*. In der Praxis erfolgt im Namensraum häufig nur die Deklaration. Die Definition findet dann für gewöhnlich außerhalb des Namensraums (gegebenenfalls auch in einer Quelldatei der Übersetzungseinheit) statt. Die Definition des Namensraums, in dem eine Funktion nur deklariert wird, sieht dann beispielsweise folgendermaßen aus:

```
// listings/09/namespace02.cpp
...
namespace VIP {
  int ival;
  void print(); // Deklaration
} // namespace VIP
```

Um die Funktion (auch in einer anderen Quelldatei) zu definieren, kann sie einfach mit dem Namensraum und dem Scope-Operator `::` qualifiziert und definiert werden:

```
void VIP::print() {
  std::cout << "ival: " << ival << "\n";
}
```

Alternativ kann (auch in einer weiteren Quelldatei) der Namensraum wieder geöffnet werden, in dem Sie dann bisher nur deklarierte Elemente definieren:

```
00 // listings/09/namespace03.cpp
...
03 namespace VIP {
04   int ival;
05   void print();  // Deklaration
06 } // namespace VIP
...
07 namespace VIP {
08   void print() { // Definition
09     std::cout << "ival: " << ival << "\n";
10   }
11 } // namespace VIP
```

Hier wird die in Zeile (**05**) deklarierte Funktion in den Zeilen (**08**) bis (**10**) im wieder geöffneten Namensraum definiert. Beachten Sie dabei, dass auch in diesem Fall `ival` nur einmalig (in Zeile (**04**)) definiert werden kann und darf.

Sie könnten jetzt zusätzlich einen weiteren Namensraum mit gleichnamigen Funktionen erzeugen, ohne dass es zu Konflikten kommt, beispielsweise so:

```
namespace VIP {
  int ival;
  void print() {
    std::cout << "ival (VIP): " << ival << "\n";
  }
} // namespace VIP

namespace Gast {
  int ival;
  void print() {
    std::cout << "ival (Gast): " << ival << "\n";
```

```
  }
} // namespace Gast
```

Damit ist es möglich, beispielsweise Funktionen in Bibliotheken in Namensräume zu packen und gleiche Namen zu vermeiden. Gerade bei einfachen Hilfsfunktionen mit »trivialen« Namen wie `max()`, `min()`, `sort()` oder `print()` treten solche Fälle leicht auf.

9.3.2 Namensräume verschachteln

Innerhalb eines Namensraums können Sie weitere Namensräume erstellen, zum Beispiel so:

```
namespace VIP {
  // ...
  namespace Star {
    void funktion();
  }
}
```

Der Aufruf der Funktion erfolgt dann vollständig qualifiziert, also unter Verwendung des vollständigen Namens der Funktion und ihrer (möglicherweise verschachtelten) Namespaces, hier beispielsweise:

```
VIP::Star::funktion()
```

9.3.3 Ein Namensraum ist ein eigener Gültigkeitsbereich

Wie Sie schon gesehen haben, handelt es sich bei einem Namensraum um einen eigenen Gültigkeitsbereich. Daher gelten dort die üblichen Zugriffsregeln. Bezeichner, die Sie innerhalb des Namensraums oder eines damit umschlossenen Gültigkeitsbereichs deklariert haben, können Sie innerhalb des Bereichs direkt verwenden.

Wollen Sie jedoch einen Bezeichner aus einem Namensraum außerhalb verwenden, geben Sie vor dem Bezeichner dessen Namensraum mit dem Scope-Operator an (`Namensraum::Bezeichner`). Auf globale Bezeichner, die außerhalb eines Namensraums deklariert wurden, können Sie mit dem alleinstehenden Scope-Operator zugreifen (`::Bezeichner`).

Das folgende Beispiel zeigt, wie Sie auf unterschiedliche gleichnamige Bezeichner innerhalb und außerhalb eines Namensraums zugreifen. Hierbei wird dreimal die Funktion `print()` und dreimal der `int`-Wert `ival` verwendet:

```
// listings/09/listing01.cpp
...
// Globale Deklarationen
void print();
int ival = 1;
// Deklaration des Namensraums VIP
namespace VIP {
  int ival = 11;
  void print();
}  // namespace VIP
// Deklaration des Namensraums Gast
namespace Gast {
  int ival = 22;
  void print();
}  // namespace Gast
int main() {
  int summe = 0;
  // Aufruf von print() aus dem Namensraum VIP
  VIP::print();
  // Aufruf von print() aus dem Namensraum Gast
  Gast::print();
  // Aufruf der globalen Funktion print() ...
  print();  // oder: ::print();
  // Zugriff auf den Wert ival aus VIP
  VIP::ival = 66;
  // Aufruf von print() aus dem Namensraum VIP
  VIP::print();
  // Rechnung mit Werten aus mehreren Namensräumen
  summe = VIP::ival + Gast::ival + ::ival;
  std::cout << "Summe aus allen Namensraeumen: " << summe
            << '\n';
}
```

```
31 // --- Definitionen ---
32 void print() {
33   std::cout << "Globale print()  "
34             << "ival: " << ival << "\n";
35 }
36 void VIP::print() {
37   std::cout << "VIP::print()      "
38             << "ival: " << ival << "\n";
39 }
40 namespace Gast {
41   void print() {
42     std::cout << "Gast::print()    "
43               << "ival: " << ival << "\n";
44   }
45 }  // namespace Gast
```

Hier sehen Sie das Programm bei der Ausführung:

```
VIP::print()     ival: 11
Gast::print()    ival: 22
Globale print()  ival: 1
VIP::print()     ival: 66
Summe aus allen Namensraeumen: 89
```

In Zeile (**16**) bis (**25**) demonstrieren wir, wie Sie die Funktionen mit demselben Bezeichner aus den verschiedenen Gültigkeitsbereichen aufrufen. In Zeile (**23**) und (**27**) geschieht das mit der mehrfach vorhandenen Variablen `ival` in den unterschiedlichen Gültigkeitsbereichen.

Auf einen Fall müssen wir Sie allerdings unbedingt hinweisen: Wollen Sie beispielsweise in der Funktion `print()` im Namensraum `Gast` in Zeile (**41**) bis (**45**) irgendwann die globale Funktion `print()` aufrufen, müssen Sie dafür den Scope-Operator (`::print()`) verwenden. In der `main()`-Funktion in Zeile (**21**) ist dies nicht nötig, weil dort ein anderer Gültigkeitsbereich vorliegt. Ein Aufruf von `print()` in `Gast::print()` ohne den globalen Scope würde die Funktion `Gast::print()` immer wieder erneut aufrufen. Die entstehende Rekursion könnten Sie nur mit einem harten Abbruch stoppen.

9.3.4 Einen Namensraum mit »using« importieren

Bisher haben wir auf alle Elemente aus einem anderen Namensraum mit ihrem qualifizierten Namen wie `std::cout` oder `VIP::ival` zugegriffen. Wollen Sie alle Bezeichner eines Namensraums sichtbar machen (genauer gesagt: in den Geltungsbereich einführen), ist dies mit folgender Angabe möglich:

```
using namespace VIP;
```

Damit können alle Bezeichner des Namensraums VIP ohne explizite Angabe des Scope-Operators vor dem Bezeichner verwendet werden.

Kein »using namespace« in Headerdateien!

In Headerdateien sollten Sie kein `using namespace` verwenden, da es dann alle Dateien betrifft, die diesen Header einbinden. Das führt zu schwer auffindbaren Namenskonflikten.

Sie sollten, um Mehrdeutigkeiten zu vermeiden, den Scope-Operator trotzdem verwenden. Zusätzlich gilt hier nach wie vor der übliche Gültigkeitsbereich, in dem die `using`-Direktive deklariert wurde. Eine globale `using`-Direktive bedeutet einen »direkten« Zugriff auf die Klassen und Funktionen dieses Namensraumes. Allerdings sollten Sie es in der Praxis vermeiden, einen ganzen Namensraum global in einer Datei einzubinden. Wählen Sie stattdessen einzelne Bezeichner aus, die Sie benötigen. Das lokale Einbinden eines ganzen Namensraums *innerhalb einer Funktion* ist aber durchaus üblich, die Reichweite dieses Imports ist ja beschränkt.

Insbesondere die globale Einbindung des Namensraums `std` ist verpönt. Sie importiert eine unüberschaubare Menge an Bezeichnern. Besonders kritisch wird das, wenn sich Inhalte in den eingebundenen Namensräumen ändern. Ein Beispiel aus der Vergangenheit:

```
using namespace std;    // global eingebunden
using namespace boost;  // global eingebunden
...
// Irgendwo im Programm
shared_ptr<int> sPtr = make_shared<int>(100);
```

Vor C++11 wurde make_shared zum Erstellen eines *Smart Pointers* von der Boost-Bibliothek mit dem Namensraum boost bereitgestellt. Mit C++11 wurden die Smart Pointer in den Standard übernommen. Damit war make_shared nun auch im Namensraum std enthalten. In dem oben angegebenen Code ist somit nicht eindeutig, ob boost::make_shared oder std::make_shared verwendet werden soll. In einem solchen Fall haben Sie unnötige Arbeit durch ein externes Ereignis und müssen bisher übersetzbaren Code fixen. Solche Konflikte und Mehrarbeiten können Sie umgehen, indem Sie Namensräume nicht global einbinden. Binden Sie am Anfang einer Funktion den Namensraum ein, den die darin enthaltenen Bezeichner benötigen, oder verzichten Sie komplett auf den vollständigen Import von Bezeichnern, und schreiben Sie gleich Folgendes:


```
boost::shared_ptr<int> sPtr = boost::make_shared<int>(100);
```

Oder schreiben Sie nach einem Wechsel auf den smarten Zeiger aus std dann:

```
std::shared_ptr<int> sPtr = std::make_shared<int>(100);
```

»print« im Namensraum »std«

In C++23 ist unter anderem die Funktion print in den Namensraum std aufgenommen worden. Wenn Sie den kompletten Namensraum std importieren, werden Sie mit den obigen Beispielen und ihrem globalen print auch auf Schwierigkeiten stoßen.

9.3.5 Einzelne Bezeichner mit »using« importieren

Es ist auch möglich, nur einzelne Bezeichner mittels using zu importieren. Hierzu verwenden Sie die using-Deklaration, zum Beispiel so:

```
namespace VIP {  // Deklaration des Namespaces
  void funktion1() {}
  void funktion2() {}
}
```

```
// funktion() importieren - Achtung, ohne Klammern
using VIP::funktion1;
funktion1();  // Okay
funktion2();  // Fehler; die Funktion wurde nicht importiert
```

9.3.6 Alias für Namensräume

Für lange oder umständliche Namen können Sie auch ein Alias zur Abkürzung einrichten, zum Beispiel so:

```
namespace VIP_Bereich {
   int iwert = 123456;
}
...
namespace vip = VIP_Bereich;
// Verwendung
cout << vip::iwert << '\n';
```

In diesem Code haben Sie mit `vip` ein kürzeres Alias für `VIP_Bereich` festgelegt, können aber auch weiterhin den längeren Namen benutzen.

9.3.7 Anonymer Namensraum

Mit anonymen Namensräumen sorgen Sie dafür, dass eine Variable nur dateilokal verwendet werden kann. Ein kurzer Codeausschnitt demonstriert einen solchen anonymen Namensraum:

```
// listings/09/anonymous.cpp
namespace {
  int ivar;
}
//
int main() {
  ivar = 1234;
}
```

Die Variable `ivar` in Zeile (**02**) wurde in einen anonymen Namensraum gesteckt. Damit ist diese Variable nicht mehr aus anderen Quelldateien erreichbar. Würden Sie `ivar` global außerhalb des anonymen Namensraums definieren, beispielsweise in Zeile (**04**), könnten andere Dateien mit

```
extern int ivar;
```

darauf zugreifen. Diese Nutzung lernen Sie in Abschnitt 9.4.2, »Das Schlüsselwort ›extern‹«, genauer kennen. Mit einem anonymen Namensraum ist das nicht mehr möglich, und die Variable kann tatsächlich nur innerhalb der eigenen Quelldatei erreicht werden.

9.3.8 Der Namensraum »std«

Jetzt, da Sie die technischen Möglichkeiten zur Verwendung der Namensräume kennen, möchten wir die drei wesentlichen Strategien zur Nutzung des Namensraums `std` noch einmal zusammenfassen:

1. In der – am wenigsten empfehlenswerten – ersten Variante verwenden Sie die `using`-Direktive mit `namespace std` für den gesamten Namensraum `std`. Setzen Sie diese Direktive in einen globalen Bereich, sind die Bezeichner aus `std` überall verfügbar. Auf den ersten Blick sieht das nach einer sehr praktischen Lösung aus. Sie können eine Ausgabe nun mit `cout << "Namensraum::" << endl;` sehr kompakt notieren. Daher wird diese Variante in Tutorials und Büchern gerne gezeigt. Der Quelltext wird durch die globale Verwendung des Namensraums `std` kürzer und übersichtlicher. In der Praxis ist der Programmcode in der Regel allerdings nicht so trivial wie in einem (reduzierten) Beispiel. Mit dem Einbinden von `std` haben Sie beispielsweise die Bezeichner `count`, `sort`, `find`, `print` und viele andere in den Namensraum geholt. Wenn Sie jetzt entsprechende Bezeichner anlegen, erzeugen Sie eine Kollision. Insbesondere dann, wenn Sie weitere Bibliotheken verwenden, wird es so immer wieder zu Namenskollisionen kommen. Sie können die globale Verwendung von `namespace std` eingrenzen, indem Sie die `using`-Direktive nur innerhalb eines Anweisungsblocks oder einer Funktion verwenden:

```
{
    using namespace std;
    cout << "Namensraum::" << endl;  // OK
}
cout << "Namensraum::" << endl; // Fehler!!!
```

Innerhalb des Anweisungsblocks sind bei diesem Beispiel alle Bezeichner des Namensraums `std` verfügbar. Außerhalb des Anweisungsblocks sind die Bezeichner unbekannt, weil der Namensraum `std` hier nicht mehr gültig ist.

2. Als Zwischenlösung zur knappen und einfachen Verwendung von oft genutzten Bezeichnern verwenden Sie eine `using`-Deklaration, mit der Sie nur einzelne Bezeichner eines Namensraums öffentlich machen. Schreiben Sie diese Bezeichner dann noch in einen Anweisungsblock, sind sie nur in diesem Anweisungsblock gültig. In der Praxis sieht das wie folgt aus:

```
{
  using std::cout;
  using std::endl;
  cout << "Namensbereich::" << endl;
}
```

Durch die beiden `using`-Direktiven in diesem Beispiel sind `cout` und `endl` innerhalb des Anweisungsblocks ohne Namensraum und Zugriffsoperator erreichbar.

3. Als expliziteste Lösung verwenden Sie den Namensraum mit Zugriffsoperator und Bezeichner direkt im Quellcode, wie wir es hier im Buch machen. Anstatt beispielsweise `cout` für die Ausgabe benutzen Sie `std::cout`. Der Vorteil dabei ist, dass es niemals mehr zu einer Kollision gleicher Bezeichner kommen kann:

```
std::cout << "Namensraum::" << std::endl;
```

Sollten Sie Bezeichner aus Namensräumen mit langen Namen verwenden, können Sie eine Abkürzung einführen, die Sie dann für die qualifizierte Nutzung verwenden, wie Sie in Abschnitt 9.3.6, »Alias für Namensräume«, gesehen haben.

9.4 Spezifizierer und Qualifikatoren

Sie haben bereits gesehen, wie die Platzierung der Definition einer Variablen (global, in einer Funktion oder in einem Gültigkeitsbereich in geschweiften Klammern) deren Lebensdauer und Sichtbarkeit entscheidend beeinflusst. Über die sogenannten *Spezifizierer* und *Qualifikatoren* können Sie weiteren Einfluss auf die Lebensdauer und Bindung eines Bezeichners nehmen.

9.4.1 Das Schlüsselwort »static«

Das Schlüsselwort `static` zusammen mit einer lokalen oder globalen Variablen bewirkt, dass die Variable während der gesamten Lebensdauer ihrer Übersetzungseinheit erhalten bleibt. Wir sehen uns das direkt für den meistgenutzten Fall an.

Eine »static«-Variable innerhalb einer Funktion

Wenn Sie eine `static`-Variable innerhalb einer Funktion verwenden, bleibt der Wert der lokalen `static`-Variablen nach dem Rücksprung aus dieser Funktion auch für einen neuen Aufruf erhalten. Trotzdem können Sie diese `static`-Variable nur lokal innerhalb der Funktion ansprechen, in der sie erstellt wurde. Sie sehen nun ein einfaches Programmbeispiel hierzu, in dem eine Variable mit `static` gekennzeichnet wurde:

```
// listings/09/listing02.cpp
...
void counter();
int main() {
  counter();
  counter();
  counter();
}
void counter() {
  static int ival;
  std::cout << "ival: " << ival << ", ";
  ++ival;
}
```

Die Ausgabe des Listings ist grundlegend anders, als sie es ohne static wäre:

```
ival: 0, ival: 1, ival: 2,
```

Dank des Spezifizierers static in Zeile (**08**) werden die Werte 0, 1 und 2 ausgegeben statt dreimal der Wert 0, obwohl die Funktion jeweils neu aufgerufen wird. Die mit static angelegte lokale Variable bleibt zwischen den Aufrufen bestehen und hält ihren Wert. Das liegt daran, dass statische Variablen in einer Funktion nicht – wie andere lokale Variablen – auf dem Stack abgelegt werden (der mit dem Ende der Funktion abgeräumt wird), sondern im sogenannten statischen Speicherbereich. Zusätzlich können Sie sicher sein, dass eine static-Variable automatisch mit dem Nullwert initialisiert wird. Eine explizite Initialisierung ist weiter möglich und wird auch empfohlen.

Eine »static«-Variable außerhalb einer Funktion

Deklarieren Sie eine static-Variable außerhalb einer Funktion, ändert sich die Bedeutung. Eine solche Variable ist nur in der Übersetzungseinheit gültig, in der sie deklariert wurde – sprich: Die Variable kann aus keiner anderen Programmdatei verwendet werden.

Innerhalb der Programmdatei können Sie diese Variable allerdings wie eine gewöhnliche globale Variable verwenden. Nehmen wir beispielsweise an, Sie haben in zwei Quelldateien, die zu einem Programm gehören, die folgende Variable verwendet:

```
// datei-01.cpp
int ival = 12345;

// datei-02.cpp
int ival = 34567;
```

Dann beschwert sich der Linker, dass die globale Variable ival mehr als nur einmal im Programm definiert wurde. Stellen Sie in jeder der beiden Quelldateien das Schlüsselwort static davor:

```
// datei-01.cpp
static int ival = 12345;

// datei-02.cpp
static int ival = 34567;
```

Dann verbindet der Linker das Programm anstandslos, weil diese globalen static-Variablen nur in der jeweiligen Quelldatei gültig und sichtbar sind. Allerdings sollte ein solches Beispiel mehrerer Definitionen mit demselben globalen Bezeichner keine Schule machen, sondern hier nur zur Demonstration von static dienen.

In der Praxis sollten Sie für dateilokale Variablen die neueren Methoden aus Abschnitt 9.3.7, »Anonymer Namensraum«, bevorzugen, mit denen Sie ebenfalls Typdeklarationen nach außen hin verbergen.

»static«-Funktionen

Sie können static auch auf eine Funktion anwenden. Hier gilt dasselbe wie für eine globale static-Variable: Funktionen, die Sie mit static kennzeichnen, sind nur in der Quelldatei gültig, in der sie definiert wurden. Damit können Sie zwei Funktionen mit denselben Bezeichnern in unterschiedlichen Quelldateien verwenden, wenn Sie mindestens eine davon mit static spezifiziert haben. Auch hier gilt, dass Sie in C++ die Verwendung von Namensräumen bevorzugen sollten.

Sie werden in Kapitel 12, »Objekte und Klassenelemente«, noch weitere Verwendungen von static für Klassen kennenlernen, die wir hier aber nicht berücksichtigen.

9.4.2 Das Schlüsselwort »extern«

Mit dem Schlüsselwort extern geben Sie an, dass ein Element in einer anderen Übersetzungseinheit definiert wird. Dies ist besonders für globale Variablen von Bedeutung. Mit dem Spezifizierer extern gibt der Compiler dem Linker Bescheid, dass dieser die Verweise in einer anderen Übersetzungseinheit und/oder Bibliothek auflösen muss. Sie deklarieren hiermit eine Variable nur. Sie sagen dem Compiler damit: Die Variable dieses Typs und Namens gibt es, definiert wird sie aber woanders. Die tatsächliche Definition mit Speicherplatzzuweisung erfolgt typischerweise in genau einer Quelldatei (*.cpp*). Betrachten Sie dazu auch die Aufgaben zu diesem Kapitel.

Funktionsdeklarationen (Prototypen) werden automatisch so behandelt, als hätten sie den Spezifizierer `extern`. Sie können bei einer Funktionsdeklaration das Schlüsselwort `extern` verwenden, was die Lesbarkeit verbessern kann, aber keine technische Auswirkung hat.

9.4.3 Das Schlüsselwort »constexpr«

Mit dem Spezifizierer `constexpr` können Sie dem Compiler mitteilen, dass ein Ausdruck oder eine Funktion nicht nur zur Laufzeit, sondern auch zur Übersetzungszeit ausgewertet werden kann. Das ist weitergehend als `const`, das nur Unveränderlichkeit garantiert.

Dies bietet zwei wichtige Vorteile. Ausdrücke können bereits beim Übersetzen ausgewertet werden. Dadurch wird es möglich, Funktionen und ihre Rückgabewerte auch dort zu verwenden, wo das Ergebnis schon bei der Übersetzung bekannt sein muss. Das ist beispielsweise bei der Definition von C-Arrays der Fall. Hier sehen Sie ein Beispiel, das *ohne* `constexpr` nicht funktioniert:

```
01  unsigned int doubleSize(unsigned int val) {
02    return (val * 2);
03  }
...
04  double rawDarray[doubleSize(10)]; // Fehler !!!
```

Bei der Übersetzung wird der Compiler für Zeile (**04**) melden, dass ein rohes Array mit variabler Länge in C++ nicht vorgesehen ist. Wir erkennen aber, dass der zurückgegebene Wert gar nicht variabel ist, wenn der Aufruf wie hier mit einem Literal erfolgt. Mit dem Schlüsselwort `constexpr` signalisieren wir dem Compiler, den Wert bei der Übersetzung zu berechnen:

```
01  constexpr unsigned int doubleSize(unsigned int val) {
02    return (val * 2);
03  }
```

Nach dieser Änderung erfolgt die Übersetzung problemlos. Voraussetzung ist, dass die Funktion einen Rückgabewert liefert (`void` ist nicht erlaubt) und der Compiler den Ausdruck zur Übersetzungszeit auswerten kann. Sollte das allerdings nicht gelingen, gibt er eine entsprechende Fehlermeldung aus.

Sie können `constexpr` auch bei Konstruktoren von Klassen verwenden, die Sie in den folgenden Kapiteln kennenlernen. Mit dieser Funktionalität lässt sich eine weitere Aufgabe, die früher über `#define` erledigt worden wäre, mit Mitteln von C++ einfacher und sicherer lösen. In den letzten Aktualisierungen des C++-Standards sind die Möglichkeiten von `constexpr`-Funktionen auch ständig erweitert worden, sodass mittlerweile auch lokale Variablen und `if`-Verzweigungen erlaubt sind.

Hilfreiche Zusatzinformation

Durch die Verwendung von `constexpr` geben Sie nicht nur dem Compiler, sondern auch einer Person, die Ihren Code liest, wichtige Zusatzinformationen, insbesondere wenn Sie Funktionen entsprechend kennzeichnen.

9.4.4 Das Schlüsselwort »const«

Mit dem Schlüsselwort `const` kennzeichnen Sie ein Objekt als nicht mehr änderbar. Ein `const`-Objekt kann damit nicht mehr auf der linken Seite einer Zuweisung stehen.

Der Einsatz von `const` in C++ ist vielseitig. Hier ein Überblick:

- **const-Parameter:** Als Parameter haben Sie `const` bereits in Abschnitt 8.1.4, »Konstante Funktionsparameter«, und in Abschnitt 8.2.1, »Referenzen als Parameter«, kennengelernt. In der Praxis wird `const` häufig bei der Call-by-Reference-Übergabe mit `&` verwendet. Damit ist die Übergabe effizient, aber der mit `const` markierte Parameter kann trotzdem in der Funktion nicht verändert werden.
- **const-Variablen:** Eine mit `const` versehene Variable, die dann eine Konstante ist, können Sie nur initialisieren (siehe Abschnitt 3.8, »Konstan-

ten«). Der Wert ist anschließend nicht mehr änderbar. Das bietet Schutz vor versehentlicher Veränderung. Verwenden Sie eine globale Konstante, sollten Sie sie am besten in einen anonymen Namensraum packen, damit der Bezeichner nicht in anderen Übersetzungseinheiten sichtbar wird und für Ärger wegen mehrfach auftretender Bezeichner sorgt.

- **`const`-Methoden:** Die Methoden haben wir noch nicht behandelt, aber der Vollständigkeit halber erwähnen wir hier bereits, dass eine mit `const` markierte Methode das Objekt, zu dem sie gehört, nur unter besonderen Bedingungen verändern darf. Dies ist wichtig für das Design von Klassen, da so klar erkennbar ist, welche Operationen das Objekt nicht verändern.
- **`const`-Rückgabewert:** Als Rückgabewert wird `const` in Verbindung mit Referenzen verwendet. Allerdings müssen Sie auch hier die Lebensdauer des zu referenzierenden Objekts beachten.

Nutzen Sie »const« immer da, wo es sinnvoll ist

In der Praxis empfiehlt es sich, `const` überall dort einzusetzen, wo es sinnvoll möglich ist und das Element nicht schon bei der Übersetzung ermittelt werden kann. (In diesem Fall sollten Sie natürlich `constexpr` verwenden.)

Sie geben dadurch dem Compiler Hinweise, was Sie vorhaben, und er kann Sie mit Warn- und Fehlermeldungen unterstützen, wenn Sie von dieser Linie abweichen. Auch die Schnittstelle von Klassen und Funktionen beschreiben Sie mit `const` an den richtigen Stellen auch ohne eine spezielle Dokumentation oft schon recht gut. Im Programmcode erkennen Sie auf diese Weise schnell, was zur Veränderung vorgesehen ist und was nicht.

9.4.5 Das Schlüsselwort »inline«

Mit dem Schlüsselwort `inline` können Sie dem Compiler für eine Funktion vorschlagen, an den Stellen des Funktionsaufrufs statt des Aufrufs direkt den generierten Code einzusetzen. Die Notation sieht so aus:

```
inline int quadr(int v) { return v*v; }
```

Aufgerufen wird eine solche Funktion wie gewohnt. Mit `inline` können die Kosten für Funktionsaufrufe vermieden werden. Da nun der Code aber für jeden Aufruf eingesetzt werden muss, sollten Sie das nur mit wirklich kurzen Funktionen machen. Bei der Kennzeichnung mit `inline` handelt es sich auch nur um einen Vorschlag. Letztendlich entscheidet der Compiler, wie er damit umgeht.

Damit eine Funktion `inline` verwendet werden kann, muss ihre Definition in jeder Übersetzungseinheit verfügbar sein, die sie verwendet. Das wird meist durch Definition solcher Funktionen in einer Headerdatei sichergestellt.

Funktionen, die als `constexpr` ausgezeichnet worden sind, werden implizit als `inline`-Funktionen verwendet.

9.5 Kontrollfragen und Aufgaben

1. Was sind Präprozessor-Direktiven und welche werden in modernem C++ hauptsächlich verwendet?
2. Was sind Namensräume und welche Probleme lösen sie?
3. Welche Möglichkeiten gibt es, einzelne oder alle Bezeichner eines Namensraums zu importieren?
4. Beheben Sie den Fehler: Der Compiler bemängelt, dass die Funktion `abc_funktion()` nicht in diesem Gültigkeitsbereich (*Scope*) deklariert wurde.

```
// listings/09/aufgaben/aufgabe1/main.cpp
#include <iostream>
#include "abc.h"
int main() {
  abc_funktion();  // Lässt sich nicht ausführen!?
}
```

Die Headerdatei *abc.h* dazu sieht so aus:

```
// listings/09/aufgaben/aufgabe1/abc.h
#ifndef _ABC_H_
#define _ABC_H_
namespace ABC {
void abc_funktion();
}
#endif
```

Und der Quellcode *abc.cpp* so:

```
// listings/09/aufgaben/aufgabe1/abc.cpp
#include "abc.h"
#include <iostream>
void abc_funktion() {
  std::cout << "Funktion abc gestartet\n";
}
```

5. Im folgenden Beispiel finden Sie einen klassischen Fehler bei der Nutzung des Schlüsselworts `extern`. Hier wurde eine globale Variable `iwert` in der Headerdatei *xyz.h* mit der Speicherklasse `extern` versehen. Der Compiler meldet, dass er die Referenz nicht auflösen kann. Bringen Sie den Quellcode zur Ausführung.

   Die `main()`-Funktion sieht wie folgt aus:

```
// listings/09/aufgaben/aufgabe2/main.cpp
#include <cstdlib>
#include "xyz.h"
int main() {
  iwert = 1234;
  xyz_funktion();
  iwert = 9876;
  xyz_funktion();
  return EXIT_SUCCESS;
}
```

Die Headerdatei *xyz.h*:

```
// listings/09/aufgaben/aufgabe2/xyz.h
#ifndef _XYZ_H_
#define _XYZ_H_
void xyz_funktion();
extern int iwert;
#endif
```

Und der Quellcode *xyz.cpp*:

```
// listings/09/aufgaben/aufgabe2/xyz.cpp
#include "xyz.h"
#include <iostream>
void xyz_funktion() {
  std::cout << "Funktion xyz gestartet\n";
  std::cout << iwert << "\n";
}
```

Kapitel 10
Strukturen, Aufzählungen und dynamische Speicherobjekte

Programme bilden oft reale Objekte oder Konzepte ab: Eine Person mit Namen und Adresse, ein Artikel mit Name und Preis oder eine Messung mit Wert und Zeitpunkt. Die Datentypen, die Sie bisher kennengelernt haben, wie `int` oder `std::string`, können das nur umständlich abbilden.

In diesem Kapitel werden Sie erfahren, wie Sie eigene Datentypen definieren, indem Sie mit `struct` in Strukturen zusammengehörige Daten unterschiedlicher Typen zu einer Einheit zusammenfassen. Sie lernen, wie Sie Aufzählungen mit einer festgelegten Menge möglicher Werte in einem `enum` definieren. Dabei betrachten wir, wie Sie `struct` und `enum` nutzen, um Ihre Programme besser zu strukturieren. Sie lernen, wie Sie mit `using` komplexe Datentypen unter vereinfachten Namen verwenden können und abschließend sehen wir uns an, wie Sie bei Bedarf den Speicher für solche Objekte dynamisch verwalten.

10.1 Erste eigene Datentypen mit Strukturen

Mit Strukturen definieren Sie einen neuen Datentyp, in dem Sie Elemente auch unterschiedlichen Typs logisch unter einer neuen Bezeichnung zu einem *Aggregat* zusammenfassen. Das kann beispielsweise der Datentyp für eine Person sein, bei dem die Strings `name` und `vorname` und der Ganzzahlwert `alter` zu einer Struktur `Person` aggregiert werden:

```
struct StrukturName {
   Typ1 Bezeichner1;
   Typ2 Bezeichner2;
   ...
   TypN BezeichnerN;
};
```

Mit dem Schlüsselwort `struct`, gefolgt vom Namen `StrukturName`, werden die Datentypen und Bezeichner der Struktur (die auch *Strukturmitglieder* genannt werden) in geschweiften Klammern gesammelt. Die Deklaration des Strukturtyps schließt mit einem Semikolon ab.

Für den Strukturnamen gelten dieselben Regeln wie bei den Bezeichnern (siehe Abschnitt 2.4.1, »Bezeichner«); allerdings sollte ein Strukturname eindeutig sein. Es ist gängige Praxis, einen großen Anfangsbuchstaben für den Bezeichner zu verwenden.

Struktur mit Semikolon abschließen

Da Sie es bisher gewohnt waren, kein Semikolon hinter geschweiften Klammern zu verwenden, sollten Sie sich nun merken, dass dies bei Strukturen unbedingt nötig ist. Strukturen sind schließlich so etwas wie eine Deklaration eines (zusammengesetzten) Datentyps.

10.1.1 Strukturen definieren, Elemente erzeugen und initialisieren

Die Definition einer einfachen Struktur für eine Artikelverwaltung sieht dann beispielsweise so aus:

```
struct Artikel {
   int sachnummer;
   std::string bezeichnung;
   int anzahl;
};
```

Hiermit haben Sie den Datentyp `Artikel` definiert, der eine `sachnummer` vom Typ `int`, die Zeichenkette `bezeichnung` und die `anzahl` vom Typ `int` aufnehmen kann. Die Datenelemente einer Struktur werden auch als *Member* oder *Attribute* bezeichnet.

Nachdem Sie den Strukturtyp erstellt haben, verwenden Sie ihn wie bereits bekannte Typen und definieren einen konkreten neuen Artikel wie im Folgenden:

```
Artikel laptop{};
```

Ist Ihre Struktur zuerst leer, sollten Sie eine leere Initialisierungsliste mit `{}` verwenden. Damit stellen Sie sicher, dass alle Elementwerte initialisiert werden. Zahlen werden mit `0` und Zeichenketten mit einem leeren `""` initialisiert. Würden Sie im Beispiel `laptop` keine leere Liste `{}` verwenden, würde nur `std::string` mit `""` initialisiert, weil dies der Standardwert dieses Datentyps ist, aber die beiden `int`-Werte hätten unspezifizierte Werte.

Strukturen können Sie ebenso wie die Basisdatentypen direkt bei der Definition mit Werten initialisieren (*Direct-List-Initialization*):

```
Artikel laptop { 1234, "Laptop, 15 Zoll", 10 };
```

Verwenden Sie in der Initialisierungsliste nicht genügend Elemente, werden die restlichen mit `0` beziehungsweise `""` initialisiert.

Auch die einheitliche Initialisierung mit Gleichheitszeichen ist möglich (*Copy-List-Initialization*):

```
Artikel laptop = { 1234, "Laptop, 15 Zoll", 10 };
```

Auch hier wird die erste Variante im modernen C++ bevorzugt, da sie keine implizite Konvertierung erlaubt und aus diesem Grund weniger fehleranfällig ist.

Seit C++20 gibt es die sogenannten *Designated Initializers*. Hier werden die Attribute bei der Zuweisung explizit benannt:

```
Artikel laptop{.sachnummer = 1234,
               .bezeichnung = "Laptop, 15 Zoll",
               .anzahl = 10};
```

Der Code wird damit selbstdokumentierend, und Verwechselungen bei der Reihenfolge werden unmöglich. Allerdings muss die Reihenfolge der Definition der Struktur entsprechen, und es dürfen keine Member übersprungen werden. Werden Member am Ende ausgelassen, erhalten sie ihren Standardwert, der auch undefiniert sein kann.

Standardwerte für Strukturen

Wo immer es sinnvoll ist, sollten Attribute einer Struktur bei der Definition über die *direkte Initialisierung* mit Default-Werten initialisiert werden:

```
struct Datum {
  int tag = 1;
  int monat = 1;
  int jahr = 1970;
};
```

Sie dokumentieren erwartete Standardwerte und verhindern damit uninitialisierte Werte. Damit haben Sie eine typische Fehlerquelle ausgeräumt:

```
Datum d1;        // 1.1.1970
Datum d2{};      // 1.1.1970, bevorzugte Initialisierung
```


Direkte Initialisierung

Die Initialisierung von Attributen innerhalb der Definition war bis C++11 nur bei statischen, konstanten Elementen integralen Typs möglich. In altem Code wird sie daher nicht verwendet.

Strukturen in Strukturen

Strukturen können auch weitere Strukturen enthalten:

```
// listings/10/struct02.cpp
struct Datum {
  int tag = 1;
  int monat = 1;
  int jahr = 1970;
};
struct Termin {
  std::string bezeichnung;
  Datum datum;
};

int main() {
  Termin neujahr{"Neujahr", {1, 1, 2025}};
  Termin maifeiertag{};
}
```

10.1.2 Zugriff auf die Strukturelemente

Um auf die Attribute als einzelne Strukturmitglieder zuzugreifen, verwenden wir den sogenannten *Punktoperator*, und zwar wie folgt:

```
variablenBezeichner.attribut
```

Im Beispiel des Artikels `laptop` greifen Sie so auf die einzelnen Strukturelemente zu:

```
Artikel laptop{ 1234, "Laptop, 15 Zoll", 10 };
// Strukturelement lesen
std::cout << laptop.sachnummer << ", ";
std::cout << laptop.bezeichnung << "; ";
std::cout << laptop.anzahl << " Stk.\n";
// Strukturelement schreiben
laptop.sachnummer = 3456;
laptop.bezeichnung = "Laptop, 15 Zoll, ohne OS";
laptop.anzahl = 9;
```

Seit C++17 können Sie mit *Structured Binding* auch die einzelnen Member einer Struktur direkt in eigene Variablen aufteilen:

```
auto [nr, bez, anz] = laptop;
std::cout << "Artikel " << nr
          << ", '" << bez
          << "', " << anz << " im Bestand\n";
```

Die neuen Variablen `nr`, `bez` und `anz` erhalten dabei die Werte und Datentypen der entsprechenden Member in derjenigen Reihenfolge, in der sie in der Struktur definiert sind. Der Code kann damit kürzer und lesbarer werden, da Sie für die Attribute direkt passende Namen vergeben können, ohne jedes Mal den Strukturnamen mit Punktoperator zu schreiben.

Auf die Strukturelemente von verschachtelten Strukturen greifen Sie auf allen Ebenen mit der gleichen Logik zu:

```
maifeiertag.bezeichnung = "1. Mai";
maifeiertag.datum.tag = 1;
```

```
maifeiertag.datum.monat = 5;
maifeiertag.datum.jahr = 2025;
```

10.1.3 Zugriff auf die Elemente in einer Funktion

Eine Struktur kann per Kopie an eine Funktion übergeben werden. Häufig erfolgt die Übergabe aber in Form einer Referenz auf ein konstantes Element. Aggregiert eine Struktur sehr viele Daten, wird damit vermieden, entsprechend große Datenmengen zu kopieren.

Der Zugriff auf die einzelnen Elemente bleibt dabei gleich. Das folgende Beispiel demonstriert eine Funktion mit einem Referenzparameter, die den Inhalt einer übergebenen Struktur ausgibt:


```
00  // listings/10/struct03.cpp
...
01  struct Artikel {
02    int sachnummer = 0;
03    std::string bezeichnung;
04    int anzahl = 0;
05  };
06  void print(const Artikel& artRef);
07  int main() {
08    Artikel laptop {1234, "Laptop, 15 Zoll", 10};
09    print(laptop);
10  }
11  void print(const Artikel& artRef) {
12    std::cout << artRef.sachnummer <<  ", ";
13    std::cout << artRef.bezeichnung << "; ";
14    std::cout << artRef.anzahl << " Stk.\n";
15  }
```

In Zeile **(09)** wird die Strukturvariable an die Funktion `print()` aus Zeile **(11)** bis **(15)** übergeben. In der Funktion werden mithilfe des Punktoperators die Inhalte der Strukturelemente über `std::cout` ausgegeben. Da es sich um eine Ausgabefunktion handelt, die keine Änderungen vornimmt, wird eine Referenz auf ein konstantes Objekt verwendet. Würde die Funktion eine Referenz auf den Artikel ohne `const` erwarten, wären über den Punktoperator auch Änderungen der Attribute möglich.

Zugriff über Zeiger

Auch wenn Sie Referenzen bevorzugen sollten, zeigen wir kurz den Zugriff auf eine Struktur über Zeiger. Er hat eine eigene Syntax. Sie greifen auf die Elemente mit dem `->`-Operator zu, der als »points to«, also »zeigt auf«, gesprochen wird:

```
00 // listings/10/struct04.cpp
...
01 void print(const Artikel* artPtr);
02 int main() {
03   Artikel laptop {1234, "Laptop, 15 Zoll", 10};
04   print (&laptop);
05 }
06 void print(const Artikel* artPtr) {
07   std::cout << artPtr->sachnummer <<  ", ";
08   std::cout << artPtr->bezeichnung << "; ";
09   std::cout << (*artPtr).anzahl << " Stk.\n";
10 }
```

In Zeile **(04)** wird die Adresse der Variablen des Datentyps `Artikel` mithilfe des Adressoperators `&` an die Funktion `print()` aus Zeile **(06)** bis **(10)** übergeben. Dort wird mithilfe des Zeigers und `->` auf die Strukturelemente zugegriffen. In Zeile **(09)** wird der Zeiger einmal alternativ mit `*` dereferenziert und dann der Punktoperator verwendet. Aufgrund der Prioritäten muss hier geklammert werden. Diese Schreibweise ist schwerer zu beschreiben und auch schwerer zu lesen. Sie sollten sie eher meiden.

10.1.4 Strukturen in einem Vektor oder Array

Wenn Sie Artikel verwalten, wird es vermutlich mit einem einzelnen nicht getan sein. Sie können Ihre neue Struktur auch als Datentyp in einer Containerklasse nutzen. Einen Vektor mit zehn Elementen des Typs `Artikel` erstellen Sie auf folgende Weise:

```
std::vector<Artikel> bestand(10);
```

Wenn Sie Ihren Warenbestand so in einer Containerklasse `std::vector` speichern, funktioniert der Zugriff folgendermaßen:

```
// listings/10/struct05.cpp
...
int main() {
  std::vector<Artikel> bestand(10);
  bestand.at(0).sachnummer = 6789;
  bestand.at(0).bezeichnung = "Desktop mit Monitor 24 Zoll";
  bestand.at(0).anzahl = 5;
  // Ausgabe ...
  std::cout << bestand.at(0).sachnummer << ", ";
  std::cout << bestand.at(0).bezeichnung << "; ";
  std::cout << bestand.at(0).anzahl << " Stk.\n";
}
```


Auch mit Elementen der Containerklasse können Sie das *Structured Binding* elegant anwenden, beispielsweise in einer bereichsbasierten `for`-Schleife:

```
for(const auto& [nr, bez, anz] : bestand) {
    if (anz < 10) {
        std::cout << "Nachbestellen: " << bez << '\n';
    }
}
```

Sollte die Verwendung von Containern nicht möglich sein, beispielsweise weil Ihre Umgebung keine ermöglicht, können Sie Strukturen natürlich auch in C-Arrays ablegen, beispielsweise wie folgt:

```
Artikel verschiedenes[10] = {};
```

10.1.5 Methoden statt Funktionen

In den obigen Beispielen *struct03.cpp* und *struct04.cpp* ist die Funktion `print()` speziell für den Strukturtyp `Artikel` vorgesehen. Sie ist auch nur mit diesem zugehörigen Datentyp sinnvoll. Eine Wiederverwendung der Funktion ohne diesen Datentyp ist ausgeschlossen.

Solche Funktionen integriert man gewöhnlich mit den Daten in die Schnittstelle für `Artikel` und bildet somit eine *Entität*. Damit wird die *Funktion* zu einer *Methode* der Datenstruktur.

In C++ werden Methoden traditionell weniger mit Strukturen, sondern eher mit Klassen assoziiert. Diese lernen Sie Kapitel 11, »Klassen«, kennen. Sie sind eng mit Strukturen verwandt. Daher behandeln wir das Thema hier nur kurz und bauen später bei den Klassen darauf auf.

In dem folgenden Beispiel sehen Sie, wie die Struktur `Artikel` um eine Methode `print()` ergänzt wird:

```
00 // listings/10/struct06.cpp
...
01 struct Artikel {
02   int sachnummer = 0;
03   std::string bezeichnung;
04   int anzahl = 0;
05   void print();
06 };
07 int main() {
08   Artikel laptop = {1234, "Laptop, 15 Zoll", 10};
09   Artikel server = {1299, "Server, 8GB, 20TB", 3};
10   laptop.print();
11   server.print();
12 }
13 void Artikel::print() {
14   std::cout << sachnummer << ", ";
15   std::cout << bezeichnung << "; ";
16   std::cout << anzahl << " Stk.\n";
17 }
```

In Zeile (**05**) erkennen Sie, dass die Beschreibung der Struktur um eine zugehörige Funktion `print()` erweitert worden ist. Die Funktion gehört damit wie die Attribute zur Struktur und wird nun als *Methode* bezeichnet.

In Zeile (**13**) bis (**17**) sehen Sie die Definition der Methode. Herauszustellen ist, dass dem Namen der Methode der Name der Struktur `Artikel::` vorangestellt wird – so entsteht ein qualifizierter Name. Diese Vorgehensweise kennen Sie schon von den Namensräumen. Ohne diese Ergänzung von `Artikel::` würde weiter nur eine einfache Funktion ohne Bezug zur Struktur definiert werden.

Die Methode greift in den Zeile (14) bis (16) ohne weitere Qualifizierung direkt auf die Attribute der Datenstruktur zu, sie ist ja selbst Teil der Struktur. Wo Sie vorher noch `artRef.sachnummer` verwenden mussten, können Sie jetzt direkt das Attribut `sachnummer` nutzen. Der Aufruf der Methode in Zeile (10) und (11) erfolgt jeweils über den Bezeichner der Variablen vom Typ `Artikel`, deren Attribute ausgegeben werden. Die Methode wird also jeweils für einen bestimmten Wert des Datentyps `Artikel` aufgerufen.

10.1.6 Strukturen vergleichen

Der direkte Vergleich zweier Strukturen mit den Operatoren `==` und `!=` wie bei den integralen Datentypen oder bei `std::string` ist seit C++20 möglich, wenn alle Member selbst vergleichbar sind. Anderenfalls müssen Sie jeweils die einzelnen Elemente einer Struktur selbst miteinander vergleichen. Alternativ können Sie einen spezialisierten Vergleichsoperator `==` erstellen, der genau das macht und dann ebenso bequem verwendet werden kann wie für integrale Datentypen. Wie das funktioniert, erfahren Sie in Kapitel 13, »Operatoren überladen«.

10.2 Der Aufzählungstyp »enum«

Mit dem Datentyp `enum` können Sie eine Aufzählung definieren, also für einen Datentyp festlegen, welche Werte er annehmen darf. Beispielsweise könnte ein Datentyp für Ampelphasen vorgegeben werden:

```
enum class Ampel { ROT, GELB, GRUEN};
```

Der Bezeichner der Aufzählung ist `Ampel`, und es gibt die Aufzählungskonstanten `ROT`, `GELB` und `GRUEN`.

»enum class« oder »enum struct«?

Sie können einen Aufzählungstyp mit den Schlüsselwörtern `enum class` oder `enum struct` definieren. Das Ergebnis ist identisch. Wir behandeln

Klassen zwar erst im nächsten Kapitel, aber das hat hier noch keine Relevanz. Daher verwenden wir hier schon die Variante `enum class`, da sie in der Praxis mehr genutzt und in vielen Konventionen empfohlen wird.

Der neu erstellte Datentyp kann folgendermaßen verwendet werden:

```
// listings/10/enum01.cpp
Ampel ampel{Ampel::ROT}; // Initialisierung
ampel = Ampel::GELB;
if (ampel == Ampel::GRUEN) {
  std::cout << "Fahren\n";
}
```

Mit einem `enum` kann sehr nachvollziehbar gearbeitet werden, denn es dokumentiert sich praktisch selbst. Damit ersetzen Aufzählungen fehleranfällige Konstrukte wie:

```
int ampel_; // 1 = ROT, 2 = GELB ,3 = GRUEN // FEHLERANFAELLIG!
if ( ampel_ == 3) { // ... }
```

Dabei werden leicht versehentlich Werte vertauscht oder Zahlen ohne Zuordnung verwendet. Aufzählungen vermeiden diese Fehler und sind leichter lesbar:

```
if ( ampel == Ampel::GRUEN) { // ... }
```

Um die `enum`-Definition um einen weiteren Wert zu erweitern, ergänzen Sie die Liste der Werte entsprechend:

```
enum struct Ampel { ROT, ROTGELB, GELB, GRUEN };
```

Intern wird jeder Aufzählungskonstante eines `enum` automatisch ein `int`-Wert zugewiesen, beginnend bei 0. Wenn Sie auf diese unterliegenden Werte zugreifen wollen, wandeln Sie sie explizit um:

```
int ampeli = static_cast<int> (Ampel::ROTGELB);  // ampeli = 1
```

Sie können die unterliegenden Werte auch manuell festlegen. Auch hier wird von jedem fest vergebenen Wert aus hochgezählt:

```
enum struct Ampel { ROT, ROTGELB = 3, GELB = 7, GRUEN };
std::cout << static_cast<int>(Ampel::ROT) << ", "
          << static_cast<int>(Ampel::ROTGELB) << ", "
          << static_cast<int>(Ampel::GELB) << ", "
          << static_cast<int>(Ampel::GRUEN) << "\n";
```

Das liefert die folgende Ausgabe:

```
0, 3, 7, 8
```


Die Verwendung fester numerischer Werte kann erforderlich, wenn eine Schnittstelle bestimmte Werte fordert.

»enum« vor C++11

In diesem Abschnitt haben wir komplett das `enum` beschrieben, das mit C++11 eingeführt wurde und das auch als *scoped enum* bezeichnet wird. In älteren Compilern wurde anstelle von `enum struct` oder `enum class` nur `enum` verwendet. In diesem Fall fällt der Zugriff über den Zugriffsoperator (*scope*) weg, im Beispiel oben wäre das der Scope `Ampel::`.

In modernem C++ sollten Sie ausschließlich das *scoped enum* verwenden und das »alte« `enum` meiden. Mit den »unscoped enums« stehen die Aufzählungswerte eines `enum`-Objekts in seinem kompletten Gültigkeitsbereich zur Verfügung. Durch den erforderlichen Zugriffsoperator im *scoped enum* wird die Verwendung jedoch präziser, und Überschneidungen der Bezeichnungen werden vermieden.

10.3 Eigene Namen mit »using«

Die Datentypen, die Sie verwenden und selbst erstellen, können komplex sein. Damit wächst der Aufwand beim Tippen und auch beim Erfassen der Typbezeichner. Das Schlüsselwort `using` ermöglicht es, lange oder komplexe Typbezeichner durch kürzere, aussagekräftige Namen zu ersetzen. Sie erstellen damit keinen neuen Typ, sondern nur einen Alias. Der ursprüngliche Name ist weiter gültig. Ein Beispiel:

```
using Byte_t = unsigned char;
Byte_t byte = 'x';             // entspricht: unsigned char byte;
Byte_t* bytePtr = nullptr;     // entspricht: unsigned char* bytePtr;
unsigned char byte2 = 'y';     // alte Bezeichnung existiert weiter
```

Hier wurde mithilfe von `using` das Synonym `Byte_t` für `unsigned char` erstellt. Das Suffix `_t` ist dabei eine etablierte Konvention für Typ-Aliasse. Statt `unsigned char` können Sie nun eine Variable mit dem `using`-Namen `Byte_t` deklarieren. Im Geltungsbereich der `using`-Deklaration ist `Byte_t` gleichbedeutend mit dem Typ `unsigned char`. Eine `using`-Definition kann global (außerhalb von Funktionen) oder lokal (innerhalb von Funktionen oder Klassen) erfolgen.

»typedef«

Da `using` erst seit C++11 in dieser Form verwendet werden kann, werden Sie vielleicht noch `typedef` anstelle von `using` vorfinden:

```
typedef struct Id3_tag Id3_t;
using Id3_t = struct Id3_tag;
```

Zwischen den beiden Zeilen besteht im Ergebnis kein Unterschied. Die Verwendung von `using` ist allerdings in komplexeren Fällen meist besser lesbar und hat bei der Verwendung von Templates, die Sie in Kapitel 15 kennenlernen, weitere Vorteile. Sie sollten sich daher die Verwendung von `using` angewöhnen, aber wissen, dass `typedef` existiert.

10.4 Dynamische Speicherobjekte

Bisher haben Sie Speicherobjekte verwendet, die beim Ausführen Ihres Anweisungsblocks oder des gesamten Programms automatisch angelegt und beim Verlassen gelöscht wurden. Dabei müssen Sie sich um nichts weiter kümmern.

In C++ werden verschiedene Speicherarten vom Compiler automatisch verwaltet: der Code-Speicher für die ausführbaren Programmbefehle, der Datenspeicher für statische Daten (globale und mit `static` gekennzeichnete Variablen) und der Stack-Speicher für die Funktionsaufrufe und deren lokalen Variablen.

Im Mittelpunkt dieses Abschnitts steht der *Heap-Speicher*, der für dynamische Speicheranforderungen zur Verfügung steht. Mit ihm können Sie zur Laufzeit präzise kontrollieren, wann und wie Speicher angelegt und wieder freigegeben wird. Container der Standardbibliothek wie `std::vector` machen von diesen Techniken Gebrauch. Um C++ wirklich zu beherrschen, müssen Sie diese Techniken verstehen. Sehen wir uns dieses Thema also etwas genauer an.

Wird dynamisch Speicher angefordert, prüft das System zur Laufzeit, ob genügend zusammenhängender Heap-Speicher zur Verfügung steht. Ist das der Fall, wird die entsprechende Speichermenge als reserviert gekennzeichnet und die Anfangsadresse dieses Blocks zurückgegeben. Falls kein Speicher mehr verfügbar ist, schlägt die Anforderung fehl. Einmal reservierter Speicherplatz auf dem Heap bleibt so lange reserviert, bis er wieder freigegeben wird. Daher ist es entscheidend, Speicher explizit freizugeben, sobald er nicht mehr benötigt wird.

Wird ein reservierter Speicherbereich nach abgeschlossenem Gebrauch nicht freigegeben, spricht man von einem *Speicherleck* (engl. *memory leak*) im Heap-Speicher. Wenn ein Programm lange läuft, kann die Summe auch kleiner Leckagen dafür sorgen, dass irgendwann nicht mehr genug Speicher auf dem Heap verfügbar ist und das Programm bei einer Anforderung abbricht.

In der Theorie ist es nicht besonders schwierig, solche Situationen zu vermeiden. In der Praxis gibt es aber erstaunlich viele Gelegenheiten, bei denen etwas schiefgehen kann.

Um solche Probleme zu verhindern, muss im Programm immer klar sein, wer reservierten Speicher wieder freigibt und wie die dafür notwendige Speicheradresse verwaltet wird.

Bei komplexerem Programmfluss und in Verbindung mit der Ausnahmebehandlung, die Sie in Kapitel 16, »Ausnahmebehandlung (Fehlerbehandlung)«, kennenlernen werden, ist das oft durchaus diffizil. Das gilt besonders bei Anwendungen, die lange laufen und häufig Speicher anfordern und wieder freigeben.

Größere Kontrolle über die Reservierung und Freigabe hat also ihren Preis: die erforderliche Verwaltung und das Risiko von Speicherlecks. Sie können dynamische Speicherverwaltung an vielen Stellen vermeiden, sie ist aber auch ein mächtiges Werkzeug, das Sie kennen sollten.

In C++ stehen zur Verwaltung dynamischen Speichers zwei Varianten zur Verfügung. Mit den Operatoren `new`, `new[]`, `delete` und `delete[]` nutzen Sie die klassische Möglichkeit über rohe Zeiger. In der Praxis sollten Sie allerdings mit sogenannten *smarten Zeigern* (engl. *smart pointers*) aus der Standardbibliothek arbeiten, die Ihnen das Programmieren erheblich erleichtern.

Wir sehen uns nun zuerst die Verwendung der rohen Zeiger an und danach die Smart Pointer, die intern diese rohen Zeiger nutzen, einige Details aber vor Ihnen abschirmen.

10.4.1 Dynamisch Objekte mit »new« anlegen und mit »delete« freigeben

Um Speicherobjekte dynamisch zur Laufzeit des Programms anzulegen, wird der Operator `new` verwendet. Nach `new` geben Sie den Datentyp des anzulegenden Objekts an. Das System fordert daraufhin so viel Speicherplatz an, wie der angegebene Typ benötigt. Bei Erfolg erhalten Sie als Rückgabewert die Adresse des reservierten Speicherplatzes, die Sie in einer Zeigervariablen speichern und verwenden können. Wenn Sie den Speicher nicht mehr benötigen, geben Sie ihn anschließend wieder frei, beispielsweise folgendermaßen:

```
int* iptr = nullptr;   // Zeiger auf int
iptr = new int {123};  // Neues int-Objekt erzeugt
std::cout << *iptr << ", ";
```

```
04 *iptr = 456;  // Wert zuweisen
05 std::cout << *iptr << "\n";
06 delete iptr;
```

In Zeile (**01**) wird eine Variable definiert, um die Adresse des Speichers festzuhalten, der in Zeile (**02**) zur Laufzeit Speicher für ein `int` (entspricht `sizeof(int)`) reserviert. Der Zeiger `iptr` verweist nun auf dieses Speicherobjekt, das beim Anlegen mit dem Wert `123` initialisiert wurde. Über den Dereferenzierungsoperator `*` können Sie (in)direkt auf dieses Speicherobjekt zugreifen, also auf den Wert, der an der angegebenen Adresse gespeichert ist. Dies wird in Zeile (**03**) und (**05**) mit der Ausgabe und in Zeile (**04**) mit der Wertzuweisung demonstriert. Die Ausgabe lautet dann:


```
123, 456
```

Wird der Zeiger direkt initialisiert (mit dem initialisierten `int`-Objekt), lassen sich die Schritte aus Zeile (**01**) und (**02**) des Beispiels auch zusammenfassen:

```
int* iptr1 {new int {123} };
int* iptr2 = new int {123};
delete iptr1;
delete iptr2;
```

Wie wir bereits mehrmals erwähnt haben, werden dynamisch erzeugte Objekte nicht von selbst freigegeben. Sie müssen explizit freigegeben (oder auch »zerstört«) werden, wenn sie nicht mehr benötigt werden. Hierzu verwenden Sie den Operator `delete`:

```
delete zeiger;      // Einzelnes Speicherobjekt freigeben
```

Der Operator `delete` wird mit einem Zeiger auf reservierten Speicher aufgerufen und »markiert« den Speicher an dieser Adresse im Heap als frei für die erneute Verwendung. In unserem Beispiel wird der Speicher nach Zeile (**05**) nicht mehr benötigt und daher in Zeile (**06**) freigegeben.

Der Zeiger nach »delete«

Die im Zeiger gespeicherte Adresse wird durch ein `delete` nicht verändert. Sie wird auch nicht auf den Wert `nullptr` gesetzt. Die Adresse im Zeiger bleibt erhalten, aber der Zugriff darauf führt zu undefiniertem Verhalten, da Sie den reservierten Bereich mit `delete` wieder abgegeben haben. Rufen Sie `delete` mit einem Zeiger auf, der auf ungültigen Speicherplatz zeigt, ist das Verhalten undefiniert. Auch bereits wieder freigegebener Speicher gilt dabei als ungültig. Ein `delete` auf den `nullptr` hat keinen Effekt.

Mit Zeigern auf dynamischen Speicher müssen Sie besonders sorgfältig umgehen, und Sie dürfen niemals die Adresse des Speicherobjekts »verlieren«. Ohne die Adresse können Sie das Speicherobjekt nicht mehr verwenden. Sie können es nicht mal freigeben, obwohl es nach wie vor im Heap-Speicher liegt.

Zu jeder Speicherreservierung mit `new` gehört ein entsprechendes `delete`, das den Speicherbereich wieder freigibt, wenn er nicht mehr benötigt wird. In unserem Beispiel ist das trivial, bei umfangreicherem Code kann `delete` leicht vergessen werden. Seien Sie also wachsam.

Die Eigentümerschaft von dynamisch angefordertem Speicher

Wenn Speicher angefordert wird, muss zu jedem Zeitpunkt klar sein, wem er gehört und wer insbesondere für seine Freigabe verantwortlich ist. Wird ein Zeiger weitergegeben, verwischt diese Frage der »Eigentümerschaft« oft.

Sie sollten auch in komplexeren Fällen bei jedem `new`, das Sie einsetzen, beantworten können, wo der Speicher freigegeben wird und wie Sie dafür sorgen, dass dieser Code auch immer und korrekt ausgeführt wird.

Fehler bei der Speicheranforderung abfangen

Wenn kein zusammenhängender Speicher der geforderten Größe mehr gefunden und reserviert werden kann, wird eine `bad_alloc`-Ausnahme ausgelöst (man sagt auch »geworfen«). Wie Sie diese und andere Ausnahmen abfangen, zeigen wir in Kapitel 16, »Ausnahmebehandlung (Fehlerbehandlung)«. Auftreten werden solche Fälle, wenn Sie sehr viel Speicher anfordern oder wenn kleinere Anforderungen nicht mehr erfüllt werden können, meist aufgrund zu vieler »Speicherlecks« ohne Freigabe.

10.4.2 Dynamisch Arrays mit »new[ ]« anlegen und mit »delete[ ]« freigeben

Sie können `new` auch verwenden, um dynamische Arrays zu erzeugen. Hierzu müssen Sie lediglich die eckigen Klammern mit angeben. Die Syntax lautet:

```
Typ* zeiger = new Typ [Anzahl Elemente];
```

oder

```
Typ* zeiger {new Typ [Anzahl Elemente]};
```

Als Ergebnis verweist der Zeiger auf das erste Element in diesem Array, zum Beispiel:

```
int* iptr = new int[100];
```

Hier zeigt der Zeiger `iptr` auf das erste Objekt der 100 `int`-Objekte, die dynamisch zur Laufzeit vom Heap angefordert werden. Jetzt können Sie beispielsweise mithilfe des Indizierungsoperators Werte zuweisen, wie Sie dies von den Arrays kennen:

```
iptr[0] = 100;
iptr[1] = 200;
...
iptr[99] = 10000;
delete[] iptr;
```

Wie andere auf dem Heap reservierte Datentypen müssen auch dynamische Arrays explizit freigegeben werden. Allerdings verwenden Sie zur Freigabe von Arrays den Operator `delete[]`. Bei der Freigabe eines Arrays mittels `delete[]` *müssen* Sie die eckigen Klammern angeben, um dem Compiler zu signalisieren, dass ein Array zu zerstören ist. Die Verwendung von `delete` statt `delete[]` für Arrays führt zu undefiniertem Verhalten und meist zu Speicherlecks.

Korrekte Paarung beachten

Beachten Sie die korrekte Paarung: Einzelobjekte, die mit `new` erzeugt wurden, müssen mit `delete` freigegeben werden; Arrays, die mit `new[]` erzeugt wurden, entsprechend mit `delete[]`. Die Verwendung des falschen `delete`-Operators führt zu undefiniertem Verhalten.

Zur Anforderung und Freigabe von Speicher für ein Array folgt nun ein Programmbeispiel, das Heap-Speicherplatz für ein Array reserviert, verwendet und mittels `delete[]` wieder freigibt:

```
// listings/10/heap01.cpp
...
int main() {
  std::size_t elements = 0;
  std::cout << "Wie viele Werte wollen Sie speichern? ";
  std::cin >> elements;
  if (std::cin.fail()) {
    std::cerr << "Fehler bei der Eingabe\n";
    return EXIT_FAILURE;
  }
  int* dynarray = new int[elements]{};
  for (std::size_t i = 0; i < elements; ++i) {
    std::cout << i + 1 << ". Wert: ";
    std::cin >> dynarray[i];
    if (std::cin.fail()) {
      std::cerr << "Fehler bei der Eingabe\n";
      break;
```

```
16      }
17    }
18    int sum = 0;
19    std::cout << "Die Summe aller Werte lautet: ";
20    for (std::size_t i = 0; i < elements; ++i) {
21      sum += dynarray[i];
22    }
23    std::cout << sum << "\n";
24    delete[] dynarray; // Speicher wieder freigeben
25  }
```


Hier sehen Sie das Programm bei der Ausführung:

```
Wie viele Werte wollen Sie speichern? 2
1. Wert: 11
2. Wert: 22
Die Summe aller Werte lautet: 33
```

Bei diesem Programm werden Sie gefragt, wie viele Werte Sie speichern wollen. Gemäß der Eingabe in Zeile (04) wird in Zeile (09) mit `new[]` Speicher für ein Array entsprechender Größe reserviert.

In Zeile (10) bis (17) werden diese Werte über `std::cin` eingelesen, in Zeile (20) bis (22) werden sie addiert, und das Ergebnis wird in Zeile (23) ausgegeben. Am Ende wird das komplette Array in Zeile (25) mit `delete[]` freigegeben.

Fehlerbehandlung bei der Speicheranforderung

In der Praxis sollten Sie Zeile (09) in einen sogenannten `try`-Block verpacken, um im Fehlerfall eine eventuell geworfene `bad_alloc`-Ausnahme abzufangen. Die Ausnahmebehandlung betrachten wir allerdings erst in Kapitel 16, »Ausnahmebehandlung (Fehlerbehandlung)«. Wenn Sie die Auswirkungen einer fehlerhaften Speicheranforderung jetzt schon einmal sehen wollen, geben Sie im Programm *heap01* bei der gewünschten Anzahl der Elemente den Wert `-1` ein.

10.4.3 Der smarte »unique_ptr«-Pointer

Das Hantieren mit den von `new` zurückgegebenen rohen Zeigern ist eine der Hauptfehlerquellen in C++. Die ordentliche Freigabe von Speicher mit `delete` wird oft entweder schlicht vergessen oder berücksichtigt nicht alle möglichen Abläufe im Programm. In einem Beispiel wie *heap01.cpp* mag das trivial und sogar irrelevant sein. Der reservierte Speicher wird ohnehin beim Beenden des Programms freigegeben. Bei lange laufenden Anwendungen führen Versäumnisse bei der Verwaltung dynamischen Speichers zu sehr schwer analysierbaren Problemen oder Abstürzen.

Seit C++11 enthält die Standardbibliothek sogenannte *Smart Pointer* zur Verwaltung von Zeigern auf dynamisch angeforderten Speicher. Hier bekommen Sie die rohen Zeiger gar nicht mehr zu sehen: Diese werden in dem smarten Zeiger »verpackt«, der sie verwaltet. Sie müssen sich nicht mehr um die Freigabe kümmern. Die erfolgt automatisch, wenn der smarte Zeiger abgebaut wird, beispielsweise wenn der Gültigkeitsbereich verlassen wird. Die smarten Zeiger nehmen Ihnen auch die Unterscheidung ab, ob Sie `delete` oder `delete[]` aufzurufen haben, sodass damit eine weitere Fehlerquelle entfällt. Dabei ist zu erwähnen, dass Sie das in den Standardfällen keinen messbaren Mehraufwand bei Speicherverbrauch und Laufzeit gegenüber den rohen Zeigern kostet.

Wenn Sie smarte Zeiger verwenden wollen, inkludieren Sie `#include<memory>`. Sie werden in Kapitel 18, »Die Standardbibliothek und weitere Sprachelemente«, weitere kennenlernen, aber der wichtigste dieser smarten Zeiger ist `std::unique_ptr`. Er verwaltet Ressourcen mit genau einem Eigentümer. Mit einem solchen smarten Zeiger wird das dynamische Array `dynarray` als `std::unique_ptr<int[]>` folgendermaßen angelegt:

```
// listings/10/heap02.cpp
#include <memory>
std::unique_ptr<int[]> dynarray (new int[elements] {});
```

Wie Sie es schon bei `std::vector` gesehen haben, wird der für `std::unique_ptr` gewünschte Typ in spitzen Klammern angegeben, hier `<int[]>` für ein Array von Ganzzahlen. Der Ausdruck `new int[elements] {}` liefert als Resultat den rohen Zeiger, der den smarten Zeiger `dynarray` initialisiert.

Allerdings tritt in der Initialisierung weiterhin der Operator `new` auf. Ein `new` ohne zugehöriges `delete` lässt einen C++-Entwickler sofort aufmerken, denn hier droht ein Speicherleck. Wir wollen den smarten Zeiger ja gerade deshalb verwenden, um dieses Katz-und-Maus-Spiel zu beenden.

Die Verwendung von »std::make_unique«

Seit C++ 14 sollte man `std::make_unique` verwenden, um einen solchen Smart Pointer zu erzeugen. Mit `std::make_unique` wird ein smarter Zeiger des angegebenen Typs ohne (sichtbares) `new` erzeugt. In unserem Fall sieht die Definition des Arrays dann so aus:


```
// listings/10/heap03.cpp
#include <memory>
std::unique_ptr<int[]> dynarray =
   std::make_unique<int[]>(elements);
```

Das ist jetzt allerdings durch die vielen redundanten Angaben nicht sehr leserlich. Hier ist wieder eine gute Gelegenheit, um zu sehen, wie das Schlüsselwort `auto` vieles erleichtert und zum gleichen Ergebnis kommt:

```
// listings/10/heap04.cpp
#include <memory>
auto dynarray = std::make_unique<int[]>(elements);
```

Wir werden `unique_ptr` und Varianten wie `shared_ptr` und `weak_ptr` in Kapitel 18, »Die Standardbibliothek und weitere Sprachelemente«, noch einmal aufgreifen. Trotzdem wollen wir Ihnen hier die bessere Alternative mit `std::unique_ptr` im kompletten Beispiel *heap04.cpp* natürlich nicht vorenthalten:

```
// listings/10/heap04.cpp
...
#include <memory>  // unique_ptr
int main() {
  std::size_t elements = 0;
  std::cout << "Wie viele Werte wollen Sie speichern? ";
  std::cin >> elements;
  if (std::cin.fail()) {
```

```
    std::cerr << "Fehler bei der Eingabe\n";
    return EXIT_FAILURE;
  }
  // Speicher reservieren
  auto dynarray = std::make_unique<int[]>(elements);
  for (std::size_t i = 0; i < elements; ++i) {
    std::cout << i + 1 << ". Wert: ";
    std::cin >> dynarray[i];
    if (std::cin.fail()) {
      std::cerr << "Fehler bei der Eingabe\n";
      break;
    }
  }
  int sum = 0;
  std::cout << "Die Summe aller Werte lautet: ";
  for (std::size_t i = 0; i < elements; ++i) {
    sum += dynarray[i];
  }
  std::cout << sum << "\n";
}
```

Brauchen Sie unbedingt eine dynamische Speicheranforderung?

Sie wissen bereits: Die dynamische Speicheranforderung hat ihre Tücken. Die Verantwortung für die korrekte Freigabe – die auch mit dem Begriff »Eigentümerschaft« beschrieben wird – kann verzwickt sein.

Verwenden Sie daher lieber eine fertige Standardcontainerklasse aus der C++-Bibliothek, mit der Sie direkt loslegen können und die technische Aspekte wie die Speicherverwaltung für Sie erledigt; z. B. `std::vector` oder `std::array`. Wenn Sie selbst Zeiger verwalten müssen, sind Sie mit `std::make_unique<T>` bestens gerüstet.

Es kann natürlich sein, dass in Ihrer Umgebung die Standardbibliothek nicht zur Verfügung steht und Sie trotzdem ein dynamisches Array benötigen. In diesem Fall kommen Sie für die Speicherverwaltung nicht um den rohen Zeiger herum, der von `new[]` zurückgegeben wird.

10.5 Kontrollfragen und Aufgaben

1. Erstellen Sie eine Struktur `Person`, die den Vornamen, den Nachnamen sowie das Geburtsdatum (Tag, Monat und Jahr) speichert. Für das Geburtsdatum legen Sie eine eigene Struktur an, die Sie innerhalb der Struktur `Person` verwenden. Definieren Sie von dieser Struktur außerdem gleich ein Array, das zehn Elemente der Struktur speichert.
2. Dank dynamischer Speicherverwaltung können Sie zur Laufzeit einen Speicherplatz nach Bedarf anfordern. Mit welchem Operator können Sie dies realisieren? Was sollten Sie außerdem mit dem Speicherplatz machen, wenn Sie ihn nicht mehr benötigen?
3. Was ist der Unterschied zwischen `new/delete` und `new[]/delete[]`?
4. Welche Vorteile bietet `std::unique_ptr` gegenüber rohen Zeigern?
5. In Abschnitt 10.4.2, »Dynamisch Arrays mit ›new[ ]‹ anlegen und mit ›delete[ ]‹ freigeben«, haben wir mit dem Beispiel *heap01.cpp* demonstriert, wie Sie zur Laufzeit einen Speicherplatz für ein C-Array vom Typ `int` mit `new[]` reservieren. Ändern Sie das Beispiel *heap01.cpp* so um, dass Sie ausschließlich die Klasse `std::vector` statt des C-Arrays verwenden.

Kapitel 11
Klassen

In der prozeduralen Programmierung, die Sie bisher kennengelernt haben, stehen Daten (Variablen) und die Funktionen, die diese verarbeiten, unverbunden nebeneinander. In der objektorientierten Programmierung werden zusammengehörige Daten und die Funktionen zu einer logischen Einheit zusammengefasst: dem *Objekt*.

Die Daten eines Objekts werden dabei durch seine Funktionen (auch *Methoden* oder *Elementfunktionen* genannt) geschützt und kontrolliert. Dieses Konzept der *Kapselung* stellt sicher, dass die Daten nur auf definierte Weise verarbeitet werden können. Das macht Programme robuster und leichter wartbar. Die Kapselung ermöglicht es beispielsweise, bei einem Konto sicherzustellen, dass der Kontostand nur über geprüfte Einzahlungen und Abhebungen geändert werden kann und nicht direkt auf einen ungültigen Wert gesetzt wird.

11.1 Klassen

Da Sie Strukturen bereits aus Kapitel 10 kennen, sollte Ihnen der Einstieg in Klassen nicht schwerfallen. Den technischen Unterschied samt seinen Konsequenzen werden wir jetzt herausarbeiten.

11.1.1 Klassendefinition

Eine Klasse definiert – wie eine Struktur auch – einen neuen Datentyp. Die Syntax der Definition ist sehr ähnlich:

```
class Klasse {
   // ...
};
```

Für den Klassennamen gelten dieselben Regeln wie bei anderen Bezeichnern (siehe Abschnitt 2.4.1, »Bezeichner«). Wie bei anderen Typnamen ist es gängige Praxis, dass man einen großen Anfangsbuchstaben verwendet und neue Wörter durch einen Großbuchstaben kennzeichnet, beispielsweise `class KontoListe`. Wie auch bei der Struktur dürfen Sie bei der Klassendefinition das Semikolon am Ende nicht vergessen.

Als Beispiel erstellen wir eine Klasse `Konto`. Sie repräsentiert ein Konto, das einen Namen und einen Kontostand hat:

```
class Konto {
  long stand;
  std::string name;
};
```


Wie eine Struktur enthält die Klasse Datenelemente. Die Datenelemente einer Klasse werden auch als *Attribute*, *Eigenschaften* oder *Member* bezeichnet und enthalten den sogenannten *Zustand* eines Objekts. In der Klasse `Konto` beschreiben die Attribute `stand` und `name` den Objektzustand. Den Kontostand werden wir in Eurocent speichern. Bei 64 Bit im Datentyp `long` können wir damit einige Billiarden Euro pro Konto verwalten.

Sie können die Daten einer Klasse (wie bei einer Struktur) direkt in der Definition initialisieren. Damit wird Ihnen spätere Tipparbeit abgenommen, und Sie vermeiden nicht initialisierte Daten. Ein Beispiel:

```
class Konto {
  long stand = 0;
  std::string name = "Unbekannt"
};
```

Direkte Initialisierung

Die Initialisierung von Attributen innerhalb der Definition war bis C++11 nur bei statischen, konstanten Elementen integralen Typs möglich. Wundern Sie sich also nicht, dass diese sehr nützliche Variante in altem Code nicht verwendet wird.

Bis jetzt entspricht unsere Klasse scheinbar einer Struktur. Es gibt allerdings einen entscheidenden Unterschied, und zwar in der sogenannten *Zugriffsspezifikation*. Anders als in einer Struktur sind in einer Klasse ohne eine spezielle Kennzeichnung alle Elemente *privat*. Privat bedeutet, dass ein Zugriff von »außen« nicht möglich ist. Ein Programm, in dem wir versuchen, mit den von der Struktur bekannten Mitteln wie dem Punktoperator auf die Attribute unserer neuen Klasse zuzugreifen, lässt sich nicht übersetzen. Wir erhalten eine Fehlermeldung:

```
00 // listings/11/01_konto/main.cpp
...
01 class Konto {
02   long stand = 0;
03   std::string name = "Unbekannt";
04 };
05 int main() {
06   Konto konto{};
07   // Zugriffe nicht möglich, da Attribute private:
08   std::cout << konto.stand << "\n";  // Fehler!
09   konto.stand = 1000'00;             // Fehler!
10 }
```

In Zeile **(06)** wird eine Variable mit dem Datentyp `Konto` aus Zeile **(01)** bis **(04)** erstellt. Wir sprechen davon, dass eine *Instanz der Klasse erstellt* oder auch *instanziiert* worden ist.

Die Zugriffsversuche auf das Attribut `stand` in `main()` führen allerdings sowohl beim Lesen in Zeile **(08)** als auch beim Schreiben in Zeile **(09)** zu der Fehlermeldung, dass es sich um »private« Member handelt. Ein Zugriff auf `name` würde zu dem gleichen Fehler führen. Die im Vergleich zur Struktur andere Standardeinstellung der Zugriffsspezifikation dient der oben erwähnten Kapselung und wird gleich näher betrachtet.

11.1.2 Zugriffskontrolle mit »public« und »private«

Mit der vorhandenen Klassendefinition `Konto` können wir ein Element der Klasse instanziieren. Weil die Attribute privat sind, ist aber von außen kein Zugriff möglich.

In einer Klasse erfolgt der Zugriff auf die Attribute meist durch *Methoden*. Sie erledigen dann die entsprechenden Aufgaben für den Aufrufer. Das macht es leichter, die Konsistenz der Daten zu bewahren. Die Methode der Klasse kann leicht berücksichtigen, wenn beispielsweise zwei Attribute nur gemeinsam verändert werden dürfen. Bei Zugriffen von außen durch »jeden« wird das schnell übersehen. Wie schon erwähnt, wird dieses Vorgehen *Kapselung* genannt.

Damit die Datenkapselung funktioniert, wird eingeschränkt, welche Elemente von außen aufgerufen werden können und welche nicht: Ein Zugriff von außen auf Attribute soll nicht möglich sein, auf manche Methoden allerdings schon.

Datenkapselung nicht aufweichen!

Der Schutz der Daten, den wir hier einführen, kann leicht umgangen werden. Die Datenkapselung liefert ein Werkzeug, um versehentliche Inkonsistenz zu verhindern. Sie bewahrt jedoch nicht vor mutwilliger Aufweichung des Konzepts. C++ bietet Ihnen mit ihr ein nützliches Werkzeug. Für dessen richtigen Einsatz bei der Implementierung eigener Klassentypen sind Sie jedoch selbst verantwortlich.

Um festzulegen, auf welche Elemente einer Klasse von außen zugegriffen werden kann, verwenden wir das Schlüsselwort `public`. Mit dem Schlüsselwort `private` werden Elemente vor einem Zugriff von außen geschützt. Dies ist bei einer Klasse auch die Voreinstellung. Beide sind sogenannte *Zugriffsmodifizierer* (engl. *access modifier*). Die Syntax dazu lautet:

```
class Klassenname {
   public:
   // Zugriff von außen auf die Elemente möglich
   typ methodenname1();
   typ methodenname2();
   private:
   // Auf private Elemente kann nur innerhalb der Klasse
   // zugegriffen werden
   typ daten1;
   typ daten2;
```

```
    typ methodenname3();
};
```

Die Elemente, die mit vorangehendem `public` gekennzeichnet sind, können Sie über das Objekt außerhalb der Klasse verwenden. Alle Elemente, die hinter `private` (der Doppelpunkt muss jeweils angegeben werden) stehen oder ohne vorangehenden Zugriffsmodifizierer verwendet werden, sind nur innerhalb der Klasse sichtbar. Von außen kann nicht auf sie zugegriffen werden. Aus diesem Grund war der Zugriff auf die Attribute aus dem ersten Beispiel nicht möglich. Sie waren ohne Angabe eines Zugriffsmodifizierers in der Klasse definiert, und damit gelten sie als `private`.

Eine Zugriffsmodifikation gilt bis zum Ende der Klasse – oder bis zum nächsten Modifizierer. Sie können die Modifizierer wie `public` oder `private` beliebig oft und in beliebiger Reihenfolge verwenden, um Daten und/oder Methoden öffentlich oder privat zugänglich zu machen.

Mit dieser Information könnten wir jetzt einfach die Attribute unserer Klasse `Konto` als `public` kennzeichnen. Dann wären wir aber wieder bei einer Struktur angelangt.

»struct« versus »class«

Zwischen `struct` und `class` besteht nur ein Unterschied: In einer Struktur mit `struct` sind alle nicht anders gekennzeichneten Elemente (Daten und Methoden) `public`. In einer Klasse mit `class` sind alle nicht anders gekennzeichneten Elemente `private`.

Ansonsten können Sie Strukturen auf die gleiche Weise verwenden wie Klassen. Insbesondere wenn Methoden verwendet werden, ist die Verwendung von Klassen mit `class` üblich.

In der Praxis wird ein Entwurfsmuster verwendet, bei dem der Zugriff auf die Daten einer Klasse über deren Schnittstellen (Methoden) ermöglicht und kontrolliert wird. Dazu fügen wir der Klasse sogenannte *Zugriffsmethoden* hinzu. Diese werden auch als *Getter* und *Setter* bezeichnet und erlauben es, Attribute auszulesen und zu schreiben. Sie werden als `public` gekennzeichnet, die Attribute hingegen als `private`.

Mit diesem Wissen können Sie die Klassendefinition jetzt um öffentliche Methoden erweitern, die Zugriff auf die Attribute ermöglichen und die Ausgabe der Daten komfortabler machen. Unsere Headerdatei *konto.h* sieht danach wie folgt aus:

```
00  // listings/11/02_access/konto.h
...
01  class Konto {
02    //
03   public:
04    // Elementfunktionen der Klasse "Konto"
05    long get_stand();
06    void set_stand(long s);
07    std::string get_name();
08    void set_name(std::string n);
09    void print();
10   private:
11    std::string format_cent(long c);
12    // Attribute der Klasse "Konto"
13    long stand = 0;
14    std::string name = "Unbekannt";
15  };
```


In der Headerdatei *konto.h* ändern wir in Zeile (**03**) den Zugriff in `public`. In den Zeilen (**05**) bis (**09**) folgt dann die Deklaration der öffentlichen Methoden. Sie stellen die Schnittstelle dar, über die mit der Klasse kommuniziert wird.

Ab Zeile (**10**) folgen mit dem Schlüsselwort `private` die Elemente, die nur innerhalb der Klasse zugreifbar sein sollen, typischerweise für deren eigene Methoden. Hier werden die Attribute `stand` und `name` nun explizit als privat gekennzeichnet. Zusätzlich sehen wir eine private Hilfsmethode vor, um Beträge im gewünschten Format als `std::string` zu formatieren. Diese Methode ist nur für die interne Verwendung vorgesehen und ist nicht Teil der Schnittstelle.

Der Bereich hinter der geschweiften Klammer der Klassendefinition, vor dem ersten Zugriffsmodifizierer (hier `public`), ist automatisch `private`. Ein Element, das in Zeile (**02**) definiert würde, wäre damit `private`.

Wir platzieren die öffentlichen Elemente der Klasse an den Anfang, da sie den Teil darstellen, der für die Nutzer der Klasse besonders wichtig ist. Die privaten Interna einer Klasse sollten weniger relevant sein. Aber auch eine andere Reihenfolge ist möglich und gebräuchlich. Egal, welche Variante Sie selbst wählen, seien Sie konsistent!

Structured Binding bei Klassen

In Kapitel 10 haben Sie das *Structured Binding* kennengelernt, mit dem Sie die Member einer Struktur direkt in einzelne Variablen aufteilen können:

```
auto [nr, bez, anz] = laptop;
```

Die Technik funktioniert auch bei Klassen, aber nur mit Attributen, die `public` sind. Mit `private`-Attributen funktioniert diese Technik standardmäßig nicht. Sie sollten aber für diesen Zugriff die Kapselung nicht aufheben.

Mit diesem Code haben Sie nun eine (fast) fertige Klassendefinition mit zwei privaten Attributen (Daten), einer privaten Hilfsmethode und fünf öffentlichen Methoden.

»Klassendeklaration« oder »Klassendefinition«?

Auch wenn die Methoden in der Klasse noch nicht definiert, sondern nur deklariert wurden, spricht man bei `class Klasse{ /* ... */};` von einer *Klassendefinition* und nicht von einer Klassendeklaration. Es ist eine *Definition*, weil sie einen neuen Datentyp definiert.

11.1.3 Methoden definieren

Um die Klassendefinition vollständig zu machen, müssen Sie die in der Klasse deklarierten Methoden definieren. Sie können Methoden direkt in der Klasse definieren. Das sieht dann beispielsweise so aus:

```
class Konto {
  public:
    // Elementfunktionen der Klasse "Konto"
    long get_stand() {return stand;}
    void set_stand(long s) { stand = s;}
  ...
};
```

Auch wenn das praktisch und zuerst bequem erscheint, ist diese Variante eher unüblich, denn die Klassendefinition wird auf diese Weise schnell unübersichtlich.

Implizites »inline«

Methoden, die innerhalb einer Klasse definiert werden, werden implizit zu `inline`-Methoden (auch ohne das Schlüsselwort `inline`). Damit schlagen Sie dem Compiler vor, die Methode nicht über eine Ablage der Daten auf dem sogenannten *Stack-Frame* aufzurufen, sondern direkt im Code zu verwenden. Das kann die Ausführungsgeschwindigkeit verbessern. Optimieren sollten Sie aber immer erst, wenn Sie wissen, dass und wo es notwendig ist, nicht vorher!

In der Praxis wird eine Methode meist außerhalb der Klassendefinition festgelegt. Allerdings genügt es nicht mehr, bei der Definition nur den Methodennamen anzugeben. Um die Methode zu identifizieren, müssen Sie ihren »vollständigen« Namen angeben. Dazu geben Sie den Klassennamen an, gefolgt vom Scope-Operator (Bereichsoperator) `::` und dem eigentlichen Methodennamen. Die Syntax hierzu lautet:

```
Typ Klassenname::methodenname( parameter ) {
   // Anweisungen der Methode
}
```

Hierdurch teilen Sie dem Compiler mit, dass die Methode `methodenname` eine Methode der Klasse `Klassenname` ist. Würden Sie den Klassennamen hier nicht verwenden, hätten Sie nur eine gewöhnliche Funktion definiert.

Konkret für die Klasse `Konto` und die Methode `set_stand()` sieht die Definition außerhalb der Klasse wie folgt aus:

```
void Konto::set_stand (long s){
  stand = s;
}
```

Hier sehen Sie, dass Sie (wie schon bei den Strukturen) innerhalb einer Methode direkt und ohne Scope oder Punktoperatoren auf die Daten der Klasseninstanz zugreifen können. Die Daten und Methoden einer Klasse gehören zueinander. Innerhalb einer Klasse können Methoden ohne Umwege auf die Attribute und die anderen Methoden der Klasse zugreifen.

Methoden sind nicht auf einfache Zuweisungen oder Rückgaben beschränkt. Eingaben könnten auf Gültigkeit überprüft werden, Werte in andere Formate übertragen oder ganz andere Aufgaben erledigt werden.

Hierzu zeigen wir die komplette Implementierung für *konto.cpp*:

```
// listings/11/02_access/konto.cpp
...
#include "konto.h"
long Konto::get_stand() {
  return stand;
}
void Konto::set_stand(long s) {
  stand = s;
}
std::string Konto::get_name() {
  return name;
}
void Konto::set_name(std::string n) {
  name = n;
}
void Konto::print() {
  std::cout << get_name() << ":\t";
  std::cout << format_cent(stand) << " EUR\n";
}
```

```
std::string Konto::format_cent(long c) {
  return std::format("{},{:02}", c / 100, std::abs(c % 100));
}
```

Auf die Einzelheiten sowie auf den Zugriff auf die Methoden gehen wir im folgenden Abschnitt 11.1.4 ein.

11.1.4 Objekte erzeugen und benutzen

Sie haben jetzt die Definition eines neuen Datentyps in Form der Klasse `Konto`. Die Klasse beschreibt mit den Attributen den Status eines Kontos und mit den Methoden dessen Funktionalität – alles gekoppelt mit der Information, wer worauf zugreifen darf.

Die Klasse ist zunächst nur eine abstrakte Beschreibung des Datentyps. Erst wenn wir von einem *Objekt* oder genauer gesagt von einer *Instanz der Klasse* sprechen, handelt es sich um ein konkretes Element dieses Datentyps, also um sein Vorkommen im Speicher.

Die Instanziierung eines solchen Objekts verläuft so, wie Sie es von den eingebauten Basistypen und anderen benutzerdefinierten Typen wie den Strukturen kennen:

```
Klassenname Objekt{};
```

Auf unsere Klasse `Konto` bezogen dann also so:

```
Konto giro{};
```

oder so:

```
Konto sparbuch = {};
```

Bei `giro` und `sparbuch` handelt es sich dann um je eine konkrete Instanz der Klasse `Konto`. Jede Instanz benötigt für ihre Daten eigenen Speicher. Der Code der Methoden befindet sich aber nur einmal im Programmspeicher und wird von allen Instanzen gemeinsam verwendet, jeweils mit den eigenen Attributen.

Wie bei anderen Datentypen können Sie auch direkt mehrere Objekte anlegen. Mit der Zeile

```
Konto konto01{}, konto02{};
```

legen Sie die beiden Instanzen konto01 und konto02 vom Typ Konto an, jede mit Speicher für ihre Attribute stand und name.

Da wir in unserem Beispiel bei der Erstellung der Klasse Konto die Daten mit einem Standardwert (stand = 0 und name = "Unbekannt") versehen haben, haben hier auch alle Elemente bereits einen definierten Inhalt. Hätten Sie die Klassendefinition ohne einen Standardwert für die Daten erstellt, wäre mit einem

```
Konto konto01; // ohne Initialisierungsliste !!!
```

ohne eine leere Initialisierungsliste mit {} der Inhalt von stand nur ein zufälliger, nicht spezifizierter Wert. Das Attribut name hätte den Inhalt "", da Elemente vom Typ std::string standardmäßig so initialisiert werden.

Auf das wichtige Thema der Initialisierung von Daten einer Klasse gehen wir in Abschnitt 11.2 noch ausführlicher ein. Es ist aber nicht falsch, wenn Sie sich angewöhnen, die leere Initialisierungsliste mit {} zu verwenden.

Zugriff mit dem Punktoperator

Wenn Sie ein Objekt definiert haben, können Sie den Punktoperator verwenden, um auf die public-Elemente zuzugreifen (wie schon bei den Strukturen mit struct). Auch hier erfolgt der Zugriff auf ein Element durch die Bezeichnung des Objekts, gefolgt vom Punktoperator und vom Bezeichner des Klassenelements. Die Syntax lautet:

```
Klassenname Objekt{};  // Objekt erzeugen
// Zugriff auf public-Daten der Klasse (nicht zu empfehlen)
Objekt.attribut = 1234;
// Zugriff auf public-Methoden der Klasse
Objekt.methode( parameter );
```

In unserem Beispiel Konto können Sie ein Konto folgendermaßen erzeugen und den Inhalt ausgeben (die Klasse Konto hat keine öffentlichen Attribute, der direkte Zugriff ist hier also gar nicht möglich):

```
Konto konto{}; // Objekt der Klasse Konto erzeugen
konto.set_stand(-950'17); // -950,17 Euro
konto.set_name ("Girokonto");
konto.print(); // Objektinhalt ausgeben
```

Der Kontostand in unserer Klasse wird in Eurocent verwaltet. Wir haben beim Setzen des Kontostands mit `set_stand()` in dem Literal den Separator `'` verwendet, damit auch der Wert in Euro schnell erkennbar ist. Er erleichtert das Lesen, hat aber keine Auswirkung auf den Wert.

Die Klasse verwendet die private Hilfsmethode `format_cent()` zur Formatierung des Betrags:


```
01 std::string Konto::format_cent(long c) {
02   auto euro = c / 100;
03   auto cent = std::abs(c % 100);
04   return std::format("{},{:02}", euro, cent);
05 }
```

Die Methode wandelt einen Eurocent-Betrag in eine lesbare Euro-Darstellung um und liefert für den Parameter `-95017` den String `-950,17` als `std::string` zurück. Sie ermittelt in Zeile **(02)** mit einer Ganzzahldivision den Eurowert mit Vorzeichen in `euro`. Um den Wert von `cent` zu ermitteln, wird der Rest einer solchen Division mit dem Modulo-Operator `%` berechnet. Dabei muss berücksichtigt werden, dass der Modulowert einer negativen Zahl ebenfalls negativ ist. Ein eventuelles Minuszeichen berücksichtigen wir bereits beim Eurowert. Für die Eurocent erhalten wir den Betrag, auch Absolutwert genannt, mit `std::abs` (eingebunden über `#include<numeric>`).

In Zeile **(04)** wird der String für die Rückgabe mit `std::format("{},{:02}")` erzeugt. Die Ausgabe enthält den Wert von `euro` mit einem Komma als Dezimaltrenner, gefolgt vom Wert von `cent`. mit zwei Nachkommastellen. Der Ausdruck `{:02}` sorgt dafür, dass der `cent`-Wert immer zweistellig dargestellt wird, wobei fehlende Stellen mit führenden Nullen aufgefüllt werden.

Die Klasse nutzt die Methode `print()` zur Ausgabe der Daten von `Konto`:

```
00 // listings/11/02_access/konto.cpp
...
01 void Konto::print() {
02   std::cout << get_name() << ":\t";
03   std::cout << format_cent(stand) << " EUR\n";
04 }
```

Die Methode `print()` der Klasse `Konto` ruft in Zeile **(02)** `get_name()` auf, um den Namen des Kontos auszugeben, gefolgt von einem Doppelpunkt und einem Tabulator. Danach erfolgt die Ausgabe des Kontostands. Die Formatierung des Betrags aus `stand` erfolgt durch die Methode `format_cent()`.

Getter-Methode oder Attribut?

In Zeile **(02)** erfolgt der Zugriff über `get_name()`. Aus einer Methode kann der Zugriff auch auf private Attribute der eigenen Klasse direkt erfolgen, wie in Zeile **(03)** auf `stand`. Wenn Ihre Getter-Methoden nur Werte durchreichen, ist der direkte Zugriff angemessen. Prüfen, korrigieren oder verarbeiten Ihre Getter die Attribute, sollten Sie diesen Code natürlich durchgängig verwenden.

Wir haben in diesem Beispiel zur Demonstration beide Varianten verwendet und werden in den weiteren Beispielen konsistent direkt auf die Attribute zugreifen.

Bisher sind die Konten jeweils einzeln instanziiert worden. Es spricht aber auch nichts dagegen, ein Array von Objekten der Klasse `Konto` anzulegen:

```
#include <vector>

// Fünf Objekte der Klasse "Konto" im Vektor
std::vector<Konto> bank(5);
// Ein leerer Vektor der Klasse "Konto"
std::vector<Konto> direktbank{};
// Ein C-Array mit zehn Konten
Konto ckonto [10] = {};
```

Indirekter Zugriff mit dem Pfeiloperator

Wie bei Zeigern auf Strukturen können Sie mit Zeigern auf Instanzen von Klassen arbeiten. Der indirekte Zugriff wird mit einem gültigen Zeiger auf das Objekt realisiert, auf den der Pfeiloperator und der Bezeichner eines Elements folgen. In der Praxis wird dies verwendet, wenn Objekte zur Laufzeit dynamisch erzeugt werden. Benötigen Sie dynamische Speicherreservierung, sollten Sie die Smart Pointer verwenden. Wie schon bei den Strukturen raten wir dabei zur Verwendung von `std::unique_ptr` über `std::make_unique`. Bei deren Verwendung müssen Sie sich nicht mehr um die Freigabe des Speichers kümmern.

Bezogen auf die Konten könnten Sie folgendermaßen zur Laufzeit dynamisch Speicher für ein neues Objekt anfordern und indirekt mit dem Pfeiloperator darauf zugreifen:


```
#include <memory> // für std::unique_ptr
// Speicher für ein neues Objekt anfordern
std::unique_ptr<Konto> konto_ptr1 = std::make_unique<Konto>();
konto_ptr1->print();
```

oder:

```
auto konto_ptr2 = std::make_unique<Konto>();
konto_ptr2->set_name("Gehaltskonto");
konto_ptr2->print();
```

Verzichten Sie auf rohe Zeiger und »new«

Wenn es irgendwie geht, sollten Sie bei Objekten auf die dynamische Speicherreservierung mit rohen Zeigern ganz verzichten und stattdessen auf eine der vielen Containerklassen zurückgreifen, beispielsweise `std::vector`. Damit machen Sie sich das Leben erheblich einfacher.

Wenn Sie eine dynamische Speicherreservierung benötigen, sollten Sie wann immer möglich Smart Pointer nutzen (beispielsweise in Verbindung mit `std::make_unique`) und die Verwendung von rohen Zeigern, kombiniert mit `new` und `delete`, vermeiden, denn sie führt leicht zu Fehlern (Stichwort: *Memory Leaks*).

Abschließend zu diesem Abschnitt zeigen wir hier eine `main()`-Funktion zur Headerdatei *konto.h* und zur Quelldatei *konto.cpp*, um die erste einfache Verwendung von Objekten mit der Klasse `Konto` zu demonstrieren:

```
// listings/11/02_access/main.cpp
...
#include <memory>  // unique_ptr, make_unique
#include <vector>
#include "konto.h"
int main() {
  Konto konto = {};
  Konto konto01{}, konto02{};
  konto.set_stand(-950'17);
  konto.set_name("Girokonto");
  konto.print();
  auto konto_ptr = std::make_unique<Konto>();
  konto_ptr->set_stand(2100'00);
  konto_ptr->set_name("Tagesgeld");
  konto_ptr->print();
  std::vector<Konto> vbank(2);
  vbank.at(0).set_stand(10'000'00);
  vbank.at(0).set_name("Festgeld");
  vbank.at(1).set_stand(500'00);
  vbank.at(1).set_name("Sparbuch");
  for (auto& elem : vbank) {
    elem.print();
  }
}
```

Das Beispiel zeigt zuvor beschriebene Varianten, wie Sie Instanzen der Klasse `Konto` instanziieren und verwenden.

11.2 Konstruktoren

Bis jetzt wurden die Daten der Klasse `Konto` direkt mit den Standardwerten versehen, die Sie bei der Definition des Klassentyps angegeben haben:

```
class Konto {
  private:
    long stand = 0;
    std::string name = "Unbekannt";
};
```

Diese Form, die Attribute einer Klasse mit Daten zu versehen, ist sehr hilfreich, weil auf diese Weise undefinierte Werte einfach vermieden werden.

Eine der Hauptaufgaben einer Klasse ist es, durch die Verwendung von Methoden dafür zu sorgen, dass sich alle ihre Attribute immer in einem konsistenten Zustand befinden. Diese Forderung gilt natürlich über die gesamte Lebenszeit hinweg, also auch schon bei der Erzeugung einer Instanz.

Bisher können wir ein Konto nur mit dem Kontostand `0` und dem Namen `"Unbekannt"` erzeugen. Wenn diese Instanz erst einmal existiert, können wir das Konto »befüllen« und »benennen«. Was uns aber noch fehlt, ist eine Möglichkeit, das Konto direkt gemäß unseren Vorstellungen zu instanziieren.

Genau hierfür bieten Klassen einen speziellen Mechanismus an, der die Attribute einer Instanz bei der Erzeugung, abweichend von den Standardwerten, direkt mit angegebenen Werten belegt. Damit können Klassen konsistent direkt in einem erwünschten Zustand erzeugt werden. Die Rede ist von den *Konstruktoren* (im Englischen auch kurz *ctor* genannt), die prinzipiell den Methoden einer Klasse ähneln.

Konstruktoren unterscheiden sich von Methoden in drei Aspekten:

- Der Name des Konstruktors ist derselbe wie der Name der Klasse.
- Der Konstruktor besitzt keinen Rückgabewert (auch nicht `void`).
- Die Attribute der Klasse sollten noch vor dem eigentlichen Anweisungsblock {} des Konstruktors initialisiert werden. Dazu werden sogenannte *Elementinitialisierer* verwendet, die wir uns gleich ansehen.

11.2.1 Konstruktoren deklarieren

Ein Konstruktor erzeugt und initialisiert Objekte. Der Aufruf eines Konstruktors erfolgt daher meist von außen. Damit von dort auf ihn zugegriffen werden kann, erfolgt seine Deklaration gewöhnlich im `public`-Bereich der Klasse. Wir werden hier als Beispiel vier Konstruktoren in der Klassendefinition `Konto` deklarieren. Die einzelnen Konstruktoren unterscheiden sich durch ihre Parameter:

```
// listings/11/03_ctor/konto.h
#include <string>
class Konto {
 public:
  // Deklaration der Konstruktoren
  Konto();
  Konto(long s, std::string n);
  Konto(long s);
  Konto(std::string n);
  // Elementfunktionen der Klasse "Konto" ...
private:
  // Attribute der Klasse "Konto"
  long stand = 0;
  std::string name = "Unbekannt";
};
```

Sie sehen, dass die Konstruktoren nach dem Prinzip der *Funktionsüberladung* aus Abschnitt 8.1.7 arbeiten. Wenn Sie mehrere Konstruktoren nutzen wollen, müssen diese sich durch ihre Parameter (genauer: ihre Signatur) unterscheiden. Mit diesen Konstruktoren implementieren Sie unterschiedliche Arten, die Instanzen zu initialisieren.

11.2.2 Konstruktoren definieren

Nachdem die Deklaration der Konstruktoren in die Headerdatei aufgenommen wurde, müssen Sie diese Konstruktoren definieren. Die Definition ähnelt der einer Klassenmethode. Weil die Klasse und ihr Konstruktor den gleichen Namen haben, ist dies zweimal der Klassenname, gefolgt von den verwendeten Parametern:

```
Klassenname::Klassenname( Typ bezeichner1, Typ bezeichner2)
: attribut1{ausdruck1}, attribut2{ausdruck2} // Elementinitialisierer
{
  // Konstruktorkörper mit Anweisungen
}
```

Auf die Liste der Parameter folgt nach einem Doppelpunkt direkt die Liste der *Elementinitialisierer*, noch vor dem Konstruktorkörper. In der Liste werden die einzelnen Elemente mit einem Komma getrennt.

Die in der Liste enthaltenen Elemente (hier `attribut1` und `attribut2`) werden mit dem Ergebnis der Ausdrücke (hier `ausdruck1` und `ausdruck2`) initialisiert. Die Ausdrücke können natürlich auch einfach Literale sein oder die Argumente des Konstruktoraufrufs (hier also `bezeichner1` und `bezeichner2`). Eine eventuell vorhandene direkte Initialisierung eines Attributs wird dabei überschrieben. Es ist besonders erwähnenswert, dass der Konstruktorkörper innerhalb der geschweiften Klammern `{}` erst nach dieser Initialisierung ausgeführt wird. Dort stehen die initialisierten Attribute also bereits zur Verfügung. Oft bleibt der Konstruktorkörper daher einfach leer, da nichts mehr weiter getan werden muss.

Ein konkreter Konstruktor mit Elementinitialisierern könnte für unser Beispiel, übersichtlich formatiert, so aussehen:

```
Konto::Konto(long s, std::string n)
: stand{s},  // Initialisierungswert für stand
  name{n}    // Initialisierungswert für name
{ }          // Leerer Konstruktorkörper
```

Die Instanz `konto` vom Typ `Konto` könnte man nun so instanziieren:

```
Konto konto{112'57, "Brieftasche"}
```

Die Definition aller vier Konstruktoren zur oben angegebenen Definition der Klasse `Konto` im Quellcode *konto.cpp* sieht dann wie folgt aus:

```
// listings/11/03_ctor/konto.cpp
#include "konto.h"
...
```

```
// Definition der Konstruktoren
Konto::Konto() {}
Konto::Konto(long s, std::string n) : stand{s}, name{n} {}
Konto::Konto(long s) : stand{s} {}
Konto::Konto(std::string n) : name{n} {}
// Definition der Methoden ...
```

Reihenfolge der Elementinitialisierer

Die Elementinitialisierer werden in der Reihenfolge ausgewertet, in der die zugehörigen Attribute in der Klasse definiert worden sind. Im Beispiel wird also erst `stand` und dann `name` ausgewertet. Für unsere Konstruktoren macht das keinen Unterschied. Sie sollten sich aber angewöhnen, die Elemente in der Definitionsreihenfolge aufzulisten: Das kann Ihnen eine schwierige Fehlersuche ersparen.

Je nachdem, wie ein Objekt instanziiert wird, wird der entsprechende überladene Konstruktor aufgerufen und das Objekt mit den Parametern des Konstruktors oder alternativ mit den Werten der direkten Initialisierung instanziiert.

Dank dieser Konstruktoren können Sie jetzt folgendermaßen Objekte direkt mit den gewünschten Werten erzeugen und direkt verwenden, ohne möglicherweise unpassende Zwischenstände zu haben:

```
// listings/11/03_ctor/main.cpp
...
#include "konto.h"
int main() {
  // Konto{}
  Konto konto01{};
  konto01.print();
  // Konto(long, std::string)
  Konto konto02{112'57, "Brieftasche"};
  konto02.print();
```

```
// Konto(long)
Konto konto03{250'00};
konto03.print();
// Konto(std::string)
Konto konto04{"Girokonto (beantragt)"};
konto04.print();
// Konto(long, std::string) - alter Stil
Konto konto05(112'57, "Portemonnaie");
konto05.print();
// Konto(long) - alter Stil vor C++11
Konto konto06(99'99);
konto06.print();
//  Konto(long, std::string) in unque_ptr
auto konto_ptr1 =
    std::make_unique<Konto>(-339'80, "Giro (im Dispo)");
konto_ptr1->print();
```


Wir verwenden in diesem Beispiel verhältnismäßig einfache Konstruktoren. Sie können sich aber leicht vorstellen, wie in den Konstruktoren beispielsweise Bedingungen geprüft und Werte gegebenenfalls korrigiert werden. Der Konstruktor kann außer zur Initialisierung der Attribute auch verwendet werden, um beispielsweise Dateien oder Datenbankverbindungen zu öffnen oder andere Ressourcen zu reservieren.

11.2.3 Konstruktoren delegieren

Oft ist es sinnvoll, die Erstellung der Instanzen an einen anderen Konstruktor weiterzureichen. Mit dieser Technik können Sie fehleranfällige Codewiederholungen vermeiden. Dies wird *Delegation von Konstruktoren* genannt (engl. *constructor delegation*).

Wir werden die Konstruktoren des Beispiels so umgestalten, dass sie an einen Hauptkonstruktor delegieren, und zusätzlich einen neuen Konstruktor einführen, der die Parameter in umgekehrter Reihenfolge verarbeitet. Statt der Konstruktion in der bisher bekannten Art mit

```
Konto konto2{112'57, "Brieftasche"};
```

soll auch ein Konstruktor möglich sein, bei dem der `std::string` für den Namen dem Geldbetrag vorausgeht:

```
Konto konto3{"Geldboerse", 112'57};
```

In der zugehörigen Klassendefinition werden wir jetzt alle anderen Konstruktoren inklusive des »vertauschten« an den Konstruktor `Konto::Konto(long s, std::string n)` delegieren:

```
00 // listings/11/04_delegation/konto.h
...
01 class Konto {
02  public:
03   // Deklaration der Konstruktoren
04   Konto();
05   Konto(long s);
06   Konto(std::string n);
07   Konto(std::string n, long s);
08   Konto(long s, std::string n); // Neuer Konstruktor
...
10  private:
11   std::string format_cent(long c);
12   long stand{0L};
13   std::string name{"Unbekannt"};
14 };
```

In Zeile (**08**) ist die Deklaration für den neuen Konstruktor hinzugekommen. Ansonsten hat sich nichts geändert. Die Implementierung der Konstruktoren sieht jetzt allerdings etwas anders aus:

```
// listings/11/04_delegation/konto.cpp
...
// Definition der delegierten Konstruktoren
Konto::Konto() : Konto{0, "Unbekannt"} {};
Konto::Konto(long s) : Konto{s, "Unbekannt"} {};
Konto::Konto(std::string n) : Konto{0, n} {};
Konto::Konto(std::string n, long s) : Konto{s, n} {}
```

```
06 // "Unabhaengiger" Konstruktor
07 Konto::Konto(long s, std::string n) : stand{s}, name{n}  {};
```

Sie finden in Zeile (02) gleich die erste Delegation von `Konto()` nach `Konto(long s, std::string n)`. Die Delegation eines Konstruktors erfolgt innerhalb des Elementinitialisierers direkt nach dem Doppelpunkt (:), hier indem mit `Konto{0, "Unbekannt"}` der Konstruktor für `Konto(long s, std::string n)` aufgerufen wird.

Diese Delegation kommt zum Tragen, wenn Sie ein Objekt folgendermaßen erzeugen:

```
Konto kto1{}; // Konto()->Konto(0, "Unbekannt")
```


Auch `Konto(long s)` und `Konto(std::string n)` wurden in Zeile (03) und (04) delegiert. In Zeile (05) finden Sie die Delegation für den neuen Konstruktor `Konto(std::string n, long s)`. Dank der Delegation in vier Konstruktoren ist nur noch der Code für den einen unabhängigen Konstruktor in Zeile (07) erforderlich, die weiteren Konstruktorkörper bleiben leer.

Wenn eine Delegation als Elementinitialisierer verwendet wird, können keine weiteren Werte in der Liste der Elementinitialisierer auftauchen. Außerdem müssen Sie aufpassen, dass Konstruktoren sich nicht gegenseitig zirkulär delegieren.

Delegation in den Elementinitialisierer

Beachten Sie, dass die Delegation eines Konstruktors nur innerhalb des Elementinitialisierers, also nach dem Doppelpunkt (:), funktioniert. Im Konstruktorkörper sollte dieses Konstrukt nicht stehen. Dort würde sonst lediglich ein neues temporäres Objekt erzeugt. Diesen Effekt wollen Sie sicher nicht erzielen.

Unsere Klasse ist sehr einfach, daher sind hier die Möglichkeiten ebenso wie die Ersparnis übersichtlich. Bei mehr Parametern kann die Delegation einigen redundanten Code verhindern.

11.2.4 Der Standardkonstruktor (Default-Konstruktor)

Konstruktoren, die ohne Parameter aufgerufen werden können, werden *Standardkonstruktoren* (oder *Default-Konstruktoren*) genannt. Sie werden aufgerufen, wenn bei der Instanziierung eines Objekts keine Initialisierungswerte angegeben wurden, beispielsweise in den folgenden Fällen:

```
Konto konto1{};  // Moderner Stil
Konto konto2;    // Alter Stil
std::vector<Konto> konten(10); // Vector<Konto>
auto  konto_ptr1 = std::make_unique<Konto>();
                        // dynamisch, seit C++14
```

In der Praxis implementiert man einen Standardkonstruktor gewöhnlich so, dass alle Attribute der Klasse auf Standardwerte gesetzt werden. In unserem Beispiel ist das bereits durch die direkte Initialisierung der Attribute erledigt. Ist das nicht der Fall, verwendet man in der Regel die Elementinitialisierer. Damit sieht die Definition eines Standardkonstruktors ohne Delegation beispielsweise so aus:

```
// konto.cpp
// Definition eines alternativen Standardkonstruktors
Konto::Konto() : stand{0}, name{"Unbekannt"} {}
```

Wenn Sie zum ersten lauffähigen Beispiel aus diesem Kapitel zurückgehen, werden Sie feststellen, dass wir die Klasse `Konto` dort schon instanziiert haben, obwohl wir überhaupt noch keinen Konstruktor erstellt hatten.

Der Standardkonstruktor hat nämlich noch eine Besonderheit: Sofern Sie für eine Klasse gar keinen Konstruktor definieren, erstellt Ihnen der Compiler automatisch einen. Dieser automatisch erstellte Standardkonstruktor (er ist ebenfalls von außen erreichbar – also `public`) initialisiert Attribute der Klasse *allerdings nicht* mit gültigen Werten. Eine direkte Initialisierung von Attributen bleibt aber bestehen.

Aber Achtung, der Automatismus für den Standardkonstruktor endet, sobald Sie irgendeinen Konstruktor Ihrer Klasse selbst deklariert haben. Entfernen Sie aus unserem Beispiel `Konto` mit den vier Konstruktoren den explizit erstellten Standardkonstruktor, führt folgende Objektdefinition zu einem Compilerfehler:

```
Konto konto99{}; // Verwendet Standardkonstruktor
```

Der Compiler findet keinen passenden Konstruktor mehr zu dem Aufruf. Da das Fehlen einer parameterlosen Konstruktion meist unerwartet ist, wird oft mit der Implementierung des Standardkonstruktors begonnen. Ein fehlender Standardkonstruktor zwingt den Verwender Ihrer Klasse, bei der Objekterstellung immer Parameter anzugeben.

Standardkonstruktor per »= default«

Mit `= default` können Sie dem Compiler explizit mitteilen, dass er die Standardimplementierung für einen Konstruktor oder eine andere automatisch erzeugte Funktion einer Klasse verwenden soll. Damit können Sie den Compiler veranlassen, den impliziten Standardkonstruktor auch zu erzeugen, selbst wenn es andere Konstruktoren gibt:

```
Konto() = default; // Anforderung des Standardkonstruktors
```


11.2.5 Implizite Konvertierungen und wie Sie sie verhindern – »explicit«

Im vorigen Abschnitt haben Sie einige Varianten zur Instanziierung von Objekten mit den implementierten Konstruktoren kennengelernt.

Ein Konstruktor kann in C++ auch in Form einer Zuweisung aufgerufen werden. Den Konstruktor

```
Konto(long s)
```

haben Sie oben bereits in der Form mit einheitlicher Initialisierung verwendet:

```
Konto konto03{250'00};
```

Konstruktoren arbeiten daneben auch als sogenannte *Konvertierungskonstruktoren* (auch *Konversionskonstruktoren* genannt). Ein Konvertierungskonstruktor erzeugt eine Instanz durch eine passende, auch implizite Konvertierung. Der Aufruf des Konstruktors `Konto(long s)` sieht dabei aus wie folgt:

```
Konto konto07 = 456'78;
konto07.print();
```

Bis zu C++11 war diese Konvertierung nur für Konstruktoren mit genau einem Parameter vorgesehen. Seit C++11 werden auch Konstruktoren mit mehreren Parametern als Konvertierungskonstruktoren genutzt:

```
Konto::Konto(long s, std::string n) : stand{s}, name{n} {}
// Nutzung des Konstruktors
Konto konto08 = {-1200'87, "Kreditkarte"};
konto08.print();
```

Dieses Verhalten kann auch zu unerwünschten Effekten führen, denn durch implizite Konvertierung ist es beispielsweise möglich, ein Objekt anzulegen, obwohl überhaupt gar kein Konstruktor für den entsprechenden Typ (hier `Konto(double)`) vorhanden ist:

```
01  Konto konto09(120.99);        // Okay (Warnung)
02  Konto konto10{345.67};        // Narrowing -> C++11
03  Konto konto11 = {345.67};     // Narrowing -> C++11
04  Konto konto12 = 456.45;       // Okay
```

Zeile (**01**) erstellt ein neues Objekt mithilfe eines Konstruktors im alten Stil. Dabei wird das Argument implizit zu `long` konvertiert. Der Kontostand landet also, vermutlich unerwartet, bei 120 Eurocent. Je nach Compilereinstellung sollte Ihnen Ihr Compiler hier eine Warnung präsentieren, die Sie allerdings auch berücksichtigen müssen.

In Zeile (**02**) und (**03**) wird die einheitliche Initialisierung mit `{}` verwendet. Abhängig vom Compiler und seiner Einstellung sollten Sie hier eine Fehlermeldung zum Narrowing erhalten (siehe Abschnitt 4.3.2, »Die automatische Typumwandlung beschränken«). Hier zeigt sich ein Vorteil der einheitlichen Initialisierung gegenüber der einfachen Verwendung des

Zuweisungsoperators in Zeile (**04**): Dort wird eine implizite Konvertierung durchgeführt und ein neues Objekt erzeugt. Eine solche implizite Konvertierung wird leicht übersehen und ist oft unerwartet.

Implizite Konvertierung bei Funktionsaufrufen

Noch leichter wird eine implizite Konvertierung übersehen, wenn sie bei einem Funktionsaufruf passiert:

```
void rechnung_zahlen(Konto kto) { /* Code */}
int main() {
  Konto konto1(100'00, "Giro");
  rechnung_zahlen(1); // Erzeugt implizit: Konto{1}
}
```

Hier wird beim Aufruf von `rechnung_zahlen()` nicht `konto1` verwendet. Stattdessen erzeugt und verwendet der Compiler kommentarlos ein neues, temporäres Konto mit dem Stand von einem Eurocent.

Um das zu verhindern, können Sie für einen Konstruktor fordern, dass er nur explizit verwendet werden kann. Dies erledigen Sie mit dem Schlüsselwort `explicit`. Hierbei müssen Sie lediglich bei der Deklaration `explicit` wie folgt voranstellen:

```
// listings/11/05_explicit/konto.h
...
  public:
   explicit Konto (long s);
```

Jetzt wirkt das Schlüsselwort `explicit`, wenn Sie in Zeile (**04**) eine implizite Konvertierung durchführen lassen:

```
// listings/11/05_explicit/main.cpp
...
01  Konto konto09(123.123);      // Okay (Warnung)
02  Konto konto10{345.67};       // Narrowing -> C++11
03  Konto konto11 = {345.67};    // Narrowing -> C++11
04  Konto konto12 = 456.456;    // Fehler !!!
```

Aufgrund des Schlüsselworts `explicit` müssen Sie in Zeile (**04**) jetzt eine explizite Konvertierung durchführen, falls das wirklich das gewünschte Ergebnis ist.

11.2.6 Der Kopierkonstruktor (Copy-Konstruktor)

Sie können ein Objekt auch instanziieren, indem Sie ein existierendes Objekt als Vorlage für eine Kopie verwenden. Dabei kommt als spezielle Form des Konstruktors der *Kopierkonstruktor* zum Einsatz. Er wird folgendermaßen aufgerufen:

```
Konto konto01{2000'00, "Festgeld"};    // konto01 erstellen
Konto konto02{konto01};  // Kopie von konto01 nach konto02
Konto konto03 = konto01;  // Kopie von konto01 nach konto03
```

Erzeugung statt Zuweisung

In dem Beispiel `Konto konto03 = konto01;` entsteht eine neue Instanz. Es handelt sich also um eine Konstruktion, die vom Kopierkonstruktor erledigt wird. Um eine Zuweisung handelt es sich nur, wenn eine Instanz einer anderen, bereits bestehenden Instanz zugewiesen wird:

```
Konto konto03 {}; // Instanziierung mit Standardkonstruktor
konto03 = konto01; // Zuweisung
```

Den zugehörigen Zuweisungsoperator betrachten wir in Kapitel 13, »Operatoren überladen«. Sie können sich aber jetzt schon merken, dass Sie in der Regel auch einen Zuweisungsoperator erstellen müssen, wenn Sie einen eigenen Kopierkonstruktor benötigen.

Ein Kopierkonstruktor wird automatisch vom Compiler generiert, wenn Sie keinen eigenen bereitstellen. Der automatisch generierte Kopierkonstruktor initialisiert die Kopie, indem er die Attribute des »Originals« elementweise kopiert. In vielen Fällen ist dies das erwartete und gewünschte Verhalten, das Sie nutzen können.

Dürfen oder können Attribute nicht einfach kopiert werden, ist der automatisch erstellte Kopierkonstruktor nicht geeignet. Dies ist beispielsweise der Fall bei rohen Zeigern, die auf dynamisch angeforderten Speicher zeigen und nicht einfach kopiert werden dürfen. Auch ein `std::unique_ptr` kann nicht einfach kopiert werden. Er repräsentiert den Fall, dass es genau einen Eigentümer gibt, und das lässt eine einfache Kopie nicht zu. Daher stellt `std::unique_ptr` explizit keinen Kopierkonstruktor zur Verfügung und verhindert damit die Kopie. (Wie das geht, zeigen wir Ihnen im folgenden Abschnitt.)

Sie können für Ihre Klasse einen eigenen Kopierkonstruktor definieren und dort eine Kopie nach Ihren Anforderungen erstellen. Der Kopierkonstruktor hat folgende Syntax:

```
Klassenname ( const Klassenname & );
```


Die Deklaration des Kopierkonstruktors in der Headerdatei *konto.h* als `public()`-Methode der Klasse `Konto` sieht dann wie folgt aus:

```
// listings/11/06_copyctor/konto.h
class Konto {
 public:
  // Deklaration der Konstruktoren
...
  // Kopierkonstruktor
  Konto(const Konto& rhs);
```

Hier sehen Sie die zugehörige Definition des Kopierkonstruktors in *konto.cpp*:

```
// listings/11/06_copyctor/konto.cpp
  // Definition Kopierkonstruktor
  Konto::Konto(const Konto& rhs) : stand{rhs.stand}, name{rhs.name} {}
```

»rhs« und »lhs«

Die Bezeichnungen `rhs` und (hier nicht genutzt) `lhs` stehen für »rechte Seite« (engl. *right hand side*) und »linke Seite« (engl. *left hand side*). Sie werden häufig als prägnante Bezeichner verwendet.

Damit das neue Objekt dieselben Daten wie das Original enthält, kopieren wir die privaten Daten elementweise, wie hier im Elementinitialisierer zu sehen ist. Wie wir bereits erwähnt haben, könnten wir uns in diesem Fall den Kopierkonstruktor sparen, weil keine speziellen Klassenelemente vorhanden sind. Unser Kopierkonstruktor macht also nichts anderes als der automatisch generierte Konstruktor.

11.2.7 Der Verschiebekonstruktor (Move-Konstruktor)

Es gibt Objekte, die den Zugriff auf Ressourcen wie Speicher, Dateien oder Prozesse repräsentieren. Dabei ist es entscheidend, dass die Verantwortung klar geregelt ist. Arbeiten mehrere Instanzen so, als hätten sie die exklusive Kontrolle (beispielsweise über eine Datei), dann sind korrumpierte Daten nicht weit. Entsprechende Objekte dürfen daher nicht einfach kopiert werden (können).

Sie wollen solche Instanzen allerdings als Parameter oder Rückgabewerte verwenden können, nur darf in diesem Fall keine Kopie erzeugt werden. Für solche Zwecke steht eine Verschiebesemantik (Move-Semantik) zur Verfügung. Die entstehenden Verschiebeoperationen sind dabei sogar noch performanter als das Kopieren.

»Kopieren und einfügen« versus »ausschneiden und einfügen«

Vereinfacht dargestellt, können Sie sich den Kopierkonstruktor als einen »Kopieren und einfügen«-Mechanismus und den Verschiebekonstruktor als einen »Ausschneiden und einfügen«-Mechanismus vorstellen. Beim Kopieren bleibt das »Original« unverändert, beim Verschieben ist es danach »leer«.

In diesem Kapitel konzentrieren wir uns auf die generellen Elemente einer Klasse. Daher beschreiben wir in diesem Abschnitt nur, wie Sie die Verschiebesemantik technisch in eine Klasse einbauen. Wir werden das Thema aber in Kapitel 18, »Die Standardbibliothek und weitere Sprachelemente«, noch einmal betrachten.

Der Verschiebekonstruktor ist ein Verwandter des Kopierkonstruktors, allerdings wird hier das Argument mit `&&` gekennzeichnet. Ein `&&`-Argument

stellt ein temporäres Objekt dar, das in Kürze gelöscht werden wird. Im Gegensatz zum Kopierkonstruktor darf der Parameter hier nicht mehr `const` sein, weil zur Erzeugung der neuen Instanz die Daten der alten Instanz »entnommen« werden sollen, sodass diese danach keine Daten mehr enthält und »geleert« ist.

Der Verschiebekonstruktor hat folgende Syntax:

```
Klassenname ( Klassenname && );
```

Die Deklaration des Verschiebekonstruktors in der Headerdatei *konto.h* als `public()`-Methode der Klasse `Konto` sähe wie folgt aus:


```
00  // listings/11/07_movector/konto.h
...
01   public:
02    // Kopierkonstruktor verbieten
03    Konto(const Konto& rhs) = delete;
04    // Verschiebekonstruktor
05    Konto(Konto&& rhs);
```

Wenn Sie schon einen Verschiebekonstruktor implementieren, ist es möglicherweise geboten, das Kopieren der Instanzen zu verbieten. Dies können Sie realisieren, indem Sie, wie hier in Zeile (**03**) geschehen, dem Kopierkonstruktor `delete` zuweisen. Diese sogenannte *Funktionslöschung* zeigt in einer öffentlichen Schnittstelle klar, dass die Verwendung einer Methode oder eines Konstruktors absichtlich unterbunden worden ist. In Zeile (**05**) sehen Sie die Deklaration des Verschiebekonstruktors. Jetzt fehlt nur noch seine Definition in *konto.cpp*:

```
00  // listings/11/07_movector/konto.cpp
...
01  Konto::Konto(Konto&& rhs) :
        stand{rhs.stand}, name{rhs.name}
    {
02    rhs.stand = 0;
03    rhs.name = "";
04  }
```

Die Daten für das neue Objekt setzen wir direkt per Elementinitialisierer in Zeile (**01**). Die ursprünglichen Daten »räumen wir auf« oder »löschen« wir, indem wir sie auf die Nullwerte setzen – wie hier in Zeile (**02**) und (**03**). Jetzt haben Sie eine einfache Klasse erstellt, deren Instanzen Sie nicht mehr kopieren, sondern nur noch verschieben können.

Der Verschiebekonstruktor für unsere Klasse `Konto` kann das Prinzip eigentlich nur andeuten. Bei den hier verwendeten Attributen vom Typ `int` und `std::string` ist das eigentlich nicht nötig, denn – wie wir schon gesagt haben – `rhs` wird ja ohnehin bald weggeräumt. Wirklich sinnvoll wird das Verfahren beispielsweise, wenn der Wert eines rohen Zeigers an eine neue Instanz weitergegeben wird, die künftig auf diesen Speicher zugreifen wird. Auf der abgebenden Seite wird der Zeiger dann durch Überschreiben mit dem `nullptr` »gelöscht«, was den weiteren Zugriff auf die Adresse von dort ausschließt. Damit wurde im Ergebnis kein Speicher verschoben, sondern eigentlich dessen Eigentümerschaft.

Verschieben und kopieren

Wollen Sie weiterhin auch kopieren können, definieren Sie den Kopierkonstruktor ebenfalls so, wie im vorigen Abschnitt bereits demonstriert wurde.

Um den Inhalt von Objekten praktisch zu verschieben, packen Sie das Objekt mit dem zu verschiebenden Inhalt in die Standardfunktion `std::move()`:

```
00 // listings/11/07_movector/main.cpp
...
01    Konto konto01{1000'00, "Vorlage"};
02    Konto konto02{std::move(konto01)};
03    Konto konto03 = std::move(konto02);
```

In Zeile (**01**) wird ein neues Objekt mit dem Bezeichner `konto01` erstellt, dessen Daten in Zeile (**02**) nach `konto02` verschoben werden. `konto01` ist jetzt »leer«. Das Gleiche machen wir in Zeile (**03**), in der wir den Inhalt von `konto02` nach `konto03` verschieben, womit `konto02` ebenfalls ohne Inhalt ist.

Auch dieses Beispiel ist künstlich. Meist ist die Verwendung der Move-Semantik eine Sache des Compilers. Ist beispielsweise eine lokale Instanz der Rückgabewert einer Methode, kann der Compiler den Verschiebekonstruktor anwenden. Das Original der verschobenen Instanz wird ja unmittelbar danach gelöscht und verwendet seine Attribute nicht mehr.

Der Standardverschiebekonstruktor

Der Compiler generiert auch einen *Standardverschiebekonstruktor*. Wie beim Kopierkonstruktor hätten wir auch auf die Implementierung des Verschiebekonstruktors verzichten können – und wir sollten das auch tun, da der automatisch generierte Konstruktor auch die Ausnahmebehandlung berücksichtigt, die Sie in Kapitel 16, »Ausnahmebehandlung (Fehlerbehandlung)«, kennenlernen.

Bei der Verwendung roher Zeiger gilt aber auch hier, dass Sie den Verschiebekonstruktor selbst implementieren müssen, um Probleme zu vermeiden. In diesem Fall brauchen Sie in der Regel auch eine selbst implementierte Verschiebezuweisung, die Sie in Kapitel 13, »Operatoren überladen«, kennenlernen.

11.3 Destruktoren

Während der Konstruktor für das Initialisieren von Objekten zuständig ist, baut der *Destruktor* Objekte kontrolliert ab. Der Destruktor wird gewöhnlich für das Freigeben von dynamisch reserviertem Speicherplatz, das Aufheben von Sperren, das Schließen von Dateien oder für andere Aufräumarbeiten verwendet.

Im Englischen wird er auch kurz als *dtor* bezeichnet. Der Destruktor wird genauso wie der Konstruktor automatisch aufgerufen – allerdings eben nicht bei der Erzeugung, sondern beim »Zerstören« des Objekts.

11.3.1 Die Lebensdauer eines Objekts

Die Lebensdauer einer Klasseninstanz entspricht in etwa der Lebensdauer von Variablen der Basisdatentypen. Sie beginnt in dem Moment, in dem ein Objekt instanziiert wird. Dabei wird der Konstruktor aufgerufen, um das Objekt zu erstellen. Die Instanz können Sie verwenden, bis die Programmausführung deren Gültigkeitsbereich verlässt. Meist ist das der Fall, wenn die schließende geschweifte Klammer eines definierten Bereichs oder Anweisungsblocks verlassen wird. An dieser Stelle wird in der Regel der Destruktor aufgerufen, um die Instanz aus dem Speicher zu entfernen. Wird der Gültigkeitsbereich der Klasseninstanz verlassen, kann diese nicht mehr verwendet werden.

11.3.2 Wann ist ein Destruktor erforderlich?

Sofern Sie keinen Destruktor deklarieren und definieren, erzeugt der Compiler auch vom Destruktor eine Standardversion. Attribute einer Klasse werden in der Reihenfolge der Datenelemente in der Klassendefinition angelegt und vom Destruktor in umgekehrter Reihenfolge abgebaut. Dies gilt, wenn das Attribut selbst ein Objekt ist – nur wird dann dessen Konstruktor beziehungsweise Destruktor verwendet.

Ein spezieller Destruktor wird erst nötig, wenn Sie beispielsweise rohe Zeiger auf dynamisch angeforderten Speicher in den Attributen haben. Den wollen Sie spätestens im Destruktor wieder freigeben, bevor der Zeiger selbst gelöscht wird. Die in den Attributen enthaltenen einfachen Datentypen wie `int`, `double` und so weiter werden automatisch aufgeräumt. Das Gleiche gilt auch für die Typen der Standardbibliothek wie `std::string`, `std::vector` oder auch `std::unique_ptr`, deren Destruktor beim Aufräumen aufgerufen wird.

In unserer Klasse `Konto` ist ein Destruktor nicht nötig. Hier werden alle Attribute der Klasse automatisch aufgeräumt, wenn die Klasseninstanz den Gültigkeitsbereich verlässt.

RAII (Ressourcenbelegung ist Initialisierung)

Resource Acquisition Is Initialization, meistens kurz *RAII* genannt, ist eine Programmiertechnik zur Verwaltung von Ressourcen, die deren Nutzung deutlich erleichtert.

Die Anforderung einer Ressource erfolgt bei der Initialisierung eines Objekts über seinen Konstruktor. Am Ende der Lebenszeit des Objekts wird sein Destruktor automatisch aufgerufen. Dort wird dann die Ressource wieder freigegeben, und die Freigabe kann nicht mehr versäumt werden.

Die Datentypen der Standardbibliothek wie `std::string`, `std::vector` oder `std::unique_ptr` setzen genau dieses RAII-Prinzip um. Alles wurde sorgfältig in den Konstruktoren und Destruktoren der Klassen verpackt.

Wenn Sie die einfachen Basisdatentypen und die Datentypen der Standardbibliothek verwenden, müssen Sie keine eigenen Destruktoren erstellen. Daher raten wir, durchgehend diese Typen zu verwenden. Sie profitieren dann automatisch von der sicheren Ressourcenverwaltung, die diese Klassen bieten. Das RAII-Prinzip ist auch bei der Arbeit mit eigenen Ressourcen anwendbar – ein wichtiges Konzept für robuste C++-Programme.

11.3.3 Einen Destruktor deklarieren

Der Destruktor besteht wie der Konstruktor lediglich aus dem Klassennamen – allerdings mit einem vorangestellten ~ (Komplement-Zeichen), beispielsweise:

```
// Deklaration eines Destruktors
~Klassenname();
```

Auch für den Destruktor gilt, dass er keinen Rückgabewert hat. Im Gegensatz zum Konstruktor ist der Destruktor aber immer ohne Parameter. Der Destruktor steht üblicherweise im `public`-Bereich einer Klasse.

Auch wenn es gar nicht nötig ist, wollen wir für die Klasse `Konto` einen Destruktor erstellen. Die Deklaration in der Headerdatei *konto.h* sieht dann so aus:

```
// listings/11/08_dtor/konto.h
class Konto {
 public:
  // Deklaration der Konstruktoren
  Konto();
```

```
  Konto(long s, std::string n);
  Konto(long s);
  Konto(std::string n);
  // Deklaration des Destruktors
  ~Konto();
 private:
  std::string format_cent(long c);
  long stand = 0;
  std::string name = "Unbekannt";
};
```

11.3.4 Destruktor definieren

In der Klasse `Konto` müssen im Destruktor keine Ressourcen wieder freigegeben werden (Stichwort: *RAII*), ein individueller Destruktor ist nicht erforderlich. Wir werden allerdings zu Demonstrationszwecken einen Destruktor definieren, der bei der Ausführung einen Text ausgibt. Damit können Sie in einem Testlauf sehen, wann welcher Destruktor aufgerufen wird:

```
// listings/11/08_dtor/konto.cpp
Konto::~Konto() {
  std::cout << name << " entfernt\n";
}
```

Interessanter ist dann das Beispiel, das den Destruktor im Betrieb zeigt und den Lebenszyklus der Instanzen noch einmal verdeutlicht:

```
// listings/11/08_dtor/main.cpp
...
Konto konto01{"Global: Konto"};
int main() {
  Konto* konto_ptr1 = new Konto{"main(new): konto_ptr1"};
  static Konto konto03{"main(static): konto03"};
  delete konto_ptr1;
  konto_ptr1 = nullptr;
  Konto konto04{"main(): konto04"};
  std::vector<Konto> vkonto;
```

```
09    vkonto.push_back(konto04);
10    vkonto.at(0).set_name("main(): konto04, Kopie in vkonto");
11    {
12      Konto konto05{"main(lokal): konto05"};
13      std::unique_ptr<Konto> konto_ptr2{
14          new Konto{"main(lokal): konto_ptr2"}};
15      auto konto_ptr3 =
16          std::make_unique<Konto>("main(lokal): konto_ptr3");
17    }
18    // konto06 wird nicht entfernt, Speicherleck!
19    Konto* konto06 = new Konto{"main(new): konto06"};
20    std::cout << "---Ende von main()\n";
21  }
```


Hier sehen Sie das Programm bei der Ausführung:

```
main(new): konto_ptr1 entfernt
main(lokal): konto_ptr3 entfernt
main(lokal): konto_ptr2 entfernt
main(lokal): konto05 entfernt
---Ende von main()
main(): konto04, Kopie in vkonto entfernt
main(): konto04 entfernt
main(static): konto03 entfernt
Global: Konto entfernt
```

An der Ausgabe des Beispiels sehen Sie, dass der Destruktor am Ende des Gültigkeitsbereichs einer Instanz aufgerufen wird. Dabei gilt für die Lebensdauer von Objekten dasselbe wie bei den Basisdatentypen:

- Ist ein Objekt lokal definiert und gehört es nicht zur Speicherklasse `static`, wird es am Ende des entsprechenden Anweisungsblocks zerstört (im Beispiel sind die Objekte in Zeile **(07)** und **(12)** betroffen). Dasselbe gilt für die smarten Zeiger `unique_ptr` aus Zeile **(13)** und **(15)**, die ihren Speicherbereich am Ende ihres Gültigkeitsbereichs (hier Zeile **(17)**) automatisch wieder freigeben.

- In Zeile (**09**) wurde eine Kopie eines Kontos an `std::vector vkonto` angehängt. Am Ende der Funktion `main()` wird auch der Destruktor von `vkonto` aufgerufen, der seinerseits die Destruktoren der Elemente im Vektor aufruft.
- Ist ein Objekt global oder als `static` deklariert, wird es am Ende des Programms zerstört. Im Beispiel sind das die Objekte in Zeile (**01**) und (**04**).
- Dynamische Objekte, die Sie mit dem klassischen `new` reservieren und nicht in einem smarten Zeiger verwenden, werden gelöscht, wenn der Speicher mit `delete` explizit freigegeben wird – wie im Beispiel in Zeile (**03**) und (**05**) geschehen.
- Der Destruktor von dynamischen Objekten, die Sie mit dem klassischen `new` reservieren, nicht in einem smarten Zeiger platzieren und nirgendwo mit `delete` explizit freigegeben, wird nicht aufgerufen (wie im Beispiel in Zeile (**19**)) und produziert damit ein Speicherleck!

Achtung bei Ausnahmen im Konstruktor

Ein Destruktor wird nur für Objekte aufgerufen, die auch erzeugt wurden. Das klingt nicht weiter überraschend. Es gibt aber Fälle, in denen die Situation gar nicht so offensichtlich ist. Mit der Ausnahmebehandlung werden Sie in Kapitel 16, »Ausnahmebehandlung (Fehlerbehandlung)«, noch einen Mechanismus kennenlernen, mit dem man unerwünschte Zustände über eine sogenannte *Ausnahme* signalisiert. Wird eine solche Ausnahme im Konstruktor ausgelöst und wird sie nicht abgefangen, gilt das Objekt als nicht erzeugt, und es erfolgt kein Aufruf des Destruktors.

11.4 Weitere Formen von Methoden

In diesem Abschnitt gehen wir auf typische Themen zu den Methoden ein, die oft auch als *Elementfunktionen* oder *Member-Funktionen* bezeichnet werden. Deshalb sollten Sie die vorhergehenden Abschnitte aus diesem Kapitel bereits verinnerlicht haben.

11.4.1 »inline«-Methoden

Der Aufruf einer Funktion ist durchaus mit Aufwand verbunden (Stichwort: *Stack* bzw. *Stack-Frame*). Für den Aufruf wird die Rücksprungadresse auf dem Stack abgelegt und die Funktion wird angesprungen. In der Funktion werden lokale Daten angelegt, die am Ende der Funktion wieder freigegeben werden, bevor das Programm zurück zum Ausgangspunkt springt. Ist eine Funktion sehr kurz, kann dieser Aufwand vergleichsweise hoch sein.

Der Compiler kann den Aufruf der Funktion durch ihren übersetzten Code ersetzen. Der gerade erwähnte Aufwand entfällt, und das Programm läuft so möglicherweise schneller. Dieses »Einkopieren« spart zwar den Funktionsaufruf, kann aber wiederum das erzeugte Programm vergrößern. Damit könnte auch der Cache des Prozessors unnötig gefüllt werden und das Programm trotz der geringeren Aufrufkosten letztendlich langsamer laufen. Dieses sogenannte *Inlining* lohnt sich daher nur bei wirklich kleinen Funktionen.

Zur Verwendung von Inlining stehen Ihnen bei Klassen zwei Möglichkeiten zur Verfügung: implizit und explizit mit dem Schlüsselwort `inline`.

Optimierender Compiler

Beachten Sie, dass moderne Compiler Methoden ganz ohne Ihr Zutun automatisch als `inline` deklarieren können. Letztendlich entscheidet nämlich der verwendete Compiler selbst über eine tatsächliche `inline`-Verwendung.

Implizites »inline«

Definieren Sie kleinere Methoden gleich innerhalb der Klassendefinitionen, werden sie implizit zu `inline`-Methoden – ganz ohne ein spezielles Schlüsselwort. Als Beispiel für unsere Klasse sehen Sie hier die Datei *konto.h*:

```
// listings/11/09_implinl/konto.h
class Konto {
 public:
```

```
    // Deklaration der Konstruktoren
    Konto() {}
    Konto(long s, std::string n);    // nur deklariert
    Konto(long s) : stand{s} {}
    Konto(std::string n) : name{n} {}
    // Elementfunktionen der Klasse "Konto"
    long get_stand() {return stand;}
    void set_stand(long s) {stand = s;}
    std::string get_name() {return name;}
    void set_name(std::string n) {name = n;}
    void print() {
      std::cout << name << ":\t";
      std::cout << format_cent(stand) << " EUR\n";
    }
  private:
    std::string format_cent(long c) {
      auto euro = c / 100;
      auto cent = std::abs(c % 100);
      return std::format("{},{:02}", euro, cent);
    }
  long stand = 0;
  std::string name = "Unbekannt";
};
```

Da die Methoden jetzt in der Klassendefinition implementiert wurden, gelten `get_name()`, `set_name()`, `get_stand()`, `set_stand()`, `print()` und `format_cent()` ebenso wie die Konstruktoren implizit als `inline`. Lediglich der Konstruktor `Konto(long s, std::string n,)` wurde hier nur deklariert, um den Unterschied zu zeigen. Dies bedeutet, dass Sie die Implementierungen der Methoden und Konstruktoren in der Quelldatei *konto.cpp* entfernen müssen. Nur der in der Headerdatei nicht implementierte Konstruktor verbleibt dort.

Das implizite Inlining ist einfach umgesetzt und für Sie beim Entwickeln auf den ersten Blick sehr bequem. Allerdings wird die Schnittstelle einer

Klasse damit schnell unübersichtlich, und alle, die Ihr Programm verwenden, werden mit Details konfrontiert, die sie aufgrund der Kapselung gar nicht interessieren müssten und sollten.

Explizites »inline«

Sie können Funktionen auch explizit als `inline` definieren, indem Sie das Schlüsselwort `inline` vor die Definition der Funktion setzen. Da hier die Schnittstelle unbehelligt bleibt, ist das meist die übersichtlichere Variante.

Die Definition einer `inline`-Funktion muss in jeder Übersetzungseinheit verfügbar sein, in der sie verwendet wird, normalerweise indem sie in einer eingebundenen Headerdatei platziert wird. Anders als andere Funktionen dürfen Inline-Funktionen damit mehrfach definiert werden.

Auf unser Beispiel der Klasse `Konto` bezogen, haben wir zur Demonstration die `inline`-Methoden in der Datei *konto.h* hinter der Klassendefinition platziert. Die Definition könnte aber auch in eine weitere Headerdatei ausgelagert werden. Das explizite `inline` setzt natürlich voraus, dass Sie in der Headerdatei der Klassendefinition die Methode nicht implizit inline definiert haben, wie wir das im vorangegangenen Abschnitt gesehen haben. Für einzelne Methoden sieht das beispielsweise so aus:

```
// listings/11/10_explinl/konto.h
...
// Definition der Methoden
inline long Konto::get_stand() {
  return stand;
}
inline void Konto::set_stand(long s) {
  stand = s;
```

Für größere Projekte kann es sinnvoll sein, die `inline`-Definitionen in eine separate Headerdatei (z. B. *konto_inline.h*) auszulagern, um die Hauptheaderdatei übersichtlicher zu halten. Das vollständige Beispiel finden Sie bei den Quellcodes im Downloadmaterial.

»inline« verwenden – oder »erst messen, dann optimieren«

Da letztlich ohnehin der Compiler entscheidet, ob er Ihren `inline`-Vorschlag annimmt, stellt sich die Frage, wann `inline`-Methoden oder -Funktionen überhaupt sinnvoll sind. In der Praxis hängt das vom Anwendungsfall ab. Generell sollten Sie immer sicher sein, dass konkreter Bedarf besteht, bevor Sie versuchen zu optimieren. Wenn Bedarf besteht, messen Sie zuerst, an welcher Stelle im Code das Problem tatsächlich liegt. Dann können Sie gezielte Optimierungsversuche vornehmen, auch mit dem `inline`-Spezifizierer. Das bedeutet aber immer, auch zu überprüfen, wie sich Ausführungsgeschwindigkeit und Programmgröße tatsächlich entwickelt haben.

11.4.2 Konstante Methoden (»nur-lesend«)

Sie haben in Kapitel 3, »Die eingebauten C++-Basisdatentypen«, Konstanten kennengelernt, die mit dem Schlüsselwort `const` als nicht veränderbar spezifiziert werden. Sie können `const` wie bei den Basisdatentypen auch bei der Instanziierung einer Klasse einsetzen:

```
const Konto konstant {1000'00, "Konstantes Konto"};
```

Damit informieren Sie den Compiler, dass die Instanz nicht mehr verändert werden soll. Als Ergebnis dürfen nur noch Methoden aufgerufen werden, die zusichern, dass Sie die Instanz nicht verändern. Der Compiler verweigert nun den Aufruf einer Methode, die nicht als *nur-lesend* gekennzeichnet ist. Der folgende Aufruf wird daher vorerst fehlschlagen:

```
konstant.print();
```

Sie deklarieren und definieren eine Methode als *nur-lesend*, indem Sie an den Funktionskopf bei Deklaration und Definition das Schlüsselwort `const` anhängen:

```
typ methode( parameter ) const;
```

In unserer Klasse `Konto` sind die `get()`-Methoden und die `print()`- sowie die `format_cent()`-Methode geeignet, als *nur-lesend* deklariert und definiert zu werden. Hierzu müssen Sie nur an den entsprechenden Stellen `const` anhängen. In der Headerdatei *konto.h* wären dies die folgenden vier Methoden (gekürzte Fassung):

```
// listings/11/11_const/konto.h
...
class Konto {
  // Konstante Methoden
  long get_stand() const;
  std::string get_name() const;
  void print() const;
  std::string format_cent(long c) const;
```


Neben der Deklaration in der Klassendefinition müssen Sie auch die Definitionen der Methoden mit dem Schlüsselwort `const` signieren. Hierzu passen Sie im Quellcode *konto.cpp* ebenfalls nur die entsprechenden vier Methoden `Konto::get_stand()`, `Konto::get_name()`, `Konto::print()` und `format_cent()` an (ebenfalls gekürzt):

```
// listings/11/11_const/konto.cpp
...
// Definition der konstanten Methoden
long Konto::get_stand() const {return stand; }
std::string Konto::get_name() const {return name;}
void Konto::print() const{...}
std::string format_cent(long c) const {...}
```

Wie schon bei konstanten Werten zeigen Sie auch hier dem Compiler Ihre Absichten an. Damit kann er Sie zukünftig darauf hinweisen, wenn Sie von diesen Intentionen abweichen. Nach dieser Erweiterung können die nur-lesenden Methoden auf die konstante Instanz angewendet werden; Aufrufe nicht konstanter Methode schlagen fehl:

```
const Konto konstant {1000'00, "Konstantes Konto"};
konstant.set_stand (0); // Nicht erlaubt
konstant.print();       // Erlaubt, read-only
```

Der »const«-Qualifizierer ist Teil der Signatur

Das Schlüsselwort `const` qualifiziert eine Methode und ist Teil der Signatur. Sie können also auch entsprechend überladen und unterschiedliche Methoden für konstante und nicht konstante Instanzen bereitstellen.

Da die Klasse nun konstante Methoden hat, kann jetzt auch eine rangebasierte Schleife mit Referenzen auf konstante Objekte verwendet werden, die bisher eine Fehlermeldung erzeugt hätte:

```
std::vector<Konto> vec (10);
// Ausgabe aller Elemente
for (const auto& elem : vec) {
  elem.print();
}
```

11.4.3 Konstante Methoden explizit ausschließen

Sie haben gerade gesehen, wie Sie konstante Instanzen erstellen und behandeln. Der Zugriff auf die Methoden, die nicht als `const` markiert sind, ist dabei allerdings nicht mehr möglich. Ein Beispiel:

```
const Konto konto{517'21, "Girokonto"};
// !!! Fehler - das Objekt device ist konstant !!!
konto.set_stand(1'000'000'00);
```

Der Compiler meldet hier den Fehler, dass es keine Methode mit der Signatur `Konto::set_stand(long) const` gibt. Das ist hier auch richtig: Die Methode würde ja einen – vermutlich ungewollten – schreibenden Zugriff vornehmen. Der Benutzer der Klasse kann anhand der Meldung aber nicht erkennen, ob die Methode für konstante Objekte absichtlich nicht verfügbar ist oder ob sie vielleicht nur versehentlich nicht als *nur-lesend* gekennzeichnet worden ist. In unserem Beispiel ist der Fall vielleicht noch offensichtlich. Sie können aber bereits in der Schnittstelle in *konto.h* klar kennzeichnen, dass eine Methode für konstante Objekte absichtlich nicht zur Verfügung gestellt wird:

```
// listings/11/11_const/konto.h
void set_stand(long s);
void set_stand(long s) const = delete;
```

Hier wurde die Methode `set_stand(long s) const` direkt beim Design in der Schnittstelle mit `= delete` für konstante Objekte explizit nicht vorgesehen: Eine Definition erfolgt nicht. Wird versucht, diese Methode zu verwenden, gibt der Compiler eine Fehlermeldung aus und kann darüber informieren, dass die entsprechende Methode vom Entwickler bewusst mit `delete` verboten wurde.

11.4.4 »this«-Zeiger

Eine Methode weiß offensichtlich, zu welcher Instanz sie gehört, und kann auf zugehörige Attribute zugreifen. Wir haben bisher noch nicht darüber gesprochen, wie dieser Mechanismus funktioniert. Wir bleiben bei der Klasse `Konto`, um uns das anzusehen. Nehmen wir an, Sie wollen folgendes Objekt ausgeben:

```
Konto konto01 = { 12'34, "konto01"};
std::cout << konto01.get_name() << "\n";
```

Hierbei wird die Methode `Konto::get_name()` aufgerufen:

```
std::string Konto::get_name() const {
  return name;
}
```

Innerhalb dieser Methode gibt es keine offensichtliche Angabe zur zugehörigen Instanz. Allerdings erhält eine Methode bei ihrem Aufruf die Adresse des aktuellen Objekts als nicht sichtbares Argument. Diese steht dort automatisch als konstanter Zeiger mit dem Namen `this` zur Verfügung. Die interne Deklaration dieses `this`-Zeigers entspricht Folgendem:

```
Klassenname* const this = &Instanz;
```

Wir können this wie andere Zeiger auch verwenden, beispielsweise um auf die Mitglieder einer Klasse zuzugreifen, und zwar mit dem folgenden Ausdruck:

```
this->Element
```

Das ist auch genau das, was der Compiler implizit für »normale« Zugriffe in der Methode daraus macht. Sie könnten die Methode get_name() folgendermaßen ändern:

```
string Konto::get_name() const {
  return this->name;
}
```

Diese Schreibweise kann auch verwendet werden, um bei Bedarf die Bezeichner von Parametern oder lokalen Variablen einer Methode von den Attributen (Klassenvariablen) gleichen Namens zu unterscheiden. Damit ist beispielsweise auch folgende Implementierung möglich:

```
void Konto::set_stand (long stand) {
  this->stand = stand;
}
```

Mit dieser Information könnten wir die Methode print() unserer Klasse erweitern und die Adresse der Instanz mit ausgeben:

```
void Konto::print() const {
  std::cout << name << " (" << this << "):\t";
  std::cout << format_cent(stand) << " EUR\n";}
```

Jetzt könnten wir entsprechend vergleichen:

```
int main() {
  Konto konto01{12'34, "konto01"};
  konto01.print();
  std::cout << "&konto01: " << &konto01 << '\n';
}
```

Und wir erhalten jeweils die gleiche Adresse der Instanz als Ausgabe:

```
konto01 (0x7ffeeb9aa5c8):        12.34 EUR
&konto01: 0x7ffee7e056c8
```

In der Praxis wird der `this`-Zeiger oft benutzt, wenn zum Beispiel aus einer Methode eine Kopie oder Referenz der aktuellen Instanz zurückgegeben werden soll (`return *this;`). Darauf gehen wir in Abschnitt 12.3, »Objekte einer Klasse als Rückgabewerte«, ein.

11.5 Kontrollfragen und Aufgaben

1. Mit welchen beiden Schlüsselwörtern können Sie in C++ eine Klasse erstellen, und worin unterscheiden sie sich?
2. Wie erfolgt der Zugriff auf die Daten in einer Klasse?
3. Was ist ein Konstruktor?
4. Was ist ein Destruktor?
5. Erklären Sie kurz, was der `this`-Zeiger ist.
6. Die folgende Headerdatei enthält einen Designfehler. Welchen?

```
// listings/11/aufgaben/aufgabe1/aufgabe01.h
class XYZ {
  public:
    int var;
    XYZ(int v) : var {v} {}
    XYZ() : var {0} {}
    int getVar() const { return var; }
    void setVar(int v) { var = v; }
};
```

7. Die Klassendefinition der Headerdatei *aufgabe02.h* und die Definition der Methode des Quellcodes in *aufgabe02.cpp* lassen sich nicht übersetzen. Wo sind die Fehler? Hier sehen Sie zunächst die Headerdatei *aufgabe02.h*:

```
// listings/11/aufgaben/aufgabe2/aufgabe02.h
class XYZ {
  public:
    XYZ(int v) : var {v} {}
    XYZ() : var {0} {}
    int getVar() const { return var; }
    void setVar(int v) { var = v; }
    void manipVar(int v) const;
  private:
    int var;
};
```

Und hier ist der Quellcode aus *aufgabe02.cpp*:

```
// listings/11/aufgaben/aufgabe2/aufgabe02.cpp
#include "aufgabe02.h"
void manipVar(int v) const {
  setVar(v);
}
```

Kapitel 12
Objekte und Klassenelemente

In diesem Kapitel lernen Sie, wie Sie mit Objekten und Klassenelementen arbeiten. Dabei erfahren Sie, was diese mit den Basistypen gemeinsam haben und wodurch sie sich unterscheiden. Sie lernen, wie Sie Objekte als Parameter und Rückgabewerte von Funktionen und Methoden verwenden und wie Sie sie in Containern und Arrays einsetzen.

Quellcodes herunterladen

Auch in diesem Kapitel werden nicht alle Listings in voller Länge wiedergegeben. Sie finden jedoch bei Bedarf sämtliche Quellcodes auf der Webseite *https://www.rheinwerk-verlag.de/5988* zum Download.

12.1 Objekt als Parameter

Sie können Instanzen von Klassen, also Objekte, größtenteils wie die eingebauten Basisdatentypen als Argument an eine Funktion übergeben, nämlich als Kopie, als Referenz oder als Zeiger. In der Beispielklasse `Konto` haben wir auch schon Instanzen als Argument verwendet, und zwar in Form der Klasse `std::string`.

12.1.1 Objekte an eine Funktion übergeben

Eine Klasse als Parameter an eine Funktion zu übergeben, kann eine Alternative dazu sein, die Klasse um eine Methode zu erweitern, gerade solange Sie keinen direkten Zugriff auf die internen Daten der Klasse benötigen. Sie übergeben eine Klasseninstanz in C++ in der Regel als Referenz an die Funktion, und wenn die Instanz in der Funktion nur gelesen werden soll, verwenden Sie eine Referenz auf ein konstantes Objekt.

Erfolgt die Übergabe einer Klasseninstanz als *Kopie* (*Call-by-Value*), muss diese komplette Kopie auf dem Stack angelegt werden. Bei einer Klasse kommt dabei der Kopierkonstruktor zum Einsatz, und beim Beenden der Funktion wird das Objekt wieder zerstört – wobei der Destruktor aufgerufen werden muss. Bei großen Objekten, wie beispielsweise einem `std::vector` mit einer großen Anzahl von Elementen, kann das ein relevanter Aufwand sein. Oft sind (konstante) Referenzen eine gute Wahl. Wenn sowieso Kopien der Daten benötigt werden, ist Call-by-Value aber passend. Ebenso wenn es sich um kleine Objekte handelt. Durch Compileroptimierungen und im Zusammenspiel mit der Verschiebesemantik, die wir im vorigen Kapitel angerissen haben, kann sie sogar überlegen sein.

Die Übergabe als rohen *Zeiger* sollten Sie in der Regel ebenfalls nicht verwenden. Zwar ist der Aufwand gegenüber einer Übergabe als Kopie erheblich reduziert, es entspricht aber nicht dem üblichen Vorgehen in C++, und die notwendige Prüfung auf `nullptr` wird oft vergessen.

Um Ihnen die Übergabe per *Referenz* zu demonstrieren, erstellen wir eine Funktion `transfer()`, die zwei Referenzparameter der Klasse `Konto` sowie einen Betrag vom Typ `long` erhält und diesen Betrag von dem einen Konto auf das andere transferiert.

Zuerst betrachten wir die Deklaration von `transfer()` in *konto.h*:

```
// listings/12/01_infkt/konto.h
...
class Konto {
 public:
  // Deklaration der Konstruktoren ...
  // Deklaration von Methoden ...
 private:
  std::string format_cent(long c) const;
  long stand = 0;
  std::string name ="Unbekannt";
};
// Prototyp der Funktion
void transfer(Konto& quelle, Konto& ziel, long betrag);
```

Die Funktion gehört inhaltlich zur Klasse, daher deklarieren wir sie auch in *konto.h*. Sie wird aber außerhalb der Klassendefinition notiert, da es sich nicht um eine Methode der Klasse handelt. Theoretisch könnte sie auch in einer eigenen Headerdatei deklariert werden, die *konto.h* inkludiert, um die Klasse `Konto` zu kennen.

Die Funktion verwendet als Parameter Referenzen auf Objekte des Typs `Konto`. Auf die privaten Daten der Klasse selbst kann aus der Funktion nicht zugegriffen werden, sie muss die öffentlichen Elemente verwenden. Die Definition im Quellcode *konto.cpp* könnte dann wie folgt aussehen:

```
// listings/12/01_infkt/konto.cpp
#include "konto.h"
// Definition der Konstruktoren ...
// Definition der Methoden ...
...
// Definition der Funktion transfer()
void transfer(Konto& quelle, Konto& ziel, long betrag) {
  quelle.set_stand(quelle.get_stand() - betrag);
  ziel.set_stand(ziel.get_stand() + betrag);
}
```


Im Gegensatz zur Methodendefinition benötigt die Funktionsdefinition keine Angabe von Klassenname und Bereichsoperator (`Konto::`), da sie die Klasse nutzt, aber nicht zu ihr gehört. Die Funktion ermittelt den aktuellen Kontostand bei der Quelle, zieht den transferierten Betrag ab und setzt den neuen Wert. Auf dem Zielkonto wird der Betrag danach zum Kontostand addiert.

```
// listings/12/01_infkt/main.cpp
...
#include "konto.h"
int main() {
  Konto brief{112'57, "Brieftasche"};
  Konto giro{500'00, "Girokonto"};
  giro.print();
  brief.print();
  transfer(giro, brief, 100'00);
```

```
08    giro.print();
09    brief.print();
10  }
```

Wir erstellen die Instanz `brief` in Zeile **(03)** und **(04)** die weitere Instanz `giro`. Um jetzt den gewünschten Betrag vom Girokonto in die Brieftasche zu transferieren, rufen wir die Funktion `transfer()` mit Quelle, Ziel und Betrag in Zeile **(07)** auf. Mit den Ausgaben durch `print()` können wir den erfolgten Transfer nachvollziehen:

```
Girokonto:      500.00 EUR
Brieftasche:    112.57 EUR
Girokonto:      400.00 EUR
Brieftasche:    212.57 EUR
```

12.1.2 Objekte an eine Methode übergeben

Sie können die Arbeit der Funktion zum Transfer auch als Methode implementieren. Das ist praktisch, wenn Sie (zusätzlich) auf die privaten Daten zugreifen möchten. Das ist über eine Funktion (wegen des Zugriffs von außen) nicht möglich, aus der Methode hingegen schon. Die gleichnamige globale Hilfsfunktion können Sie trotzdem weiterverwenden und zur Verfügung stellen.

Bei einem Methodenaufruf steht die Instanz, mit der die Methode aufgerufen wird, bereits fest. Daher benötigen wir nur noch die Zielinstanz und den Betrag als Parameter:

```
Quell_objekt.transfer( ziel, betrag );
```

In der Klasse `Konto` erfolgt die Deklaration der Methode im `public`-Bereich der Klassendefinition der Headerdatei *konto.h*:

```
// listings/12/02_inmeth/konto.h
class Konto {
 public:
  // Deklaration der Konstruktoren ...
  // Deklaration von Methoden ...
```

```
  void transfer(Konto& ziel, long betrag);
 private:
  std::string format_cent(long c) const;
  long stand = 0;
  std::string name = "Unbekannt";
};
```

Der Prototyp der Methode wird innerhalb der Klassendefinition notiert. Die Definition der Methode in der Quelldatei *konto.cpp* sieht folgendermaßen aus:

```
00 // listings/12/02_inmeth/konto.cpp
...
01 void Konto::transfer(Konto& ziel, long betrag) {
02   stand -= betrag;
03   ziel.stand += betrag;
04 }
```


Wie bei der Funktionsversion subtrahiert die Methode den Betrag vom Kontostand der Quelle und addiert ihn zum Kontostand der Zielinstanz. Der Vorgang findet nun in einer Klassenmethode statt. Daher kann direkt auch auf private Elemente zugegriffen werden. Die Verwendung von `get_stand()` und `set_stand()` ist zwar weiter möglich, aber nicht mehr nötig. Vielleicht irritiert Sie, dass in Zeile (**02**) `stand` ohne ein verknüpftes Objekt wie bei `ziel` direkt darunter in Zeile (**03**) verwendet wird. Der Zugriff erfolgt hier auf die Elemente der Instanz, für die die Methode aufgerufen wurde. Wie wir auch in Abschnitt 11.4.4, »›this‹-Zeiger«, kurz beschrieben haben, entspricht `stand` in Zeile (**02**) hier der Notation `this->stand`.

Zugriff auf private Elemente aus einer Methode

Aus der Methode einer Klasse kann auch auf die privaten Elemente anderer Instanzen desselben Klassentyps zugegriffen werden. Das bedeutet, in der Methode ist nicht nur der Zugriff auf private Elemente der aktuellen Instanz `this` möglich, sondern auch auf die privaten Elemente von `ziel`.

Aufgerufen wird diese Methode, wie Sie dies bereits von anderen Methoden her kennen. Hier sehen Sie den entsprechenden Ausschnitt aus `main()`:

```
// listings/12/02_inmeth/main.cpp
...
int main() {
  Konto brief{112'57, "Brieftasche"};
  Konto giro{500'00, "Girokonto"};
  giro.print();
  brief.print();
  giro.transfer(brief, 100'00);
  giro.print();
  brief.print();
}
```

Das Programm entspricht dem Beispiel aus dem vorherigen Abschnitt, nur wird jetzt eine Methode anstelle einer Funktion verwendet. Das Ergebnis und die Ausgabe sind identisch.

12.2 Freundfunktionen (»friend«)

Sie haben gelernt, Attribute in Klassen zu kapseln und als `private` zu kennzeichnen. Das verhindert den Zugriff von außen. Bisher haben Sie gesehen, wie Objekte als Parameter übergeben werden und dabei über die öffentliche Schnittstelle auf sie zugegriffen wird. In einigen Situationen ist es aber sinnvoll, ausgesuchten Funktionen, Methoden oder sogar ganzen fremden Klassen den Zugriff auf private Elemente zu erlauben. Dies ist möglich, indem Sie diese mit dem Schlüsselwort `friend` zu einem »Freund« der Klasse erklären.

Solche Freundesfunktionen sind Elemente, denen Sie ein `public`-Zugriffsrecht auf Ihre Klasse einräumen. In der Praxis wird `friend` gerne für die Implementierung von Operatoren verwendet, die Sie im folgenden Kapitel kennenlernen werden.

Wie Sie gesehen haben, lässt sich die Funktion `transfer()` mit den öffentlichen Methoden von `Konto` implementieren. Wir werden die Funktion jetzt zu Demonstrationszwecken zu einem Freund der Klasse erklären. Dazu setzen wir den mit dem Schlüsselwort `friend` versehenen Prototyp der Funktion `transfer()` lediglich mit in die Klassendefinition:

```
// listings/12/03_friend/konto.h
...
class Konto {
 public:
  // Deklaration der Konstruktoren ...
  // Deklaration  von  ...
  // Prototyp der Friend-Funktion
  friend void transfer(Konto& quelle, Konto& ziel,
                       long betrag);
 private:
  long stand = 0;
  std::string name = "Unbekannt";
};
```


Mehr ist nicht nötig, um mit der globalen Funktion `transfer ()` auf alle privaten Elemente der Klasse zugreifen zu können. Es spielt keine Rolle, ob Sie diese Deklaration im `public`- oder im `private`-Bereich vereinbaren, aber im Grunde dient solch eine Erweiterung als öffentliche Schnittstelle. Daher sollte die Vereinbarung sinnvollerweise im `public`-Bereich erfolgen.

Nach dieser Anpassung der Klassendefinition können wir die Funktion jetzt mit direktem Zugriff auf die privaten Attribute von `Konto` und ohne `get_stand()` und `set_stand()` implementieren:

```
// listings/12/03_friend/konto.cpp
...
// Definition der Funktion transfer()
void transfer(Konto& quelle, Konto& ziel, long betrag) {
  quelle.stand -= betrag;
  ziel.stand += betrag;
}
```

Der Aufruf der Funktion hat sich nicht verändert. Da Sie auch das Ergebnis des Beispielprogramms bereits kennen, verzichten wir darauf, es noch einmal darzustellen.

Hier ginge es auch ohne Datenkapselung

In dem hier gezeigten Fall vereinfacht `friend` die Implementierung, ist aber nicht zwingend notwendig. Es gibt aber Situationen, in denen es ohne eine `friend`-Deklaration nicht geht, beispielsweise bei einigen Operatorüberladungen, die Thema des nächsten Kapitels sein werden.

Eine Klasse kann nur für sich selbst Freundschaften erklären. Sie kann nicht bestimmen, mit wem andere Klassen befreundet sein sollen.

Kein »this«-Zeiger

Eine `friend`-Funktion ist keine Methode einer Klasse, weshalb hier kein `this`-Zeiger zur Verfügung steht.

12.3 Objekte einer Klasse als Rückgabewerte

Fast alles, was Sie über Rückgabewerte von Funktionen und Methoden in Bezug auf Basisdatentypen gelernt haben, gilt auch für Objekte einer Klasse.

In den meisten Fällen geben Sie ein Objekt als Kopie zurück. Das ist insbesondere dann zwingend, wenn Sie ein Objekt zurückgeben, das Sie in der Funktion oder Methode lokal erzeugt haben. Den selteneren Fall einer Rückgabe als Referenz zeigen wir Ihnen im nächsten Abschnitt.

Zuerst implementieren wir eine Funktion und eine gleichwertige Methode `get_max()`. Je zwei Konten werden verglichen, und der Aufrufer erhält als Ergebnis das Konto mit dem höchsten Kontostand als Kopie. Es wird nur lesend auf die Konten zugegriffen, daher erfolgt die Übergabe der Parameter als konstante Referenzen. Hier sehen Sie zunächst die Deklarationen in der Headerdatei *konto.h*:

```
00 // listings/12/04_return/konto.h
...
01 class Konto {
02  public:
03   // Deklaration der Konstruktoren ...
04   // Deklaration  von Methoden ...
05   Konto get_max(const Konto&);
06  private:
07   std::string format_cent(long c) const;
08   long stand = 0;
09   std::string name = "Unbekannt";
10 };
11 // Prototyp der Funktion
12 Konto get_max(const Konto& a, const Konto& b);
```


An den Prototypen der Methode in Zeile (05) und der Funktion in Zeile (12) erkennen Sie die Verwendung von Konto als Rückgabewert.

Jetzt betrachten wir die Definitionen der gleichnamigen Funktion und Methode in der Quelldatei *konto.cpp*:

```
// listings/12/04_return/konto.cpp
...
// Definition der Konstruktoren ...
// Definition der Methoden ...
Konto Konto::get_max(const Konto& other) {
  if (stand > other.stand) {
    return *this;
  } else {
    return other;
  }
}
// Definition der Funktion get_max()
Konto get_max(const Konto& a, const Konto& b) {
  if (a.get_stand() > b.get_stand()) {
    return a;
  } else {
```

```
15        return b;
16     }
17  }
```

In beiden Implementierungen erfolgt zuerst der Vergleich, welche der beiden Instanzen den höheren Stand hat, um diese als Kopie an den Aufrufer zurückzuliefern.

In der Implementierung als Methode ab Zeile (**03**) ist eine typische Verwendung des `this`-Zeigers zur Rückgabe in Zeile (**05**) zu erkennen. Zurückgegeben wird damit eine Kopie des Objekts, auf das `this` zeigt, also die aktuelle Instanz. Im anderen Fall erfolgt die Rückgabe einer Kopie von `other` in Zeile (**07**).

Bei der Implementierung als Funktion erfolgt nach dem Vergleich in Zeile (**12**) in Zeile (**13**) oder (**15**) entweder die Rückgabe von `a` oder von `b`.

Hierzu sehen wir uns noch ein einfaches Programmbeispiel an, das die Verwendung der Funktion beziehungsweise Methode demonstriert, in der ein Objekt der Klasse `Konto` zurückgegeben wird:

```
00  // listings/12/04_return/main.cpp
...
01     Konto konto1{112'57, "Brieftasche"};
02     Konto konto2{650'32, "Girokonto"};
03     // Aufruf als Funktion und Methode
04     Konto konto3 = get_max(konto1, konto2);
05     Konto konto4 = konto1. get_max(konto2);
06     // Auch so kann die Hilfsfunktion verwendet werden
07     std::cout << get_max(konto1, konto2).get_name()
08               << " hat maximalen Stand\n";
09     // So geht es aber auch mit der Methode
10     std::cout << konto1. get_max(konto2).get_name()
11               << " hat maximalen Stand\n";
```

Das neue Objekt `konto3` aus Zeile (**04**) wird mit einer Kopie von `konto1` oder `konto2` initialisiert, je nachdem, bei welchem der beiden Objekte der Wert des Attributs `stand` höher ist. Dasselbe demonstriert Zeile (**05**) mit der gleichnamigen Methode. Die Zeilen (07) und (10) zeigen, wie Sie mithilfe von Funktionen oder Methoden, die ein Objekt dieser Klasse zurückgeben, direkt auf die Methoden der Klasse zugreifen können. Dies dient allerdings nur der Demonstration. Es ist nicht sehr effizient, weil für diese beiden einfachen Ausgaben zwei neue Objekte angelegt und zerstört werden müssen. Hier sehen Sie das Programm bei der Ausführung:

```
Girokonto hat maximalen Stand
Girokonto hat maximalen Stand
```

Return Value Optimization (RVO) und Move

Bei der Rückgabe von Objekten können Kopien entstehen. Bei einfachen Objekten ist das generell kein Problem. Hantieren Sie aber mit sehr großen Instanzen, wie einem gut gefüllten `std::vector`, kann das anders aussehen. Auf der anderen Seite kann der C++-Compiler mit der sogenannten *Return Value Optimization* (RVO) den Aufwand für temporäre Objekte selbstständig deutlich verringern. Auch Klassen, die die seit C++11 verfügbare Move-Semantik verwenden, helfen an dieser Stelle. Schrecken Sie also nicht generell vor Kopien zurück; sie sind sehr oft die richtige Wahl.

12.3.1 Referenzen auf eine Klasse als Rückgabewerte

In seltenen Fällen kommt es vor, dass eine per Referenz als Parameter übergebene Instanz auch als Referenz zurückgegeben wird.

Als Beispiel werden wir die Methode `get_max()` aus dem vorigen Abschnitt so abwandeln, dass sie eine Referenz anstelle einer Kopie zurückliefert. Damit gewinnen wir die Möglichkeit, Aufrufe zu verketten.

Vorsicht bei der Rückgabe von Referenzen

Geben Sie nie eine Referenz auf ein lokales, in einer Funktion oder Methode erzeugtes Objekt zurück. Ein neu erzeugtes lokales Objekt geben Sie nach außen immer als Wert zurück.

Nehmen wir an, wir wollen ermitteln, welches Konto einen höheren Stand aufweist. Von dem resultierenden Konto soll dann ein Betrag transferiert werden. Die Methode und Funktion `get_max()` liefert eine Kopie des Kontos mit dem höchsten Kontostand. Um auf das entsprechende Konto selbst und nicht auf eine Kopie zuzugreifen, variieren wir die Funktion und Methode unter dem neuen Namen `get_max_ref()`. Die Headerdatei *konto.h* sieht damit so aus:

```
00 // listings/12/05_returnref/konto.h
01 class Konto {
02  public:
03   // Deklaration der Konstruktoren ...
04   // Deklaration von Methoden ...
05   Konto& get_max_ref(Konto& other);
06  private:
07   std::string format_cent(long c) const;
08   long stand = 0;
09   std::string name = "Unbekannt";
10 };
11 // Prototyp der Funktion
12 Konto& get_max_ref(Konto& a, Konto& b);
```

Die entsprechende Methode und Funktion finden Sie in Zeile **(05)** und in Zeile **(12)**. Anstelle von `Konto` ist der Rückgabetyp nun eine Referenz auf ein `Konto&`. Auch die Typen der Parameter haben sich verändert. Da die Instanzen nach der Rückgabe geändert werden könnten, werden auch die Parameter von Methode und Funktion nicht mehr mit `const` ausgezeichnet.

Die Implementierung der Methode in *konto.cpp* unterscheidet sich praktisch nicht von unserer vorherigen Variante:

```
// listings/12/05_returnref/konto.cpp
...
// Definition der Methoden ...
Konto& Konto::get_max_ref(Konto& other) {
  if (stand > other.stand) {
    return *this;
  } else {
```

```
06       return other;
07     }
08   }
09   // Funktionen
10   Konto& get_max_ref(Konto& a, Konto& b) {
11     if (a.get_stand() > b.get_stand()) {
12       return a;
13     } else {
14       return b;
15     }
16   }
```

Der einzige Unterschied besteht in der Signatur in den Zeilen (**02**) und (**10**). Allerdings ist nun eine komplett andere Verwendung möglich, wie Sie in dem Beispiel *main.cpp* sehen:


```
00   // listings/12/05_returnref/main.cpp
...
01   int main() {
02     Konto brief{1'57, "Brieftasche"};
03     Konto giro{650'32, "Girokonto"};
04     Konto spar{900'00, "Sparbuch"};
05     get_max_ref(giro, spar).transfer(brief, 300'00);
06     giro.get_max_ref(spar).transfer(brief, 50'00);
07     giro.print();
08     spar.print();
09     brief.print();
10   }
```

Bei der Verwendung der Funktion `max get_max_ref()` in Zeile (**05**) wird als Ergebnis eine Referenz auf das Konto `spar` zurückgeliefert. Der Ausdruck ist verkettet mit dem Aufruf der Methode `transfer()` auf die zurückgelieferte Referenz. Es erfolgt also ein Transfer von 300 € von `spar` nach `brief`. In Zeile (**06**) erfolgt ein Aufruf der wirkungsgleichen Methode `get_max_ref()`. Durch den vorherigen Transfer hat mittlerweile das Konto `giro` den höheren Stand, und dessen Referenz wird als die Rückgabe für den verketteten Aufruf von `transfer()` genutzt.

Die Ausgabe des Programms ist dann die folgende:

```
Girokonto:     600.32 EUR
Sparbuch:      600.00 EUR
Brieftasche:   351.57 EUR
```

Vorsicht bei der Verwendung von Referenzen

Verwenden Sie Referenzen als Rückgabewerte, müssen Sie sicherstellen, dass das referenzierte Objekt so lange besteht, wie seine Referenz verwendet werden kann. Das geht, solange Sie die Rückgabe wie oben im gleichen Ausdruck verwenden. Wenn Sie die Rückgabe allerdings auch als Referenz speichern, können Sie sich Probleme einhandeln, die schwer zu analysieren sind. Die Rückgabe von Objekten ist in vielen Fällen sehr performant. Der C++-Compiler kann hier viel optimieren.

12.4 Arrays von Objekten

Auch Arrays lassen sich mit eigenen Klassen verwenden. In Abschnitt 11.1.4, »Objekte erzeugen und benutzen«, haben wir das mit Arrays der Klasse `std::vector` zusammen mit der Klasse `Konto` schon einmal demonstriert. Daher wollen wir hier nur noch auf zwei Punkte eingehen. Wenn Sie ein Array mit der Klasse `std::vector<Konto>` auf folgende Weise erzeugen:

```
#include <vector>
...
// 50 Konto-Objekte (vector)
std::vector <Konto> kontovector(50);
```

dann wird direkt ein Vektor mit 50 Instanzen der Klasse `Konto` erstellt. Alle Elemente werden konstruiert und liegen im Arbeitsspeicher, auch wenn sie vielleicht gar nicht benötigt werden. Zur Erzeugung wird für jede Instanz der parameterlose Konstruktor von `Konto` aufgerufen. Ist kein solcher Konstruktor vorhanden (egal, ob er implizit oder explizit erstellt wurde), gibt der Compiler eine Fehlermeldung aus. Wenn es für Ihre

Klasse nicht gute Gründe gibt, die dagegen sprechen, sollten Sie unter anderem für diese Art der Verwendung dafür sorgen, dass ein parameterloser Konstruktor verfügbar ist.

In der Regel sollten Sie mit einer leeren `std::vector`-Klasse starten. Dieser können Sie jederzeit komfortabel neue Elemente hinzufügen. Folgender Codeausschnitt demonstriert diesen bequemen Weg (der gleiche Effekt ist mit C-Arrays sehr viel aufwendiger zu erreichen):

```
// listings/12/06_array/main.cpp
...
#include <vector>
int main() {
  std::vector<Konto> vkonto;
  // Beispielsweise: Elemente hinten anfügen
  vkonto.push_back(Konto{120'57, "Brieftasche"});
  vkonto.push_back(Konto{"Festgeld"});
  vkonto.push_back(Konto{});
  // Inhalt ausgeben
  for (auto& elem : vkonto) {
    elem.print();
  }
}
```


12.5 Dynamische Objekte

Wenn Sie aus besonderen Gründen keine Container wie `std::vector` nutzen können, aber wissen, dass Ihr Code auf einem System übersetzt wird, auf dem mindestens der C++17-Standard zum Einsatz kommt, dann sollten Sie zur dynamischen Speicherreservierung Smart Pointer wie `std::unique_ptr` verwenden, die reservierten Speicher automatisch wieder freigeben. So müssen Sie sich nicht um `delete` bzw. `delete[]` kümmern, wie dies bei den rohen Zeigern mit `new` der Fall ist. Die alternative Variante mit rohen Zeigern haben wir nur auskommentiert zu dem unten stehenden Beispiel hinzugefügt.

Wir haben `std::unique_ptr` bereits kurz in Abschnitt 10.4.3, »Der smarte ›unique_ptr‹-Pointer«, beschrieben. Das folgende Beispiel demonstriert, wie Sie zur Laufzeit dynamisch Objekte einer Klasse reservieren können:

```
// listings/12/07_dyn/main.cpp
...
int main() {
  // Ein Objekt zur Laufzeit vom Heap anfordern
  auto konto_ptr =
      std::make_unique<Konto>(999'99, "make_unique");

  // Als roher Zeiger (delete notwendig)
  // Konto* konto_ptr = new Konto(999'99, "raw pointer");

  konto_ptr->print();
  constexpr int SIZE = 5;
  // Fünf Objekte zur Laufzeit vom Heap anfordern
  auto dynArray1 =
      std::make_unique<Konto[]>(SIZE);

  // Als roher Zeiger (delete[] notwendig)
  // Konto* dynArray1 = new Konto[SIZE];

  dynArray1[0].set_name("Array0");
  dynArray1[0].set_stand(00'00);
  dynArray1[1] = Konto{11'11, "Array1"};
  dynArray1[2] = {22'22, "Array2"};
  dynArray1[3] = *konto_ptr;
  dynArray1[3].set_stand(33'33);
  dynArray1[4] = Konto{44'44, "Array4"};
  // Ausgabe
  for (size_t i = 0; i < SIZE; ++i) {
    dynArray1[i].print();
  }

  // delete konto_ptr;
```

```
    // delete[] dynArray1;
}
```

An dieser Stelle möchten wir noch auf die Ausnahme `bad_alloc` in Abschnitt 16.4 verweisen, da nicht immer garantiert ist, dass Sie einen angeforderten Speicher erhalten, und Sie solche Ausnahmen abfangen sollten.

12.6 Klassenobjekte als Klassenattribute

Sie können nicht nur Basisdatentypen, sondern auch Klassen als Datenelemente in einer Klasse verwenden. Wir haben das im Beispiel `Konto` mit der Klasse `std::string` auch die ganze Zeit schon getan. Auch wenn diese Klasse aussehen mag wie ein einfacher Datentyp, ist es eine Klasse – wenn auch aus der Reihe der Standardcontainerklassen.

In diesem Abschnitt werden wir einen Schritt weitergehen. Wir erstellen eine weitere Klasse `Person`. Eine Person im Sinne unserer Klasse hat vorerst nur einen Vornamen und einen Nachnamen. Sie soll später auch als Inhaber eines Kontos verwendet werden. Wir haben uns hier auf ein einfaches Beispiel beschränkt, um den Umfang überschaubar zu halten. Sie sollten die Klassen zur Übung später nach Ihren eigenen Ideen ausbauen. Betrachten wir zunächst die Klassendefinition mit der Headerdatei *person.h*:

```
// listings/12/08_classattr/person.h
...
class Person {
 public:
  Person(const std::string& vn, const std::string& nn);
  std::string get_vname() const;
  void set_vname(const std::string& vn);
  std::string get_nname() const;
  void set_nname(const std::string& nn);
  void print() const;
 private:
  std::string vname = "";
  std::string nname = "";
};
```

Wir erstellen vorerst nur einen Konstruktor, der den Vornamen und den Nachnamen der Person erhält. Eine parameterlose Konstruktion ist damit nicht mehr möglich. Da die Klasse einen eigenen Konstruktor hat, stellt der Compiler keinen parameterlosen Konstruktor automatisch bereit.

Ebenso einfach ist die Definition der Methoden in der Quelldatei *person.cpp* gehalten, weshalb wir Ihnen den kompletten Abdruck dazu ersparen. Sie können diese Definitionen zur Übung selbst schreiben oder den Quellcode von *https://www.rheinwerk-verlag.de/5988* herunterladen.

Natürlich können Sie von der erstellten Klasse ein alleiniges Objekt erzeugen und verwenden, zum Beispiel so:

```
#include "person.h"
...
int main() {
  Person tim{"Tim", "Testperson"};
  tim.print();
}
```

Wir müssen nur den Konstruktor mit den gewünschten Parametern aufrufen, da kein parameterloser Konstruktor existiert. Wir wollen die Klasse jetzt als Datentyp für ein neues Attribut `inhaber` in der Klasse `Konto` nutzen.

Betrachten Sie die Auswirkungen in der folgenden Klassendefinition in der Headerdatei *person.h* mit dem zusätzlichen Attribut `inhaber`, aber noch ohne Konstruktoren:

```
// listings/12/08_classattr/konto.h
...
class Konto {
 public:
  // Deklaration der Konstruktoren ...
  // Deklaration  von Methoden
  long get_stand() const;
  void set_stand(long s);
  void set_stand(long s) const = delete;
```

```
    void set_name(std::string n);
    void set_name(std::string n) const = delete;
    void print () const;
  private:
    std::string format_cent(long c) const;
    long stand = 0;
    std::string name = "Unbekannt";
    Person inhaber = {"", ""};
};
```

Hiermit haben Sie ein privates Attribut `inhaber` vom Typ `Person` zu den Klassenelementen von `Konto` hinzugefügt. In dieser Form kann die Klasse aber noch nicht erfolgreich instanziiert werden.

Wird eine Klasse instanziiert, müssen alle eingebetteten Klassen instanziiert werden. Für die Attribute `stand` und `name` ist eine direkte Initialisierung vorgesehen. Ohne direkte Initialisierung würde `std::string` seinen parameterlosen Konstruktor verwenden, um `name` mit `""` zu instanziieren.

Für das Attribut `inhaber` gibt es aber weder eine direkte Initialisierung noch einen parameterlosen Konstruktor. Wir erweitern daher die Klasse `Konto` um die Deklaration geeigneter Konstruktoren, die `inhaber` entsprechend instanziieren. Die Syntax sollten Sie schon ahnen können:

```
00 // listings/12/08_classattr/konto.h
...
01    // Deklaration der Konstruktoren
02    Konto(long s, std::string n, const Person& p);
03    Konto(long s, std::string n, std::string vn, std::string nn);
```

Der Konstruktor in Zeile (02) nimmt neben dem Kontostand und Kontonamen nun auch den Vor- und Nachnamen des Kontoinhabers entgegen. Der Konstruktor in Zeile (03) erhält neben dem Stand und dem Namen des Kontos eine Referenz auf ein Personenobjekt, das zur Initialisierung des Attributs `inhaber` verwendet wird. Eine mögliche Implementierung der beiden Konstruktoren in *konto.cpp* würde beispielsweise so aussehen:

```
00 // listings/12/08_classattr/konto.cpp
01 Konto::Konto(long s, std::string n, const Person& p)
                 : stand{s}, name{n}, inhaber{p} {}
02 Konto::Konto(long s, std::string n, std::string vn,
             std::string nn) : Konto(s, n, Person(vn, nn)) {}
```

Dabei werden jeweils die Parameter passend an die geeigneten Konstruktoren der eingebetteten Klasse Person weitergeleitet. Beachten Sie, dass wir dabei in Zeile (**01**) den vom Compiler automatisch erzeugten Kopierkonstruktor der Klasse Person verwenden. In Zeile (**02**) nutzen wir die Konstruktordelegation.

Eingebettete Klassen ohne weitere Angabe werden über den Standardkonstruktor initialisiert

Wenn für ein eingebettetes Attribut eines Klassendatentyps keine Initialisierung vorgegeben ist und kein Konstruktor im Elementinitialisierer aufgerufen wird, wird es während der Erzeugung des einbettenden Objekts automatisch mit seinem Standardkonstruktor instanziiert. Hat die so eingebettete Klasse keinen parameterlosen Konstruktor, schlägt die gesamte Erzeugung fehl.

Wir haben hier nur zwei der möglichen Konstruktoren implementiert. Sie können natürlich auch noch einen parameterlosen Konstruktor für die Klasse Person hinzufügen. Ebenso können Sie die Klasse Konto um weitere Konstruktoren ergänzen.

Jetzt fehlt nur noch der Zugriff auf die public-Elemente der Klasse Person aus der Klasse Konto heraus. Dieser erfolgt so, wie Sie es schon von anderen Zugriffen von außen kennen – indem Sie zuerst den Namen der Instanz angeben (hier das Attribut inhaber), gefolgt vom Punktoperator und dem entsprechenden Element:

```
// listings/12/08_classattr/konto.cpp
...
void Konto::set_inhaber_vname(std::string vn) {
  inhaber.set_vname(vn);
}
```

Als weiteres Beispiel haben wir zur Klasse `Konto` eine Methode `print_all()` hinzugefügt, die den Namen des Kontoeigentümers von der Klasse `Person` ausgeben lässt. Die herkömmliche Methode `Konto::print()` bleibt nach wie vor erhalten. Hier sehen Sie die Definition der Klasse `Konto::print_all()` in der Quelldatei *konto.cpp* (die Deklaration muss auch in *konto.h* stehen, oben hatten wir sie noch ausgelassen):

```
00 // listings/12/08_classattr/konto.cpp
...
01 void Konto::print_all() const {
02   std::cout << "Inhaber: ";
03   inhaber.print();
04   print();
05 }
```


Sie sehen, wie die Methode in Zeile **(03)** die Methode `print()` der Klasse `Person` zum Attribut `inhaber` aufruft. In Zeile **(04)** erfolgt dann der Aufruf der Methode `Konto::print()`. Der Aufruf gilt für die aktuelle Instanz und entspricht dem Aufruf `this->print()`.

Das Hauptprogramm zeigt die Verwendung eingebetteter Objekte in anderen Klassen und demonstriert das oben beschriebene Verhalten:

```
// listings/12/08_classattr/main.cpp
...
int main() {
  Person tim{"Tim", "Testperson"};
  tim.print();
  std::cout << "Person: " << tim.get_vname() << ' '
            << tim.get_nname() << '\n';
  Konto ktim{2'000'00, "Sparbuch",tim};
  ktim.print_all();
  Person mia{"Mia", "Musterfrau"};
  Konto kmia{5'000'50, "Festgeld", mia};
  kmia.print_all();
  ktim.set_inhaber_vname("Timotheus");
  ktim.print_all();
}
```

Hier sehen Sie das Programm bei der Ausführung:

```
Tim Testperson
Person: Tim Testperson
Inhaber: Tim Testperson
Sparbuch:       2000.00 EUR
Inhaber: Mia Musterfrau
Festgeld:       5000.50 EUR
Inhaber: Timotheus Testperson
Sparbuch:       2000.00 EUR
```

Sollten Sie aus `main()` direkt auf die weiteren Attribute des eingebetteten Objekts der Klasse `Person` zugreifen wollen, müssen Sie entsprechende Methoden in der Klasse `Konto` implementieren. Auf keinen Fall sollten Sie einfach das eingebettete Objekt `Person` in der Klasse `Konto` in den `public`-Bereich setzen und ihr Design damit aus Bequemlichkeit aufweichen.

12.7 Eine Containerklasse als Klassenattribut

Mit der Verwendung von Containerklassen können Sie elegant und effizient viele Anwendungsfälle lösen, für die in C++ früher oft rohe Zeiger verwendet wurden. Beispielsweise ist das der Fall, wenn ein Element optional gar nicht oder sogar beliebig oft vorkommen soll.

Um das zu demonstrieren, werden wir die Klasse `Konto` so erweitern, dass sie zu den per `transfer()` ausgeführten »Überweisungen« den Betrag und die Quelle beziehungsweise das Zielkonto speichert. Bei der Ausgabe mit `print()` soll dann die Transferhistorie mit ausgegeben werden. Ein `Konto` wird mit einem leeren Transferspeicher erstellt, und wir wollen vorab keine Obergrenze festlegen. Dies ist ein typisches Einsatzfeld für die Containerklasse `std::vector`.

Um die beschriebene Funktionalität zu implementieren, benötigen wir ein neues Attribut des Typs `std::vector`. Neue Methoden sind nicht notwendig, allerdings werden wir den Konstruktor sowie die Methoden `transfer()` und `print()` der Anforderung entsprechend anpassen.

Die Headerdatei *konto.h* hierzu sieht folgendermaßen aus:

```
00 // listings/12/08_container/konto.h
...
01 class Konto {
02  public:
03   // Deklaration der Konstruktoren
04   Konto();
05   Konto(long s, std::string n);
06   Konto(long s);
07   Konto(std::string n);
08   // Deklaration von Methoden ...
09   void print() const;
10   void transfer(Konto& ziel, long betrag);
11  private:
12   std::string format_cent(long c) const;
13   long stand = 0;
14   std::string name = "Unbekannt";
15   std::vector<std::string> vtransfer;
16 };
```


Zeile (15) enthält das neue Attribut `vtransfer`. In dem `std::vector<std::string>` legen wir Strings ab, die die jeweilige Transaktion beschreiben. In der Praxis würden wir dazu typischerweise einen maßgeschneiderten Datentyp wie eine eigene Klasse verwenden, aber für dieses Beispiel soll der einfache Text genügen.

Die Implementierung der geänderten Methoden findet sich dann in der Datei *konto.cpp*:

```
// listings/12/08_container/konto.cpp
...
// Definition der Konstruktoren
Konto::Konto() : Konto{0, "Unbekannt"} {}
Konto::Konto(long s, std::string n) : stand{s}, name{n} {
  vtransfer.push_back(format_cent(s) + "<-Konstruktor");
}
Konto::Konto(long s) : Konto{s, "Unbekannt"} {}
```

```
07 Konto::Konto(std::string n) : Konto{0, n} {}
...
08 void Konto::print() const {
09   std::cout << "Name: " << name << '\n';
10   std::cout << "Stand[EUR]: ";
11   std::cout << format_cent(stand) << "\n";
12   std::cout << "Liste der Transfers:\n";
13   for (const auto& el : vtransfer)
14     std::cout << " " << el << '\n';
15   std::cout << '\n';
16 }
17 void Konto::transfer(Konto& ziel, long betrag) {
18   stand -= betrag;
19   ziel.stand += betrag;
20   vtransfer.push_back
        (format_cent(betrag) + "->" + ziel.name);
21   ziel.vtransfer.push_back
        (format_cent(betrag) + "<-" + this->name);
22 }
```

Im Konstruktor `Konto(long s, std::string n)`, der in Zeile (03) beginnt, wird der initiale Kontostand als erster Eintrag an den bis dahin leeren Vektor `vtransfer` angehängt. Die anderen Konstruktoren delegieren an diesen Konstruktor. Mit jedem Aufruf von `transfer()` aus Zeile (17) wird an den `vtransfer` des Quell- und Zielobjekts ein weiterer Eintrag angehängt, der den Betrag und die Quelle beziehungsweise das Ziel des Transfers festhält (siehe Zeile (20) und (21)). Letztendlich wird nur noch die `print()`-Methode ab Zeile (08) in Zeile (12) bis (14) so erweitert, dass sie auch die gespeicherten Daten aus `vtransfer` mit einer bereichsbasierten `for`-Schleife (*for-range-Schleife*) ausgibt. Das Beispielprogramm aus *main.cpp* sieht dann folgendermaßen aus:

```
// listings/12/08_container/main.cpp
...
int main() {
  Konto brief{112'57, "Brieftasche"};
  Konto giro{500'00, "Girokonto"};
```

```
    giro.transfer(brief, 100'00);
    giro.print();
    brief.print();
}
```

Als Ausgabe erhalten wir:

```
Girokonto:       400.00 EUR
Liste der Transfers:
 500.00<-Konstruktor
 100.00->Brieftasche
Brieftasche:     212.57 EUR
Liste der Transfers:
 112.57<-Konstruktor
 100.00<-Girokonto
```


Mit Vektoren können Sie solche Szenarien sehr einfach abbilden. Sie sollten allerdings im Hinterkopf behalten, dass beim Kopieren eines Objekts mit einem Standard-Kopierkonstruktor alle Attribute mit ihrem Inhalt kopiert werden. Das schließt auch Container wie `std::vector` mit seinem Inhalt ein. Je nach Menge der gespeicherten Daten kann sich das bemerkbar machen.

12.8 Smart Pointer als Klassenattribut

Containerklassen wie `std::vector` sind eine moderne Lösung für die Verwaltung mehrerer Objekte. Manchmal benötigen wir aber auch nur ein

einzelnes, optionales Objekt. Hierfür bietet modernes C++ als Alternative zu rohen Zeigern die Smart Pointer an, die wir ebenfalls als Klassenattribute einsetzen können. Sie sind nach dem RAII-Konzept, implementiert, und die notwendige Freigabe des Speichers erfolgt dank dieses Konzepts automatisch.

Um den Einsatz eines Smart Pointers als Attribut in einer Klasse zu demonstrieren, werden wir die Klasse `Konto` noch einmal erweitern.

Neben einem obligatorischen Inhaber soll ein Konto optional auch eine Person als Vertreter oder Vertreterin haben können, die für ein bestehendes Konto gesetzt und auch wieder entfernt werden kann. Wir werden den Vertreter mithilfe eines Smart Pointers implementieren. Dazu fügen wir der Klasse `Konto` ein weiteres Attribut hinzu, ebenso wie Methoden, die einen Vertreter setzen und entfernen:

```
00 // listings/12/09_smartptr/konto.h
#include <memory.h> // unique_ptr
...
01 class Konto {
...
02     void set_vertreter(std::string vn, std::string nn);
03     void set_vertreter(const Person& p);
04     void set_vertreter();
05     void print_all() const;
06   private:
07     std::string format_cent(long c) const;
08     long stand = 0;
09     std::string name = "Unbekannt";
10     Person inhaber;
11     std::unique_ptr<Person> vertreter = nullptr;
12 };
```

Der Smart Pointer, den wir den privaten Attributen in Zeile **(11)** hinzugefügt haben, wird mit dem `nullptr` direkt initialisiert. Wir können also die bisherigen Konstruktoren weiterverwenden. Nur wenn wir sofort bei der Konstruktion einen Vertreter setzen wollen, müssen wir das natürlich vorsehen. Für das Beispiel verzichten wir aber darauf.

Wir müssen also nur die neuen Methoden aus Zeile **(02)** bis **(04)** implementieren, um einen Vertreter zu setzen, und die Ausgabe mit `print_all()` entsprechend anpassen. Das erfolgt in *konto.cpp*:

```
// listings/12/09_smartptr/konto.cpp
...
void Konto::set_vertreter(std::string vn, std::string nn) {
```

```
02   vertreter = std::make_unique<Person>(vn, nn);
03 }
04 void Konto::set_vertreter(const Person& p) {
05   vertreter = std::make_unique<Person>(p);
06 }
07 void Konto::set_vertreter() {
08   vertreter = nullptr;
09 }
```

Mit den Methoden `set_vertreter()` wird eine Person als Vertreter des Inhabers für ein Konto gesetzt. Der Speicher für das Objekt der Klasse `Person` wird dabei dynamisch angefordert. Wir verwenden dazu `std::make_unique()`, das eine Instanz `Person` konstruiert und die Adresse des Objekts speichert. Dazu wird ein passender Konstruktor verwendet, entweder mit zwei `std::string` für den Vornamen und den Nachnamen wie in Zeile **(02)** oder mit einem Personenobjekt als Kopierkonstruktor in Zeile **(05)**. Gab es bereits einen Vertreter, wird die zugehörige Instanz der Klasse `Person` an dieser Stelle zerstört und die Adresse der neuen Instanz gespeichert.

Die Methode `set_vertreter()` ohne Parameter in Zeile **(07)** löscht eine eventuell vorhandene Instanz von `Person` als Vertreter. Die Zuweisung des `nullptr` an den Smart Pointer in Zeile **(08)** entspricht einem Aufruf der Methode `reset()` auf den smarten Zeiger, die das dynamische Objekt freigibt.

Damit muss nur noch die Ausgabe entsprechend angepasst werden, um die neuen Informationen auch anzuzeigen:

```
// listings/12/09_smartptr/konto.cpp
...
void Konto::print_all() const {
  std::cout << "Inhaber: ";
  inhaber.print();
  std::cout << "Vertreter: ";
  if (vertreter) {
    vertreter->print();
  } else {
    std::cout << "(nicht gesetzt)\n";
```

```
18     }
19     print();
20  }
```

In der Ausgabe in `print_all()` wird in Zeile (**14**) geprüft, ob der Smart Pointer gesetzt ist. Diese Abfrage funktioniert über die Notation `if (vertreter)`, da der Smart Pointer implizit in `true` umgewandelt wird, wenn ein boolescher Typ gefordert ist, und er aktuell ein Element verwaltet. Zeigt er auf den `nullptr`, ist das Ergebnis einer solchen impliziten Konvertierung `false`.

Wird aktuell ein dynamisches Objekt `Person` verwaltet, erfolgt in Zeile (**15**) der Aufruf von seiner Methode `print()` über die Zeigernotation. Ansonsten wird in Zeile (**17**) ausgegeben, dass kein Vertreter gesetzt ist.

Damit können wir unseren Smart Pointer ausprobieren:

```
// listings/12/09_smartptr/main.cpp
...
int main() {
  Konto ktim{5'000'50, "Festgeld", "Tim", "Testperson"};
  ktim.set_vertreter("Bente", "Buddy");
  ktim.print_all();
  Person charlie{"Charlie", "Cozeichner"};
  std::cout << "Neue Vertreter setzen\n";
  ktim.set_vertreter(charlie);
  std::cout << "Vertreter entfernen\n";
  ktim.set_vertreter();
  std::cout << "main() beenden\n";
}
```

Wir haben in der Klasse `Person` einen Destruktor hinzugefügt, der anzeigt, wenn eine Instanz abgebaut – also zerstört – wird, damit man den Ablauf besser verfolgen kann. Damit ergibt sich folgende Ausgabe:

```
Inhaber: Tim Testperson
Vertreter: Bente Buddy
Festgeld:        5000.50 EUR
```

```
Neue Vertreter setzen
~Person Bente Buddy
Vertreter entfernen
~Person Charlie Cozeichner
main() beenden
~Person Charlie Cozeichner
~Person Tim Testperson
```

Beachten Sie noch eine Besonderheit: Der smarte Zeiger `std::unique_ptr` repräsentiert die exklusive Eigentümerschaft an einer Instanz. Exklusive Eigentümerschaft ist nicht kopierbar, der smarte Zeiger hat daher keinen Kopierkonstruktor. Da der automatisch erstellte Kopierkonstruktor der Klasse `Konto` die Kopierkonstruktoren der enthaltenen Klassen braucht, ist einfaches Kopieren der Klasse jetzt nicht mehr möglich:


```
Konto kopie = ktim; // Fehler, nicht mehr möglich!
```

Aktuell kann die Klasse `Konto` noch verschoben werden:

```
Konto verschiebung = std::move(ktim);
```

Bei einer Verschiebung ist danach `ktim` ohne Inhalt, also hier insbesondere ohne gesetzte Person im Attribut `vertreter`.

Wollen Sie weiter kopieren können, müssen Sie einen individuellen Kopierkonstruktor für die Klasse `Konto` erstellen. Im Beispielcode ist so ein Kopierkonstruktor enthalten, den wir hier nicht weiter besprechen.

Mehr zu Smart Pointern und wie Sie solche Pointer verwenden, die nicht exklusiv einen Eigentümer haben, zeigen wir Ihnen in Kapitel 18, »Die Standardbibliothek und weitere Sprachelemente«.

12.9 Statische und konstante Klassenelemente

Bisher haben wir Klassenelemente behandelt, die zu einzelnen Objekten gehören – jede Instanz hat ihre eigenen Attribute. Manchmal benötigen wir aber auch Daten oder Funktionen, die für alle Objekte einer Klasse gemeinsam gelten sollen. Oder wir wollen sicherstellen, dass bestimmte Attribute nach der Initialisierung nicht mehr verändert werden können.

Für diese Anforderungen bietet C++ Klassenelemente mit den Schlüsselwörtern `static` oder `const`.

12.9.1 Statische Klassenelemente

Bei der Verwendung von Klassen hat sich bisher alles um die Instanzen gedreht. Die Instanz repräsentiert ihren Zustand über die Attribute, auf die über Methoden zugegriffen wird.

Sie können Klassenelemente allerdings auch so vereinbaren, dass sie unabhängig von einer Instanz der Klasse verwendet werden können. Dazu werden die Elemente als `static` deklariert. Mit `static` ausgezeichnete Attribute und Methoden sind nur einmal im Speicher vorhanden und können sogar verwendet werden, wenn noch keine Instanz der Klasse existiert.

Solche statischen Elemente werden vorwiegend genutzt, um übergreifende Informationen einer Klasse zu verwalten, beispielsweise die Anzahl der aktuell existierenden Instanzen oder deren vorhandene Minimal- und Maximalwerte.

Da sie unabhängig von Instanzen existieren, werden statische Attribute auch benutzt, um anderen Objekten Daten zur Verfügung zu stellen. Klassen, die `static`-Elemente verwenden, können auf diese Weise helfen, auf globale Speicherobjekte zu verzichten.

Wir werden für unsere Klasse `Konto` die Anzahl der existierenden Instanzen und die Gesamtsumme der jeweiligen Kontostände in den statischen Werten `anzahl` und `summe` verfolgen.

Hier sehen Sie die Klassendefinition von `Konto` in der Headerdatei *konto.h*:

```
// listings/12/10_static/konto.h
...
class Konto {
 public:
  // Deklaration von Konstruktoren und Methoden ...
  static void print_static();
```

```
05     static unsigned int get_anzahl();
06   private:
07     static std::string format_cent(long c);
08     long stand = 0;
09     std::string name = "Unbekannt";
10     static inline unsigned int anzahl = 0;
11     static inline long summe = 0;
12   };
```

Die Methoden der Klasse werden um zwei statische Methoden erweitert: `Konto::get_anzahl()`, um den (privaten) Wert der statischen Klassenvariablen `anzahl` abzufragen, und `Konto::print_static()`, um die instanzenübergreifenden Informationen auszugeben.

Beachten Sie, dass wir auch die Methode `format_cent()` anpassen müssen. Sie soll auch von der statischen Methode `print_static()` aufgerufen werden. Statische Methoden dürfen nur ebenfalls statische Methoden aufrufen. Da `format_cent()` statisch wird, kann allerdings auch die Auszeichnung als `const` entfallen: Die statischen Methoden haben keinen Zugriff auf nicht statische Attribute.

Die Attribute werden ergänzt um `anzahl` und `summe`. Die statischen Attribute werden in Zeile (10) und (11) als sogenannte `inline`-Variablen definiert und explizit initialisiert.

Statische Attribute ohne »inline«

Vor C++17 war es nicht möglich, statische Attribute als `inline` auszuzeichnen und direkt zu initialisieren. Bei der Verwendung ohne `inline` mussten die Attribute außerhalb der Klassendefinition in einer Datei definiert und gegebenenfalls initialisiert werden. Als Beispiel wird hier die Datei *konto.cpp* um die Initialisierung der Attribute mit Klasse und Scope-Operator erweitert:

```
// listings/12/10_static/konto.cpp
unsigned int Konto::anzahl = 0;
long Konto::summe = 0;
```

Statisch vereinbarte Attribute einer Klasse belegen sofort Speicherplatz und sind damit verfügbar, auch wenn bisher noch kein Objekt dieser Klasse existiert.

In unserem Beispiel mit `static inline` sieht die Definition in der Quelldatei *konto.cpp* so aus:

```
// listings/12/10_static/konto.cpp
...
// Definition der Konstruktoren/Destruktoren
Konto::Konto(long s, std::string n) : stand{s}, name{n} {
  summe += stand;
  ++anzahl;
}
Konto::Konto() : Konto{0, "Unbekannt"} {}
Konto::Konto(long s) : Konto{s, "Unbekannt"} {}
Konto::Konto(std::string n) : Konto{0, n} {}
Konto::~Konto() {
  summe -= stand;
  --anzahl;
}
void Konto::set_stand(long s) {
  summe -= stand;
  summe += s;
  stand = s;
}
void Konto::print_static() {
  std::cout << "Anzahl Konten: ";
  std::cout << anzahl << '\n';
  std::cout << "Summe[EUR]: ";
  std::cout << format_cent(summe) << "\n\n";
}
void Konto::print() const {
  std::cout << "Name: " << name << '\n';
  std::cout << "Stand[EUR]: ";
  std::cout << format_cent(stand) << "\n";
  print_static();
```

```
29 }
30 unsigned int Konto::get_anzahl() {
31   return anzahl;
32 }
```

Beachten Sie, dass das Schlüsselwort `static` beim Initialisieren der Attribute (falls das nicht `inline` erfolgt ist) und bei der Definition der statischen Methoden in Zeile **(18)**, **(24)** und **(30)** nicht mehr mit angegeben wird.

Neu in diesem Beispiel werden im Konstruktor von Zeile **(02)** bis **(08)** die statischen Werte aktualisiert. Die anderen Konstruktoren delegieren jeweils an diesen. Der Destruktor in Zeile **(09)** bis **(12)** sorgt beim Abbau einer Instanz ebenfalls für die Aktualisierung der Werte. In `set_stand()` in Zeile **(13)** bis **(17)** schlagen sich Änderungen jetzt ebenfalls in `Konto::summe` nieder.

In Zeile **(18)** bis **(23)** wird die statische Methode `Konto::print_static()` definiert, die auch in der nicht statischen Methode `print()` ab Zeile **(24)** aufgerufen wird. Innerhalb der Klasse können statische Elemente mit oder ohne vorangestellten Scope `Konto::` aufgerufen werden.

In Zeile **(30)** bis **(32)** wird die statische Methode `Konto::get_anzahl()` definiert, mit der die Anzahl der existierenden Instanzen abgefragt werden kann. Das folgende Listing demonstriert die Verwendung des `static`-Klassenelements in der Praxis:

```
// listings/12/10_static/main.cpp
...
   Konto::print_static();
   Konto konto1{800'05, "Girokonto"};
   Konto konto2{100'02, "Brieftasche"};
   konto2.print();
   {
     const Konto konto3{-600'00, "Kreditkarte"};
     konto3.print();
   }
```

```
09    std::cout << "get_anzahl: " << Konto::get_anzahl() << '\n';
10    Konto::print_static();
11  }
```

Bei statischen Methoden ist der Aufruf schon möglich und sinnvoll, bevor Instanzen erstellt worden sind, wie in Zeile **(01)**. Die Ausgabe des Programms sieht dann so aus:

```
Anzahl Konten: 0
Summe[EUR]: 0.00
Brieftasche:    100.02 EUR
Anzahl Konten: 2
Summe[EUR]: 900.07
Kreditkarte:    -600.00 EUR
Anzahl Konten: 3
Summe[EUR]: 300.07
get_anzahl: 2
Anzahl Konten: 2
Summe[EUR]: 900.07
```

Kein »this«-Zeiger

Eine `static`-Methode gehört zur Klasse als Ganzes und nicht zu einer bestimmten Instanz. Daher steht innerhalb einer solchen Methode auch kein `this`-Zeiger zur Verfügung.

12.9.2 Konstante Klassenelemente

Sie können in einer Klasse konstante Attribute nutzen, die nur bei der Instanziierung gesetzt werden können. Hiermit halten Sie ein einzelnes Attribut konstant; die gesamte restliche Klasse kann uneingeschränkt verwendet werden. Konstante Attribute werden in der Klassendefinition mit `const` deklariert und müssen im Konstruktor gesetzt werden.

Wir schreiben dazu in unserem Beispiel die Konstruktoren entsprechend um wie folgt:

```
// listings/12/11_constattr/konto.h
class Konto {
 public:
  // Deklaration der Konstruktoren
  Konto();
  Konto(long s, std::string n, unsigned long num = 0);
  Konto(long s);
  Konto(std::string n);
  // Deklaration von Methoden
  unsigned long get_nummer() const;
  ...
 private:
  long stand = 0;
  std::string name = "Unbekannt";
  const unsigned long nummer;
};
```


Der einzige Weg zur (initialen) Wertzuweisung ist hier die Elementinitialisierungsliste mit einem Konstruktor. Die anderen Konstruktoren, auch der Standardkonstruktor, delegieren jeweils auf diesen einen Konstruktor, wie es in *konto.cpp* implementiert ist:

```
// listings/12/11_constattr/konto.cpp
// Definition der Konstruktoren
Konto::Konto() : Konto{0, "Unbekannt", 0} {}
Konto::Konto(long s, std::string n, unsigned long num)
    : stand{s}, name{n}, nummer{num} {}
Konto::Konto(long s) : Konto{s, "Unbekannt", 0} {}
Konto::Konto(std::string n) : Konto{0, n, 0} {}
// Definition der Methoden ...
unsigned long Konto::get_nummer() const {
  return nummer;
}
void Konto::print() const {
  std::cout << nummer << ", ";
```

```
    std::cout << name << ":\t";
    std::cout << format_cent(stand) << " EUR\n";
}
```

Wir erzeugen eine Instanz von `Konto` und geben dem konstanten Attribut seinen initialen Wert bei der Instanziierung – beispielsweise wie folgt:

```
Konto konto1{500'00, "Spendenkonto", 9709700};
```

Bei `konto1` ist der Wert der konstanten Elementvariablen `nummer` von Anfang an direkt `9709700`. Alle anderen Konstruktionen, wie z. B.

```
Konto konto2{112'57, "Brieftasche"};
Konto konto3{};
```

verwenden den Standardwert 0. Für den nicht änderbaren Wert der `const`-Variablen ist auch keine Methode `set_nummer()` vorgesehen.

12.9.3 Rohe Zeiger als Klassenelemente oder direkt die Nullregel

Wir haben die Verwendung roher Zeiger als Klassenelemente absichtlich gemieden. Sie sind technisch natürlich möglich.

Sie könnten beispielsweise das Protokoll der erfolgten Transfers, das wir mit einem `std::vector` umgesetzt haben, auch mit dynamisch alloziertem Speicher hinter einem Zeiger auf `std::string` ablegen. Betrachten wir das folgende theoretische Beispiel:

```
class Konto {
  public:
...
  private:
    long stand;
    std::string name;
    std::string* vtransfer;
    std::size_t len = 0;
...
};
```

In diesem Fall wächst der Aufwand, den Sie betreiben müssen, sofort deutlich an. Sie müssen die Anzahl der Elemente nachhalten, beispielsweise im Attribut `len`. Schreiben Sie einen neuen Eintrag, müssen Sie neuen Speicher anfordern und entsprechend aktualisieren.

Viel problematischer ist aber, dass Sie in diesem Moment die Verantwortung für alle Belange der korrekten Speicherbehandlung übernommen haben. Sie müssen sich jetzt um den Destruktor, den Kopierkonstruktor, den Verschiebekonstruktor, den Zuweisungsoperator und den Verschiebe-Zuweisungsoperator kümmern! Die entsprechenden Operatoren lernen Sie in Kapitel 13, »Operatoren überladen«, kennen. Wenn Sie dabei Fehler machen, besteht eine hohe Wahrscheinlichkeit, dass Ihr Programm abstürzen wird. Gewonnen haben Sie dabei gegenüber der Lösung mit dem millionenfach erprobten Container eigentlich nichts – außer Arbeit und Risiko. Vermutlich ist Ihre eigene Lösung nicht einmal effizienter.

Daher verzichten wir an dieser Stelle auch auf entsprechenden Code, weil bei der Verwendung von rohen Zeigern als Elemente einer Klasse einfach zu viele Dinge berücksichtigt werden müssten. Sie werden eine ganze Weile mit C++ arbeiten können, bevor Sie rohe Zeiger in Ihrem Code wirklich benötigen. Das führt uns zu der für einen Grundkurs wichtigsten Regel: der Nullregel.

12.10 Die Nullregel (Rule of Zero)

Die Nullregel (*Rule of Zero*) ist sehr einfach. Sie besagt, dass Sie die »großen Fünf« (Destruktor, Kopier- und Verschiebekonstruktor und Kopier- und Verschiebezuweisung) komplett meiden sollten. Das führt zu der Schlussfolgerung »Verwende keine rohen Zeiger«.

Zeiger sind aus der Programmiersprache C übernommen worden. Sie bilden auch ein Kernelement von C++, allerdings können Sie heute praktisch alles, wofür Zeiger in C++ häufig verwendet wurden, viel einfacher auf alternative Weisen erledigen:

- Verwenden Sie für größere Datenmengen fertige Container der Standardbibliothek (wie zum Beispiel `std::vector`, `std::string` oder `std::list`, um nur einige zu nennen). Erfinden Sie das Rad nicht neu!

- Benutzen Sie die smarten Zeiger (siehe auch Abschnitt 18.5, »Smart Pointer«). Wir haben `std::unique_ptr` anstelle eines rohen Zeigers bereits mehrmals verwendet. Initialisieren Sie sie mit `std::make_unique`, und vermeiden Sie `new` am besten ganz. Wenn Sie einen smarten Zeiger verwenden, wird kein `delete` und `delete[]` mehr benötigt, und Speicherlöcher gehören hoffentlich der Vergangenheit an.

Wenn Sie sich an diese Nullregel halten, müssen Sie sich weniger Gedanken um besitzproblematische Daten einer Klasse machen, beispielsweise um rohe Zeiger. Der Compiler nimmt Ihnen mit den Möglichkeiten der Standardbibliothek durch Konstruktoren und Destruktoren die Arbeit ab.

12.10.1 Die großen Fünf

C++ bietet Ihnen sehr große Freiheiten. Mit rohen Zeigern zu arbeiten, ermöglicht es Ihnen, weit in die Tiefen des Systems einzugreifen. Allerdings müssen Sie dann auch etliche Regeln beachten, und es kann durchaus kompliziert werden. Wenn mit rohen Zeigern gearbeitet werden muss, dann gilt die Regel der großen Fünf, auch *Fünferregel* genannt. Wir wollen hier nur kurz anreißen, was es mit der Fünferregel auf sich hat. Sie haben ja schon bemerkt, dass diese Regeln notwendig werden, wenn es um Besitzverhältnisse bestimmter Ressourcen einer Klasse geht. Meistens (aber nicht immer) betrifft das rohe Zeiger oder C-Arrays.

Die Fünferregel besagt, dass Sie, wenn Sie eine der gleich folgenden Funktionen implementiert haben, auch die anderen vier Funktionen implementieren müssen. Muss eine der fünf implementierten Funktionen gesondert auf Besitzverhältnisse einer Ressource reagieren, so ist dies gewöhnlich bei den anderen Funktionen auch der Fall.

Hierzu erläutern wir die Regel der großen Fünf und zeigen, was Sie bei der Verwendung von rohen Zeigern berücksichtigen sollten – unter der Annahme, dass im Konstruktor ein roher Zeiger verwendet wird, um mit `new` dynamischen Speicher zu reservieren:

- **Destruktor `~Typ()`:** Wenn Sie keinen Destruktor erstellen, kümmert sich der Compiler darum, die Daten einer Klasse aufzuräumen. Dies beinhaltet allerdings kein `delete` bzw. `delete[]` für rohe Zeiger. Gemäß dem RAII-Konzept müssen Sie hierfür einen Destruktor schreiben, der den Speicher freigibt, der in der Regel im Konstruktor mit `new` angefordert wurde.

- **Kopierkonstruktor** `Typ(const Typ&)`: Auch hier erstellt der Compiler eine Standardversion, die alle Elemente einer Klasse kopiert. Auch hier kommt es bei rohen Zeigern zu Problemen, weil beim Kopieren beide Objekte der Klasseninstanz einen Zeiger enthalten, der auf dasselbe Speicherobjekt verweist. Gibt nur eines der beiden Objekte diesen Speicher mit `delete` frei, zeigt das andere Objekt auf einen ungültigen Speicher. Daher müssen Sie bei einem rohen Zeiger hierfür eine Version schreiben, die den Inhalt des rohen Zeigers von Objekten kopiert und nicht die Adresse, auf die er verweist.
- **Zuweisungsoperator** `Typ& operator=(const Typ&)`: Hier gilt ein recht ähnliches Prinzip wie beim Kopierkonstruktor, wodurch bei einer Zuweisung, wenn rohe Zeiger verwendet werden, beide Objekte einen rohen Zeiger enthalten, der auf denselben Speicherbereich verweist. Das wiederum führt zu Problemen, wenn eines der beiden Objekte diesen Speicher freigibt. Daher müssten Sie hier dafür sorgen, dass der Inhalt kopiert wird. Den Zuweisungsoperator werden wir in Abschnitt 13.4, »Den Zuweisungsoperator überladen«, noch gesondert behandeln.
- **Verschiebekonstruktor** `Typ(Typ&&)`: Auch beim Verschiebekonstruktor kann (!) der Compiler eine ähnliche Version wie beim Kopierkonstruktor erzeugen, weshalb Sie hier nicht um eine eigene Implementierung bei der Verwendung von rohen Zeigern als Klassenelement herumkommen.
- **Verschiebezuweisung** `Typ& operator=(Typ&&)`: Hier gilt etwas Ähnliches wie beim Verschiebekonstruktor, und eine Verschiebung von rohen Zeigern wird eventuell nicht ordentlich von der Standardversion durchgeführt, weshalb Sie auch in diesem Fall nicht um eine eigene Version herumkommen.

Dreierregel oder Fünferregel

Der Verschiebekonstruktor und die Verschiebezuweisung wurden erst mit C++11 eingeführt. Bis dahin gab es nur die sogenannte *Dreierregel*

(*Die großen Drei*) als Vorgänger der Fünferregel. Für sie gilt dasselbe wie für die Fünferregel, mit dem Unterschied, dass Destruktor, Kopierkonstruktor und Zuweisungsoperator typischerweise implementiert werden mussten, wenn nur eine der drei Methoden implementiert wurde.

Bestimmte Konstruktionen einfach verbieten

Sie haben bereits einige Male gesehen, dass es möglich ist, Funktionen mit der Zuweisung von delete zu verbieten. Dies kann als Notnagel hilfreich sein, wenn Sie problematische Daten in einer Klasse haben.

Im folgenden theoretischen Codeausschnitt einer Klassendefinition wird beispielsweise alles außer dem Konstruktor und dem Destruktor mit einer Zuweisung von delete verboten:

```
class Simple{
private:
 int *daten{nullptr};  // Roher Zeiger !!!
 Simple( int n ) : daten{ new int[n] } {}
 ~Simple() { delete[] daten; }
 Simple(const Simple&) = delete;           // keine Kopie
 Simple& operator=(const Simple&)=delete; // keine Zuweisung
 Simple(Simple&&) = delete;            // kein Verschieben
 Simple& operator=(Simple&&)=delete;   // keine
                                       // Verschiebezuweisung
};
```

Sie sorgen damit dafür, dass der Compiler keine ungeeigneten Standardfunktionen erzeugt.

12.11 Kontrollfragen und Aufgaben

1. Was genau ist der this-Zeiger?
2. Müssen Sie dynamisch reservierten Speicher mithilfe eines rohen Zeigers für Daten eines Klassenelements selbst freigeben oder übernimmt das der Destruktor für Sie?

3. Die Nullregel (*Rule of Zero*) dient dazu, dass Sie keine rohen Zeiger in Ihrer Klasse mehr verwenden. Welche Möglichkeiten stehen Ihnen zur Verfügung, die Nullregelung zu realisieren?
4. Sie brauchen Klassendaten, die für alle Objekte denselben Wert haben und gemeinsam benutzt (und geteilt) werden können, ohne dabei eine globale Variable zu verwenden. Was tun Sie?
5. Was können Sie mit dem Schlüsselwort `friend` machen?
6. Bei der folgenden Klasse wurde ein Kundenzähler als statisches Klassenelement festgelegt. Er soll beim Instanziieren eines neuen Objekts in den Konstruktoren aktualisiert werden. Bei der Übersetzung wird moniert, dass `kunden_zaehler` nicht in diesem Bereich deklariert wurde. Was wurde hier vermutlich falsch gemacht?

```
// kunde.h
class Kunde {
  public:
    static unsigned int kunden_zaehler;
  private:
    string name;
    unsigned int kontonummer;
    int kontostand;
};
```

Kapitel 13
Operatoren überladen

Neben Funktionen und Methoden (vergleiche Abschnitt 8.1.7, »Funktionen überladen«) können in C++ auch Operatoren überladen werden. Sie können damit die Bedeutung von Operatoren in Verbindung mit benutzerdefinierten Datentypen (`enum`, `struct` und `class`) anpassen und auf diese Weise viele Operationen intuitiver machen. Eine Möglichkeit, einen String an einen anderen anzufügen, ist das Verwenden der Methode `std::string.append()`:

```
std::string s1 {"Hello "}, s2{"World "}, s3{"Program "};
s1.append(s2); // s1 enthält jetzt "Hello World"
```

Die meisten Nutzer werden aber den überladenen Operator `+=` bevorzugen, der die gleiche Operation ausführt:

```
s1 += s3; // s1 enthält jetzt "Hello World Program"
```

Auch der Operator + ist überladen und »addiert« zwei Strings zu einem neuen:

```
std::cout << s3+s2+"\n"; // Ausgabe: Program World
```

Hier orientiert sich die Verwendung an den arithmetischen Operatoren `+=` und `+`, die Funktion eines überladenen Operators kann aber auch von der ursprünglichen Bedeutung abweichen.

Ein Großteil der Operatoren kann überladen werden. Sie können auch die Operatoren `<<` und `>>` so überladen, dass sie Ihre Objekte geeignet ausgeben und einlesen. Auch ohne dass wir es ausführlich erläutert hätten, haben Sie mit der Verwendung von `[]` und `()` für den Zugriff auf Elemente von `std::vector` schon weitere Überladungen gesehen.

Die in Tabelle 13.1 gelisteten Operatoren können Sie überladen; die wenigen Ausnahmen sind in Tabelle 13.2 aufgeführt.

<table>
<tr><th>Operatoren</th><th>Bedeutung</th></tr>
<tr><td>+ – * / % - (unär) + --
+= -= *= /= %=</td><td>arithmetische Operatoren</td></tr>
<tr><td>&& || !</td><td>logische Operatoren</td></tr>
<tr><td>== != < <= > >=</td><td>Vergleichsoperatoren</td></tr>
<tr><td><=></td><td>Drei-Wege-Vergleich (engl. wegen der Form auch spaceship operator), seit C++20</td></tr>
<tr><td>=</td><td>Zuweisungsoperator</td></tr>
<tr><td>& | ^ ~ >> <<
&= |= ^= >>= <<=</td><td>Bit-Operatoren</td></tr>
<tr><td>""</td><td>benutzerdefiniertes Literal</td></tr>
<tr><td>* -> ->* ,
() [] &
new delete new[] delete[]</td><td>sonstige Operatoren</td></tr>
</table>

Tabelle 13.1 Operatoren, die überladen werden können

Operatoren	Bedeutung
.	Zugriffsoperator
.*	Zugriffsoperator (Elementzeiger)
::	Scope-Operator (Bereichsoperator)
?:	ternärer Operator (bedingte Auswertung)
sizeof	Größe von Objekten

Tabelle 13.2 Operatoren, die nicht überladen werden können

13

13.1 Das Schlüsselwort »operator«

Dass in C++ Operatoren überladen werden können, verdanken wir den sogenannten *Operatorfunktionen*. Dies sind Funktionen, die mit dem Schlüsselwort `operator` und dem eigentlichen Operatorensymbol vom Compiler aufgerufen werden. Die Operatoren, die in Tabelle 13.1 aufgelistet sind, können im Quellcode auf zwei unterschiedliche Weisen verwendet werden. Die übliche Verwendung `objekt1 + objekt2`, um beispielsweise zwei Werte zu addieren, kennen Sie ja bereits. Wenn mindestens einer der beteiligten Operanden `objekt1` oder `objekt2` einen benutzerdefinierten Datentyp hat, ruft der Compiler unter der Haube die Funktion `operator+(objekt1, objekt2)` oder die Methode `objekt1.operator+(objekt2)` mit der passenden Signatur auf, die oben erwähnten *Operatorfunktionen*. Diese Funktionen und Methoden können Sie wie gewohnt überladen und damit das gewünschte Verhalten für eigene Operatoren implementieren.

Die Syntax einer solchen Operatorfunktion oder -methode sieht so aus:

```
Rückgabewert [Klassenname::]operator@ ( Parameter )
```

Das Zeichen `@` hinter dem Schlüsselwort `operator` müssen Sie durch einen gültigen, überladbaren Operator ersetzen (siehe Tabelle 13.1). Zwischen dem Schlüsselwort `operator` und dem Symbol darf auch Whitespace, beispielsweise ein Leerzeichen, stehen. Die Anzahl der Parameter (keiner, einer oder zwei) hängt von dem zu überladenden Operator ab.

Die Regeln bei der Operatorüberladung

Mit der Operatorüberladung können Sie vieles machen. Es gibt aber durchaus einige Einschränkungen:

- Operatorüberladungen finden im Zusammenhang mit benutzerdefinierten Datentypen statt. Operatoren, die nur auf eingebauten Basisdatentypen arbeiten, können Sie nicht »umbiegen«.
- Sie können nur Operatoren überladen, die bereits existieren. Es lassen sich keine neuen Operatorsymbole einführen.
- Die Anzahl der zu einem Operator gehörenden Operanden kann nicht verändert werden. Ein binärer Operator hat nach wie vor zwei Operan-

den und ein unärer einen. Der einzige ternäre Operator ?: kann nicht überladen werden.

- Auch die Priorität und Links-nach-rechts- bzw. Rechts-nach-links-Bindung der Operatoren verändert sich nicht. Zum Beispiel: Der Operator * besitzt eine höhere Priorität als der Operator + (Punkt-vor-Strich-Regelung).
- Überladene logische Operatoren, also && (UND) sowie || (ODER), haben nicht mehr die in Kapitel 5, »Kontrollstrukturen«, beschriebene Kurzschlussauswertung.
- Operatoren dürfen keine Standardargumente erhalten.

13.2 Zweistellige (arithmetische) Operatoren überladen

Um Ihnen die Operatorüberladung zu demonstrieren, verwenden wir in diesem Kapitel die Klasse `Dint`. Sie ist eine simple Klasse ohne besondere Bedeutung, und wir definieren die Funktionalität unserer Operatoren passend zum Beispiel. Die Klasse nutzt je ein Attribut vom Typ `int` und vom Typ `double`, um Werte zu speichern. Hier sehen Sie einen Ausschnitt der Klassendefinition:

```
// listings/13/dint01/dint.h
class Dint {
 public:
  Dint();
  Dint(double d, int i);
  void print() const;
...
 private:
  double dval = 0.0;
  int ival = 0;
};
```

Wir beginnen mit der Überladung der beiden Operatoren + und +=. Das hier gezeigte Prinzip können Sie aber auch auf andere arithmetische Operatoren anwenden.

Wir wollen erreichen, dass die folgenden Operationen möglich sind:

```
01 Dint dint01{1.1, 100};
02 Dint dint02{2.2, 200};
03 Dint dint03 = dint01 + dint02;
04 Dint dint04 = dint01 + 3.3;
05 Dint dint05 = dint02 += dint03;
```

Im Augenblick würde jede dieser Zeilen eine Fehlermeldung des Compilers verursachen.

Aus den Anweisungen lassen sich bereits einige Anforderungen herauslesen, die an die Operatoren gestellt werden. In den Zeilen (**03**) und (**04**) zeigt sich die Erwartung, dass das Ergebnis des Additionsoperators ein neues Objekt ist, mit dem beispielsweise initialisiert werden kann. In Zeile (**05**) erkennen Sie, dass die Zuweisungsaddition `+=` nicht nur `dint02` ändern soll, sondern dass das Resultat ebenfalls für eine Initialisierung verwendet werden soll.

Operatoren nachvollziehbar verwenden

Achten Sie bei Operatorüberladungen darauf, dass sie bei der Verwendung nachvollziehbar und leicht handhabbar sind. Wie oben gezeigt, erwarten die meisten Nutzer und Nutzerinnen, dass Operationen verkettet werden können, beispielsweise `a = b + c += d;`, und dass bei einer Addition `a + b` die Operanden `a` und `b` nicht verändert werden. Überladen Sie beispielsweise `==`, sollten Sie auch sein Gegenstück `!=` überladen.

Es ist leicht möglich, bei der Implementierung überladener Operatoren gegen solche Erwartungen zu verstoßen. Damit machen Sie allerdings deren Verwendung schwierig und fehleranfällig. Geht die Logik der Operatorüberladung nicht vollständig auf, ist es häufig sinnvoller, (zusätzlich) eine Methode zu implementieren.

Wie die Operatoren in unserer Klasse arbeiten sollen, können wir frei entscheiden. Für unsere Klasse `Dint` implementieren wir sie so, dass die einzelnen Attribute eines Objekts mit den entsprechenden Attributen des zweiten Operanden addiert werden.

13.2.1 Operatorüberladung als Methode einer Klasse

Wir wollen für die Operatoren + und += also je eine Variante implementieren, die zwei Argumente vom Typ `Dint` erhält sowie eine Variante mit `Dint` und `double`.

Die Addition mit dem + soll als Ergebnis ein neues `Dint`-Objekt zurückgeben. Der Operator += gibt eine Referenz `Dint&` zurück, damit die Operation wie bei den Basisdatentypen verkettet werden kann. Wir implementieren die Operatoren als Methoden der Klasse `Dint`. Der erste Parameter ist dabei immer vom Typ `Dint` und entspricht der Instanz, für die die Methode aufgerufen wird. Die Headerdatei *dint.h* sieht damit wie folgt aus:


```
// listings/13/dint01/dint.h
class Dint {
 public:
...
  Dint operator+(const Dint& other) const;
  Dint operator+(const double d) const;
  Dint& operator+=(const Dint& other);
  Dint& operator+=(const double d);
 private:
  double dval = 0.0;
  int ival = 0;
};
```

Bevor wir Ihnen zeigen, wie Sie diese überladenen Operatoren in der Praxis einsetzen können, möchten wir hier noch die Definitionen aus der Quelldatei *dint.cpp* wiedergeben:

```
// listings/13/dint01/dint.cpp
...
Dint Dint::operator+(const Dint& other) const {
  Dint tmp{*this};
  tmp.dval += other.dval;
  tmp.ival += other.ival;
  return tmp;
}
Dint Dint::operator+(const double d) const {
```

```
08   Dint tmp{*this};
09   tmp.dval += d;
10   return tmp;
11 }
12 Dint& Dint::operator+=(const Dint& other) {
13   this->dval += other.dval;
14   this->ival += other.ival;
15   return *this;
16 }
17 Dint& Dint::operator+=(const double d) {
18   this->dval += d;
19   return *this;
20 }
```

Der Aufruf von `dint01+dint02` entspricht dem Aufruf von `dint01.operator+(dint02);`.

Dieser Operator wird in den Zeilen (01) bis (06) definiert. Dazu wird in Zeile (02) eine Kopie erzeugt und mit dem aufrufenden Objekt (`*this`) initialisiert. Die übergebenen Werte des zweiten Operanden `other` werden entsprechend zu den Werten des kopierten Objekts addiert, das dann als Rückgabewert dient.

Das praktisch gleiche Vorgehen finden Sie auch in Zeile (07) bis (11). Allerdings wird hier vor der Rückgabe nur ein `double`-Wert als Argument zur Klassenvariablen `tmp` hinzuaddiert.

Beim Überladen beider Varianten von `operator+=` in Zeile (12) bis (20) wird kein lokales Objekt anlegt: Die sogenannte Zuweisungsaddition soll den ersten Operanden ja ausdrücklich verändern. Dieser erste Operand entspricht dem Objekt (`*this`), das jeweils verändert wird. Das bereits geänderte Objekt wird in Zeile (15) und (19) jeweils als Referenz zurückgegeben. Mit dieser Implementierung können die Operatoren verwendet werden. Dabei ist die Langform möglich, die ja auch konkret so implementiert worden ist, beispielsweise mit diesem Aufruf:

```
Dint dint03 = dint01.operator+(dint02);
```

Glücklicherweise müssen Sie nicht diese Form verwenden. Nutzen Sie stattdessen die Infix-Notation mit dem Operator zwischen den Operanden, die der Compiler durch die überladene Variante ersetzt:

```
Dint dint03 = dint01 + dint02;
```

Sie sehen, dass man bei geeigneter Auswahl und Implementierung mit der Operatorüberladung hervorragende Schnittstellen anbieten kann. Sie sollten den Einsatz aber auf uneingeschränkt geeignete Fälle begrenzen.

Zum Schluss dieses Abschnitts sehen Sie hier noch das Hauptprogramm, das die Verwendungsmöglichkeiten der überladenen Operatoren demonstriert:

```
// listings/13/dint01/main.cpp
int main() {
  Dint dint01 {1.1, 100};
  Dint dint02 {2.2, 200};
  Dint dint03 = dint01 + dint02;
  dint01.print();
  dint02.print();
  dint03.print();
  Dint dint04 = dint01 + 3.3;
  dint04.print();
  dint02 += dint03;
  dint02.print();
  return EXIT_SUCCESS;
}
```


Die fett hervorgehobenen Stellen verwenden Operatorüberladungen.

Besonderheiten und Empfehlungen

- Zweistellige Operatoren wie x+y sollten ein neues Objekt zurückliefern. Damit vermeiden Sie schwer auffindbare Fehler.
- Wenn Sie einen zweistelligen Operator wie x+y überladen haben, sollten Sie auch die zusammengesetzte Version += implementieren.

- Zusammengesetzte Operatoren wie += sollten Sie, wie hier gezeigt, als Methode implementieren, da die notwendige Änderung des linken Operanden hier einfacher zu bewerkstelligen ist als bei der Implementierung als Hilfsfunktion, die Sie noch kennenlernen werden.
- Bevorzugen Sie als Parameter für die Überladung als Argumenttyp dieselbe Klasse wie beispielsweise in `dint11+=dint2`. Eine solche Verwendung ist sehr gängig. Wenn es sinnvoll ist, können Sie auch Überladungen für andere Typen hinzufügen, wie in `dint3+=33.33`.

13.2.2 Operatorüberladung als globale Hilfsfunktion

Sie können die Operatorüberladung nicht nur als Methode einer Klasse implementieren. Sie können sie stattdessen auch als globale Hilfsfunktion programmieren. Sofern Sie dabei auf die privaten Daten einer Klasse zugreifen wollen, müssen Sie diese globale Hilfsfunktion als `friend` deklarieren (siehe Abschnitt 12.2, »Freundfunktionen (»friend«)«).

Operatoren mit Anbindung an die Klasse

Den Zuweisungsoperator =, den Operator (), den Indexoperator [] und den Zeigeroperator -> können Sie nicht als globale Funktion überladen.

Wir möchten Ihnen gleich einen Fall präsentieren, in dem Sie die Operatorüberladung nicht als Methode der Klasse implementieren können. Bei dieser Verwendung des +-Operators

```
Dint dint01 {1.1, 100};
Dint dint02 = 6.6 + dint01;
```

wird sich der Compiler beschweren, dass es keinen Operator mit der entsprechenden Signatur gibt. Bei der bisher verwendeten Operatorüberladung in der Klasse wurde der linke Operand immer als Objekt der Klasse implementiert. Im aktuellen Beispiel ist der linke Operand aber ein Literal des Typs `double`, für den wir keine Methoden implementieren können. Wir können hier allerdings eine Operatorüberladung als globale Funktion mit den entsprechenden zwei Parametern erstellen. Die Deklaration in der Headerdatei *dint.h* sieht dann folgendermaßen aus:

```
// listings/13/dint02/dint.h
class Dint {
  public:
  Dint();
...
    friend Dint operator+(double d, const Dint& di);
  private:
  double dval = 0.0;
  int ival = 0;
};
```


Da wir für die Operatorüberladung innerhalb der globalen Funktion `operator+` auf private Daten der Klasse zugreifen wollen, kennzeichnen wird sie mit dem Schlüsselwort `friend`. Mit der Implementierung einer öffentlichen `get_dval()`-Methode könnte dieser Operator aber auch ohne `friend` implementiert werden.

Aufrufen können wir diese globale Funktion jetzt zum Beispiel wie folgt:

```
Dint dint02 = operator+(6.6, dint01);
```

Oder auch hier mit der lesefreundlicheren Version, aber derselben Bedeutung:

```
Dint dint02 = 6.6 + dint01;
```

Die Implementierung für dieses Beispiel in der Quelldatei *dint.cpp* entspricht im Wesentlichen der Implementierung der Operatorüberladung als Methode:

```
// listings/13/dint02/dint.cpp
...
Dint operator+(double d, const Dint& di) {
  Dint tmp = di;
  tmp.dval += d;
```

```
  return tmp;
}
```

Die Funktion erhält als ersten Parameter für den linken Operanden einen `double`-Wert und als zweiten Parameter für den rechten Operanden eine Referenz auf ein konstantes `Dint`-Objekt. Sie erzeugt aus dem rechten Operanden ein temporäres Objekt vom Typ `Dint`, zu dessen `dval`-Wert der `double`-Wert des linken Operanden addiert wird, bevor die Funktion das temporäre Objekt als Ergebnis zurückliefert.

Jetzt fehlt nur noch ein Hauptprogramm, das die Verwendung der globalen Operatorüberladungsfunktion in der Praxis demonstriert:

```
// listings/13/dint02/main.cpp
...
#include "dint.h"
int main() {
  Dint dint01 {1.1, 100};
  Dint dint02 = operator+(5.5, dint01);
  Dint dint03 = 6.6 + dint01;
  dint02.print();
  dint03.print();
}
```

13.3 Einstellige Operatoren überladen

Die unären Inkrement- und Dekrementoperatoren `++` und `--` stellen einen Spezialfall unter den Operatoren dar, da sie in zwei verschiedenen Varianten auftreten, nämlich in der Präfix- (`++val`) und in der Postfix-Schreibweise (`val++`).

Wir werden für beide Varianten eine Überladung erstellen. Beide haben den gleichen Bezeichner; die Postfix-Signatur der Überladung unterscheidet sich durch einen Dummy-Parameter von der Präfix-Signatur.

Wir beginnen mit dem einfacheren Fall, der Präfix-Variante (`++val`). Die Deklaration in der Klassendefinition für die Präfix-Schreibweise des `++`-Operators bzw. des `--`-Operators sieht so aus:

```
// listings/13/dint03/dint.h
...
class Dint {
  public:
...
    // Präfixversionen
    Dint& operator++();  // ++objekt
    Dint& operator--();  // --objekt
...
  private:
  double dval = 0.0;
  int ival = 0;
};
```


Bezogen auf unsere Klasse `Dint` verwenden wir die Überladung der Inkrement- und Dekrementoperatoren, um beide Klassenvariablen `dval` und `dint` um den Wert 1 zu erhöhen beziehungsweise zu verringern.

Die Definition des Quellcodes zur Präfix-Methode in *dint.cpp* sieht wie folgt aus:

```
00 // listings/13/dint03/dint.cpp
...
01 Dint& Dint::operator++() {
02   dval += 1.0;
03   ival += 1;
04   return *this;
05 }
06 Dint& Dint::operator--() {
07   dval -= 1.0;
08   ival -= 1;
09   return *this;
```

Die Verwendung der Präfix-Schreibweise birgt keine Überraschungen. Zunächst werden in Zeile (02) und (03) beziehungsweise (07) und (08) die beiden Klassenvariablen `dval` und `ival` um den Wert 1 inkrementiert beziehungsweise dekrementiert. Anschließend wird das aufrufende Objekt als Ganzes zurückgegeben.

Etwas anders müssen Sie bei der Postfix-Schreibweise (`val++`) vorgehen. Zuerst einmal ist hier die Schnittstelle unterschiedlich. Die Überladungen der Postfix-Schreibweise unterscheiden sich in der Signatur durch einen zusätzlichen Parameter vom Typ `int`. Wir haben den Parameter in der Schnittstelle auch gar nicht benannt: Er wird nicht verwendet, sondern dient nur dazu, eine eigene Signatur zur Unterscheidung der Varianten zu generieren.

Hier sehen Sie die Deklaration zum Überladen der Operatoren in der Postfix-Schreibweise in *dint.h*:

```
// listings/13/dint03/dint.h
...
class Dint {
  public:
...
    // Postfix-Versionen
    Dint operator++(int);  // objekt++
    Dint operator--(int);  // objekt--
...
  private:
  double dval = 0.0;
  int ival = 0;
};
```

Und hier folgen die Definitionen der Postfix-Versionen des Inkrement- und des Dekrementoperators in der Quelldatei *dint.cpp*:

```
// listings/13/dint03/dint.cpp
...
Dint Dint::operator++(int){
  Dint tmp{*this};
  dval+=1.0;
  ival+=1;
  return tmp;
}
Dint Dint::operator--(int) {
  Dint tmp{*this};
```

```
09    dval-=1.0;
10    ival-=1;
11    return tmp;
12  }
```

Zunächst sichern Sie bei beiden Überladungen die aufrufende Instanz in einem temporären Objekt in Zeile (02) bzw. (08). Dann verändern Sie den Inhalt des *aufrufenden* Objekts (`*this`) in Zeile (03) und (04) bzw. in Zeile (09) und (10). Am Ende wird das unveränderte temporäre Objekt in Zeile (05) bzw. (11) zurückgegeben. Dieser Umweg über das temporäre Objekt ist nötig, damit die Regeln der Postfix-Notation eingehalten werden.

Zum Schluss sehen Sie im folgenden Listing noch ein Hauptprogramm, das die überladenen Inkrement- und Dekrementoperatoren für die Klasse `Dint` in der Praxis zeigt:


```
// listings/13/dint03/main.cpp
#include "dint.h"
int main() {
  Dint dint01 {1.1, 100};
  dint01.print();        // = 1.1 100
  (dint01++).print();   // = 1.1 100
  dint01.print();        // = 2.1 101
  (++dint01).print();   // = 3.1 102
  (--dint01).print();   // = 2.1 101
  return EXIT_SUCCESS;
}
```

Bevorzugen Sie die Präfix-Varianten

Die Präfix-Varianten `operator++()` und `operator--()` verändern das Objekt mit `++a` und `--a` sofort und liefern es auch als Referenz zurück. Bei den Postfix-Varianten `operator++(int)` und `operator--(int)` für `a++` und `a--` muss erst eine Kopie des alten Wertes erstellt und zurückgeliefert werden. Daher sollten Sie in der Praxis die Präfix-Varianten bevorzugen, in denen kein unnötiges Objekt erzeugt werden muss.

13.4 Den Zuweisungsoperator überladen

Aus Abschnitt 11.2.6, »Der Kopierkonstruktor (Copy-Konstruktor)«, wissen Sie bereits, dass Instanzen als Kopien anderer Instanzen erzeugt werden können:

```
01    Dint dint01{5.5, 55};
02    Dint dint02{dint01};  // Kopierkonstruktor
03    Dint dint03 = dint02; // Kopierkonstruktor (Copy-Init)
```

In den Zeilen (**02**) und (**03**) werden Instanzen mit dem Kopierkonstruktor instanziiert. Ein Standardkopierkonstruktor wird automatisch vom Compiler angelegt, wenn er nicht explizit erstellt wurde. Dieser Standardkopierkonstruktor kopiert alle Elemente einer Klasse.

In dem obigen Beispiel wurde die Instanz `dint03` neu konstruiert, daher handelt es sich *nicht* um eine Zuweisung – diese erfolgt nur an eine bereits bestehende Instanz. Hier sehen Sie einen Fall, in dem der Zuweisungsoperator zum Einsatz kommt:

```
04    Dint dint04{5.5, 55};
05    Dint dint05{};
06    dint04 = dint05;  // Zuweisungsoperator
```

In Zeile (**06**) erfolgt eine Zuweisung mit dem Zuweisungsoperator. Wurde keiner explizit implementiert, erstellt der Compiler automatisch einen Standardzuweisungsoperator, der die Werte aus der Quelle elementweise zuweist. In unserem Fall ist das auch genau das, was wir benötigen.

Anders sieht es bei Klassen mit dynamischen Klassenelementen wie einem rohen Zeiger aus. Hier muss auch die »Eigentümerschaft« an diesem Speicher korrekt verwaltet werden. Wird ein roher Zeiger einfach kopiert, verweisen Zeiger in zwei Instanzen auf denselben Speicherbereich. Wird eines der Objekte gelöscht und dabei im Destruktor der Speicher auf dem Heap freigegeben, verweist der Zeiger in der anderen Instanz weiter auf diesen jetzt nicht mehr gültigen Speicher. In Kapitel 12, »Objekte und Klassenelemente«, haben Sie schon erfahren, wie Sie rohen Zeigern aus dem Weg gehen und die Nullregel befolgen können.

Zuweisungsoperator überladen

Wenn eine Klasse einen rohen Zeiger hat, müssen Sie neben dem Kopierkonstruktor, dem Verschiebekonstruktor und dem Destruktor stets auch den Zuweisungsoperator und die Verschiebezuweisung selbst implementieren.

Im folgenden Beispiel demonstrieren wir, wie Sie den Zuweisungsoperator überladen können, auch wenn er in diesem Beispiel nicht benötigt wird. Die automatisch erstellte Standardversion ist hier schon ausreichend.

Die Deklaration für die Überladung des Zuweisungsoperators in der Headerdatei sieht wie folgt aus:


```
// listings/13/dint04/dint.h
class Dint {
  public:
...
    Dint& operator=(const Dint& other);
...
  private:
  double dval = 0.0;
  int ival = 0;
};
```

Die Vorgehensweise beim Überladen des Zuweisungsoperators ähnelt insofern der beim Überladen des Kopierkonstruktors, als Sie sich nacheinander um die Einzelelemente kümmern müssen. Jedoch kopieren Sie beim Kopierkonstruktor elementweise in der Initialisierungsliste, während Sie beim Zuweisungsoperator elementweise zuweisen. Allerdings gibt es noch einen Extraschritt. Hier sehen Sie die Definition dazu in der Quelldatei *dint.cpp*:

```
// listings/13/dint04/dint.cpp
...
Dint& Dint::operator=(const Dint& other) {
  if (this == &other) {  // Selbstzuweisung prüfen
```

```
03          return *this;
04      }
05      dval = other.dval;
06      ival = other.ival;
07      return *this;
08  }
```

Wir überprüfen in Zeile (**02**) zunächst, dass keine Selbstzuweisung à la `dint01=dint01` vorliegt. In dieser Form ist das zwar unwahrscheinlich, aber insbesondere mit Referenzen kann so etwas durchaus vorkommen.

Sie sollten den Zuweisungsoperator *immer* auf Selbstzuweisung prüfen.

Anschließend kopieren wir Element für Element, wobei wir für dynamische Elemente wie rohe Zeiger neuen Speicher anfordern würden, um den entsprechenden Inhalt kopieren zu können. Hier werden allerdings keine solchen Elemente verwendet.

Selbstzuweisung

In unserem Beispiel wäre eine Selbstzuweisung unproblematisch. Bei der Verwendung roher Zeiger fordern Sie bei der Zuweisung jedoch typischerweise neuen Speicher an, um den Inhalt von `other` zu kopieren. Diese Adresse wird bei einer Selbstzuweisung den bisherigen Zeiger überschreiben, da es sich um dieselbe Instanz handelt. In diesem Fall ist die bisherige Adresse verloren und es entsteht ein Speicherleck.

Nachdem die Elemente kopiert sind, geben wir in Zeile (**07**) eine Referenz auf das aufrufende Objekt, den linken Operanden, zurück. Hiermit sind mehrfache Zuweisungen möglich, zum Beispiel:

```
dint01 = dint02 = dint03;
```

13.4.1 Die Zuweisung von Operatoren unterbinden

Auch ohne Überladung des Zuweisungsoperators ist es durch den automatisch erstellten Zuweisungsoperator mit seiner elementweisen Kopie möglich, einem Objekt einer Klasse ein anderes Objekt der gleichen Klasse zuzuweisen. Generell können Sie mit dem Schlüsselwort `= delete` an einer Deklaration verhindern, dass der Compiler diese Funktion oder Methode generiert. Das bezeichnet man als *Funktionslöschung*. Sie können das auch verwenden, um einen automatisch generierten Zuweisungsoperator zu verhindern:

```
class Dint {
  public:
...
      Dint& operator=(const Dint&) = delete;
};
```

13.4.2 Die Verschiebezuweisung

In manchen Fällen kann es sinnvoll sein, die Daten bei einer Zuweisung nicht zu kopieren, sondern zu verschieben, sodass der Inhalt des Quellobjekts hinterher leer ist. Seit C++11 ist es möglich, eine Verschiebezuweisung zu schreiben, die die Kontrolle über Ressourcen des Quellobjekts auf das neue Objekt überträgt. Wirklich sinnvoll ist dies erst mit dynamischen Elementen, die tatsächlich »verschoben« werden können bzw. deren Besitz an eine andere Instanz übertragen werden kann.

Auch für die Verschiebezuweisung erstellt der Compiler automatisch eine Standardversion. Nur für den Fall von Klassendaten wie rohen Zeigern müssen Sie eine eigene Version implementieren.

Hier wird sie zwar nicht benötigt, aber zu Demonstrationszwecken erstellen wir dennoch eine Verschiebezuweisung für die Klasse `Dint`, die wir wie folgt deklarieren:

```
// listings/13/dint05/dint.h
...
class Dint {
  public:
...
    Dint& operator=(Dint&& other);
...
  private:
```

```
    double dval = 0.0;
    int ival = 0;
};
```

Die Deklaration unterscheidet sich vom gewöhnlichen Zuweisungsoperator durch ihren Parameter. Da sich der Inhalt durch das Verschieben ändert, darf der Parameter nicht mehr `const` sein. Das `&&` steht hier technisch für eine RValue-Referenz. Ein *RValue* ist ein temporärer Wert ohne eigene Speicheradresse, beispielsweise das Ergebnis eines Ausdrucks oder eines Funktionsaufrufs, dessen Ressourcen einem anderen Objekt zugeschoben werden. Fassen Sie es an dieser Stelle am besten noch als Referenz auf. In Abschnitt 18.5.4, »Die Move-Semantik«, gehen wir auf dieses Thema noch einmal ein. Am einfachsten merken Sie sich, dass Sie für Verschiebeaktionen `&&` benötigen.

Die Definition sieht dem Überladen des gewöhnlichen Zuweisungsoperators recht ähnlich:

```
00 // listings/13/dint05/dint.cpp
...
01 Dint& Dint::operator=(Dint&& other) {
02   if (this == &other) {  // Selbstzuweisung prüfen
03     return *this;
04   }
05   dval = other.dval;
06   ival = other.ival;
07   other.dval = 0.0;
08   other.ival = 0;
09   return *this;
10 }
```

»Verschieben« aus der abgebenden Instanz

Wir »leeren« in Zeile (**07**) und (**08**) die »abgebende« Instanz. In diesem Beispiel ist das symbolisch. Beim Verschieben einer Instanz mit einem rohen Zeiger erhält das »empfangende« Objekt die in dem Zeiger gespeicherte Adresse und damit die Eigentümerschaft an dem zugehörigen Speicher. In der »abgebenden« Instanz wird der Zeiger auf den nullptr gesetzt und ist damit »gelöscht«. Die wichtige Verschiebung betrifft daher die Eigentümerschaft. Der Zeiger ist das Vehikel dazu.

Möchten Sie diese Verschiebezuweisung im Beispiel verwenden, können Sie dies mit std::move() der Standardbibliothek wie folgt vornehmen:

```
00  // listings/13/dint05/main.cpp
...
01      Dint dint01 {1.1, 100};
02      Dint dint02 {};
03      Dint dint03 {};
04      dint02 = std::move(dint01);
05      dint03 = dint02;
```


In Zeile (**04**) wird der Inhalt von dint01 nach dint02 verschoben und dint01 ist anschließend leer. In Zeile (**05**) hingegen wird lediglich der Zuweisungsoperator verwendet.

13.5 Ausgabe- und Eingabeoperatoren überladen

Wenn der Ausgabeoperator << für eine Klasse passend überladen worden ist, kann beispielsweise mit

```
std::cout << Dint{1.1, 100} << '\n';
```

eine Ausgabe wie bei den eingebauten Datentypen erfolgen. Nach einer Überladung des Eingabeoperators >> ist es auch möglich, eine solche Eingabe zu realisieren:

```
Dint di{};
std::cin >> di;
```

Ohne die entsprechenden Überladungen schlagen diese Versuche fehl, da std::cout und std::cin den Datentyp Dint nicht kennen und keine Information zur Aus- und Eingabe haben. Anders als bei den eingebauten Basisdatentypen (beispielsweise char, int oder double) sind Sie bei eigenen Klassen für diese Operatoren selbst verantwortlich.

13.5.1 Den Ausgabeoperator << überladen

Wir beginnen mit dem Ausgabeoperator `<<` für `Dint`. Dazu sehen wir uns das obige Beispiel an, das wir hier entsprechend der Reihenfolge der Auswertung geklammert haben:

```
(std::cout << Dint{1.1, 100} ) << '\n';
```

Der `operator<<` hat als erstes Argument eine Referenz auf ein Objekt der Klasse `std::ostream`, das in der Headerdatei `<iostream>` definiert ist und das Ziel der Ausgabe repräsentiert. Typischerweise ist das `std::cout`. Das zweite Argument ist das auszugebende Objekt der Klasse `Dint`. Das Resultat des Ausdrucks `(std::cout << Dint{1.1, 100})` dient als erster Operand des nächsten Aufrufs von `operator<<` zur verketteten Ausgabe von `'\n'`. Der Operator liefert dazu die erhaltene Referenz auf `std::ostream` als Rückgabe, um den Operator mehrmals hintereinander aufrufen zu können. Damit ergibt sich hier generell die folgende Deklaration:

```
std::ostream& operator<<(std::ostream& os, const Dint& di);
```

Wir können diesen Operator nicht als Methode der Klasse `Dint` umsetzen, da der erste Parameter ein Objekt der Klasse `std::ostream` ist.

Wir implementieren den Operator daher als globale Funktion, die wir in der Klasse `Dint` als `friend` deklarieren, um Zugriff auf deren private Attribute zu erhalten. Somit sieht die Syntax der Funktionsdeklaration in der Headerdatei *dint.h* folgendermaßen aus:

```
// listings/13/dint06/dint.h
#include<iostream>
...
class Dint {
     friend std::ostream& operator<<(
       std::ostream& os, const Dint& di);
   private:
     double dval = 0.0;
     int ival = 0;
...
};
```

Zum Schluss folgt noch die Definition in der Quelldatei *dint.cpp*:

```
// listings/13/dint06/dint.cpp
...
std::ostream& operator<<(std::ostream& os, const Dint& di) {
  os << "dval: " << di.dval << '\n';
  os << "ival: " << di.ival;
  return os;
}
```

13.5.2 Den Eingabeoperator >> überladen

Wir wollen auch die Eingabe wie mit den eingebauten Typen ermöglichen:

```
std::cin >> di;
```


Das Überladen des Eingabeoperators funktioniert im Grunde genauso wie beim Ausgabeoperator im vorigen Abschnitt. Wir können das Grundgerüst übernehmen, verwenden dabei `operator>>` statt `operator<<` und ersetzen den Ausgabestream `std::ostream` durch den Eingabestream `std::istream`. Der Rückgabewert ist eine Referenz auf `std::istream`. Das ist auch hier notwendig, damit wir den Operator verketten und den Operator `>>` mehrmals hintereinander aufrufen können, beispielsweise so:

```
Dint dint01{}, dint02{};
std::cin >> dint01 >> dint02;
```

Aus den gleichen Gründen wie oben implementieren wir auch diesen Operator als globale `friend`-Funktion und bekommen damit die folgende Deklaration in der Headerdatei *dint.h*:

```
// listings/13/dint06/dint.h
...
class Dint {
    friend std::istream& operator>>(
     std::istream& is, Dint& di);
  private:
    double dval{0.0};
```

```
    int ival{0};
...
};
```

Es fehlt noch die Definition des überladenen Operators, die wir im Quellcode *dint.cpp* implementieren:

```
// listings/13/dint06/dint.cpp
...
std::istream& operator >>(std::istream& is, Dint& di) {
  is >> di.dval >> di.ival;
  return is;
}
```

Damit ist der Operator implementiert, und wir können ihn wie mit den Basisdatentypen verwenden:

```
Dint dint01{};
std::cin >> dint01;
```

Oder auch in einer alternativen Notation:

```
operator>>(std::cin, dint01);
```

Der folgende Quelltext demonstriert die Anwendung der beiden überladenen Operatoren in der Praxis:

```
// listings/13/dint06/main.cpp
...
#include "dint.h"
int main() {
  Dint di{};
  std::cout << "Ihre Eingabe bitte: ";
  std::cin >> di;
  if(std::cin.fail()) {
    std::cerr << "Fehler bei der Eingabe\n";
    return EXIT_FAILURE;
```

```
    }
    std::cout << di << '\n';
}
```

Hier sehen Sie das Programm bei der Ausführung:

```
Ihre Eingabe bitte: 3.3 300
dval: 3.3
ival: 300
```

13.6 Vergleichsoperatoren

Vergleiche wie `==` und `<` sollten Sie als freie Funktion implementieren. Beide Parameter sind gleichwertige Argumente, und keines wird geändert. Wollen Sie Ihre Klasse ausschließlich für das Sortieren und die Verwendung in den geordneten Containern der Standardbibliothek wie `std::map` oder `std::set` ausrüsten, reichen gewöhnlich die Vergleichsoperatoren `<` und `==` aus. Wollen Sie Objekte des Typs vollwertig vergleichen, sollten Sie auch die anderen Vergleichsoperatoren `!=`, `>`, `>=` und `<=` implementieren.

Sie können die Operatoren aufeinander aufbauen. Wenn Sie `operator==` implementiert haben, können Sie `operator!=` damit umsetzen:

```
// listings/13/dint07/dint.cpp
bool operator==(const Dint& lhs, const Dint& rhs) {
  return lhs.dval == rhs.dval && lhs.ival == rhs.ival;
}
bool operator!=(const Dint& lhs, const Dint& rhs) {
  return !(lhs == rhs);
}
```

Einen Vergleichsoperator erstellen lassen

Seit C++20 gibt es eine wichtige Vereinfachung für Vergleichsoperatoren: Wenn alle Member Ihrer Klasse vergleichbar sind, können Sie einen

Gleichheitsoperator automatisch generieren lassen, der diese Member paarweise vergleicht:

```
bool operator==(const Dint&) const = default;
```

Gleichzeitig wird auch der Operator `!=` für den Datentyp generiert.

Ähnlich zu `==` können Sie auch den Vergleichsoperator `operator<` erstellen:

```
// listings/13/dint07/dint.cpp
bool operator<(const Dint& lhs, const Dint& rhs) {
  if (lhs.dval < rhs.dval) {
    return true;
  } else if (lhs.dval == rhs.dval && lhs.ival < rhs.ival) {
    return true;
  } else {
    return false;
  }
}
```

Die anderen Vergleichsoperatoren können Sie dann effizient auf Basis von `==` und `<` implementieren.

13.6.1 Der Drei-Wege-Vergleichsoperator

Das manuelle Erstellen der Vergleichsoperatoren ist zwar nicht schwierig, aber aufwendig und fehlerträchtig. Seit C++20 erleichtert Ihnen der Drei-Wege-Vergleichsoperator `<=>` die Arbeit. (Er wird wegen seiner charakteristischen Raumschiff-Form auch oft *Spaceship Operator* genannt.) Eine Standardimplementierung dieses Operators können Sie in der folgenden Form anfordern:

```
// listings/13/dint08/dint.h
#include <compare>
class Dint {
  public:
```

```
    Dint();
  ...
  bool operator==(const Dint&) const = default; // ==, !=
  // Spaceship, Bereitstellung der Operatoren <,>, <=, >=
  auto operator<=>(const Dint& rhs) const = default;
};
```

Seit C++20 kann der Compiler Vergleichsausdrücke »umschreiben« (engl. *rewrite expressions*). Sie erhalten damit durch den Drei-Wege-Operator »automagisch« die bekannten Vergleichsoperatoren für unsere Klasse `Dint`, die die Attribute in der Reihenfolge ihrer Definition in der Klasse vergleichen und das gleiche Ergebnis liefern wie die oben manuell erstellten Operatoren. Damit können Sie dann vergleichen, ohne selbst Operatoren implementiert zu haben:


```
// listings/13/dint08/main.cpp
...
int main() {
  Dint a = {2.0, 1};
  Dint b = {2.0, 1};
  Dint c = {2.0, 2};
  Dint d = {1.0, 1};
  std::cout << "a == b : " << (a == b) << "\n";
  std::cout << "a != b : " << (a != b) << "\n";
  std::cout << "a >= b : " << (a >= b) << "\n";
  std::cout << "a < c  : " << (a < c ) << "\n";
...
```

Drei-Wege-Vergleich per »=default«

Der Drei-Wege-Vergleich funktioniert für Basisdatentypen, `std::string`, `std::vector`, `std::array` und andere Containerklassen der Standardbibliothek sowie für eigene Klassen, deren Member selbst vergleichbar sind.

13.7 Weitere Operatorüberladungen

Die grundlegenden Operatorüberladungen und die dazugehörige Technik haben Sie jetzt kennengelernt. Es gibt noch einige Spezialisierungen. Diese detailliert zu beschreiben, würde jedoch den Rahmen dieses Buches sprengen. Wir wollen Ihnen aber für den einen oder anderen überladenen Operator ein paar Anregungen mit auf den Weg geben:

- Den Indexoperator [] können Sie beispielsweise überladen, um ein assoziatives Feld zu definieren. Ähnlich funktioniert auch die Standardcontainerklasse `std::map`. Sie können diesen Operator auch ganz anders überladen – es muss eben zur Semantik der Klasse passen. Diesen Operator können Sie nur als Methoden und nicht mit einer globalen Hilfsfunktion überladen.
- Auch der Funktionsoperator () lässt sich überladen. Damit können Sie ein Objekt der Klasse wie eine Funktion aufrufen bzw. dafür sorgen, dass sich der Aufruf wie eine Funktion verhält. Daher wird von sogenannten *Funktionsobjekten* gesprochen – praktisch eine modernere Alternative zu Funktionszeigern, die wir gar nicht behandelt haben. Über diesen Operator können Sie auch mehrdimensionale Zugriffe, beispielsweise für eine Matrix, umsetzen, die mit [] nur über Umwege möglich sind, siehe auch Abschnitt 18.4.4 »Funktionsobjekte (Funktor)«. Den ()-Operator für Klassen zu überladen, ist ein Feature, das auch in vielen Teilen der Standardbibliothek eingesetzt wird, z. B. bei den Funktionen aus `<algorithm>`. Auch diesen Operator können Sie nur als Methode überladen

13.8 Konvertierungsoperatoren

Mit Konvertierungsoperatoren lässt sich festlegen, wie Datentypen in eine Klasse konvertiert werden können. Wie genau oder ob ein Datentyp »umgewandelt« wird, legen Sie beim Programmieren in der Klasse selbst fest. Es ist möglich, Klassen sowohl explizit als auch implizit umzuwandeln. Sie haben den Konvertierungskonstruktor in Kapitel 11, »Klassen«, auch schon kennengelernt.

Mit Konvertierungskonstruktoren und Konvertierungsfunktionen stehen Ihnen dazu generell zwei Möglichkeiten zur Verfügung. Wenn Sie ihr Design und ihre Implementierung sorgfältig angehen, sind diese Umwandlungen ein nützliches Werkzeug, das Ihnen Arbeit ersparen kann.

13.8.1 Der Konvertierungskonstruktor

Hinter dem Begriff *Konvertierungskonstruktor* verbirgt sich nichts anderes als ein Konstruktor ohne das Schlüsselwort `explicit`. Das Risiko einer unerwarteten Verwendung mit einer impliziten Konvertierung ist allerdings bei Konstruktoren mit einem Parameter besonders hoch. Außer dem Kopier- und dem Verschiebekonstruktor ist somit jeder bisher verwendete Konstruktor im Grunde ein Konvertierungskonstruktor. In unserem Beispiel mit der Klasse `Dint` wäre somit folgender Konstruktor ein Konvertierungskonstruktor:


```
// listings/13/dint09/dint.h
...
  Dint(double d) : dval{d}, ival{0} {}
```

Mit einem solchen Konvertierungskonstruktor ist es möglich, beispielsweise folgenden Funktionsaufruf zu verwenden:

```
00 // listings/13/dint09/main.cpp
...
01 #include "dint.h"
02 void simpleFunc(Dint di01) {
03   std::cout << di01 << '\n';
04 }
05 int main() {
06   simpleFunc(33.33);
07 }
```

Der Funktionsaufruf in Zeile **(06)** ruft `simpleFunc()` mit einem `double`-Wert als Argument auf, während die Funktion ein Argument vom Typ `Dint` erwartet. Dank des Konvertierungskonstruktors findet hier eine automatische Umwandlung nach `Dint` statt.

Vorsicht bei impliziter Konvertierung

Implizierte Konvertierungen können zu schwer auffindbaren Fehlern führen. Für Konvertierungskonstruktoren, Konvertierungsoperatoren und besonders bei `bool`-Konvertierungen sollten Sie bevorzugt `explicit` verwenden.

Eine Konvertierung explizit anfordern

Die Konvertierung kann hilfreich, aber auch unerwartet sein. Wollen Sie einen impliziten Aufruf wie im vorherigen Beispiel verhindern, setzen Sie das Schlüsselwort `explicit` vor den Konvertierungskonstruktor:

```
explicit Dint(double d);
```

Aufgrund des Schlüsselworts `explicit` funktioniert die implizite Konvertierung nicht mehr:

```
simpleFunc(33.33);  // Fehler, da nur explizit erlaubt
```

Da Sie den Konvertierungskonstruktor mit `explicit` deklariert haben, geht der Aufruf nur noch explizit wie hier:

```
simpleFunc( Dint{33.33} ); // Okay, expliziter Aufruf
```

13.8.2 Die Konvertierungsfunktion

Mit einer Konvertierungsfunktion (genau genommen handelt es sich um eine Konvertierungsmethode) konvertieren Sie die Instanz einer Klasse in einen beliebigen anderen Datentyp. Hier legt eine Methode fest, wie die Konvertierung erfolgen soll. Die Syntax einer solchen Konvertierungsmethode sieht folgendermaßen aus:

```
operator zieltyp();
```

Beachten Sie, dass eine solche Konvertierungsmethode keinen deklarierten Rückgabewert hat. Stattdessen beginnt sie mit dem Schlüsselwort `operator`, auf das ein Leerzeichen und der Zieltyp folgen, in den konvertiert werden soll. Am Ende steht ein leeres Klammernpaar. Bezogen auf unsere Klasse `Dint` soll nach der Implementierung einer entsprechenden Konvertierungsmethode Folgendes möglich sein:

```
00 // listings/13/dint10/main.cpp
...
01    Dint di{ 33.33, 99 };
02    double d = di;
03    int i = di;
04    std::cout << d << "\n";
05    std::cout << i << "\n";
```

Damit in Zeile (**02**) und (**03**) ein entsprechender Wert an die eingebauten Datentypen übergeben wird, müssen Sie folgende Konvertierungsmethoden in *dint.h* deklarieren:

```
// listings/13/dint10/dint.h
...
class Dint {
  public:
...
    // Konvertierungsfunktion
    operator double() const;
    operator int() const;
...
  private:
    double dval = 0.0;
    int ival = 0;
};
```

Die Definition hier ist simpel, da Sie nur den entsprechenden Zieltyp zurückgeben müssen, in den konvertiert werden soll. Die Definition im Quellcode *dint.cpp* sieht wie folgt aus:

```
// listings/13/dint10/dint.cpp
...
Dint::operator double() const {
  return dval;  // Dint -> double
```

13

```
}
Dint::operator int() const {
  return ival;  // Dint -> int
}
```

Neben der Möglichkeit, ein Objekt einer Klasse in einen beliebigen Datentyp zu konvertieren, haben Sie auch hier wieder die Option, die Methode ausdrücklich zu entfernen. Der Anwender der Klasse erhält dann bei dem Versuch, diese Konvertierung zu verwenden, eine klare Meldung:

```
// Keine Konvertierung nach int erlaubt
operator int() const = delete;
```

Der »operator bool()«

Die Konvertierungsfunktionen sind gute Kandidaten für die Verwendung mit `explicit`. Insbesondere ist das der Fall für die Konvertierung in einen booleschen Wert:

```
explicit operator bool()
```

Mit diesem Konstrukt können Sie Ihren Datentyp in einem `if`-Ausdruck als logisches Element verwenden, verhindern aber die meist ungewollte Integer-Promotion des Typs:

```
if (file) {/* ...*/} // beispielsweise, wenn Datei lesbar ist
int i = file; // true/false wird nicht in 1/0 konvertiert
```

13.9 Kontrollfragen und Aufgaben

1. Wozu ist die Operatorüberladung gedacht?
2. Welche Operatoren können nicht überladen werden?
3. Wie werden Operatorfunktionen deklariert?
4. Welche zwei Möglichkeiten haben Sie, eine Operatorüberladung zu implementieren?
5. Was ist ein Konvertierungskonstruktor?

6. Was können Sie tun, wenn eine implizite Konvertierung mit dem Konvertierungskonstruktor unerwünscht ist?
7. Wie können Sie eine Klasse implizit in einen Datentyp konvertieren?
8. Erweitern Sie die Klasse `Dint`, indem Sie die Vergleichsoperatoren > und <= überladen, um zwei Instanzen wie in dem folgenden Beispiel vergleichen zu können. Implementieren Sie die Vergleichsoperatoren manuell und dieselbe Funktionalität mit dem Spaceship-Operator und vergleichen Sie die beiden Lösungen.

```
Dint di1{ 33.33, 99 };
Dint di2{ 33.33, 88 };
Dint di3{ 33.33, 88 };
if( di1 > di2 ) {
  std::cout << "di1 ist groesser als di2\n";
}
if( di2 <= di3 ) {
  std::cout << "di2 ist kleiner gleich di3\n";
}
```

Kapitel 14
Vererbung (Abgeleitete Klassen)

Vererbung ist ein wichtiger Mechanismus der C++-Programmierung, um nach dem Vorbild bereits existierender Klassen eine neue Klasse zu schaffen. Eine solche neue Klasse nennt man auch *abgeleitete Klasse* oder *Kindklasse*. Die abgeleitete Klasse erbt die Attribute und Methoden der Basisklasse. Damit sie sich von der beerbten Basisklasse unterscheidet, werden in der Regel zusätzliche Attribute und Methoden ergänzt.

Vererbung wird gerne verwendet, wenn eine ganze »Familie« von Klassen benötigt wird, die sich ähneln, aber nicht gleich sind.

Für Sie als Programmierer besteht der Hauptvorteil der Vererbung darin, dass Sie einen Teil des Quellcodes für die Klassen nur einmal schreiben und testen müssen. Für Nutzer fremder Klassen ist es vorteilhaft, dass man auch ohne den Quellcode einer Basisklasse von ihr ableiten und die Eigenschaften und Methoden für eigene Zwecke erweitern kann. Vererbung wird oft bei der Programmierung grafischer Oberflächen für deren Elemente genutzt. Beispielsweise ist in einer Klassenbibliothek für Bedienelemente die Klasse für eine Dialogbox eine Basisklasse, während die »Dialogbox mit Symbol«-Klasse (beispielsweise für Warnsymbole) von dieser Klasse abgeleitet ist. Sie teilt die meisten Eigenschaften der Basisklasse und benötigt nur Ergänzungen, um das Symbol zu verwalten und darzustellen.

An diesem Beispiel erkennen Sie bereits die besondere Beziehung zwischen einer abgeleiteten Klasse und ihrer Basisklasse. Eine Instanz vom Typ einer abgeleiteten Klasse *ist auch eine Instanz* vom Typ der Basisklasse. Die »Dialogbox mit Symbol« *ist auch* eine Dialogbox, wenn auch eine erweiterte.

Man sagt, dass die abgeleitete Klasse zur Basisklasse in einer *Ist-ein-Beziehung* (engl. *is-a relationship*) steht. Als Beispiel für diese Beziehung betrachten wir eine Basisklasse `Person` und zwei Unterklassen: Auch ein `Kunde` ist eine `Person`, ebenso ein `Lieferant` (siehe Abbildung 14.1).

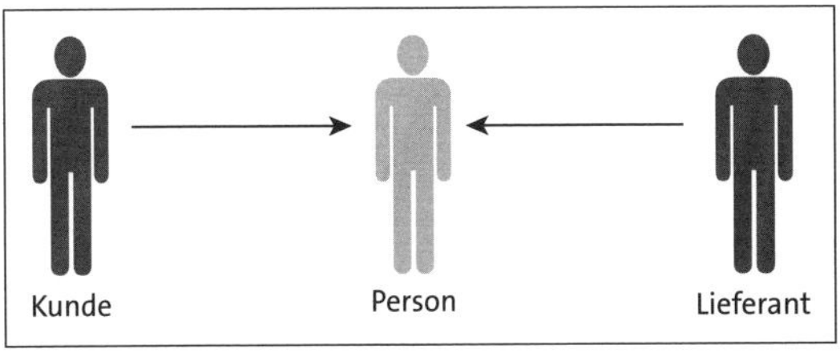

Abbildung 14.1 Die »Ist-ein«-Beziehung der abgeleiteten Klassen »Kunde« und »Lieferant« zur Basisklasse »Person«

14.1 Die Vorbereitung

Um das Prinzip zu verdeutlichen, soll es genügen, dass die Basisklasse `Person` sich auf das Nötigste beschränkt und als Attribute einen Vornamen und einen Nachnamen enthält.

Alle Daten und Methoden deklarieren und definieren wir wegen der kompakteren Darstellung gleich *inline* in einer Datei, der Headerdatei *person.h*. In der Praxis sollten Sie die Deklaration von der Definition trennen.

```
// listings/14/vererbung1/person.h
...
class Person {
 public:
  // Konstruktor
  Person() = default;
  Person(std::string vn, std::string nn)
      : vorname{vn}, nachname{nn} {}
  void set_vorname(std::string str) {
    vorname = str;
  }
  void set_nachname(std::string str) {
    nachname = str;
  }
```

```
  std::string get_vorname() const {
    return vorname;
  }
  std::string get_nachname() const {
    return nachname;
  }
  void print() const {
    std::cout << "[P]Vorname : " << vorname << '\n';
    std::cout << "[P]Nachname: " << nachname << '\n';
  }
 private:
  std::string vorname{};
  std::string nachname{};
  // weitere Daten ...
};
```

Die Klasse hat die beiden Attribute `vorname` und `nachname`, Methoden, um diese zu setzen und zu lesen, und einen Konstruktor mit Standardwerten. Die Methode `print()` erlaubt die Ausgabe der Daten einer Instanz und wird später noch weiterverwendet. Das `[P]` in der Ausgabe zeigt an, dass es sich um eine Klasse vom Typ `Person` handelt, und wird später nützlich.

Die Nutzung dieser Basisklasse sollte Ihnen keine Schwierigkeiten bereiten. Sie erfolgt wie gewohnt und sieht beispielsweise so aus:

```
// listings/14/vererbung1/main.cpp
...
int main() {
  Person p1{};
  p1.set_vorname("Bente");
  p1.set_nachname("Beispiel");
  std::cout << p1.get_vorname() << "";
  std::cout << p1.get_nachname() << "\n";
  Person p2{"Paula", "Person"};
  p2.Person::print();
}
```

Das ergibt die folgende Ausgabe:

```
Bente Beispiel
[P]Vorname : Paula
[P]Nachname: Person
```

14.2 Das Ableiten einer Klasse

Nehmen wir an, dass Sie zusätzlich eine neue Klasse `Kunde` benötigen, in der Sie Daten wie Kundennummer und Bankverbindung speichern werden. Ein Kunde ist eine Person und hat ebenfalls einen Vor- und einen Nachnamen.

Anstatt jetzt in einer neuen Klasse `Kunde` die in der Klasse `Person` schon vorhandenen Attribute und Methoden neu zu implementieren, verwenden wir die Klasse `Person` als Basisklasse.

Die Syntax zum Beerben einer Klasse sieht folgendermaßen aus:

```
class Klassenname_abgeleitet : Zugriffsspezifikation Basisklasse {
   //  Daten und Methoden ... };
```

Mit dieser Definition einer abgeleiteten Klasse legen Sie Folgendes fest:

- den **`Klassenname_abgeleitet`** der neuen Klasse
- die **`Basisklasse`**, deren Daten und Methoden vererbt werden
- die **`Zugriffsspezifikation`** auf die Daten der Basisklasse (Dazu erfahren Sie weiter unten mehr.)
- die zusätzlichen **`Daten und Methoden`**, um die die Basisklasse erweitert wird (Hier wurden sie nur im Kommentar //... angedeutet.)

Im konkreten Anwendungsfall sieht das so aus:

```
// listings/14/vererbung2/kunde.h
...
class Kunde : public Person {
 public:
  unsigned long get_kundennummer() const {
    return kundennummer;
```

```
05    }
06    void set_kundennummer(unsigned long nr) {
07      kundennummer = nr;
08    }
09   private:
10    unsigned long kundennummer = 0;
11    // Bankdaten ...
12  };
```

In Zeile (01) befindet sich die Klassendefinition mit dem Schlüsselwort `class` und dem Namen der abgeleiteten Klasse, `Kunde`. Es folgen ein Doppelpunkt für die Vererbung und das Schlüsselwort `public` für die Zugriffsspezifikation sowie der Name der Basisklasse, `Person`.

14.2.1 Erben und erweitern

Bei der Vererbung werden sämtliche Attribute und Methoden der Basisklasse `Person` an die Klasse `Kunde` vererbt. Durch die Definition von

```
class Kunde : public Person { //... };
```

erbt `Kunde` also die Attribute für den `vorname` und `nachname` und die Methoden `set_vorname()`, `set_nachname()`, `get_vorname()`, `get_nachname()` und `print()`.

Das heißt, jedes Objekt der Klasse `Kunde` hat diese Datenfelder und kann diese Methoden verwenden.

Neu definiert wurden in der abgeleiteten Klasse `Kunde` in Zeile (10) das private Attribut `kundennummer` und in den Zeilen (03) bis (08) die öffentlichen Methoden `get_kundennummer()` und `set_kundennummer()`, um die Kundennummer zu setzen und auszulesen.

Mit diesen wenigen Zeilen zusätzlichen Codes ist die neue Klasse einsatzbereit, beispielsweise in dieser Form:

```
// listings/14/vererbung2/main.cpp
...
#include "kunde.h"
```

```
02 int main() {
03   Kunde k1{};
04   k1.set_vorname("Kim");
05   k1.set_nachname("Kunde");
06   k1.set_kundennummer(47110815);
07   std::cout << k1.get_vorname() << " ";
08   std::cout << k1.get_nachname() << ", ";
09   std::cout << k1.get_kundennummer() << "\n";
10   k1.print();
11 }
```

In Zeile (**03**) wird eine Instanz der Klasse `Kunde` erzeugt. In Zeile (**04**) und (**05**) werden mit den Methoden der Basisklasse die Attribute gesetzt, die der Kunde geerbt hat. In Zeile (**06**) wird über die eigene Methode der abgeleiteten Klasse das nur dort vorhandene Attribut gesetzt. Die Ausgaben in den Zeilen (**07**) bis (**09**) erfolgen mit zwei geerbten und einer eigenen Methode. In Zeile (**10**) wird für den Kunden die von `Person` geerbte Methode `print()` aufgerufen.

Die Ausgabe ist, wie zu erwarten war:

```
Kim Kunde, 47110815
[P]Vorname : Kim
[P]Nachname: Kunde
```

Die Methode `print()` der Basisklasse kann auf die privaten Attribute der Basisklasse zugreifen, gibt allerdings auch nur ebendiese aus.

Bevor wir in der Klasse `Kunde` eine passgenauere Methode zur Ausgabe bereitstellen, werfen wir noch einen Blick auf die Zugriffsspezifikationen, die wir bisher nur kurz erwähnt haben.

14.2.2 »public«-Zugriffsrechte einer abgeleiteten Klasse

Überwiegend wird beim Ableiten der Basisklasse die `public`-Vererbung definiert, die wir auch hier verwendet haben. Dabei steht die abgeleitete Klasse auf der gleichen Stufe wie jeder andere externe Zugriff auf öffentliche `public`-Elemente und private `private`-Elemente der Basisklasse. Eine

Option, um der Kindklasse mehr Rechte gegenüber der Elternklasse zu verschaffen, besprechen wir in Abschnitt 14.2.9, »Die Zugriffsspezifikation ›protected‹«.

Sie können also aus den Methoden und Konstruktoren der Klasse `Kunde` alle `public`-Elemente (hier ausschließlich Methoden) der Klasse `Person` verwenden. Auch für eine abgeleitete Klasse ist es *nicht möglich*, auf die geerbten `private`-Elemente der Basisklasse direkt zuzugreifen. Auf ihre eigenen privaten Attribute hat sie natürlich direkten Zugriff.

```
Kunde k1{};
// Über die geerbte public-Methode funktioniert es
k1.set_vorname("Klaus"); // Ok
// !! Nicht möglich, weil Person::vorname private ist !!
k1.vorname = "Konrad";     // Fehler
// Mit den eigenen privaten Attributen funktioniert es
k1.kundennummer = 47120816;
```

Wenn Sie versuchen, auf private Elemente der Basisklasse zuzugreifen, erhalten Sie eine Fehlermeldung des Compilers.

Beim Aufruf einer Methode sucht der Compiler zunächst in der eigenen Klasse nach einer Methode mit passender Signatur. Wird er dort nicht fündig, sucht er weiter oben in der Klassenhierarchie – also in der Basisklasse oder deren Basisklassen. Das geht so lange, bis er eine zur Signatur passende Methode und Zugriffsspezifikation findet; bei einem Misserfolg lässt sich das Programm nicht übersetzen.

Vererbung kann über mehrere Generationen erfolgen

Es ist auch möglich, dass die Basisklasse selbst wiederum eine abgeleitete Klasse ist. Dabei spricht man dann von einer *indirekten Basisklasse*. Von unserer Klasse `Kunde` könnte die Klasse `VIPKunde` erben. Auf diese Art lassen sich ganze Klassenhierarchien bilden, was besonders bei der GUI-Programmierung gängige Praxis ist.

Sie können zwar beliebig viele Vererbungsebenen erstellen, meist ist das aber keine gute Idee. Mit jeder Ebene wird der Code schwieriger zu verstehen und zu warten. Beschränken Sie sich am besten auf zwei, maximal drei Ebenen.

Wenn Sie mehr benötigen, überdenken Sie Ihr Design: Oft gibt es bessere Lösungen als Vererbung. Eine häufig genutzte Alternative ist die Komposition, bei der eine Klasse andere Objekte als Mitglieder enthält, statt von ihnen zu erben.

In unserem Beispiel wird die Methode `get_nachname()` aus der Basisklasse `Person` verwendet, weil es in der abgeleiteten Klasse `Kunde` keine entsprechende Methode mit diesem Namen gibt. Gäbe es diese, würde tatsächlich die Methode der Klasse `Kunde` benutzt – auch wenn es eine gleichnamige Methode in der Klasse `Person` gibt. Das funktioniert also frei nach dem Motto: »Wer zuerst kommt, mahlt zuerst.«

Wir wollen jetzt einen solchen Fall einführen, indem wir unserer Kindklasse eine passgenauere `print()`-Methode hinzufügen. Eine Methode gleichen Namens erbt sie ja bereits von der Klasse `Person`.

14.2.3 Methoden überschreiben

Ist eine geerbte Methode nicht passend, können Sie sie überschreiben. *Überschreiben* bedeutet, geerbte Methoden mit derselben Signatur (Bezeichner und Parameter) zu *redefinieren*.

Redefinierte Methoden überdecken die gleichnamigen Elemente der Basisklasse. Wir werden von dieser Möglichkeit gleich Gebrauch machen, indem wir die Klasse `Kunde` um eine eigene Methode `print()` erweitern.

In einer naiven Lösung wird diese Methode die Attribute der Basisklasse und der abgeleiteten Klasse ausgeben. Um die Ausgabe durch die Methode `Kunde::print()` zu unterscheiden, wird sie im Listing jeweils mit `[K]` markiert:

```
00  // listings/14/vererbung3/kunde.h
...
void print() const {
  std::cout << "[K]Vorname     : " << get_vorname() << "\n";
```

```
    std::cout << "[K]Nachname    : " << get_nachname()<< "\n";
    std::cout << "[K]Kdnr.       : " << kundennummer  << "\n";
}
```

Da wir aus einer Methode der Klasse `Kunde` auf private Attribute von `Person` zugreifen, müssen wir deren öffentliche Funktionen `get_vorname()` und `get_nachname()` verwenden. Insbesondere haben wir aber den Großteil der gewünschten Ausgabe schon in der Methode `Person::print()` implementiert. Generell wollen wir Code aus der Basisklasse nicht wiederholen, sondern lieber dort nutzen.

Expliziter Aufruf von Methoden der Basisklasse

Wir redefinieren daher die Methode `print()`in der Klasse `Kunde` so, dass sie die Methode `print()` der Basisklasse `Person` aufruft:

```
00 // listings/14/vererbung4/kunde.h
...
01     void print() const {
02       Person::print();
03       std::cout << "[K]Kdnr.    : " << kundennummer << '\n';
04     }
```

Um aus der Kindklasse auf die gleichnamigen Elemente der Basisklasse zuzugreifen, verwenden wird den Scope-Operator und rufen in Zeile (02) mit `Person::print()` explizit die Methode der Klasse `Person` auf. Mit einem Aufruf von `print()` ohne Scope-Angabe würde die Funktion sich selbst aufrufen, also `Kunde::print()`, und in einer Endlosschleife landen – das Programm ließe sich ohne Gewalt nicht mehr beenden.

Dieser Zugriff mithilfe des Scope-Operators ist nicht auf Methoden beschränkt. Er ist auch auf `public`-Attribute möglich, was allerdings in der Praxis seltener vorkommt und das OOP-Konzept aufweicht.

In Zeile (03) wird für die Ausgabe der Kundennummer direkt auf die privaten Daten der eigenen Klasse `Kunde` zugegriffen.

14.2.4 Konstruktoren

Das Thema Konstruktor haben wir bisher ausgespart. Noch können wir unsere Klasse `Kunde` nur parameterlos konstruieren.

Anders als die Methoden werden die Konstruktoren einer Basisklasse nicht einfach mitvererbt. Das ist sinnvoll, da die geerbten Konstruktoren neue Attribute der Kindklasse nicht initialisieren würden.

Damit auch ein `Kunde` direkt und komplett konstruiert werden kann, erhält er einen eigenen Konstruktor. Dazu müssen Sie aber zunächst wissen, wie die Daten der abgeleiteten Klasse und Basisklasse auf- und wieder abgebaut werden.

Konstruktion abgeleiteter Klassen

Bei der Instanziierung einer abgeleiteten Klasse wird zuerst deren Basisklasse instanziiert. Es wird also erst ein Konstruktor der **Basisklasse** und erst danach der Konstruktor der abgeleiteten Klasse ausgeführt.

Macht eine abgeleitete Klasse keine Angabe, wie die Basisklasse instanziiert werden soll, wird deren parameterloser Konstruktor verwendet.

Wird also aktuell ein Objekt der Klasse `Kunde` instanziiert, wird ihr automatisch erstellter Standardkonstruktor aufgerufen. Dieser ruft den parameterlosen Konstruktor der Basisklasse `Person` auf; der ist vorhanden und initialisiert `vorname` und `nachname`. Das Attribut `kundennummer` der abgeleiteten Klasse `Kunde` erhält seinen initialen Wert von 0 aus der direkten Initialisierung des Attributs in der Klassendefinition von `Kunde`.

Der spätere Abbau eines Objekts geschieht genau in der umgekehrten Reihenfolge: Zuerst wird der Destruktor der abgeleiteten Klasse aufgerufen und erst anschließend der Destruktor der Basisklasse.

Instanziierung der Basisklasse

In Kapitel 12, »Objekte und Klassenelemente«, haben Sie die Initialisierung eingebetteter Elemente über Elementinitialisierer kennengelernt. Abgeleitete Klassen können einen Konstruktor der Basisklasse als Elementinitialisierer verwenden. Diesen bezeichnet man auch als *Basisinitialisierer*. Ein Beispiel dafür sieht folgendermaßen aus:

```
00 // listings/14/vererbung5/kunde.h
...
01 class Kunde : public Person {
02   public:
03   Kunde( std::string vn = "", std::string nn = "",
04          unsigned long nr = 0 )
05       : Person{ vn, nn }, kundennummer{ nr } {}
...
```

In Zeile (05) wird im Elementinitialisierer des Konstruktors von Kunde nach dem Doppelpunkt ein Konstruktor der Klasse Person mit den Argumenten vn und nn aufgerufen. Das Attribut kundennummer der abgeleiteten Klasse wird nach dem Basisinitialisierer ebenfalls per Elementinitialisierer gesetzt. Sie verwenden Basis- und Elementinitialisierer in einer durch Komma getrennten Liste.

Durch diesen Konstruktionsablauf ist sicher, dass die Basis- und die Kindklasse komplett konstruiert sind, bevor Anweisungen im Rumpf des Kindkonstruktors ausgeführt werden, auch wenn in unserem Fall der Konstruktorrumpf der Klasse Kunde leer ist.

Insbesondere für den Fall, dass die Konstruktoren der Kindklasse Parameter lediglich an die Basisklasse weiterreichen, können Konstruktoren auch vererbt werden. Wie das geht, zeigen wir Ihnen gleich.

Achtung!

Wird kein Konstruktor der Basisklasse in der Elementinitialisierer-Liste aufgerufen, versucht der Compiler automatisch, einen parameterlosen Konstruktor der Basisklasse aufzurufen. Gibt es diesen nicht, meldet er einen Fehler!

14.2.5 Programmbeispiel

An dieser Stelle soll ein Beispielprogramm demonstrieren, wie flexibel sich die Basisklasse Person (mit der Headerdatei *person.h*) und die Klasse Kunde (mit der Headerdatei *kunde.h*) miteinander verwenden lassen:

```
00 // listings/14/vererbung6/main.cpp
...
01 int main() {
02   Kunde k1{"Max", "Mueller"};
03   k1.set_nachname("Mustermann");
04   k1.print();  // Alles ausgeben
05   k1.set_kundennummer(2345678);
06   std::cout << k1.get_vorname() << "\n";
07   std::cout << k1.get_nachname() << "\n";
08   std::cout << k1.get_kundennummer() << "\n";
09   k1.print();  // Alles ausgeben
10   // Nur Teile von Person ausgeben
11   k1.Person::print();
12   // Nur Person anlegen
13   Person p1{"Bente", "Beispiel"};
14   // print() der Basisklasse ausführen
15   p1.print();
16 }
```


Das Beispiel demonstriert, dass eine Instanz der Klasse `Kunde` gleichzeitig eine Instanz der Klasse `Person` ist. In Zeile **(09)** wird die Methode `Kunde::print()`aufgerufen, da `k1` vom Typ `Kunde` ist. Sie können aber auch wie in Zeile **(11)** mit `Person::print()` explizit auf die Methode der Basisklasse zugreifen, da ein Kunde ja auch eine Person ist.

Mit einer Instanz der Klasse `Person` wird beim Zugriff immer die entsprechende Methode `Person::print()` aufgerufen wie in Zeile **(15)**; die Existenz der abgeleiteten Klasse hat keine Auswirkung.

14.2.6 Konstruktoren vererben

Auch Konstruktoren können vererbt werden, man spricht dann von *Inherited Constructors*. Das kann Doppelungen im Code vermeiden. Betrachten wir zuerst folgenden Codeausschnitt, in dem eine Klasse von einer Basisklasse abgeleitet wird, und zwar ohne geerbte Konstruktoren:

```
// listings/14/inheritctor/klassen.h
class Basis {
```

```
02   public:
03     explicit Basis(int ival) { std::cout << ival << '\n'; }
04     explicit Basis(std::string s) { std::cout << s << '\n'; }
05 };
06 class Erbe : public Basis {
07   public:
08    explicit Erbe(int ival): Basis{ival} {}
09    explicit Erbe(std::string s): Basis{s} {}
10    explicit Erbe(float fval) : Basis{0}
                   { std::cout << fval << '\n'; }
11 };
```

In der Klasse `Erbe` werden drei Konstruktoren definiert. Der Konstruktor in Zeile (**10**) ruft einen Basisinitialisierer auf und führt im Anschluss eigenen Code aus. Die beiden Konstruktoren in Zeile (**08**) und (**09**) reichen lediglich ihre Parameter an die Basisklasse durch, haben aber keine eigene Funktionalität.

Sie können mit einem einfachen `using Basis::Basis` die Konstruktoren der Basisklasse `Basis` in der abgeleiteten Klasse zur Verfügung stellen. Sie vermeiden so, dass eine möglicherweise große Anzahl eigentlich inhaltsloser Konstruktoren in der abgeleiteten Klasse wiederholt wird. Sie können aber weiterhin eigene Konstruktoren definieren und auch Konstruktoren der Basisklasse redefinieren.

Die Verwendung ist denkbar einfach:

```
// listings/14/inheritctor/klassen.h
class Erbe2 : public Basis {
 public:
  // Vererbung der Konstruktoren
  using Basis::Basis;
  // Zusaetzlicher Konstruktor
  explicit Erbe2(float fval) : Basis{0} {
    std::cout << fval << '\n';
  }
};
```

Die Wirkung dieses Codes entspricht dem vorangegangenen Beispiel. Diese Schreibweise ist bei vielen Konstruktoren kürzer und komfortabler. Wenn Konstruktoren ohne Logik nur Parameter weiterleiten, ist dies eine gute Alternative.

Anmerkungen zur Vererbung von Konstruktoren

Beachten Sie, dass der Kopier- und der Verschiebekonstruktor (und bis C++17 der Standardkonstruktor) der Basisklasse mittels `using` nicht an die abgeleitete Klasse mitvererbt werden, denn sie würden nicht das tun, was sie tun sollen.

Bei der Verwendung abgeleiteter Konstruktoren sollten Sie besonders aufpassen, dass alle eigenen Attribute der abgeleiteten Klassen initialisiert werden. Insbesondere später zur abgeleiteten Klasse hinzugefügte Attribute werden hier leicht übersehen.

14.2.7 Destruktor

Für die abgeleitete Klasse ist ein spezieller Destruktor erforderlich, wenn etwas zu erledigen ist, beispielsweise das Freigeben von Speicher über einen rohen Zeiger. Der Destruktor der Basisklasse wird automatisch ausgeführt und muss nicht explizit aufgerufen werden.

Sie benötigen außerdem einen Destruktor, wenn Sie virtuelle Methoden verwenden, die Sie noch in Abschnitt 14.2.11, »Überschreiben mit virtuellen Methoden«, kennenlernen.

14.2.8 Mehrfachvererbung

C++ erlaubt es, von mehreren Basisklassen gleichzeitig zu erben. Eine Klasse `Smartphone` könnte beispielsweise sowohl von `Telefon` als auch von `Kamera` erben. Diese sogenannte Mehrfachvererbung ist ein mächtiges, aber auch komplexes Feature. Es führt leicht zu Problemen und wird in der Praxis eher selten verwendet. Die meisten anderen objektorientierten Sprachen unterstützen Mehrfachvererbung auch gar nicht. Gerade für

Einsteiger ist es ratsam, sich zunächst auf die Vererbung von einer einzelnen Basisklasse zu beschränken.

14.2.9 Die Zugriffsspezifikation »protected«

Eine abgeleitete Klasse hat keinen Zugriff auf private Elemente der Basisklasse. Das ist schon deshalb sinnvoll, weil die Basisklasse keinen Einfluss darauf hat, wer von ihr ableitet.

Eine Klasse hat aber die Option, eine Zugriffsspezifikation zu vergeben, die »zwischen« `public` und `private` liegt – mit dem für abgeleitete Klassen relevanten Schlüsselwort `protected`.

Der Unterschied zu `private` besteht darin, dass Methoden oder `friend`-Funktionen einer abgeleiteten Klasse auf die `protected`-Elemente der Basisklasse zugreifen können. Von außen hingegen lässt sich nach wie vor nichts machen (siehe Tabelle 14.1).

Schlüsselwort	Eigene Klasse	Abgeleitete Klasse	Außerhalb
`private`	sichtbar	nicht sichtbar	nicht sichtbar
`protected`	sichtbar	sichtbar	nicht sichtbar
`public`	sichtbar	sichtbar	sichtbar

Tabelle 14.1 Schlüsselwörter für die Zugriffsspezifikation und ihre Bedeutung

Vermeiden Sie die Verwendung von »protected«

Mit dem Schlüsselwort `protected` lockern Sie die Datenkapselung. Hier herrscht der Gedanke, dass eine abgeleitete Klasse aus der »Familie« verantwortungsvoll mit den geerbten Daten umgehen wird. Bei Klassenhierarchien, die Sie selbst erstellen, sollten Sie auf `protected` verzichten, denn es führt schnell dazu, dass Sie verschiedene sinnvolle Prinzipien der Programmierung verletzen. Die Funktionsweise dieser Elemente wollten wir Ihnen aber dennoch vorstellen, da sie Ihnen in bestehendem Code begegnen können.

Aus Abschnitt 14.2.2, »›public‹-Zugriffsrechte einer abgeleiteten Klasse«, wissen Sie, dass folgender Zugriff der Methode `Kunde::print()` auf die privaten Daten der Klasse `Person` eine Fehlermeldung des Compilers auslösen würde:

```
00 // listings/14/vererbung7/kunde.h
...
01 class Kunde : public Person {
02   public:
...
21   void print() const {
22     std::cout << "[K]Vorname : " << vorname << '\n';
23     std::cout << "[K]Nachname: " << nachname << '\n';
24     std::cout << "[K]Kdnr.    : " << kundennummer << '\n';
25   }
```

Auf die Daten `Person::vorname` und `Person::nachname` in Zeile (**22**) und (**23**) können Sie nicht zugreifen, wenn sie als `private` gekennzeichnet sind. Markieren Sie diese Daten in der Klasse `Person` aber als `protected`, hat die abgeleitete Klasse `Kunde` Zugriff. Der entsprechende Codeausschnitt aus der Headerdatei *person.h* dazu lautet einfach:

```
// listings/14/vererbung7/person.h
...
class Person {
  public:
...
 protected:
   std::string vorname {};
   std::string nachname {};
```

14.2.10 Implizite Typumwandlung abgeleiteter Klassen

Sie wissen schon, dass die Vererbung eine »Ist-ein-Beziehung« darstellt. Verwenden Sie ein Objekt einer abgeleiteten Klasse dort, wo ein Objekt vom Typ der Basisklasse erwartet wird, erfolgt implizit eine Umwandlung in diesen Typ. Sie können beispielsweise Instanzen der Klasse `Kunde` Variablen vom Typ `Person` zuweisen, denn der Kunde ist ja auch eine Person. Diese Umwandlung kann zwar praktisch sein, ist aber auch gefährlich, denn es werden nur die Attribute der Basisklasse zugewiesen. Attribute, die nur in der abgeleiteten Klasse existieren, werden nicht berücksichtigt und gehen bei der Zuweisung verloren. Dies wird als »Abschneiden des Objekts« oder *Object Slicing* bezeichnet. Hier sehen Sie ein Beispiel für diesen Vorgang:

```
00 // listings/14/vererbung8/main.cpp
...
01 int main() {
02   Kunde kunde1("Kim", "Kunde", 42);
03   kunde1.print();
04   // Implizite Typumwandlung
05   Person person1 = kunde1;
06   // Die Methode Person::print() wird aufgerufen
07   person1.print(); // Kundennummer fehlt jetzt
08 }
```

In Zeile (**03**) erfolgt die Ausgabe des Objekts `kunde1` als `Kunde`:

```
[K]Vorname : Kim
[K]Nachname: Kunde
[K]Kdnr.   : 42
```

Die Instanz `person1` aus Zeile (**05**) ist vom Typ `Person`, die Kundennummer von `kunde1` ist dort nicht mehr vorhanden. In der Ausgabe von Zeile (**07**) wird `Person::print()` aufgerufen, und entsprechend fehlt natürlich die Kundennummer:

```
[P]Vorname : Kim
[P]Nachname: Kunde
```

Der Effekt tritt generell bei Kopien und Zuweisungen zu einem Basistyp auf.

Vorsicht bei Funktionsparametern

Funktionsparameter die mit *Call-by-Value* als Kopie übergeben werden, verlieren durch *Object Slicing* ebenfalls die Daten der Kindklasse. Da der Datentyp des Arguments im Funktionsaufruf nicht direkt sichtbar ist, ist das besonders tückisch:

```
void fkt_mit_slicing (Person p) { p.print();}
```

Verwenden Sie stattdessen Referenzen oder Zeiger und vermeiden Sie damit das Slicing. Die übergebenen Argumente behalten ihren Datentyp und haben Zugriff auf ihre Attribute und Methoden:

```
void fkt_ohne_slicing1 (Person& p) { p.print();}
void fkt_ohne_slicing2 (Person* p) { p->print();}
```


14.2.11 Überschreiben mit virtuellen Methoden

Virtuelle Methoden lösen ein häufiges Problem bei der Vererbung: Sie stellen sicher, dass die passende Version einer überschriebenen Methode aufgerufen wird. Um virtuelle Methoden leichter zu verstehen, sollten Sie zunächst das folgende Beispiel nachvollziehen:

```
// listings/14/virtual01/main.cpp
...
class Basis {
  public:
  std::string get_str() const { return "Basis"; }
  void print() const { std::cout << get_str() << '\n'; }
};
class Abgeleitet : public Basis {
  public:
  std::string get_str() const { return "Abgl."; }
};
int main() {
  Basis basis {};
  basis.print();  // "Basis"
```

```
13    Abgeleitet abgeleitet {};
14    abgeleitet.print();  // "Basis"
15  }
```

Sie erhalten das folgende, vermutlich unerwartete Ergebnis:

```
Basis
Basis
```

In den Zeilen (**12**) und (**14**) wird jeweils `Basis::print()` aufgerufen. Die Methode ermittelt den String zur Ausgabe über einen Aufruf von `get_str()`. Die Zeile (**12**) gibt wie erwartet `"Basis"` aus. Die Ausgabe von (**14**) ist allerdings ebenfalls `"Basis"`, obwohl für die abgeleitete Klasse ein überschriebenes `Abgeleitet::get_str()` mit anderer Rückgabe existiert. Die Methode `Basis::print()` aus Zeile (**04**) ruft allerdings `Basis::get_str()` auf, denn `Abgeleitet::get_str()` ist der Basisklasse ja gar nicht bekannt. Sie kann und soll zum Zeitpunkt ihrer Übersetzung nichts von einer abgeleiteten Klasse wissen müssen.

Sie können C++ aber auffordern, die Situation zur Laufzeit noch einmal zu prüfen, indem Sie sogenannte *virtuelle Methoden* verwenden. Ergänzen Sie eine Methode mit dem Schlüsselwort `virtual`, wird erst zur *Laufzeit* entschieden, welche Methode verwendet wird, und nicht bereits zur *Übersetzungszeit*. Hier folgt dasselbe Beispiel wie zuvor, jetzt aber mit `virtual`:

```
00  // listings/14/virtual02/main.cpp
...
01  class Basis {
02    public:
03    virtual std::string get_str() const { return "Basis"; }
04    void print() const { std::cout << get_str() << '\n'; }
05  };
06  class Abgeleitet : public Basis {
07    public:
08    std::string get_str() const override { return "Abgl.";}
09  };
10  int main() {
11    Basis basis {};
```

```
12    basis.print(); // "Basis"
13    Abgeleitet abgeleitet {};
14    abgeleitet.print(); // " Abgl."
15  }
```

Weil die Methode `get_str()` in Zeile (**03**) mit `virtual` gekennzeichnet wurde, wird nun in Zeile (**14**) passend zum Datentyp der Text `"Abgl."` ausgegeben, denn jetzt wird zur Laufzeit dynamisch geprüft, welche Methode aufgerufen werden soll. Zwar wird in Zeile (**14**) nach wie vor auf `Basis::print()` zugegriffen, der Aufruf von `get_str()` ist aber jetzt ein *virtueller Methodenaufruf*, der erst zur Laufzeit die Methoden der Ableitungshierarchie prüft und dann entscheidet.

In Zeile (**08**) wurde außerdem das Schlüsselwort `override` verwendet. Damit signalisieren Sie dem Compiler, dass Sie hier erwarten, eine virtuelle Methode zu überschreiben. Erzeugen Sie versehentlich eine neue Methode, anstatt eine zu überschreiben, erhalten Sie eine Fehlermeldung. Sie sollten mit virtuellen Methoden (und auch nur da) `override` auf jeden Fall nutzen: Es hilft Ihnen, hier sehr unangenehme Auswirkungen schwer auffindbarer Tippfehler bei Methoden und Signaturen zu vermeiden.

Sie müssen das Schlüsselwort `virtual` aus gutem Grund explizit angeben. Die beschriebene Prüfung erfordert, dass zur Laufzeit in einer speziellen Tabelle nachgeschlagen werden muss, welche Methode aufgerufen wird. Somit werden für jede Instanz ein weiteres verstecktes Datenfeld in Form eines Zeigers auf diese Tabelle und eine entsprechende Abfrage erforderlich. Sie müssen daher aktiv entscheiden, ob Sie diesen Aufwand, der Speicher und Laufzeit kostet, für Ihren Code benötigen.

Einmal »virtual«, immer »virtual«

Überschreiben Sie eine virtuelle Methode einer Basisklasse, ist die überschriebene Methode automatisch ebenfalls virtuell.

Wenn Sie eine Klasse mit virtuellen Methoden als Basisklasse für Vererbung vorsehen, sollten Sie direkt einen virtuellen Destruktor definieren. Auch der Destruktor wird einfach mit dem Schlüsselwort `virtual` versehen. Destruktoren der Kindklassen sind damit ebenfalls virtuell:

```
class Person {
 public:
  Person() = default;
  Person(std::string vn, std::string nn);
  void set_vorname(std::string str);
  void set_nachname(std::string str);
  std::string get_vorname() const;
  std::string get_nachname() const;
  virtual void print() const;
  virtual ~Person();
 protected:
  std::string vorname{};
  std::string nachname{};
};
```

Sie vermeiden auf diese Weise schwer zu findende Probleme, die auftreten, wenn abgeleitete Klassen zerstört werden, die über einen Zeiger auf die Basisklasse erzeugt wurden.

14.2.12 Vererbung und Überschreiben verhindern

Mit dem Schlüsselwort `final` können Sie verhindern, dass von Ihrer Klasse abgeleitete Klassen erstellt oder dass bestimmte virtuelle Methoden überschrieben werden können. Betrachten Sie dazu ein vereinfachtes Beispiel eines Sparkontos:

```
// listings/14/final/main.cpp
...
class Konto {
 public:
  virtual void ueberweise(long betrag) = 0;
};
class Sparkonto final : public Konto {
 public:
  Sparkonto(long guthaben) : stand{guthaben} {}
  void ueberweise(long betrag) final override {
    if (betrag <= stand) {
```

```
11        stand -= betrag;
12      }
13    }
14   private:
15    long stand;
16  };
17  // Fehler: Kann nicht von final-Klasse erben
18  // class BetrugsKonto : public Sparkonto { };
```

In Zeile (06) wird `Sparkonto` definiert, ein Guthabenkonto, das keinen negativen `stand` haben darf. Dort ist die Klasse bereits mit dem Schlüsselwort `final` markiert. Das bedeutet, dass keine weitere Klasse von ihr ableiten kann. In Zeile (09) wird die Methode `ueberweise` überschrieben. Sie erlaubt den Transfer nur, wenn der überwiesene Betrag auf dem Konto vorhanden ist. Die Methode ist ebenfalls als `final` gekennzeichnet. In dem Beispiel ist das `final` damit doppelt vorhanden. Wäre nicht schon die Klasse entsprechend gekennzeichnet, würde das spezifisch ein Überschreiben der virtuellen Methode in Kindklasssen verhindern.

Mit `final` können Sie sicherstellen, dass wichtige Regeln oder Sicherheitsprüfungen nicht (versehentlich) umgangen werden. Im Beispiel wird verhindert, dass jemand eine neue Klasse erstellt, die die Überprüfung des Kontostands umgeht.

14.2.13 Abstrakte Klassen und rein virtuelle Methoden

Mit einer sogenannten *abstrakten Basisklasse* sorgen Sie dafür, dass Instanzen von Kindklassen vorgegebene Schnittstellen implementieren, indem Sie sie als sogenannte *rein virtuelle Methoden* vorgeben.

Wir betrachten dazu die Klasse `Musikformat`:

```
// listings/14/abstract.cpp
using std::cout, std::string;
class Musikformat {
 public:
  virtual void play() = 0;
  virtual string get_info() = 0;
};
```

Die Methoden `play()` und `get_info()` sind mit `virtual` gekennzeichnet und mit `= 0` initialisiert. Solche Methoden werden als rein virtuell (engl. *pure virtual*) oder auch *abstrakt* bezeichnet. Eine Klasse, die solche Methoden enthält, ist eine sogenannte *abstrakte Klasse*. Abstrakte Klassen wie `Musikformat` können selbst nicht instanziiert werden. Sie dienen in der Regel als Basisklassen, denn ihre Kindklassen können instanziiert werden, sobald sie alle rein virtuellen Methoden konkret implementieren, wie im hier fortgesetzten Beispiel:

```
07 void abspielen(Musikformat& musik) {
08   cout << "Jetzt kommt: '" << musik.get_info() << "'\n";
09   musik.play();
10 }
11 class MP3 : public Musikformat {
12  public:
13   string titel = "";
14   MP3(string t) : titel{t} {}
15   void play() override {cout << "... MP3 spielt...\n";}
16   string get_info() override {return info;}
17 };
18 int main() {
19   MP3 song_mp3("Toller Song");
20   abspielen(song_mp3);
21 }
```

In Zeile **(07)** wird die Funktion `abspielen()` definiert. Die Schnittstellen, die ein übergebenes Objekt `musik` haben wird, sind mit `get_info()` und `play()` von der Klasse `Musikformat` vorgegeben.

Die Kindklasse `MP3` aus Zeile **(11)** bis **(17)** überschreibt die rein virtuellen Methoden von `Musikformat` mit konkreten Implementierungen. Von `MP3` können daher Instanzen erzeugt werden. Werden hier nicht alle abstrakten Methoden implementiert, bleibt auch `MP3` eine abstrakte Klasse.

Obwohl `MP3` bei der Implementierung von `abspielen()` noch nicht bekannt war, kann sie ein entsprechendes Objekt in Zeile **(20)** als Argument dienen. Aufgrund der abstrakten Methoden der Basisklasse ist sichergestellt, dass jede Instanz einer Kindklasse von `Musikformat` die Methoden `play()` und `get_info()` hat.

14.3 Kontrollfragen und Aufgaben

1. Was bedeutet Vererbung oder Ableitung einer Klasse in C++ ?
2. Wie können Sie eine solche Ableitung implementieren? Was müssen Sie tun, um die Klasse `A` zur Basisklasse der Klasse `B` zu erklären und damit Klasse `B` Elemente der Klasse `A` erbt?
3. Neben den bereits bekannten Zugriffsrechten `public` und `private` gibt es eine dritte Form. Welche ist das? Erklären Sie kurz ihren Sinn!
4. Was passiert, wenn Sie bei der Vererbung keine Zugriffsrechte angeben?
5. Im folgenden Beispiel wurden in der abgeleiteten Klasse einige Zugriffsfehler gemacht. Finden Sie die Fehler!


```
// listings/14/aufgaben/aufgabe1/aufgabe1.cpp
class Basisklasse {
 public:
  int int_public;
  Basisklasse(int val1 = 0, int val2 = 0, int val3 = 0)
      : int_private{val1},
        int_protected{val2},
        int_public{val3}
        {}
protected:
  int int_protected;
private:
  int int_private;
};
class AbgeleiteteKlasse : public Basisklasse {
 public:
  AbgeleiteteKlasse(int val1 = 0, int val2 = 0, int val3 = 0) {
    int_private = val1;
    int_protected = val2;
```

```
    int_public = val3;
  }
  void reset_ints() {
    int_private = 0;
    int_protected = 0;
    int_public = 0;
  }
};
```

Kapitel 15

Templates

Mit *Templates* (dt. *Schablonen*) können Sie Klassen und Funktionen unabhängig von konkreten Datentypen erzeugen. Damit erhalten Sie ein wichtiges Werkzeug, um typsicheren und flexiblen Code zu schreiben. Die C++-Standardbibliothek basiert wesentlich auf solchen Templates – von Containern wie `std::vector` bis `std::format`, das über Templates für eigene Klassen konfiguriert wird. Wir sehen uns an, wie Templates funktionieren und wie wir sie für eigene Funktionen und Klassen einsetzen können.

15.1 Funktionstemplates

C++ ist eine typgebundene Sprache. Dadurch kommt es schnell vor, dass man praktisch die gleiche Funktion mehrfach implementiert, unterschieden nur durch ihre Datentypen. Stellen Sie sich vor, Sie möchten eine Funktion schreiben, die das Maximum zweier Werte gleichen Datentyps zurückgibt.

Ohne Templates müssten Sie für jeden Datentyp eine separate Funktion schreiben. Den vollständigen Code finden Sie wie immer im Downloadmaterial. Wir beschränken uns hier auf die essenziellen Stellen:

```
// listings/15/templates1.cpp
...
long maxVal(long a, long b) {
  if (a < b) {return b;}
  else {return a;}
}

double maxVal(double a, double b) {
  if (a < b) {return b;}
  else {return a;}
}
```

Die beiden Funktionen `maxVal()` unterscheiden sich ausschließlich durch die jeweiligen Datentypen. Die eine liefert das Maximum zweier Werte vom Typ `long` zurück, die andere erledigt das Gleiche für den Typ `double`. Mit einem Funktionstemplate können Sie diese Funktionen durch eine einzige Template-Definition ersetzen. Das Template dient als Schablone, die der Compiler für unterschiedliche Datentypen verwendet, um eine ganze Familie von Funktionen bei Bedarf bereitzustellen. Funktionstemplates haben viele Vorteile:

- Der Code wird kürzer und übersichtlicher, da statt mehrerer Funktionen nur ein Funktionstemplate erstellt wird.
- Weniger Code und weniger Funktionen bedeuten weniger Aufwand beim Lesen des Codes, bei der Fehlersuche und beim Testen. Erprobte Templates verringern den Wartungsaufwand.
- Sie können das allgemeine Template später noch für spezielle Fälle (Typen) mit gesonderten Implementierungen erweitern.
- Die konkreten Funktionen werden aus dem Template bei der Übersetzung automatisch erzeugt, sobald sie benötigt werden. Sie sind so effizient, als hätten Sie die Funktionen direkt für jeden Typ geschrieben.

15.1.1 Funktionstemplates definieren

Funktionstemplates werden mit folgendem Präfix eingeleitet:

```
template <typename T>
```

Der Parameter `T` steht als Platzhalter für einen Datentyp und wird für Deklaration und Definition auch so verwendet. Für das Funktionstemplate `maxVal()` sieht das dann wie folgt aus:

```
// listings/15/templates2.cpp
...
// Deklaration
template <typename T>
T maxVal( T a, T b );

// Definition
```

```
05 template <typename T>
06 T maxVal( T a, T b ) {
07   if (a < b) {return b;}
08   else {return a;}
09 }
```

In Zeile (**03**) wird `T` wie ein normaler Datentyp für Rückgabe und Parameter verwendet. Der Platzhalter `T` kann im Funktionstemplate auch in dessen Rumpf verwendet werden, beispielsweise um lokale Variablen vom Typ `T` zu definieren.

Als Parametername sind alle für Bezeichner erlaubten Namen möglich. In der Praxis werden Sie aber sehr häufig den Buchstaben `T` finden.

»template <typename T>« oder »template <class T>«

Sie werden in existierenden Programmen anstatt `template <typename T>` auch `template <class T>` sehen. Beide Varianten sind korrekt und führen zu einem identischen Ergebnis.

Sie verwenden eine aus dem Funktionstemplate erzeugte Funktion so wie andere Funktionen auch:

```
// listings/15/templates2.cpp
...

int main() {
  long l1 = 100, l2 = 101;
  double d1 = 99.99, d2 = 99.89;
  std::cout << "maxVal: " << maxVal(l1, l2) << '\n';
  std::cout << "maxVal: " << maxVal(d1, d2) << '\n';
}
```

Wenn Sie ein Template zum ersten Mal mit einer bestimmten Kombination von Datentypen verwenden, erzeugt der Compiler die konkrete Funktion und verwendet sie. Man spricht auch davon, dass ein Funktionstemplate konkret *instanziiert* wird. Insbesondere werden nur die tatsächlich genutzten Templates instanziiert.

Verschachteln von Templates

Funktionen, die aus einem Template instanziiert wurden, verhalten sich wie »von Hand« erstellte Funktionen. Insbesondere können Sie Funktionstemplates auch verschachteln, also ein Template aus einem anderen aufrufen. Ein Beispiel:

```
// listings/15/templates3.cpp
...
template <typename T>
bool lower_than( T a, T b ) {
  return ( a < b);
}
template <typename T>
void sort( T& x, T& y) {
  if( lower_than ( y, x) ) {
    T tmp = x;
    x = y;
    y = tmp;
  }
}
```

In der Funktion `sort()` wird durch einen bedingten Tausch der als Referenz übergebenen Argumente dafür gesorgt, dass das linke Argument in der Argumentenliste den kleineren Wert hält und das rechte Argument den größeren.

Typübereinstimmung

Der Compiler ist beim Bearbeiten von Templates ausgesprochen strikt. Er nimmt beim Auflösen eines Templates keinerlei automatische Typkonvertierung vor. Sie müssen Ihr Funktionstemplate so generieren, dass die Datentypen der Parameter mit den Typen der Argumente übereinstimmen. Selbst einfachste implizite Typanpassungen von `int` nach `long` führen hier zu einem Compilerfehler, zum Beispiel:

```
int ival = 100;
long lval = 200;
sort ( ival, lval ); // Fehler !!!
```

Um diesen Aufruf aufzulösen, müsste der Compiler Folgendes generieren:

```
void sort ( int&, long& );
```

Da in dem zugehörigen Funktionstemplate aber mit `T` nur ein einziger Typ angegeben wurde, ist das ein Fehler. Wie Sie Funktionstemplates erstellen, die unterschiedliche Typen als Parameter aufnehmen, erläutern wir in Abschnitt 15.1.4, »Templates mit verschiedenen Parametern«.

15.1.2 Funktionstemplates über mehrere Module

Wollen Sie Funktionstemplates generieren, die in mehreren Modulen verwendet werden, sollten Sie die Definitionen der Templates in eine Headerdatei stellen. Damit steht sie allen Modulen zur Verfügung, in denen die Headerdatei eingebunden wird. Wenn eine Funktion aus einem Funktionstemplate instanziiert wird, nutzt der Compiler dann den Code aus der Headerdatei, um die konkrete Funktion zu erstellen.

15.1.3 Ein Funktionstemplate spezialisieren

Nicht immer möchten Sie ein bestimmtes Funktionstemplate auf alle Typen anwenden, beispielsweise, wenn im Template verwendete Operatoren für bestimmte Datentypen eine abweichende Bedeutung haben.

Wir können unser Funktionstemplate `maxVal()` problemlos auch auf einen String der Klasse `std::string` anwenden:

```
// listings/15/templates4.cpp
template <typename T>
T maxVal( T a, T b ) {
  if (a < b) {return b;}
  else {return a;}
}
...
std::string s1 = "ausgiebiger text", s2 = "kurz";
std::cout << "maxVal: " << maxVal(s1, s2) << '\n';
...
```

Bei der Ausführung erhalten wir dieses Ergebnis:

```
maxVal: kurz
```

Das ist auch völlig korrekt, da bei Vergleichen wie `s1<s2` mit dem überladenen Operator von `std::string` ein lexikografischer Vergleich stattfindet. Der String wird buchstabenweise verglichen, und da das `k` im Alphabet erst nach `a` kommt, schneidet `kurz` bei dem Vergleich als der »größere« String ab.

Was ist zu tun, wenn Sie bei der Verwendung von `maxVal` für `std::string` den String zurückerhalten wollen, der mehr Bytes enthält? Für solche Fälle können Sie eine Spezialisierung erstellen:

```
00 // listings/15/templates5.cpp
...
01 template <typename T>
02 T maxVal( const T a, const T b ) {
03   if (a < b) {return b;}
04   else {return a;}
05 }
06 template <>
07 std::string maxVal<std::string>(std::string a, std::string b) {
08   if ( a.size() < b.size() ) { return b; }
09   else {return a;}
10 }
...
11 std::string s1 = "ausgiebiger text", s2 = "kurz";
12 std::cout << "maxVal: " << maxVal(s1, s2) << '\n';
...
```

Die Spezialisierung in Zeile **(06)** bis **(10)** startet mit `template<>`. Beim `std::string`-Vergleich in Zeile **(11)** werden deshalb die beiden Strings mithilfe der Methode `size()` verglichen. Der String mit mehr Bytes wird von der Spezialisierung als der größere zurückgeliefert.

Vollständige Spezialisierung

In dem Beispiel werden alle Template-Parameter durch konkrete Typen ersetzt. Daher das leere `template<>`. Diese Version wird dann ausschließlich für den spezialisierten Typ (hier `std::string`) verwendet.

Sie könnten die zusätzliche Variante auch als gewöhnliche überladene Funktion definieren, ohne sich um die Template-Syntax zu kümmern:

```
float maxVal( float a, float b );
```

Bei komplexeren Fällen ist die Frage, welche Variante für welchen Typ aufgerufen werden wird, nicht immer einfach zu beantworten. Wenn Sie ein Funktionstemplate haben, sollten Sie es besser spezialisieren und nicht mit Überladung mischen.

Wollen Sie die Spezialisierung auf bestimmte Datentypen als Ergebnis der Template-Instanziierung ausschließen, versehen Sie diese mit `= delete`. Damit wird der Compiler einen Fehler anzeigen, wenn versucht wird, die Spezialisierung zu nutzen.

Eine Spezialisierung wird verwendet, wenn

- die gewöhnliche Verwendung der Funktionstemplates kein sinnvolles Ergebnis liefert.
- es im Funktionstemplate Ausdrücke gibt, die auf einem bestimmten Typ nicht ausgeführt oder nicht auf ihn angewendet werden können.

15.1.4 Templates mit verschiedenen Parametern

Funktionstemplates sind nicht nur auf einen einzelnen formalen Datentyp beschränkt, sondern können auch mit mehreren Typparametern definiert werden, zum Beispiel:

```
// listings/15/templates6.cpp
...
template <typename T1, typename T2, typename T3>
```

```
void template_fkt( T1 v1, T2 v2, T3 v3 ) {
  std::cout << v1  << " " <<  v2 << " " << v3 << "\n";
}
```

Alle drei Parameter T1, T2 und T3 werden in der Definition wie normale Typnamen verwendet. Es ist auch möglich, beim Aufruf drei Argumente gleichen Typs zu übergeben.

Betrachten wir nun im folgenden Listing einige Beispiele dafür, wie Sie diese Funktion aufrufen:

```
int main() {
  std::string str1{"String"};
  template_fkt( "Hallo Welt", 3.145f, 4);
  template_fkt( 'A', 256, str1 );
  template_fkt( 8, 15, 4711 );
}
```

Hier sehen Sie das Programm bei der Ausführung:

```
Hallo Welt 3.145 4
A 256 String
8 15 4711
```

Sie können in Funktionstemplates auch weiterhin feste Datentypen mit den üblichen Features verwenden. Das sieht dann beispielsweise so aus:

```
template <typename T>
void andere_fkt ( T n1, long n2 ) { /* ... */ }
```

15.1.5 Explizite Template-Argumente

In den meisten Fällen leitet der Compiler den Typ für den (oder die) Parameter T (Template-Parameter) automatisch ab. Dies wird als *implizite Ableitung* bezeichnet. Der folgende Aufruf des Funktionstemplates `T maxVal( T a, T b )` ist mit impliziter Ableitung widerspruchsfrei möglich:

```
maxVal( 11.11, 22.22 );  // Okay -> (double, double)
```

Es gibt aber Situationen, in denen die implizite Ableitung nicht funktioniert, da als Argumente für den Template-Aufruf zwei unterschiedliche Datentypen verwendet werden; das Template hat aber nur einen:

```
maxVal( 100, 22.22 );        // Fehler -> (int, double)
maxVal( 'A', 64);            // Fehler -> (char, int)
```

Hier können Sie den gewünschten Datentyp explizit angeben, indem Sie ihn in spitze Klammern hinter den Template-Namen setzen. Wollen Sie die oben fehlgeschlagenen Aufrufe zulassen, können Sie mit

```
maxVal<double>( 100, 11.11 );
maxVal<double>( 'A', 64);
```

erzwingen, dass ein Funktionstemplate für den Datentyp `double` generiert und bei den Aufrufen verwendet wird. Die Argumente `100`, `'A'` und `64` werden implizit zu `double` konvertiert (vgl. Abschnitt 4.3, »Typumwandlung«).

15.1.6 Einschränkungen mit Concepts

Manchmal sind Templates sogar zu flexibel. Deswegen haben Sie seit C++20 die Möglichkeit, die Verwendung von Templates auf Typen mit bestimmten Eigenschaften zu beschränken, und zwar mit den *Concepts*. Beispielsweise können Sie bestimmen, dass ein Template nur für ganze Zahlen (beispielsweise `int`, `uint` und `long`) verwendet werden kann:

```
// listings/15/concepts.cpp
#include <concepts>
#include <iostream>
 template <std::integral T>
 T maxVal( const T a, const T b ) {
   if (a < b) {return b;}
   else {return a;}
 }
int main() {
  std::cout << maxVal(17,42) << '\n';     // Okay, int, 42
```

```
10    std::cout << maxVal(17l,42l) << '\n';  // Okay, long, 42
11    // std::cout << maxVal(42.0,99.0) << '\n'; // Fehler
12  }
```

Das aus `<concepts>` eingebundene `std::integral` ersetzt `typename` in der Template-Definition in Zeile (**03**) und signalisiert, dass nur Ganzzahltypen als Parameter zulässig sind. Zeile (**11**) würde eine Fehlermeldung erzeugen, da `double` kein Ganzzahltyp ist.

Mehr Concepts

Mit *Concepts* können Sie nicht nur grundlegende Datentypen, sondern auch deren Eigenschaften prüfen. So können Sie beispielsweise festlegen, dass ein Typ sortierbar sein muss, sich wie ein Container verhalten soll oder einen Default-Konstruktor haben muss. Dies macht die Verwendung von Templates sicherer und führt zu besser verständlichen Fehlermeldungen. Concepts können auch außerhalb von Templates mit `auto` verwendet werden, um die Typen einzuschränken, die für eine Variable oder einen Parameter zulässig sind:

```
auto verdoppeln (std::integral auto wert){ return wert*2;}
```

Neben der gezeigten Syntax mit Concepts können Anforderungen an Template-Parameter auch durch `requires`-Klauseln spezifiziert werden. Das ist eine alternative Syntax, die besonders bei komplexeren Bedingungen zum Einsatz kommt.

15.1.7 Wiederverwendbare Templates

In den vorangegangenen Abschnitten haben wir Funktionstemplates am Beispiel der Funktion `maxVal()` erläutert. Damit die Notation der Templates im Vordergrund steht, haben wir diese Funktion bewusst simpel gehalten. Damit ist das Funktionstemplate aber gar nicht so breit einsetzbar. Beispielsweise werden die Argumente als Kopie übergeben. Das schließt bereits alle Datentypen aus, die nicht kopiert werden können. Andere wiederum könnten zwar kopiert werden, arbeiten dann aber nicht mehr effizient. Sie sollten ein gutes Template möglichst generisch schreiben. Eine bessere Implementierung von maxVal() unter Verwendung von Referenzen und const sähe so aus:

```
// listings/15/max.cpp
...
template <typename T>
 T maxVal(const T& a, const T& b) {
  if (a < b) { return b; }
  return a;
}
```

Diese Version deckt einen breiteren Bereich effizienter ab und funktioniert, solange der operator< für den verwendeten Datentyp verfügbar ist.

Nutzen Sie die Standardbibliothek

Das Funktionstemplate für maxVal() hat jetzt eine Form, die sich besser wiederverwenden ließe. Bevor Sie jedoch selbst zur Tat schreiten, prüfen Sie, ob es eine Funktion in der Standardbibliothek gibt, die Ihre Aufgabe erledigt. Oft sind dort auch Konstellationen berücksichtigt, die man selbst zuerst nicht bedenkt. Hier wäre das die Funktion std::max() aus der Standardbibliothek, die über die Headerdatei <algorithm> eingebunden wird. In den folgenden Kapiteln werden Sie sehen, wie die Standardbibliothek weitere Templates für Container, Smart Pointer und Algorithmen einsetzt.

15.2 Klassentemplates

Templates sind nicht auf Funktionen beschränkt, sie können auch für Klassen verwendet werden. Auf dieser Technik basiert die Entwicklung nützlicher Bibliotheken. Die populärsten Beispiele sind die Templates der Standardbibliothek (beispielsweise std::vector) und die Streamklassen. Sie sind alle als Klassentemplates implementiert – und wir haben schon im ganzen Buch Templates verwendet, ohne viel Aufhebens davon zu machen, da deren Nutzung ebenso hilfreich wie einfach ist.

15.2.1 Klassentemplate definieren

Wie ein Funktionstemplate beginnt ein Klassentemplate mit `template <typename T>`. Darauf folgt die Klassendefinition:

```
template <typename T>
class KlassenName {
  // ...
};
```

Damit definieren Sie eine Klasse mit dem Namen `KlassenName<T>`. Der Parameter `T` steht auch hier wieder für einen beliebigen Datentyp. Die Angaben `T` und `KlassenName<T>` werden wie normale Typen verwendet.

Im folgenden Beispiel demonstrieren wir ein einfach gehaltenes Klassentemplate. Wir beginnen mit einem Blick in die Headerdatei:

```
// listings/15/klassentemplate/ktempl.h
template <typename T>
class KTempl {
  public:
  KTempl() = default;
  KTempl(T t) : data{t}{}
  void set_data( const T& d );
  T get_data() const;
  private:
  T data{};
};
```

Das Template definiert den Typ `KTempl<T>`. Die Klasse speichert ein Attribut vom Typ `T`, hat eine Methode `set_data()`, die ein `const T&` übergeben bekommt, und eine konstante Methode `get_data()`, die ein `T` zurückgibt.

15.2.2 Template-Methoden definieren

Die Methoden eines Klassentemplates werden, wie die Klasse selbst, über den Typ `T` parametriert. Die Definition außerhalb des Klassentemplates hat typischerweise folgende Syntax, um `methodenName` für das Template `KlassenName<T>` zu definieren:

```
template <typename T>
Rückgabetyp KlassenName<T>::methodenName( Parameter ) {
  // ...
}
```

Bezogen auf das Klassentemplate `KTempl <T>` definieren Sie die Methoden `set_data()` und `get_data()` wie folgt:

```
00 // listings/15/klassentemplate/ktempl.h
01 template <typename T>
02 void KTempl<T>::set_data( const T& d ) {
03   data = d;
04 }
05 template <typename T>
06 T KTempl<T>::get_data() const {
07   return data;
08 }
```


Mit der Methode `set_data()` in den Zeilen **(01)** bis **(04)** setzen Sie ein Datenelement vom Typ `T` in einer Instanz von `KTempl<T>`. Zurückgeben lassen Sie sich dieses Attribut vom Typ `T` mit `get_data()` in Zeile **(05)** bis **(08)**. Wichtig ist es, auch hier jeweils `template<typename T>` zu verwenden.

15.2.3 Template-Methoden spezialisieren

Wie Funktionstemplates können Sie Methoden eines Klassentemplates für einen bestimmten Typ mit einem leeren `template<>` spezialisieren.

Wir betrachten ein Beispiel einer solchen Spezialisierung der Methode `set_data()` des Templates `KTempl<T>` für den Typ `std::string`:

```
// listings/15/klassentemplate/ktempl.h
...
template <typename T>
void KTempl <T>::set_data( const T &d ) {
  data = d;
}
template <>
```

```
06 void KTempl<std::string>::set_data( const std::string &d ) {
07   std::cout << "Spezialisierung std::string\n";
08   data = d;
09 }
```

In den Zeilen (**01**) bis (**04**) finden Sie die ursprüngliche Methode set_data() für das Klassentemplate KTempl<T>. In den Zeilen (**05**) bis (**09**) steht die Spezialisierung für KTempl<std::string>. Für eine Instanz mit KTempl<std::string> wird diese Methode anstelle von KTempl<T>::set_data() aufgerufen. Im Beispiel wird einfach zusätzlicher Text ausgegeben, wenn die Spezialisierung ausgeführt wird.

Sie können die Methode set_data() für bestimmte Typen auch ganz verbieten, indem Sie = delete am Ende der Deklaration hinzufügen:

```
template <>
void KTempl<long>::set_data( const long &d) = delete;
```

Damit ist es nicht mehr möglich, set_data() in Verbindung mit einer Instanz vom Typ KTempl<long> zu verwenden. Die Klasse könnte aber immer noch instanziiert und ausgelesen werden.

15.2.4 Klassentemplate instanziieren

Mit dem fertigen Klassentemplate KTempl<T> haben Sie eine Schablone für eine Klasse, die Sie mit verschiedenen Typen instanziieren können. Den gewünschten Typ können Sie dem Template explizit als Argument übergeben:

```
KTempl<double> dval{};
KTempl<std::string> sval{};
```

Hiermit wird das Klassentemplate für die angegebenen Typen instanziiert. Dazu wird der benötigte Code für die Methoden mit den Funktionstemplates erzeugt. Jedes Auftreten des Parameters T wird durch den entsprechenden Typ des Template-Arguments ersetzt. In unserem Beispiel würde somit Code für Klassen mit dem Typ double und weiterer Code für std::string erzeugt und anschließend jeweils ein Objekt des neuen Datentyps instanziiert.

Das folgende Beispiel demonstriert dieses Template `KTempl<T>` bei der Ausführung:

```
// listings/15/klassentemplate/main.cpp
...
    KTempl<double> dval{};
    std::cout << dval.get_data() << "\n";
    dval.set_data(5.555);
    std::cout << dval.get_data() << "\n";
    KTempl<std::string> sval{};
    sval.set_data("Ein Text"); // Spezialisierung
    std::cout << sval.get_data() << "\n";
    KTempl<long> lval{};
    // lval.set_data( 123);  // Spezialisierung mit =delete
    std::cout << lval.get_data() << "\n";
```

Die Nutzung von `KTempl<Typ>` wird weiter vereinfacht, wenn mit `using` noch entsprechende Namen vergeben und dann genutzt werden:


```
using doubleKT = KTempl<double>;
using stringKT = KTempl<std::string>;
doubleKT dval;  // KTempl<double>
stringKT sval;  // KTempl<std::string>
```

Von dieser Vorgehensweise macht auch die Standardbibliothek regen Gebrauch. So ist beispielsweise die Template-Klasse `std::string` eine Kurzform von `basic_string<char>` durch:

```
using string = basic_string<char>;
```

Automatische Ermittlung der Klassenparameter

Wie bei Funktionstemplates können seit C++17 auch bei Klassentemplates die Template-Parameter automatisch aus dem Aufruf abgeleitet werden (engl. *Class Template Argument Deduction*):

```
// listings/15/klassentemplate/main.cpp
...
    KTempl fval {1.1f};
```

```
12    std::cout << fval.get_data() << "\n";
13    fval.set_data( 2.2f );
14    std::cout << fval.get_data() << "\n";
15    KTempl cval = {'X'};
16    cval.set_data('U');
17    std::cout << cval.get_data() << "\n";
```

In Zeile (11) und Zeile (15) erfolgt keine Angabe zum Datentyp; der notwendige Typ wird vom Compiler bei der Übersetzung ermittelt.

15.2.5 Klassentemplates mit mehreren formalen Parametern

Außerdem können, wie bei den Funktionstemplates auch, bei Klassentemplates mehrere Typparameter definiert werden:

```
template <typename T1, typename T2>
class KlassenName { //...
};
```

Hiermit haben Sie eine Template-Klasse `KlassenName<T1, T2>` definiert. Die Parameter `T1` und `T2` stehen für einen bestimmten Typ. Beim Instanziieren müssen dann die entsprechenden Argumente angegeben werden:

```
KlassenName<int, double> mix01{};
KlassenName<char, float> mix02{};
```

Template-Argumente auf Daten

Template-Argumente lassen sich nicht nur auf Typen, sondern auch auf Daten definieren, beispielsweise `template<class T, int n> class Array`. Ein solches Array würde dann mit instanziiert mit `Array<int, 10> array;`

Die in diesem Kapitel vorgestellten Template-Konzepte bilden die Grundlage für das Verständnis der C++-Standardbibliothek. In Kapitel 18 »Die Standardbibliothek und weitere Sprachelemente«, werden Sie detaillierter sehen, wie Container-Klassen wie `std::vector`, Smart Pointer und die Algorithmen-Bibliothek diese Techniken einsetzen.

15.3 Kontrollfragen und Aufgaben

1. Was sind Templates im Allgemeinen?
2. Welche Arten von Templates gibt es in C++?
3. Welche Ausgaben macht das folgende Listing?

```
// listings/15/aufgaben/aufgabe1/main.cpp
template <class T>
T add( T n1, T n2 ) {return n1 += n2; }
int main() {
  long lnum1 = 100, lnum2 = 200;
  double dnum1 = 99.99, dnum2 = 99.89;
  std::string str1{ "Hallo," }, str2{ " Welt" };
  std::cout << add( lnum1, lnum2 ) << ", ";
  std::cout << add( dnum1, dnum2 ) << ", ";
  std::cout << add( str1, str2 ) << "\n";
}
```

4. Im folgenden Beispiel haben sich ein paar Fehler eingeschlichen. Das Programm gibt einmal 100 und das zweite Mal 123 statt 123.123 aus. Verbessern Sie das Programm, damit die zweite Ausgabe stimmt.

```
// listings/15/aufgaben/aufgabe2/main.cpp
template <class T>
class Daten {
 public:
  Daten() : Daten{0} {}
  Daten(int iVal) : wert(iVal) {}
  void set_wert(const int& i) { wert = i;}
  T get_wert() const {return wert;}
 private:
  int wert;
};
int main() {
  Daten<int> iwert;
  Daten<double> dwert(123.123);
  iwert.set_wert(100);
```

15

```
  std::cout << iwert.get_wert() << "\n";  // 100
  std::cout << dwert.get_wert() << "\n";  // 123
}
```

Kapitel 16

Ausnahmebehandlung (Fehlerbehandlung)

Programme müssen mit verschiedenen Fehlersituationen umgehen können. Bisher haben wir meist die Strategie verfolgt, das Programm bei einem Fehler einfach zu beenden. Das ist in den meisten Fällen in der Praxis aber nicht angemessen, schon gar nicht ohne passende Fehlermeldung.

Ignorieren Sie Fehler nicht!

Fehler zu ignorieren ist keine akzeptable Strategie. Selbst in den Beispielprogrammen haben wir versucht, das Programm wenigstens kontrolliert zu beenden.

In der Praxis sollten Sie bei erkannten Fehlerzuständen mindestens die aktuelle Situation mit einer (Log-)Ausgabe dokumentieren, bevor Sie das Programm abbrechen.

16.1 Grundlagen der Fehlerbehandlung

Generell lassen sich die möglichen Fehler in drei Kategorien einteilen:

- *erwartbare Fehler* wie beispielsweise falsche Benutzereingaben,
- *unerwartete Fehler* wie eine fehlgeschlagene Speicherreservierung aufgrund von Speichermangel und
- *Programmierfehler* wie beispielsweise Zugriffe auf unerlaubte Bereiche oder Indizes.

Programmierfehler sollten eigentlich vermieden werden, beispielsweise durch Tests, werden in der Praxis aber oft wie unerwartete Fehler behandelt, um Abstürze zu vermeiden.

Bei der Fehlerbehandlung in größeren Programmen stehen Sie oft vor dem Problem, dass die Stelle, an der eine bestimmte Situation erkannt wird, nicht geeignet ist, um diese Situation zu lösen: Eine Funktion, die beim Speichern einer Datei feststellt, dass eine gleichnamige Datei bereits existiert, hat in der Regel keine Möglichkeit, beim Benutzer nachzufragen. Die Information muss daher zur aufrufenden Funktion (oder die Aufrufkette noch weiter nach oben) gelangen. Dort kann der Benutzer bzw. die Benutzerin beispielsweise gefragt werden, ob die vorhandene Datei überschrieben werden soll.

Bisher können wir Funktionen und Methoden so gestalten, dass sie einen Fehlercode als Rückgabewert an den Aufrufer zurückgeben, der den Wert prüft und entsprechend reagiert. Das geht, hat aber einige Nachteile:

- Der Rückgabewert erfüllt nicht mehr (nur) seinen ursprünglichen Zweck, sondern transportiert weitere Informationen. Das macht Funktionen und ihre Nutzung oft komplizierter.
- Die Weitergabe über mehrere Aufrufe hinweg wird sehr schnell unübersichtlich.
- Ist der Fehlercode eine Variante des eigentlichen Rückgabewertes, wird er leicht ignoriert – beispielsweise, wenn positive ganze Zahlen für ein korrektes Ergebnis stehen und die Null oder negative Werte einen Fehlercode darstellen.
- Das Verfahren funktioniert nicht mit Konstruktoren, da sie keinen Rückgabewert liefern.

In C++ haben Sie mit der sogenannten *Ausnahmebehandlung* (engl. *exception handling*) eine spezialisierte Möglichkeit, auf unerwartete Zustände zu reagieren. Sie bietet die Gelegenheit, Fehler dort zu melden, wo sie auftreten, sie dort zu behandeln, wo es sinnvoll ist, und das Programm dabei kontrolliert weiterlaufen zu lassen.

Wenn ein spezieller Zustand auftritt, lösen Sie durch Ihre Programmierung eine *Ausnahme* aus. Sie melden also eine bestimmte Situation, die dann an anderer Stelle bearbeitet wird. Die aktuelle Ausführung des Programms wird abgebrochen, und mit den Mitteln der Ausnahmebehandlung wird ermittelt, wo mit der Behandlung der Ausnahme fortgefahren wird. Wie das passiert und was beispielsweise mit den Variablen und Objekten im lokalen Gültigkeitsbereich passiert, sehen wir uns weiter unten an.

Quellcodes herunterladen

Um das Buch nicht seitenweise mit Code zu füllen, werden in der Regel nur die bedeutenden und für den Sinnzusammenhang essenziellen Stellen abgedruckt. Zwar sollte es für Sie anhand der Erklärungen kein Problem sein, diese Codestellen selbst in die Beispiele einzubringen, aber für den Fall der Fälle finden Sie sämtliche Quellcodes auf der Webseite *https://www.rheinwerk-verlag.de/5988* zum Download.

16.2 Eine Ausnahme auslösen

Wenn im Programm ein Zustand auftritt, der als Ausnahme behandelt werden soll, melden Sie das an die aufrufende Funktion und deren Aufrufer (die sogenannte *Aufrufumgebung*). Dazu lösen Sie mit einer `throw`-Anweisung eine Ausnahme aus. Man spricht deswegen auch davon, dass eine Ausnahme »geworfen« wird. Mit folgender Syntax »werfen« Sie ein Fehlerobjekt an die Aufrufumgebung:


```
throw AusnahmeTyp;
```

Grundsätzlich kann jeder Datentyp (außer `void`) als Ausnahme geworfen werden, es ist aber üblich, Klassen dafür zu verwenden. In der Praxis sind dies meist spezialisierte Fehlerklassen, die Informationen zur Art des Fehlers und weitere Details zu dem Fehler enthalten. Wird durch `throw` eine Ausnahme ausgelöst, wird die weitere Programmausführung sofort unterbrochen. Der normale Programmfluss von Zeile zu Zeile endet, und die Ausnahmebehandlung wird gestartet.

Keine dynamischen Objekte werfen!

Im Gegensatz zu anderen Sprachen, dürfen Sie in C++ *keine* mit `throw new AusnahmeTyp;` dynamisch allozierten Instanzen werfen. Diese korrekt freizugeben, wäre in dem dann folgenden Ablauf kaum möglich.

16.3 Eine Ausnahme auffangen und behandeln

Programmcode, der möglicherweise mit throw ein Fehlerobjekt werfen könnte, wird in einen try-Block eingeschlossen:

```
try {
   // Codeabschnitt, der eine Ausnahme auslösen kann
}
```

Welche Ausnahmen »aufgefangen« werden, spezifizieren Sie durch eine catch-Anweisung oder mehrere, die dem try-Block folgen. Ein solcher Block wird auch als *catch-Handler* bezeichnet. In der catch-Anweisung wird spezifiziert, welchen Typ von Fehlerobjekten sie fangen soll. Sie können mehrere catch-Handler für unterschiedliche Datentypen definieren:

```
try {
   // Codeabschnitt, der eine Ausnahme auslösen kann
}
catch( AusnahmeTyp1 bezeichner1 ) {
   // Handler für Fehler vom Typ AusnahmeTyp1
}
catch( AusnahmeTyp2 bezeichner2 ) {
   // Handler für Fehler vom Typ AusnahmeTyp2
}
```

Ausnahmeobjekte als Referenz oder konstante Referenz

Geworfene Ausnahmen sollten als Referenzen gefangen werden, am besten als konstante Referenzen. Das verhindert unnötige Kopien und vermeidet Probleme bei vererbten Ausnahmeklassen, insbesondere durch Slicing:

```
catch( const AusnahmeTyp3 &bezeichner3 ){/*...*/}
```

Betrachten wir hierzu ein einfaches Beispiel, das eine Funktion division() mit zwei int-Werten aufruft. Um die ungültige Division durch 0 zu signalisieren, wird ein Objekt als Ausnahme geworfen, wenn ein ungültiger Divisor übergeben wird.

```
00 // listings/16/exception1.cpp
...
04 int division(const int divid, const int divis) {
05   if (divis == 0) {
06     throw std::string("Fehler: Division durch 0");
07   }
08   return divid / divis;
09 }
10 int main() {
11   int dividend = 0, divisor = 0, quotient = 0;
12   try {
13     std::cout << "Dividend und Divisor: ";
14     std::cin >> dividend >> divisor;
15     if (std::cin.fail()) {  // Fehler
16       return EXIT_FAILURE;
17     }
18     quotient = division(dividend, divisor);
19   }
20   catch (const std::string& msg) {
21     std::cerr << msg << "\n";
22     return EXIT_FAILURE;
23   }
24   std::cout << "Ganzzahlquotient " << quotient << '\n';
25   return EXIT_SUCCESS;
26 }
```


Im `try`-Block von Zeile **(12)** bis **(19)** befindet sich in Zeile **(18)** der Aufruf der kritischen Funktion `division()`, in der eine Ausnahme auftreten könnte.

Die Funktion wird mit den eingegebenen `int`-Werten aufgerufen. In der Funktion wird in Zeile **(05)** überprüft, ob der Divisor gleich 0 ist. Falls dieser unzulässige Fall eintritt, wird in Zeile **(06)** eine Ausnahme geworfen. Wir verwenden hier ein Objekt vom Typ `std::string` mit einer entsprechenden Fehlermeldung. Später werden wir spezialisierte Klassen dazu nutzen. Diese Ausnahme wird in Zeile **(20)** bis **(23)** mit `catch` gefangen und bearbeitet. Die `catch`-Anweisung fängt alle Ausnahmen des Typs `std::string` aus dem zugehörigen `try`-Block. Das als Ausnahme gefangene Objekt msg wird dann an std::cerr als Fehlermeldung ausgegeben, und danach wird das Programm regulär verlassen.

Wir sehen uns das Programm bei der Ausführung an, zuerst für den Fall mit gültigen Werten:

```
Dividend und Divisor: 9 3
Ganzzahlquotient 3
```

In diesem Gut-Fall wird der try-Block beendet, ohne dass eine Ausnahme geworfen worden ist. Der catch-Block kommt nicht zur Anwendung. Nach der Ausgabe des Resultats in Zeile (**24**) wird das Programm dann regulär beendet.

Geben wir in einem weiteren Programmdurchlauf einen ungültigen Divisor an, sehen wir die Ausnahmebehandlung in Aktion:

```
Dividend und Divisor: 9 0
Fehler: Division durch 0
```

Das Programm wird nach Ausgabe der Meldung beendet.

Was passiert ohne passenden »catch«-Block?

Auch wenn Sie keine entsprechende Ausnahmebehandlung für ein throw eingerichtet haben, verliert sich das Programm nicht in einen undefinierbaren Zustand. Wird eine Ausnahme nirgendwo gefangen, wird Ihr Programm letztendlich mit der Standardfunktion terminate() beendet.

16.3.1 Ausnahmen aus der Standardbibliothek

Bisher haben wir Eingabefehler durch die Methode cin.fail() überprüft. Viele Klassen der Standardbibliothek können Fehler aber auch als Ausnahmen werfen. Wir konfigurieren unsere std::iostream-Klassen entsprechend und passen das Programm an, darauf zu reagieren. Das macht unser Beispiel auch praxisnäher. Die Funktion division() bleibt dabei unverändert:

```
00 // listings/16/exception2.cpp
...
01 int division(const int divid, const int divis)
02 // Funktion identisch mit dem vorigen Beispiel
03 int main() {
04   int dividend = 0, divisor = 0, quotient = 0;
05   try {
06     std::cin.exceptions(std::cin.exceptions() |
07                         std::ios_base::failbit);
08     std::cout << "Dividend und Divisor: ";
09     std::cin >> dividend >> divisor;
10     quotient = division(dividend, divisor);
11   }
12   catch (const std::string& msg) {
13     std::cerr << msg << "\n";
14     return EXIT_FAILURE;
15   }
16   catch (const std::ios_base::failure& e) {
17     std::cerr << "Fehler bei std::cin -> ";
18     std::cerr << e.what() << "\n";
19     return EXIT_FAILURE;
20   }
21   std::cout << "Ganzzahlquotient " << quotient << '\n';
22   return EXIT_SUCCESS;
23 }
```


In Zeile **(06)** und **(07)** aktivieren wir das Werfen von Ausnahmen bei Eingabefehlern für `std::cin`. Die Instanzmethode `cin.exceptions()` fragt die aktuellen Einstellungen ab, wenn sie ohne Parameter gerufen wird. Bei einem Aufruf mit Parametern setzt sie die entsprechenden Einstellungen.

Mit dem Operator | (bitweises Oder) wird der Wert der aktuellen Einstellungen kombiniert mit dem neuen Bit für Eingabefehler. `std::ios_base::failbit`. So bleiben die anderen bisherigen Einstellungen erhalten. Das Ergebnis dieser Verknüpfung wird als neuer Wert gesetzt. Mehr Details zu den Bits und der zugehörigen Ausnahme finden Sie in Tabelle 16.1 (in Abschnitt 16.4.3, »Die Ausnahme ›ios_base::failure‹«).

Die bisherige Prüfung mit `std::cin.fail()` entfällt. Stattdessen wirft `std::cin` jetzt bei einem Fehler selbst eine Ausnahme vom Typ `std::ios_base::failure`, eine sogenannte *Standardausnahme*.

Die Eingabe in Zeile (**09**) ist bereits im `try`-Block enthalten. Um Ausnahmen des neuen Typs zu fangen, wird in Zeile (**16**) bis (**20**) ein entsprechender `catch`-Block hinzugefügt. Wie Sie am Code schon erkennen können, hat die Standardausnahme eine Methode `what()`, die Hinweise zum aufgetretenen Fehler zurückliefert.

Für den Gut-Fall und die Division durch 0 bleibt die Ausgabe unverändert. Wenn allerdings ein Zeichen eingegeben wird, das `cin` nicht verarbeiten kann, erfolgt eine solche Ausgabe:

```
Dividend und Divisor: 9 x
Fehler bei std::cin -> ios_base::clear: [...]
```

Die Reihenfolge der catch-Handler

Wie oben schon beschrieben, haben wir nun im Beispiel mehrere `catch`-Ausnahmebehandlungen eingerichtet. Diese unterscheiden sich anhand der Datentypen ihrer Parameter. Sie erkennen auch hier die Ähnlichkeiten mit der Funktionsüberladung.

Auf der Suche nach der passenden Variante werden die einzelnen `catch`-Ausnahmebehandlungen von oben nach unten durchlaufen. Ein passender Fall tritt ein, wenn

- die Ausnahme und der im `catch` angegebene Parameter vom selben Typ sind oder
- der in `catch` angegebene Parameter eine direkte oder indirekte Basisklasse der Ausnahme ist.

Wird kein passender Handler gefunden, sucht das System jeweils in umschließenden `try`-Blöcken weiter.

Wird nirgends ein passender Handler gefunden oder tritt ein anderer schwerer Fehler auf, ruft das System die Funktion `terminate()` auf.

Diese beendet das Programm sofort und ohne weitere Aufräumarbeiten. Der Benutzer sieht dann meist nur eine kryptische Systemmeldung.

Ursachen für einen Programmabbruch

Die häufigsten Ursachen für einen nicht aufgefangenen Fehler mit Programmabbruch sind:

- Es ist keine passende Ausnahmebehandlung vorhanden.
- Es gibt Fehler in der Implementierung der Ausnahmebehandlung.
- Während des *Stack-Unwindings* (siehe Abschnitt 16.3.5, »Stack-Abwicklung«) ruft ein Destruktor eine weitere Ausnahme auf.
- Ausnahme wird im Kopierkonstruktor der Fehlerklasse geworfen.

16.3.2 Alternatives »catch (...)«

Tritt eine bisher unbekannten Ausnahme auf, für die kein `catch`-Handler implementiert ist, irritiert das abrupte Ende durch `terminate()` die Nutzerinnen und Nutzer. Daher gibt es für solche Fälle eine Alternative. Mit `catch(...)` definieren Sie einen universellen Handler, der alle noch nicht gefangenen Ausnahmen abfängt:

```
catch(...){ /*...*/}
```


Da diese `catch`-Anweisung mit Ellipse (den drei Punkten) jede Ausnahme fängt, muss sie als letzter Handler stehen: Auf sie folgende `catch`-Blöcke werden niemals erreicht. Allerdings können Sie im Handler nicht auf die gefangene Ausnahme zugreifen, also auch keine Information über deren Typ erhalten oder Methoden wie `what()` aufrufen.

Hier folgt ein Beispiel, in dem wir den spezialisierten Handler für `std::ios_base::failure` aus dem vorigen Beispiel durch ein universelles `catch(...)` ersetzt haben:

```
// listings/16/exception3.cpp
...
// Bis hier identisch mit listings/16/exception2.cpp
    std::cin >> dividend >> divisor;
    quotient = division(dividend, divisor);
  }
  catch (const std::string& msg) {
    std::cerr << msg << "\n";
```

```
13       return EXIT_FAILURE;
14     }
15     catch (...) {
16       std::cerr << "Fehler: unbekannte Ausnahme, Abbruch";
17       return EXIT_FAILURE;
18     }
19     std::cout << "Ganzzahlquotient " << quotient << '\n';
20     return EXIT_SUCCESS;
21   }
```

Wird jetzt mit durch eine Fehleingabe von `std::cin` eine Ausnahme ausgelöst, greift der universelle Handler, der in Zeile (**15**) beginnt. Mangels weiterer Informationen kann dieser allerdings das Programm nur mit einer individuellen Meldung verlassen und dafür sorgen, dass es kontrolliert beendet wird.

16.3.3 Eine Ausnahme mit »throw« weiterwerfen

Eine gefangene Ausnahme können Sie mit einem leeren `throw` unverändert weiterwerfen. Das ist nützlich, wenn Sie lokale Aufräumarbeiten ausführen oder eine Meldung ausgeben wollen, bevor die Ausnahme in einem übergeordneten `try-catch`-Block weiterbearbeitet wird.

Hier sehen Sie eine Version des bekannten Beispiels mit verschachtelten `try-catch`-Blöcken:

```
// listings/16/exception4.cpp
...
int division(const int divid, const int divis) {
  if (divis == 0) {
    throw std::string("Fehler: Division durch 0");
  }
  return divid / divis;
}
int main() {
  int dividend = 0, divisor = 0, quotient = 0;
  try {
```

```
13     try {
14       std::cin.exceptions(std::cin.exceptions() |
15                           std::ios_base::failbit);
16       std::cout << "Dividend und Divisor: ";
17       std::cin >> dividend >> divisor;
18       quotient = division(dividend, divisor);
19     }
20     catch (const std::string& msg) {
21       std::cout << "Logging: Division fehlgeschlagen\n";
22       throw;  // Ursprüngliche Ausnahme weiterwerfen
23     }
24     // Eingabefehler NICHT HIER fangen
25   }
26   catch (const std::string& msg) {
27     std::cerr << "Fehler: " << msg << '\n';
28     return EXIT_FAILURE;
29   }
30   catch (const std::ios_base::failure& e) {
31     std::cerr << "Fehler bei Eingabe: " << e.what() << '\n';
32     return EXIT_FAILURE;
33   }
34   std::cout << "Ganzzahlquotient " << quotient << '\n';
35   return EXIT_SUCCESS;
36 }
```


Im Beispiel erfolgt die Fehlerbehandlung in zwei verschachtelten `try`-`catch`-Blöcken. Der innere Block zeigt das Weiterwerfen am Beispiel der Division: Tritt bei der Division ein Fehler auf, wird die Ausnahme im Handler ab Zeile (**20**) gefangen und protokolliert. Danach wird das ursprüngliche Fehlerobjekt in Zeile (**22**) mit `throw` weitergeworfen.

Der äußere `try`-`catch`-Block ist für die eigentliche Fehlerbehandlung zuständig. Hier werden sowohl die weitergeworfene Divisionsausnahme ab Zeile (**26**) als auch mögliche Eingabefehler ab Zeile (**30**) behandelt. Die Ausgabe des erfolgreichen Falls erfolgt in Zeile (**34**) außerhalb der `try`-Blöcke, da sie zum normalen Programmfluss gehört.

Diese Struktur zeigt ein typisches Muster:

- Der innere Block enthält die kritischen Operationen und das Logging.
- Der äußere Block übernimmt die finale Fehlerbehandlung.
- Der normale Programmablauf liegt außerhalb der `try`-Blöcke.

Mit dieser Technik können Sie Ausnahmen auf unterschiedlichen Ebenen dort behandeln, wo es am sinnvollsten ist.

16.3.4 Das Schlüsselwort »noexcept«

Wenn Sie hinter eine Funktion das Schlüsselwort `noexcept` setzen, signalisieren Sie dem Compiler, dass diese Funktion keine Ausnahmen werfen wird. Hierzu ein theoretisches Beispiel:

```
FileClass write(const std::string& filename) noexcept;
```

Diese Funktion liefert ein neues `FileClass`-Objekt zurück. Dem Compiler wird mit `noexcept` zugesagt, dass die Funktion keine Ausnahme auslösen wird. Mit dieser zusätzlichen Information kann der Compiler den erstellten Code optimieren. Ohne das `noexcept` muss der Compiler Programmcode für den Fall erzeugen, dass die Funktion eine Ausnahme auslöst. Mit dem Schlüsselwort `noexcept` verzichten Sie auf diesen Programmcode.

Im Umkehrschluss bedeutet das aber auch, dass kein Code vorgesehen wird, um eine Ausnahme zu behandeln, sollte doch eine geworfen werden. In einem solchen Fall wird das Programm direkt mit `terminate()` abbrechen. Wenn Sie eine Funktion entsprechend kennzeichnen, müssen Sie dafür sorgen, dass keine Ausnahmen aus der Funktion (weiter-)geworfen werden – beispielsweise durch die Verwendung anderer `noexcept`-Funktionen oder die Einhegung mit entsprechenden `try-catch`-Blöcken.

Auch in der C++-Standardbibliothek wird rege von `noexcept` Gebrauch gemacht.

16.3.5 Stack-Abwicklung

Sie haben jetzt einige Beispiele für die Ausnahmebehandlung gesehen. Nun wollen wir uns anschauen, was eigentlich bei einer Ausnahme passiert. Wird eine Ausnahme geworfen, so wird der aktuelle `try`-Block auf direktem Wege verlassen. Code, der auf den Aufruf der werfenden Funktion folgt, wird nicht mehr ausgeführt.

Bevor zu einem passenden `catch`-Handler gesprungen wird, werden zuerst die Veränderungen des Stacks rückgängig gemacht, die seit dem Eintritt in den `try`-Block erfolgt sind. Es wird also aufgeräumt. Dies betrifft insbesondere die bestehenden lokalen und nicht statischen Objekte, die innerhalb dieses `try`-Blocks und der von ihm aufgerufenen Funktionen definiert wurden.

Konkret bedeutet das insbesondere, dass die Destruktoren der abzubauenden Objekte aufgerufen werden. Diese automatische Ressourcenfreigabe durch Destruktoren ist ein wichtiges Sicherheitsmerkmal in C++, das Sie in Abschnitt 11.3, »Destruktoren«, schon als *Resource Acquisition Is Initialization* (RAII) kennengelernt haben. Es stellt sicher, dass auch bei Ausnahmen keine Ressourcen verloren gehen. Dieser Stack-Abbau wird *Stack-Unwinding* bzw. auf Deutsch *Stack-Abwicklung* genannt. Erst danach wird zu einem passenden `catch`-Handler gesprungen.

16

Aus dem Konstruktor ja, aus dem Destruktor nein

Da ein *Konstruktor* keine Rückgabewerte hat, ist es sinnvoll, Probleme bei der Konstruktion über eine Ausnahme an den Ersteller zu melden. Damit können Sie sicherstellen, dass sich Ihre Objekte in einem konsistenten Zustand befinden.

Aus einem *Destruktor* heraus hingegen muss das Werfen von Ausnahmen vermieden werden. Im Rahmen der Abwicklung des Stacks werden die Destruktoren der automatisch erzeugten Objekte aufgerufen. Wenn aus einem dieser Destruktoren innerhalb des Stack-Unwindings selbst eine unbehandelte Ausnahme geworfen wird, hat das zur Folge, dass das Programm sofort beendet wird.

16.4 Standardausnahmen (Fehlerklassen)

Bisher haben wir zum Werfen von Ausnahmen Instanzen der Klasse `std::string` verwendet, da uns das einen schnellen Einstieg ermöglicht hat. Die C++-Standardbibliothek bietet allerdings spezialisierte Ausnahmeklassen, die besser geeignet sind. Diese werden über die Headerdatei `<stdexcept>` eingebunden. Alle Standardausnahmen sind von `std::exception` abgeleitet und werden in zwei Hauptkategorien unterteilt:

- **Laufzeitfehler** (**`std::runtime_error`**): Das sind unerwartete Fehler, die außerhalb der Kontrolle des Programms auftreten. Sie können jederzeit vorkommen und lassen sich nicht verhindern. Sie werden beispielsweise durch nicht les- oder schreibbare Dateien, einen Überlauf bei einer arithmetischen Berechnung oder auch durch defekte Hardware verursacht. Die wichtigsten Klassen aus diesem Bereich sind:
  - **`std::runtime_error`**: Basisklasse für Laufzeitfehler
  - **`std::ios_base::failure`**: Ein-/Ausgabefehler
- **Logische Fehler** (**`std::logic_error`**): Dies sind prinzipiell vermeidbare Fehler, deren Ursache sich logisch erklären lässt – meistens ist ein Fehler im Programmablauf der Grund. Die wichtigsten Klassen für diese Fehler sind:
- **`std::invalid_argument`**: ungültige Funktionsargumente
- **`std::out_of_range`**: Bereichsüberschreitungen

Bereits in den vorherigen Abschnitten haben wir mit der Ausnahme `std::ios_base::failure` eine der Standardklassen verwendet, ohne dies zu thematisieren. Dabei haben wir auch schon deren von `std::exception` geerbte Methode `what()` genutzt, die die übergebene spezifische Fehlermeldung liefert.

Eigene Fehlerklassen

Eigene Fehlerklassen können sinnvoll sein, wenn Sie spezielle zusätzliche Informationen zum Fehler speichern müssen oder in einem größeren System eigene Fehlertypen benötigen. Wenn Sie eigene Fehlerklassen erstellen, sollten Sie diese von `std::exception` ableiten:

```
class DatabaseError : public std::runtime_error {
public:
    DatabaseError(const std::string& msg)
        : std::runtime_error("Datenbankfehler: " + msg) {}
};
```

Für die meisten Anwendungsfälle reichen die Standardausnahmen aus.

16.4.1 Die Ausnahme»std::invalid_argument«

Wir ändern unser bisheriges Beispiel nun so ab, dass es Standardfehler verwendet. Ein unzulässiger Divisor fällt in den Bereich der ungültigen Funktionsargumente. Wir werfen und fangen den Ausnahmefall daher entsprechend als `std::invalid_argument`:

```
// listings/16/exception5.cpp
...
int division(const int divid, const int divis) {
  if (divis == 0) {
    throw std::invalid_argument("Division durch 0");
  }
  return divid / divis;
}
...
  catch (const std::invalid_argument& e) {
    std::cerr << e.what() << "\n";
    return EXIT_FAILURE;
  }
```


Generell wird `std::invalid_argument` ausgelöst, wenn ein Argument benutzt wurde, das der Empfänger nicht akzeptiert. Diese Ausnahme wird in vielen Klassen der Standardbibliothek verwendet.

16.4.2 Die Ausnahme »std::out_of_range«

Eine Ausnahme `std::out_of_range` signalisiert, dass ein Wert nicht mehr im gültigen Bereich liegt. Viele Standardklassen wie `std::vector` oder std::string werfen diese Ausnahme, wenn ein Index außerhalb des zulässigen Bereichs angegeben wird. Ein typisches Beispiel für ihre Verwendung ist:

```
00 // listings/16/exception6.cpp
...
04 int main() {
05   std::vector<int> vec{10, 20, 30};  // 3 Elemente
06   try {
07     std::cout << "vec.at(1): " << vec.at(1) << '\n';
08     std::cout << "vec.at(3): " << vec.at(3) << '\n';
09   }
10   catch (const std::out_of_range& e) {
11     std::cerr << "Fehler: " << e.what() << '\n';
12     return EXIT_FAILURE;
13   }
14   return EXIT_SUCCESS;
15 }
```

In Zeile (**08**) folgt auf die erste funktionierende Ausgabe der Zugriff auf vec.at(3), einen std::vector mit lediglich drei Elementen, außerhalb des gültigen Bereichs mit den Indizes 0, 1 und 2. Das löst die Ausnahme std::out_of_range aus, die in ihrem Handler in Zeile (**11**) die folgende Ausgabe generiert:

```
Zahlen.at(1): 20
Zahlen.at(3): Fehler: vector::_M_range_check:
              __n (which is 3) >= this->size() (which is 3)
```

Beachten Sie, dass diese Sicherheitsprüfung nur bei Verwendung der Methode at() erfolgt. Der Operator [] führt keine Bereichsprüfung durch und gibt ein undefiniertes Ergebnis zurück.

16.4.3 Die Ausnahme »ios_base::failure«

Die Ausnahme std::ios_base::failure wird von Ein- und Ausgabeklassen (std::istream, std::ostream usw.) geworfen. Sie muss explizit aktiviert werden, beispielsweise für std::cin:

```
// Ausnahme aktivieren
std::cin.exceptions (std::ios::eofbit | std::ios::failbit);
```

Die Auslösung einer Ausnahme durch Streams wird mit der Methode `exceptions()` freigegeben. Als Parameter können Sie eines der in Tabelle 16.1 aufgelisteten Flags verwenden. (Sie können auch mehrere Flags setzen, wenn Sie sie durch ein bitweises Oder trennen.)

Flag	Beschreibung
`std::ios::failbit`	Die erwarteten Zeichen konnten (bei der Eingabe) nicht eingelesen werden, oder die Zeichen (bei der Ausgabe) konnten nicht geschrieben werden.
`std::ios::eofbit`	Das Dateiende wurde beim Einlesen erreicht.
`std::ios::badbit`	Die Daten des Ein- bzw. Ausgabestreams sind nicht mehr korrekt.

Tabelle 16.1 Mögliche Fehler-Flags für Streams

Wenn eine Ausnahme abgefangen wurde, können Sie beispielsweise bei `std::cin` mit `std::cin.exceptions()` das Bitmuster des Fehlers ermitteln, wie das folgende einfache Beispiel zeigt:

```
// listings/16/exception7.cpp
...
int main() {
  int val = 0;
  // Exception für cin aktivieren
  std::cin.exceptions(std::ios::eofbit | std::ios::failbit);
  try {
    std::cout << "Bitte Eingabe machen (Integer): ";
    std::cin >> val;
  }
  catch (std::ios_base::failure& e) {
    auto bits = std::cin.exceptions();
    std::cerr << "Exception bei cin,\n"
```

```
                << "cin.exceptions(): " << bits << '\n';
      if (bits & std::ios::failbit) {
        std::cerr << "failbit gesetzt \n";
      }
    }
    return EXIT_SUCCESS;
  }
```

Hier sehen Sie das Programm bei der Ausführung:

```
Bitte Eingabe machen (Integer): X
Exception bei cin,
cin.exceptions(): 6
failbit gesetzt
```

16.4.4 Systemausnahmen

C++ wirft in bestimmten Situationen automatisch Systemausnahmen. Die wichtigste davon ist `std::bad_alloc`. Sie wird geworfen, wenn nicht genügend Speicher reserviert werden kann. In der Praxis tritt dieser Fehler durchaus auf; er ist aber in Beispielprogrammen schwer zu provozieren:

```
// listings/16/exception8.cpp
...
int main() {
  try {
    std::vector<int> data(10'000'000'000);
    data[data.size() - 1] = 99;
  }
  catch (const std::bad_alloc& e) {
    std::cerr << "Nicht genug Speicher verfügbar\n";
    return EXIT_FAILURE;
  }
  std::cout << "Erfolg\n";
  return EXIT_SUCCESS;
}
```

Auf unserem Testrechner läuft dieses Programm, ohne dass eine Ausnahme auftritt, auch wenn die Anforderung in Zeile (07) die Menge des Arbeitsspeichers in seinem System überschreitet. Der Handler in Zeile (10) wird nicht aufgerufen. Das liegt daran, dass das Betriebssystem Speicheranforderungen lange auslagern kann, bevor es als »Notbremse« vielleicht sogar den ganzen Prozess beendet.

In realen Anwendungen tritt das Problem aber auf, insbesondere wenn Sie große Datenmengen verarbeiten, mehrere speicherintensive Prozesse parallel oder lange laufen oder wenn Sie auf Systemen mit verhältnismäßig wenig Speicher arbeiten.

Sie sollten daher `std::bad_alloc` immer berücksichtigen und trotzdem abfangen, um sich vor realen Fehlern zur Unzeit zu schützen.

Die anderen Systemausnahmen (`std::bad_cast`, `std::bad_typeid`, `std::bad_exception`) werden Sie erst bei fortgeschrittener Programmierung antreffen. Auch diese sind alle von der Basisklasse `exception` abgeleitet und arbeiten analog.

16.5 Die Alternative »std::expected«

Ausnahmen sind ursprünglich für unerwartete Ereignisse gedacht. Für Funktionen, bei denen Fehler erwartet werden, gibt es seit C++23 eine alternative Vorgehensweise, bei der entsprechende Funktionen mit `std::expected` einen angepassten Rückgabetyp erhalten:

```
// listings/16/expected.cpp
...
std::expected<int, std::string> division(int divid,
                                         int divis) {
  if (divis == 0) {
    return std::unexpected("Division durch 0");
  }
  return divid / divis;
}
int main() {
  int dividend = 0, divisor = 0;
```

```
11   std::cout << "Dividend und Divisor: ";
12   std::cin >> dividend >> divisor;
13   auto result = division(dividend, divisor);
14   if (result) {
15     std::cout << "Ergebnis: " << *result << '\n';
16   } else {
17     std::cout << "Fehler: " << result.error() << '\n';
18   }
19 }
```

Die Funktion `division` in Zeile (**02**) bis (**03**) liefert jetzt mit `std::expected<T,E>` einen Container zurück, der entweder ein gültiges Ergebnis oder einen Fehlerzustand enthält. Bei einem fehlerfreien Durchlauf wird in Zeile (**07**) das Ergebnis zurückgegeben. Im Fehlerfall wird in Zeile (**05**) ein Objekt vom Typ `std::unexpected`, beispielsweise mit einem entsprechenden Fehlertext, zurückgegeben. Der Container der die Rückgabe speichert, verhält sich wie ein intelligenter Zeiger. Er konvertiert implizit zu `true`, wenn ein Ergebnis vom Typ `T` zurückgegeben wurde. Die Prüfung in Zeile (**14**) macht davon Gebrauch. Auf dieses in dem Fall vorhandene Ergebnis kann wie in Zeile (**15**) über `*result` mit dem Dereferenzierungsoperator zugegriffen werden. Die Information über den Fehlerfall, hier den entsprechenden Text, erhalten wir in Zeile (**17**) mit `result.error()`.

Diese Technik macht die Fehlerbehandlung zum normalen Teil des Programmablaufs. Es gibt keinen Ausnahmefall mit `try-catch`, sondern eine explizite Prüfung auf Erfolg. Allerdings signalisiert der Rückgabetyp explizit, dass die Funktion fehlschlagen könnte.

Die Prüfung mit `std::expected` eignet sich besonders, um Fehler zu behandeln, die Teil des normalen Programmablaufs sind, und in Situationen, in denen die Fehlerbehandlung lokal erfolgen soll.

Exception oder »expected«?

Verwenden Sie weiter die Ausnahmebehandlung für unerwartete Fehler wie Speichermangel, Fehler, die an höherer Stelle behandelt werden müssen, und besonders für Konstruktoren, die fehlschlagen können.

16.6 Vermeidung von Fehlern mit [[nodiscard]]

Bei der Fehlerbehandlung ist es nicht nur wichtig, auf Fehler zu reagieren, sondern auch, sie von vornherein zu vermeiden. Ein häufiger Programmierfehler ist das versehentliche Ignorieren wichtiger Rückgabewerte. Dies kann zu subtilen Fehlern führen, wenn beispielsweise Fehlercodes nicht geprüft, berechnete Werte nicht verwendet oder zurückgegebene Ressourcen nicht verwaltet werden.

Mit dem Attribut `[[nodiscard]]` können Sie den Compiler anweisen, eine Warnung zu erzeugen, wenn der Rückgabewert einer Funktion ignoriert wird. Wir stellen uns dazu eine Funktion vor, die Daten speichert und einen Wert zurückgibt, der signalisiert, ob die Speicherung erfolgreich war. Hier soll sichergestellt werden, dass der Aufrufer den Rückgabewert verwendet und nicht einfach ignoriert. (Die Verwendung garantiert allerdings nicht, dass das Richtige mit dem Wert gemacht wird.)

```
// listings/16/nodiscard.cpp
#include <cstdlib>
#include <iostream>
[[nodiscard]] bool speichere_daten() {
  // Code...
  return false;  // Speicherfehler, nicht ignorieren
}
int main() {
  speichere_daten();           // Compiler-Warnung!
  if (!speichere_daten()) {  // Okay, Wert wird verwendet
    std::cerr << "Fehler beim Speichern der Daten\n";
    return EXIT_FAILURE;
  }
  return EXIT_SUCCESS;
}
```


Das Attribut kann insbesondere bei Funktionen und Methoden eingesetzt werden, die keine Ausgaben erzeugen (sogenannte *Seiteneffekt*). Wenn eine Funktion nichts anderes macht, als Rückgabewerte zu ermitteln, liegt es auf der Hand, nachzufragen, wenn der Aufrufer diese Daten nicht verwendet. Ein typisches Beispiel dafür sind auch Getter-Methoden an Klassen, aber eben auch alle Rückgabewerte, die ein Fehlerhandling betreffen.

16.7 Fehlerdiagnose mit »std::source_location«

Bei der Fehlersuche und -behebung ist es oft entscheidend, wo genau im Code ein Problem aufgetreten ist. Auch für Logeinträge kann das eine wichtige Information sein. Traditionell wurden solche Daten über Präprozessor-Makros ermittelt. Seit C++20 bietet die Standardbibliothek mit `std::source_location` eine flexiblere Alternative. Diese Klasse erfasst Metadaten über den Quellcode und stellt sie zur Laufzeit zur Verfügung. Die Klasse ist vollständig typsicher und kann auch in Templates und überladenen Funktionen zuverlässig verwendet werden. Sehen wir uns ein Beispiel für ihre Verwendung an:

```
// listings/16/source_location.cpp
#include <source_location>
#include <iostream>
void log_message(const std::source_location location =
                     std::source_location::current()) {
  std::cout << "Func: " << location.function_name() << '\n'
            << "File: " << location.file_name()
            << ", Line: " << location.line() << '\n';
}
void function_a() {
  log_message();
}
int main() {
  log_message();
  function_a();
}
```

Das erzeugt dann diese Ausgabe:

```
Func: int main()
File: /Users/guddat/listings/16/source_location.cpp, Line: 13
```

```
Func: void function_a()
File: /Users/guddat/listings/16/source_location.cpp, Line: 10
```

Die Funktion `log_message` in Zeile (03) nimmt optional ein `std::source_location`-Objekt entgegen. Der Standardwert `std::source_location::current()` erfasst automatisch die Informationen zur Aufrufstelle. Mit den Objektmethoden `file_name()`, `line()` und `function_name()` werden diese Details dann abgefragt und ausgegeben.

Sie können `std::source_location` in die bereits beschriebenen Fehlerbehandlungsstrategien integrieren und dadurch wertvolle Information für die Fehlersuche bekommen.

16.8 Kontrollfragen

1. Beschreiben Sie kurz das Prinzip der Ausnahmebehandlung.
2. Welche drei Schlüsselwörter stehen Ihnen für die Implementierung der Ausnahmebehandlung zur Verfügung?
3. Was passiert, wenn eine Ausnahme ausgelöst wurde, für die keine Behandlung eingerichtet ist? Und wie können Sie auf eine solche Ausnahme reagieren?

Kapitel 17

Ein-/Ausgabestreams für Dateien

Bisher haben Sie Daten von der Konsole eingelesen und auch dorthin geschrieben. Mit dem Beenden des jeweiligen Programms sind die im Arbeitsspeicher gehaltenen Daten jedoch verloren.

In diesem Kapitel bekommen Sie eine kurze Einführung, wie Sie mit der C++-Bibliothek Daten dauerhaft in einer Datei sichern und sie von dort wieder einlesen. Dieser Vorgang wird auch als *persistieren* bezeichnet.

17.1 Der Umgang mit Dateien in C++

Sie haben schon einen guten Teil der Funktionalitäten genutzt, die für die Arbeit mit Dateien notwendig sind. Wenn keine besonderen Anforderungen gestellt werden, ähnelt die Arbeit mit Dateien stark der Nutzung der Standardeingabe- und -ausgabestreams. Auch Dateien werden als Streams behandelt. Um Daten in eine Datei zu schreiben statt auf der Konsole auszugeben oder von dort einzulesen, wird anstelle von `std::cout` oder `std::cin` einfach ein Stream verwendet, der eine Ein- oder Ausgabedatei repräsentiert.

17.2 Verschiedene Streams für Dateien

Die C++-Bibliothek stellt zum Lesen und Schreiben speziell für Dateien diese grundlegenden Streams zur Verfügung:

- **`std::ifstream`** für das Lesen von Dateien
- **`std::ofstream`** zum Schreiben in Dateien
- **`std::fstream`** zum Lesen und Schreiben

Für alle diese Streams wird die Headerdatei `<fstream>` benötigt.

Verwendung von »fstream«

Es ist möglich, anstelle von `ifstream` oder `ofstream` den generischen `fstream` zu verwenden. Dieser kann sowohl zum Lesen als auch zum Schreiben verwendet werden. Für den `fstream` wird beim Instanziieren angegeben, ob Sie lesen oder schreiben wollen oder beides. Benötigen Sie nicht explizit beide Möglichkeiten, raten wir dazu, `ifstream` bzw. `ofstream` zu verwenden, denen man sofort ansieht, wofür sie stehen.

17.3 Eine Datei öffnen und schließen

Um eine Datei zur Ein- oder Ausgabe zu verwenden, instanziieren Sie einen zugehörigen Stream. Dazu übergeben Sie bei der Konstruktion den Dateinamen (optional mit Pfad). Geben Sie keinen Pfad an, wird davon ausgegangen, dass sich die Datei in dem Arbeitsverzeichnis befindet, aus dem heraus das Programm gestartet wird. Hier sehen Sie ein erstes Beispiel, in dem zuerst ein Wert in einer Datei gespeichert und dann von dort wieder ausgelesen wird.


```
// listings/17/fstream1/main.cpp
#include <cstdlib>
#include <fstream>
#include <iostream>
int main() {
  int wert = 0;
  const auto filename = "datei.txt";
  std::cout << "Bitte eine Ganzzahl: ";
  std::cin >> wert;
  std::cout << "Der Wert ist: " << wert << '\n';
  std::ofstream ofile{filename};
  if (ofile.fail()) {
    std::cerr << "Fehler beim Oeffnen" << '\n';
    return EXIT_FAILURE;
  }
  ofile << wert;
```

```
16     std::cout << "Geschrieben in: " << filename << '\n';
17     ofile.close();
18     std::ifstream ifile{filename};
19     if (ifile.fail()) {
20       std::cerr << "Fehler beim Oeffnen" << '\n';
21       return EXIT_FAILURE;
22     }
23     int gelesen = 0;
24     ifile >> gelesen;
25     std::cout << "Der gelesene Wert ist: " << gelesen << '\n';
26     ifile.close();
27   }
```

In Zeile (**10**) wird ein Dateistream `std::ofstream` zum Schreiben erzeugt. Existiert die Datei *filename* nicht, wird sie angelegt; eine bestehende Datei wird auf die Länge 0 gesetzt und überschrieben.

In Zeile (**11**) wird überprüft, ob es beim Erzeugen des Streams einen Fehler gegeben hat. Konnte beispielsweise die angeforderte Datei vom Benutzer an der Stelle nicht angelegt werden, erfolgt eine Fehlermeldung.

17.3.1 Prüfung auf Fehler

Ob eine Datei erfolgreich geöffnet werden konnte, sollte unbedingt überprüft werden. Dabei ist die oben gezeigte Methode

```
if(ifile.fail()) {/* .. */}
```

identisch mit einer Prüfung durch:

```
if(!ifile) {/* .. */}
```

Die zweite Variante basiert auf einem überladenen `!`-Operator und wird auch oft genutzt. Beide Varianten prüfen den Fehlerstatus des Streams. Streams können auch so konfiguriert werden, dass sie bei Fehlern Ausnahmen werfen, dies ist aber nicht die Standardeinstellung

In Zeile (**15**) erfolgt die Ausgabe in den Stream. Wie bei der Ausgabe an die Konsole wird der Ausgabeoperator `<<` verwendet. Haben Sie eine Klasse mit überladenem Ausgabeoperator, können Sie mit ihr ebenso in eine Datei schreiben, da `std::ofstream` eine Kindklasse von `std::ostream` ist.

In Zeile (**17**) wird der Stream über die Methode `close()` geschlossen und das Schreiben damit beendet.

Wichtig: Fehlerprüfung bei Dateioperationen

Das Öffnen einer Datei hat ein hohes Risiko fehlzuschlagen, beispielsweise wegen fehlender Zugriffsrechte, nicht existierender Dateien oder Verzeichnisse und nicht zuletzt, weil andere Programme zeitgleich auf die Datei zugreifen. Wir haben das erfolgreiche Schreiben oben zur Vereinfachung nicht geprüft; in der Praxis ist es jedoch wichtig, auch das zu prüfen:

```
ofile << wert;
if(!ofile) {  // Erfolg beim Schreiben pruefen
    std::cerr << "Fehler beim Schreiben\n";
    return EXIT_FAILURE;
}
```


17.3.2 Schließen von Filestreams

Die `fstream`-Objekte werden durch ihren Destruktor automatisch geschlossen. Ein explizites `close` wie im Beispiel ist hier nicht erforderlich. Es kann verwendet werden, um eine Ressource vorzeitig freizugeben. Daten, die sich noch im Puffer befinden, werden damit gespeichert. Bevor Sie einen Stream schließen, können Sie auch mit der Elementfunktion `is_open()` prüfen, ob er überhaupt noch mit einer Datei verbunden ist:

```
if (stream.is_open()) { stream.close(); }
```

Ein geschlossener `fstream` kann mit der Methode `open` unter Angabe eines Dateinamens erneut für dieselbe oder für eine andere Datei verwendet werden. Setzen Sie aber dann die Zustandsflags eines solchen Objekts mit der Methode `clear()` zurück, sonst gibt es leicht unerwartete Ergebnisse.

In Zeile (**18**) wird mit einem `std::ifstream` die soeben zum Schreiben verwendete Datei *filenname* zum Lesen geöffnet. Nach einer Erfolgsprüfung wird in Zeile (**24**) der zuvor gespeicherte Wert aus der Datei mit dem Operator `>>` in die Variable `gelesen` übertragen und anschließend über `std::cout` ausgegeben.

Hinweis zur Verwendung

In professionellen Anwendungen wird das formatierte Schreiben oder Lesen mit den Operatoren << bzw. >> eher selten verwendet. Aus Effizienzgründen wird häufiger das blockweise Arbeiten im Binärmodus verwendet. Diese Methode werden Sie noch (nach einigen Zwischenschritten) in Abschnitt 17.3.6, »Blockweise lesen und schreiben«, kennenlernen.

17.3.3 Verschiedene Modi zum Öffnen von Dateien

Im vorangegangenen Abschnitt haben wir die Datei ohne weitere Angaben geöffnet und damit die Defaults erhalten. Für einen `std::ofstream` bedeutet das, die Datei wird zum Schreiben geöffnet. Eine bereits vorhandene Datei dieses Namens wird ersetzt.

Bei den Dateistreams `std::fstream`, `std::ifstream` und `std::ofstream` können Sie beim Öffnen einer Datei optional einen Modus setzen, der weitere Details regelt. Mehrere Modi werden dabei gegebenenfalls mit dem Oder-Operator (|) verknüpft. In der Headerdatei `<ios>` finden Sie die in Tabelle 17.1 aufgelisteten Modi des Typs `ios::openmode` wieder.

Modus	Bedeutung
`ios::in`	Öffnet eine Datei zum Lesen.
`ios::out`	Öffnet eine Datei zum Schreiben.
`ios::app`	Hängt beim Schreiben die neuen Daten ans Ende an. Typisch bei Logdateien.

Tabelle 17.1 Verschiedene Modi zum Öffnen von Dateien

Modus	Bedeutung
`ios::trunc`	Die Länge der Datei wird auf 0 gesetzt und gelöscht.
`ios::ate`	Springt gleich nach dem Öffnen ans Ende der Datei. Ohne diesen Modus befindet sich die Position beim Lesen und Schreiben gewöhnlich am Anfang der Datei.
`ios::binary`	Öffnet eine Datei im Binärmodus, beispielsweise für Bilddateien. Die Übertragung findet Byte für Byte statt. Ohne diese Angabe werden Dateien gewöhnlich im Textmodus geöffnet, in dem unter anderem eine Umwandlung des Zeilenendes durchgeführt wird.

Tabelle 17.1 Verschiedene Modi zum Öffnen von Dateien (Forts.)

Die Standardeinstellung von `std::ofstream` ist also `ios::out | ios::trunc`, die von `std::ifstream` einfach `ios::in`. Für `fstream` gibt es keinen Standardwert, eine Angabe zum Modus ist explizit erforderlich.

Betrachten wir hierzu einige Beispiele zum Öffnen einer Datei mit den verschiedenen Modi:

```
// listings/17/fstream2/main.cpp
...
int main() {
  std::fstream stream1("data01.dat",
                       std::ios::out | std::ios::app);
  if (stream1.fail()) { /* wie im letzten Beispiel */ }

  std::ofstream stream2;
  stream2.open("data02.dat",
               std::ios::out | std::ios::trunc);
  if (!stream2) { /* wie im letzten Beispiel */ }
  std::fstream stream3("data03.dat",
                       std::ios::in | std::ios::out);
  if (!stream3) { /*Fehler*/
    std::cout << "Error " << errno << ", "
```

```
10                  << strerror(errno) << std::endl;
11    }
12  }
```

In Zeile (02) wird eine Datei zum Schreiben ab Dateiende geöffnet. Existiert die Datei nicht, wird sie neu angelegt. In Zeile (04) wird ein ofstream instanziiert, aber erst in Zeile (05) wird er mit einer konkreten Datei zum Schreiben verknüpft. Existiert diese Datei, wird der Inhalt wegen des Modus ios::trunc gelöscht. Existiert die Datei nicht, wird sie neu angelegt. Im letzten Beispiel (in Zeile (07)) wird eine Datei wiederum mit einem fstream zum Lesen und Schreiben geöffnet. Existiert die Datei nicht, wird sie hier aber nicht erzeugt, da ios::in eine existierende Datei erfordert.

Informationen im Fehlerfall

Wenn eine Datei sich nicht öffnen lässt, ist bei einfachen Programmen oft nur ein Abbruch möglich, wie in Zeile (03) und Zeile (06) angedeutet. Um genauere Informationen über Dateifehler zu erhalten, wird in Zeile (09) bis (10) die vom System bereitgestellte Nummer des zuletzt aufgetretenen Fehlers abgefragt und diese Information auch in einen entsprechenden Text umgesetzt. Die Bedeutung einer Fehlernummer als Zeichenkette ermittelt die Funktion strerror(), die über <cstring> inkludiert wird.

Kann die Datei nicht geöffnet werden – beispielsweise weil sie nicht existiert oder die Zugriffsrechte fehlen –, erfolgt danach eine Ausgabe der Fehlermeldung des Betriebssystems. Auf unserem Testsystem sieht das wie folgt aus:

```
Error 2, No such file or directory
```

Wichtig: Das Timing bei »errno«-Abfragen

Achtung, die Fehlernummern errno können von unterschiedlichen Systemfunktionen gesetzt werden. Die Fehlernummer muss daher abgefragt werden, bevor sie von einer anderen Funktion geändert werden kann.

17.3.4 Byteweise lesen und schreiben

Um einen Dateistream byteweise zu lesen oder byteweise in ihn zu schreiben, verwenden Sie die Elementfunktionen `get()` und `put()`. Diese grundlegende Methode eignet sich gut, um die Funktionsweise von Dateioperationen zu verstehen. Im Folgenden sehen Sie, wie Sie eine Datei zum Lesen öffnen und den gelesenen Inhalt byteweise in eine andere Datei schreiben:

```
// listings/17/fstream3/main.cpp
...
int main() {
  std::ifstream rStream;
  std::ofstream wStream;
  std::string rFile, wFile;
  std::cout << "Datei zum Lesen     : ";
  std::getline(std::cin, rFile);
  std::cout << "Datei zum Schreiben : ";
  std::getline(std::cin, wFile);
  rStream.open(rFile);
  wStream.open(wFile);
  if (!wStream || !rStream) {
    std::cerr
      << "Eine der Dateien konnte nicht geoeffnet werden\n";
    return EXIT_FAILURE;
  }
  char ch;
  while (rStream.get(ch)) {
    if (rStream.fail()) {
      std::cerr << "Fehler beim Lesen\n";
      return EXIT_FAILURE;
    }
    wStream.put(ch);
    if (wStream.fail()) {
      std::cerr << "Fehler beim Schreiben\n";
      return EXIT_FAILURE;
    }
  }
```

```
28    std::cout << "Kopieren erfolgreich\n";
29  }
```

In Zeile (02) und (03) befindet sich jeweils der Dateistream für das Einlesen und Schreiben. In Zeile (04) bis (08) werden die Dateinamen eingelesen, die in Zeile (09) bis (15) inklusive einer Fehlerprüfung mit dem jeweiligen Dateistream zum Lesen und Schreiben verbunden werden.

Die Schleife ab Zeile (17) liest so lange Byte für Byte aus `rStream` ein, bis sie auf das Dateiende (»End of file«, EOF) trifft. In Zeile (22) schreiben Sie das eingelesene Byte mit `put()` in die Datei, die mit dem Dateistream `wStream` verbunden ist.

Wollen Sie die Daten anstatt in eine Datei lieber auf den Bildschirm schreiben, müssen Sie lediglich in Zeile (22) den Inhalt von `ch` in den Stream `std::cout` anstelle von `wStream` schieben.

Binärdateien und Textausgabe

Bei Binärdateien (beispielsweise Bildern oder ausführbaren Programmen) sollten Sie die Bytes nicht auf dem Bildschirm ausgeben. Viele Bytes entsprechen keinen druckbaren Zeichen und bringen die Konsolenausgabe durcheinander.

Damit kopieren Sie die Daten Byte für Byte von einer Quelldatei in eine Zieldatei. Es ist sicher einleuchtend, dass ein byteweises Kopieren von umfangreichen Daten nicht sehr effizient ist.

»open()« und »std::string«

Seit C++11 können Sie `open()` direkt mit `std::string` verwenden. Die früher notwendige Konvertierung mit `std::string::c_str()` entfällt.

17.3.5 Zeilenweise lesen und schreiben

Für Textdateien bietet sich ein zeilenweises Lesen und Schreiben an. Das ist nicht nur leichter zu implementieren als das byteweise Lesen, durch eine interne Pufferung ist es sogar effizienter. Wir müssen nur noch zeilenweise mit `getline()` einlesen, auf Fehler prüfen und für das Schreiben den `<<`-Operator verwenden:

```
00 // listings/17/fstream4/main.cpp
   // Beginn wie im Beispiel listings/17/fstream3/main.cpp
01   std::string buf;
02   while (std::getline(rStream, buf)) {
03     if (rStream.fail()) {
04       std::cerr << "Fehler beim Lesen";
05       return EXIT_FAILURE;
06     }
07     wStream << buf << "\n";
08     if (wStream.fail()) {
09       std::cerr << "Fehler beim Schreiben\n";
10       return EXIT_FAILURE;
11     }
12   }
13   std::cout << "Kopieren erfolgreich\n";
```


In Zeile (**02**) wird mit `std::getline()` bis zum nächsten Zeilenumbruch (-Zeichen) aus dem Dateistream `rStream` eingelesen.

»std::getline()« anstatt »fstream.getline()«

Beachten Sie, dass wir im obigen Beispiel die Funktion `std::getline` verwendet haben, die einen C++-String zurückliefert und die Sie in neuen Programmen verwenden. Der Stream hat auch die Methode `stream.getline()`, diese liefert aber einen C-String.

In Zeile (**07**) wird der eingelesene Inhalt mit dem `<<`-Operator in den Dateistream `wStream` geschoben. Zusätzlich wird der Zeilenumbruch mit `"\n"` am Ende angehängt.

Zeilenweises Abarbeiten benötigt Zeilen

Wenn wir eine Datei zeilenweise einlesen, gehen wir davon aus, dass die Datei auch Zeilen mit Zeilenumbrüchen hat. Das trifft beispielsweise auf Konfigurations-, Log- oder CSV-Dateien zu. Für Binärdateien (wie Bilder oder ausführbare Programme) ist diese Methode nicht geeignet.

17.3.6 Blockweise lesen und schreiben

Die blockweise Übertragung ist die effizienteste Methode. Dabei werden die Daten als zusammenhängende Bytes gelesen und geschrieben. Für größere Dateien ist diese Variante in der Regel die schnellste und die in der Praxis verwendete Lösung.

Die Datei selbst ist ja zunächst nichts anders als eine Abfolge von einzelnen Bytes mit einer bestimmten Länge, ähnlich einem Array. Um eine bestimmte Anzahl von Bytes zu lesen, wird die Methode `read()` angeboten, und um sie zu schreiben, die Methode `write()`.

Um das zu demonstrieren, werden wir das bekannte Beispiel noch einmal abwandeln und hier direkt ganze Blöcke der Datei kopieren:

```
// listings/17/fstream5/main.cpp
// Beginn wie im Beispiel listings/17/fstream3/main.cpp
  rStream.seekg(0, std::ios::end);
  auto size = rStream.tellg();
  rStream.seekg(0, std::ios::beg);
  std::vector<char> vec(size);
  rStream.read(vec.data(), size);
  if (rStream.fail()) {
    std::cerr << "Fehler beim Lesen\n";
    return EXIT_FAILURE;
  }
  std::cout << rStream.gcount() << " Bytes gelesen\n";
  wStream.write(vec.data(), size);
  if (wStream.fail()) {
    std::cerr << "Fehler beim Schreiben\n";
```

```
14        return EXIT_FAILURE;
15      }
16      std::cout << "Kopieren erfolgreich\n";
```

Zuerst wird die Dateigröße ermittelt, beginnend mit einem wahlfreien Zugriff in Zeile (**01**). Der Lesezeiger, der die aktuelle Position im Stream markiert, wird mit `seekg()` auf das Ende der Datei (`ios::end`) gesetzt. In der folgenden Zeile (**02**) wird mit der Methode `tellg()` dann der Offset dieses Lesezeigers zum Dateianfang in `size` abgelegt. Damit ist die Größe der Dateien in Byte bekannt. Zum tatsächlichen Einlesen wird in Zeile (**03**) der Lesezeiger wieder auf den Anfang der Datei (`ios::beg`) gesetzt.

In Zeile (**04**) wird Speicher in einem `vector` der Größe `size` reserviert, um den Inhalt der kompletten Datei aufzunehmen. Mit der Methode `read()` in Zeile (**05**) wird dann auch entsprechend eingelesen. Die Elementfunktion `gcount()` aus Zeile (**10**) ermittelt noch einmal, wie viele Bytes mit `read()` zuvor gelesen wurden. In unserem Fall sollte der Wert natürlich der Anzahl der zu lesenden Bytes entsprechen. In Zeile (**11**) schreiben Sie mit `write()` den kompletten Inhalt von `vec` in die mit dem Dateistream `wStream` verbundene Datei.

Speichern von komplexeren Daten

Die gezeigte Methode eignet sich gut zum Kopieren von Dateien. Wollen Sie komplexere Datentypen (Vektoren, Strukturen, Objekte) speichern, ist zusätzlicher Aufwand nötig. Für solche Fälle verwenden Sie am besten spezielle *Serialisierungsbibliotheken*.

17.3.7 Die Lese- oder Schreibposition ändern

Beim Lesen oder Schreiben einer Datei können Sie frei bestimmen, an welcher Position Sie arbeiten möchten. Die Funktionalität haben wir im vorigen Beispiel schon genutzt. Für eine Datei werden eine Lese- und ein Schreibposition verwaltet. Es gibt spezielle Methoden, um beide unabhängig voneinander abzufragen (siehe Tabelle 17.2).

Elementfunktion	Bedeutung
`streampos tellg();`	Gibt die aktuelle Leseposition zurück.
`istream& seekg(streampos);`	Setzt den Lesezeiger relativ zum Dateianfang.
`istream& seekg( streampos,ios::seekdir);`	Setzt den Lesezeiger relativ zum zweiten Argument (siehe Tabelle 17.3).
`streampos tellp();`	Gibt die aktuelle Schreibposition zurück.
`ostream& seekp(streampos);`	Setzt den Schreibzeiger relativ zum Dateianfang.
`ostream& seekp( streampos, ios::seekdir);`	Setzt den Schreibzeiger relativ zum zweiten Argument (siehe Tabelle 17.3).

Tabelle 17.2 Elementfunktionen für den wahlfreien Dateizugriff

Sie können mit einem zweiten Argument beim Aufruf von `seekg()` und `seekp()` die Bezugsposition für die Änderung des Schreib- oder Lesezeigers bestimmen. Das Argument ist vom Typ `ios::seekdir`, eine Beschreibung seiner möglichen Werte finden Sie in Tabelle 17.3.

Flag	Bedeutung
`ios::beg`	Position relativ zum Dateianfang
`ios::cur`	Position relativ zur aktuellen Position
`ios::end`	Position relativ zum Dateiende

Tabelle 17.3 Flags zur Bezugsposition

Der folgende Code setzt beispielsweise in einem `std::ifstream file {"data.bin", std::ios::binary}` den Leserzeiger an das Dateiende und geht von dort 10 Zeichen zurück:

```
file.seekg(-10, std::ios::end);
```

Von dieser Position aus werden dann 10 Zeichen eingelesen werden:

```
std::array<char, 10> data;
file.read(data.data(), data.size());
```

Wahlfreien Zugriff wo verwenden?

Der wahlfreie Zugriff wird beispielsweise zum Überspringen von Headerinformationen verwendet. Er ist auch nützlich, um Daten nachträglich zu aktualisieren, Dateien rückwärts zu lesen oder um zu bestimmten Datensätzen zu springen.

17.4 Mit »std::filesystem« arbeiten

Seit C++17 bietet die Standardbibliothek mit `<filesystem>` eine plattformunabhängige Möglichkeit zur Verwaltung von Dateien und Verzeichnissen. Das erleichtert nicht nur den Umgang mit unterschiedlichen Pfadtrennern (/ oder \), sondern bietet auch einfache Funktionen zum Prüfen und Manipulieren von Dateien und Verzeichnissen. Das folgende Beispiel zeigt diese Vorteile bei der Arbeit mit einer einfachen Logdatei. Die Benennung und Kommentierung sollte das Programm ohne weitere Erklärung verständlich machen:


```
#include <filesystem>
#include <fstream>
#include <iostream>
namespace fs = std::filesystem; // Typische Abkürzung
int main() {
    // Pfadverwaltung mit fs::path
    const fs::path logfile{"logs/program.log"};
    // Verzeichnis prüfen und ggf. erstellen
    if (!fs::exists(logfile.parent_path())) {
        fs::create_directory(logfile.parent_path());
    }
```

```
    // Absoluten Pfad ausgeben
    std::cout << "Pfad: " <<fs::absolute(logfile) << '\n';
    // Existenz und Größe prüfen
    if (fs::exists(logfile)) {
        std::cout << "Größe: " << fs::file_size(logfile)
                  << " Bytes\n";
    }
    // Datei zum Schreiben öffnen
    std::ofstream outfile{logfile, std::ios::app};
    if (!outfile) {
        std::cerr << "Fehler beim Schreiben der Logdatei\n";
        return EXIT_FAILURE;
    }
    outfile << "Neuer Eintrag\n";
    return EXIT_SUCCESS;
}
```

Die Filesystem-Bibliothek bietet noch viele weitere nützliche Funktionen wie `fs::copy`, `fs::rename`, `fs::remove` und seit C++23 auch ein `fs::create_temporary_file`.

17.5 Kontrollfragen und Aufgaben

1. Welche drei Streamklassen für Dateien kennen Sie, und wofür werden sie im Einzelnen verwendet?
2. Welche zwei Möglichkeiten kennen Sie, um eine der drei Streamklassen für Dateien mit einer Datei zu verbinden bzw. die Datei zu öffnen?
3. Im folgenden Codeausschnitt wird eine neue Datei mit einem benutzerdefinierten Namen erstellt, in der Sie in Zeile (09) einen einfachen Text schreiben wollen. Zwar wird die Datei angelegt, der Inhalt jedoch bleibt leer. Was wurde falsch gemacht?

```
01 std::string filename;
02 std::ofstream f;
03 std::cout << "Datei zum Schreiben: ";
04 std::getline(std::cin, filename);
```

```
if (filename != "") {
  std::ofstream f(filename);
  if (!f) { return EXIT_FAILURE; }
}
f << "Text in die Datei\n";
```

4. Nennen Sie die Funktionen, mit denen Sie Byte für Byte, Zeile für Zeile und Block für Block etwas aus einer Datei lesen und in eine Datei schreiben können.

Kapitel 18
Die Standardbibliothek und weitere Sprachelemente

Wenn Sie das Buch bis hierhin durchgearbeitet haben, kennen Sie die wesentlichen Sprachelemente, die einen Grundkurs ausmachen.

Aus dem ersten Kapitel wissen Sie bereits, dass neben dem eigentlichen Sprachkern die Standardbibliothek eine entscheidende Rolle spielt. Mit `std::vector`, `std::array` und `std::string` sind Ihnen einige ihrer wichtigsten Klassen schon vertraut. In diesem Kapitel zeigen wir Ihnen weitere Elemente der Standardbibliothek und deren Arbeitsweise, die Ihre Wissensbasis verbreitern und Ihnen helfen werden, mit C++ zu arbeiten und auf eigene Faust weiterzumachen.

Darauf aufbauend demonstrieren wir noch einige Sprachelemente, unterschiedliche Smart Pointer und die Move-Semantik, die Sie jetzt mit Ihrem Vorwissen leichter einordnen können. Im Anschluss daran stellen wir Ihnen einige weitere nützliche Elemente der Bibliothek vor, um Ihnen die nächsten eigenen Schritte zu erleichtern.

Aufgrund des Umfangs der Standardbibliothek können wir hier nur ausgewählte Konzepte vorstellen, aber vielleicht können wir Ihnen damit Ideen geben, welche Themen Sie als nächste im Detail betrachten wollen. Machen Sie sich dann selbst auf die Suche und identifizieren die Bereiche, die für Ihre Anwendungsfälle wichtig sein könnten.

18.1 Die Container der Standardbibliothek

Die Standardbibliothek wurde ursprünglich unabhängig von der Sprache C++ selbst entwickelt, ist aber mittlerweile ein nicht mehr wegzudenkender Teil des C++-Standards. Ihre zentralen Elemente sind die *Container*. Sie speichern und verwalten Objekte eines bestimmten Typs dynamisch zur Laufzeit und sind als Klassen-Templates implementiert. Die Standardbibliothek unterscheidet zwischen sequenziellen und assoziativen Containern. Bei *sequenziellen Containern* sind die Objekte gewöhnlich linear angeordnet und können oft über ihre Position (ihren *Index*) im Container angesprochen werden. Bei *assoziativen Containern* erfolgt der Zugriff über Schlüssel. Die interne Implementierung nutzt je nach Container unterschiedliche Techniken, um einen effizienten Zugriff zu ermöglichen.

18.1.1 Sequence Container und Iteratoren

Mit dem `std::vector` haben Sie das prominenteste Beispiel für sequenzielle Container schon kennengelernt. Dort können Sie über den `[]`-Operator oder über die `at()`-Methode mit einem Index direkt auf ein Element zugreifen.

Es gibt aber für Container noch eine weitere Zugriffsmöglichkeit: die sogenannten *Iteratoren*. Iteratoren sind Objekte, die sich wie Zeiger verhalten und eine einheitliche Schnittstelle zum Durchlaufen von Containern bieten, unabhängig von der Containerart und den verwalteten Datentypen.

Wir wollen Iteratoren zuerst am Beispiel eines `std::vector` ausprobieren. Sie können einen solchen Iterator auf das erste Element des Containers zeigen lassen, ihn mit anderen Iteratoren vergleichen und ihn auf das gezeigte Objekt zugreifen lassen. Außerdem können Sie einen Iterator weiterrücken, beispielsweise indem sie ihn mit ++ inkrementieren:

```
// listings/18/iterator.cpp
...
int main() {
  std::vector<int> vec{};
  for (int i = 0; i < 10; ++i)
    vec.push_back(i);
  std::vector<int>::iterator iter = vec.begin(); // oder auto
  for (auto it = vec.begin(); it != vec.end(); ++it)
    std::cout << *it;
  std::cout << '\n';
```

```
09    for (auto rit = vec.rbegin(); rit != vec.rend(); ++rit)
10      std::cout << *rit;
11    std::cout << '\n';
12    iter += 6;
13    std::cout << "Element Index 6: " << *(iter) << '\n';
14    std::cout << "Element Index 4: " << *(iter - 2) << '\n';
15  }
```

Bis Zeile (**04**) wird `vec` erstellt und befüllt. In Zeile (**05**) taucht erstmals ein Iterator `iter` auf, der mit `vec.begin()` initialisiert wird und auf das erste Element im Container zeigt. Sie sehen, dass die Typangabe mit `std::vector<int>::iterator` etwas unhandlich ist. Daher verwenden wir in der Schleife in Zeile (**06**) zur Ermittlung des Datentyps auch gerne `auto` für die Variable `it`. In der Schleife wird der Iterator so lange mit `++it` um eine Position auf das nächste Element weitergerückt, wie das Ende `vec.end()` noch nicht erreicht worden ist. In der Schleife erfolgt dann die Ausgabe über die »Dereferenzierung« des Iterators mit `*it` in Zeile (**07**). Hierzu nutzt der Iterator einen überladenen `operator*`, um die Arbeitsweise ähnlich wie mit einem Zeiger zu ermöglichen. Das funktioniert auch mit anderen Containern als einem `std::vector`.

Beachten Sie, dass `vec.begin()` einen Iterator auf das erste Element des Containers zurückgibt. Allerdings liefert `vec.end()` einen Iterator auf ein (nicht existierendes) Element *hinter* dem letzten Element des Containers, wie auch in Abbildung 18.1 dargestellt. Wir verwenden diesen Iterator in Zeile (**06**), um festzustellen, dass wir hinter dem Ende angelangt sind, und greifen *nicht* darauf zu.

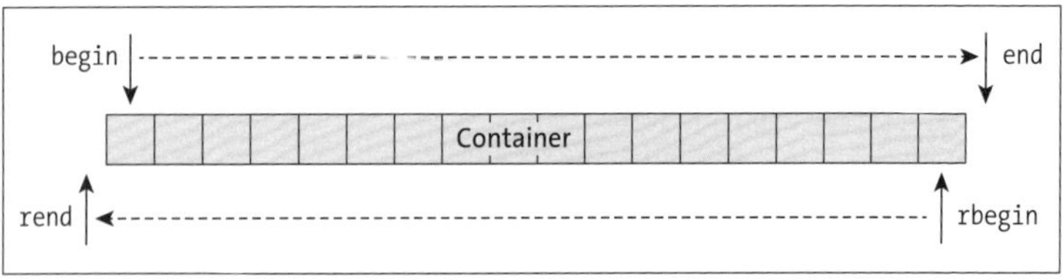

Abbildung 18.1 Iteratoren für die Vorwärts- und Rückwärtsiteration

Die »for-range«-Schleife

Am Anfang eines Containers zu starten und so lange weiter vorzurücken, bis das Ende des Containers erreicht ist, ist genau das, was die `for-range`-Schleife für uns unsichtbar mit Iteratoren erledigt. Statt der Iterator-Schleife

```
for (auto it = vec.begin(); it != vec.end(); ++it) {
    std::cout << *it;
}
```

können Sie auch einfach Folgendes schreiben:

```
for (auto element : vec) { std::cout << element;}
```

Wenn Sie einen eigenen Container mit Iteratoren implementieren, kann er daher ebenfalls mit dieser übersichtlichen Schreibweise verwendet werden.

Die Iteratoren eines `std::vector` sind bidirektional und können auch von hinten nach vorne durchlaufen werden. Daher können wir hier auch einen umgedrehten Iterator (engl. *reverse iterator*) nutzen und in Zeile (**09**) mit `rbegin()` am Ende starten und diesen umgedrehten Iterator mit `++rit` so lange verrücken, bis der Anfang mit `vec.rend()` erreicht wird.

Die Klasse `std::vector` kann per Index wahlfrei auf jedes Element zugreifen, und entsprechend kann der Iterator hier auch in beliebigen Schritten wandern: In Zeile (**12**) wird der Iterator `iter` um sechs Positionen weitergesetzt, in Zeile (**13**) wird sein dereferenzierter Wert ausgegeben, und in der folgenden Zeile (**14**) wird der Wert an der Stelle des um zwei Positionen zum Anfang hin verschobenen Iterators ausgegeben.

Iteratoren mit »std::begin()« und »std::end()«

Die Containerklassen haben die oben verwendete Methode `vec.begin()`. Sie können den gleichen Iterator auch mit der Funktion `std::begin(vec)` mit dem Container als Argument erhalten. Diese Variante hat den Vorteil, dass sie auch für C-Arrays verwendet werden kann. Daher wird sie gerade in Templates gerne genutzt. Natürlich gibt es auch die entsprechende Funktion `std::end()`.

Bereiche mit Iteratoren

Ein Container stellt mit `begin()` einen Iterator auf das erste Element bereit und mit `end()` einen Iterator auf eine Position hinter dem letzten Element. Indem wir fortlaufend inkrementieren, können wir den kompletten Container durchlaufen.

Bis jetzt sehen die Iteratoren vielleicht noch ein wenig umständlich aus. Sie sind aber so allgemein gehalten, dass wir sie extrem flexibel einsetzen können. Zwei zusammengehörige Iteratoren in der richtigen Reihenfolge definieren einen konkreten Bereich ihres Containers. Damit kann man sehr einfach Funktionen erstellen, die mit Bereichen arbeiten:

```
00 // listings/18/bereich.cpp
...
04 void ausgabe(auto start, auto end) {
05 for (auto it = start; it != end; ++it) {
06       std::cout << *it;
07     }
08     std::cout << '\n';
09 }
10 int main() {
10     std::vector<int> vec{0, 1, 2, 3, 4, 5, 6, 7, 8, 9};
11     ausgabe(vec.begin(), vec.end());            // 0123456789
12     ausgabe(vec.begin() + 2, vec.end() - 2);  // 234567
13 }
```

Die Funktion in Zeile (**04**) funktioniert mit allen Containertypen, die Iteratoren bereitstellen, und erlaubt die allgemeine Verarbeitung von Teilbereichen. Die Funktion muss nicht wissen, mit welchem Container sie arbeitet – sie kennt nur die Iteratoren. Sie startet am Anfang des übergebenen Bereichs und gibt so lange Elemente aus, bis das Ende erreicht ist. Sie kann wie in Zeile (**11**) für den kompletten Container aufgerufen werden oder wie in Zeile (**12**) für Teilbereiche.

Wahlfreie, unidirektionale und bidirektionale Iteratoren

Wie unterscheiden sich diese Iteratoren voneinander?

- **Wahlfreier Zugriff:** Iteratoren können mit + und - beliebig versetzt werden.

```
it = it + 5;  // 5 Positionen vor
it = it - 3;  // 3 Positionen zurück
```

- **Bidirektional:** Iteratoren bewegen sich schrittweise vor und zurück.

```
++it;  // Eine Position vor
--it;  // Eine Position zurück
```

- **Unidirektional:** Iteratoren bewegen sich nur vorwärts.

```
++it;  // Nur vorwärts möglich
```

Verkettete Listen

Der Container `std::vector` ist sehr flexibel und erlaubt mit seinen Iteratoren unidirektionale, bidirektionale und wahlfreie Operationen.

Es gibt aber auch viele wichtige und nützliche Datenstrukturen, die weniger Möglichkeiten haben. In einer doppelt verketteten Liste, die in `std::list` implementiert ist, können Sie sich zwischen Start und Ende ausschließlich elementweise vor und zurück »bewegen«. In der einfach verketteten `std::forward_list` geht das sogar nur unidirektional von einem Element in Richtung Ende. Damit ist die vorwärts verkettete Liste aber auch der kleinste gemeinsame Nenner der sequenziellen Container. Mit allen Klassen, die Iteratoren unterstützen, ist es möglich, Iteratoren für den Start und das Ende zu ermitteln, ein Element weiterzugehen, auf Gleichheit zu prüfen sowie zu dereferenzieren.

Warum sollten Sie eine »list« oder »forward_list« nutzen?

Eine verkettete Liste legt ihre Elemente an unterschiedlichen freien Blöcken im Speicher ab und ist nicht auf zusammenhängenden Speicher angewiesen. Dabei erhält jedes Element einen Verweis auf seinen

Nachfolger, bei doppelt verketteten Listen auch noch auf seinen Vorgänger. Das macht das Einfügen und Löschen von Elementen in der Mitte der Liste sehr effizient – im Gegensatz zum Vector, wo dafür alle nachfolgenden Elemente verschoben werden müssen. Wir tauschen also den Komfort des wahlfreien Zugriffs gegen die Fähigkeit, effizient einzufügen.

Durch die Austauschbarkeit der Iteratoren können wir die Funktion `ausgabe()` aus dem vorherigen Beispiel auch mit Listen verwenden:

```
01 std::list<int>         list{0, 1, 2, 3, 4, 5, 6, 7, 8, 9};
02 std::forward_list<int> flist{0, 1, 2, 3, 4, 5, 6, 7, 8, 9};
03 ausgabe(list.begin(), list.end());                  // 0123456789
04 ausgabe(++(++list.begin()), --(--list.end()));      // 234567
05 ausgabe(++(++flist.begin()), flist.end());          // 23456789
```

In den Zeilen (**01**) bis (**02**) werden die Container initialisiert. Die doppelt verkettete Vorwärtsliste wird in Zeile (**03**) komplett ausgegeben. In Zeile (**04**) unterscheidet sich die Nutzung vom vorherigen Beispiel mit seinem wahlfreiem Zugriff: Um zwei Elemente vorzugehen, können wir nicht mehr einfach `+2` addieren. Stattdessen inkrementieren oder dekrementieren wir in Zeile (**04**) einfach zweimal. Mit der einfach verketteten Liste können wir noch auf die gleiche Weise zwei Elemente überspringen, aber es ist nicht möglich, einen Iterator vom Ende her in Richtung Anfang zu bewegen oder ihn gar wahlfrei zu setzen.

Die richtige Datenstruktur

Für die Beispiele in diesem Buch spielt es kaum eine Rolle, welche der möglichen Datenstrukturen Sie verwenden – die Unterschiede in der Laufzeit sind bei kleinen Datenmengen minimal.

In der Praxis ist die Wahl der richtigen Datenstruktur dagegen oft entscheidend. Die richtige Wahl kann den Unterschied zwischen Minuten und Millisekunden ausmachen, und bei großen Datenmengen kann die falsche Wahl eine Lösung sogar völlig unpraktikabel machen.

18.1.2 Assoziative Container

Bei *assoziativen Containern* steht die schnelle Suche nach spezifischen Elementen im Vordergrund; sie kommen beispielsweise zum Einsatz, wenn Sie eine Sammlung eindeutiger Werte verwalten möchten, etwa Benutzernamen oder Produktnummern. Der Zugriff auf die Elemente erfolgt häufig über einen Schlüssel, wie Sie am Beispiel einer *Sammlung* oder *Menge* (engl. *Set*) sehen werden.

Verwendung der assoziativen Container »set« und »unordered_set«

Eine Menge speichert Elemente, Duplikate werden automatisch ignoriert. Die enthaltenen Elemente können leicht wieder ausgegeben werden und es kann sehr effizient geprüft werden, ob ein bestimmtes Element enthalten ist. Das einfachste Beispiel ist `std::unordered_set`, eine Menge, die keine bestimmte Reihenfolge garantiert. Wenn die Elemente zusätzlich in einer definierten Reihenfolge (bei Strings alphabetisch, bei Zahlen aufsteigend) benötigt werden, verwendet man das sortierte `std::set`:

```
// listings/18/set.cpp
...
#include <set>
#include <unordered_set>
int main() {
  std::unordered_set<std::string> team; // Unsortiert
  team.insert("Bente");
  team.insert("Andrea");
  team.insert("Chris");
  std::cout << "\nTeam 1 (keine feste Reihenfolge):\n";
  for (const auto& name : team) {
    std::cout << name << '\n';
  if (team.contains("Andrea")) {  // seit C++20
    std::cout << "Andrea ist in Team 1\n";
  }
  std::set<std::string> team_sortiert;
  team_sortiert.insert("Bente");   // Die Reihenfolge beim
  team_sortiert.insert("Andrea");  // Einfügen ist
  team_sortiert.insert("Chris");   // egal.
  std::cout << "Team 2 (alphabetisch):\n";
```

```
21    for (const auto& name : team_sortiert) {
22      std::cout << name << '\n';
23    }
24    if (team_sortiert.contains("Andrea")) {  // seit C++20
25      std::cout << "Andrea ist in Team 2\n";
26    }
27  }
```

Sie sollten mittlerweile in der Lage sein, das Beispiel ohne besondere Hilfe nachzuvollziehen. In Zeile (**06**) und in Zeile (**16**) werden die jeweiligen Container instanziiert und befüllt. Ab Zeile (**13**) wird mithilfe von `contains()` geprüft, ob ein bestimmter Wert (hier `Andrea`) in der unsortierten Menge enthalten ist. Die Ausgabe dieser Menge erfolgt in einer undefinierten Reihenfolge. Bei gleichem Vorgehen für `std::set` gibt die Schleife über die Elemente der Menge die Einträge dann aber automatisch sortiert zurück:

```
Andrea
Bente
Chris
```

Verwendung des Containers »map«

Eine *Map* ordnet eindeutigen *Schlüsseln* bestimmte *Werte* zu (engl. *key/value*). Im folgenden Beispiel verwalten wir Personalnummern, wobei die Namen vom Typ `std::string` als eindeutige Schlüssel dienen und die Personalnummer vom Typ `int` die zugehörigen Werte sind:

```
// listings/18/map.cpp
...
#include <map>
int main() {
    std::map<std::string, int> personal;
    personal["Andrea"] = 1001;  // Reihenfolge beim
    personal["Bente"]  = 1002;  // Einfügen ist
    personal["Chris"]  = 1003;  // egal
    if (personal.contains("Bente")) {  // seit C++20
      std::cout << "Bentes Nummer: "
```

```
11                 << personal["Bente"] << '\n';
12      }
13      std::cout << "\nPersonal (alphabetisch):\n";
14      for (const auto& [name, nummer] : personal) {
15          std::cout << name << ": " << nummer << '\n';
16      }
17  }
```

In Zeile (**05**) wird die Map `personal` erzeugt und danach mit Schlüssel-Wert-Paaren befüllt. Die Prüfung auf vorhandene Elemente in Zeile (**09**) erfolgt wie bei den Mengen mit der Methode `contains()`. Der Zugriff auf einen Wert erfolgt mit dem Index-Operator und dem zugehörigen Schlüssel wie in Zeile (**10**).

Die `for`-Schleife in Zeile (**14**) durchläuft alle Einträge der Map. Mit der strukturierten Bindung `[name, nummer]` werden die beiden Teile jedes Eintrags (Schlüssel und Wert) direkt in eigene Variablen aufgeteilt und in der Schleife ausgegeben. Die Ausgabe des Programms sieht dann so aus:

```
Bentes Nummer: 1002
Personal (alphabetisch):
Andrea: 1001
Bente: 1002
Chris: 1003
```


Wie in einem Set wird in einer Map automatisch sortiert (hier nach Schlüsseln). Wenn Sie diese Sortierung nicht benötigen, können Sie stattdessen `std::unordered_map` verwenden. Der Verzicht auf die Sortierung spart dann unnötigen Aufwand.

18.1.3 Zusammenfassende Übersicht der Container

Alle Container-Klasen umfassend zu beschreiben, würde ein eigenes Buch füllen. Daher stellen wir die verfügbaren Container in den folgenden Tabellen jeweils nur kurz vor. Die sequenziellen Container finden Sie in Tabelle 18.1, die darauf basierenden Container-Adapter in Tabelle 18.2, die assoziativen Container in Tabelle 18.3.

Sequenzielle Container

Container	Beschreibung
`vector`	Die Containerklasse `vector` ist ein sequenzieller Container, in dem die Elemente linear angeordnet sind. Dieser Container kann seine Größe dynamisch ändern und ermöglicht Ihnen einen schnellen Zugriff auf jedes Element mithilfe des Indexoperators.
`array`	Bei `array` handelt sich um ein Array mit fester Größe und dem gleichen Laufzeitverhalten, wie ein rohes Array (C-Array) aufweist. Es besitzt aber diselbe Schnittstelle wie der Container `vector`.
`deque`	`deque` ist wie `vector` ein sequenzieller Container. Im Gegensatz zu `vector` handelt es sich um eine Warteschlange mit zwei Enden (engl. *Double-ended Queue*). Sie ist besonders schnell, wenn am Anfang oder Ende ein Element hinzugefügt werden soll. Auch der Zugriff ist ähnlich wie beim `vector` mithilfe des Indexoperators sehr schnell.
`list`	Der Container `list` realisiert eine doppelt verkettete Liste. Im Vergleich zu `vector` können neue Elemente im Inneren effizient eingefügt werden. Allerdings ist kein Zugriff per Index möglich.
`forward_list`	Der Container `forward_list` realisiert eine einfach verkettete Liste. Sie hat eine sehr hohe Speichereffizienz mit sehr geringem Overhead. Allerdings kann dieser Container nur vorwärts mit dem Iterator durchlaufen werden. Es ist der einzige Container, der keine Methode `size()` anbietet.

Tabelle 18.1 Sequenzielle Containerklassen-Templates in der Standardbibliothek

Einige der sequenziellen Container aus Tabelle 18.1 haben wir bereits in Beispielen verwendet. Aus Platzgründen belassen wir es bei der Vorstellung der anderen Varianten. Sie sollten jetzt aber in der Lage sein, eigene Beispiele zu erstellen.

Container-Adapter

Es gibt spezialisierte Datenstrukturen für bestimmte Anwendungsfälle. Diese werden in der Standardbibliothek als Container-Adapter zur Verfügung gestellt (siehe Tabelle 18.2). Sie verwenden einen der sequenziellen Container als Basis und stellen eine für den Adapter passende, reduzierte Schnittstelle bereit. Typischerweise wird dazu `std::deque` verwendet.

`stack`	Ein `stack` (Stapel) wird zur Ablage und Entnahme am gleichen Ende verwendet. Ein Element wird mit der Methode `push` »oben« auf dem Stack abgelegt. Mit `pop` wird ein Element vom Stapel genommen, immer das oberste zuerst. Dieses Prinzip wird *LIFO-Prinzip* genannt (LIFO = *last in, first out*).
`queue`	Der Container-Adapter `queue` (auch *Warteschlange* genannt) wird verwendet, um Objekte mit `push` an einem Ende anzufügen. Mit `pop` wird ein Objekt entnommen, hier allerdings am anderen Ende zuerst. Dieses Prinzip wird *FIFO-Prinzip* genannt (FIFO = *first in, first out).*
`priority_queue`	Eine *Priority-Queue* ist wie die `queue` eine Warteschlange. Allerdings wird jedem Element beim Einfügen eine »Priorität« zugeordnet. Entnommen wird immer das Element mit der höchsten Priorität. Die relative Priorität wird durch den Vergleich zweier Elemente bestimmt. Hierzu wird entweder der Operator < oder ein Funktionsobjekt verwendet. Wenn Sie die Prioritäts-Queue mit Klassen verwenden wollen (was gewöhnlich der Fall ist), müssen Sie den Operator < in der Klasse implementieren.

Tabelle 18.2 Container-Adapter in der Standardbibliothek

Assoziative Container

Die Standardbibliothek bietet bei assoziativen Containern jeweils zwei Varianten: Die sortierten Varianten halten ihre Elemente in einer definierten Ordnung, während die unsortierten einen schnelleren Zugriff ermöglichen, dafür aber keine Ordnung garantieren. Zusätzlich gibt es von jedem Typ eine Multi-Variante, die mehrfache Einträge mit gleichem Schlüssel erlaubt. Diese sind besonders nützlich für Häufigkeitsanalysen (`multiset`, z. B. »Wie oft kommt eine Note vor?«) oder wenn mehrere Werte zum gleichen Schlüssel gehören (`multimap`, z. B. mehrere Termine zu einem Datum oder mehrere Personen zu einer Büronummer). Tabelle 18.3 gibt Ihnen einen Überblick über die verschiedenen assoziativen Container.

Container	Beschreibung
`set`, `multiset`	**Sortierte Mengen:** Die Elemente selbst dienen als Schlüssel und werden automatisch sortiert gespeichert. `set` erlaubt jeden Wert nur einmal, `multiset` erlaubt Duplikate. Für eigene Klassen als Elemente wird für die Sortierung der `operator<` benötigt.
`map`, `multimap`	**Sortierte Schlüssel-Wert-Paare** (`map<Key, Value>`): Der Container `map` erlaubt jeden Schlüssel nur einmal, `multimap` erlaubt mehrfache Schlüssel. Für eigene Schlüsselklassen wird für die Sortierung der `operator<` benötigt.
`unordered_set`, `unordered_multiset`	**Unsortierte Mengen und Multimengen:** `unordered_set` erlaubt jeden Wert nur einmal, `unordered_multiset` erlaubt Duplikate. Für eigene Klassen werden `std::hash` und `operator==` benötigt.
`unordered_map`, `unordered_multimap`	**Unsortierte Schlüssel-Wert-Paare:** `unordered_map` erlaubt jeden Schlüssel nur einmal, `unordered_multimap` erlaubt mehrfache Schlüssel. Für eigene Klassen werden `std::hash` und `operator==` benötigt.

Tabelle 18.3 Assoziative Containerklassen-Templates in der Standardbibliothek

18.2 Algorithmen der Standardbibliothek

Die Container der Standardbibliothek bieten umfassende Möglichkeiten, um Objekte zu speichern. Die Standardbibliothek stellt aber auch eine Vielzahl fertiger Algorithmen bereit, um mit den Objekten in diesen Containern zu arbeiten – etwa zum Sortieren, zum Suchen oder zum Ausführen von Operationen auf allen Elementen. Diese Algorithmen werden über den Header `<algorithm>` eingebunden. Sie arbeiten mit Iteratoren und können dadurch mit verschiedenen Containern verwendet werden. Der folgende Code demonstriert einige typische Anwendungen:

```
00 // listings/18/algorithm.cpp
...
03 #include <algorithm>
04 void ausgabe(int x) { std::cout << x << ' ';}
05 int main() {
06   std::vector<int> zahlen{3, 1, 4, 1, 5};
07   std::sort(zahlen.begin(), zahlen.end());
08   // Ausgabe der sortierten Zahlen
09   std::for_each(zahlen.begin(), zahlen.end(), ausgabe);
10   std::cout << '\n';
11   // Suchen nach einem Wert, Start vom Anfang des Containers
12   if (auto pos = std::find(zahlen.begin(), zahlen.end(), 4);
13       pos != zahlen.end()) {
14     std::cout << "Zahl 4 gefunden!\n";
15   }
16   auto pos = zahlen.begin(); // Alle Positionen finden
17   while ((pos = std::find(pos, zahlen.end(), 1)) !=
18          zahlen.end()) {
19     std::cout << "Zahl 1 gefunden an Position "
20               << std::distance(zahlen.begin(), pos) << '\n';
21     ++pos;  // Weitersuchen nach dem gefundenen Element
22   }
23 }
```


In Zeile (**06**) wird der Vektor `zahlen` initialisiert, der in Zeile (**07**) mit `std::sort` über alle Elemente aufsteigend sortiert wird. In Zeile (**09**) wird mit `std::for_each` die Funktion `ausgabe` mit jedem Element des Containers aufgerufen. Anders als bei einem Range-`for` erlaubt `std::for_each` durch die Übergabe der Iteratoren auch die Arbeit mit Teilbereichen.

Ab Zeile (**12**) wird demonstriert, wie die Suche nach Elementen mit `std::find` abläuft. Der Funktion werden der Anfang und das Ende des Suchbereichs als Iteratoren sowie der gesuchte Wert übergeben. Das Resultat ist ein Iterator auf das erste gefundene Element, das den Wert enthält. Wurde der Wert nicht gefunden, zeigt der zurückgegebene Iterator auf `zahlen.end()`.

Sollen alle Vorkommen gefunden werden, kann die Suche wie ab Zeile (**16**) nach einem Treffer so lange bei dem folgenden Element fortgesetzt werden, bis kein weiterer Treffer mehr auftritt. In unserem Beispiel ermitteln wir in Zeile (**20**) mit der Funktion `std::distance` für jeden Treffer auch noch den Abstand des Treffers vom Start des Containers als Position des Elements. Hier sehen Sie das Programm bei der Ausführung:

```
1 1 3 4 5
Zahl 4 gefunden!
Zahl 1 gefunden an Position 0
Zahl 1 gefunden an Position 1
```

Es hat klare Vorteile, die Standardalgorithmen zu verwenden: Ihre Programme werden kürzer und Sie können viele Programmierfehler vermeiden, da die Templates und Algorithmen der Standardbibliothek gut getestet und ausgereift sind. Selbst wenn Sie erst nach den passenden Funktionen suchen müssen, werden Sie durch den geringeren Aufwand für Test und Fehlersuche schneller fertig sein.

Erst suchen, dann selber machen!

Bevor Sie eine Funktionalität selbst implementieren, sollten Sie prüfen, ob die Standardbibliothek bereits eine Lösung anbietet. Das gilt für viele übliche Aufgaben: Elemente sortieren, suchen oder zählen; Bereiche kopieren, vertauschen oder umdrehen; Werte vergleichen oder Minimum und Maximum finden. Die wichtigsten Algorithmen finden Sie in den Headern `<algorithm>`, `<numeric>` und `<utility>`. Eine Suche in der

C++-Dokumentation kann Ihnen viel Entwicklungszeit sparen. Eine kleine Auswahl oft verwendeter Algorithmen finden Sie Tabelle 18.4.

Algorithmus	Beschreibung
`std::find(first, last, value)`	Sucht ein Element.
`std::find_if(first, last, pred)`	Sucht ein Element, das eine Bedingung erfüllt, ein sogenanntes Prädikat.
`std::adjacent_find(first, last)`	Findet zwei gleiche Nachbarelemente.
`std::min_element(first, last)`	Ermittelt die Position des kleinsten Elements.
`std::count(first, last, value)`	Zählt Elemente.
`std::all_of(first, last, pred)`	Prüft, ob alle Elemente die Bedingung erfüllen.
`std::any_of(first, last, pred)`	Prüft, ob mindestens ein Element die Bedingung erfüllt.
`std::is_sorted(first, last)`	Prüft, ob sortiert
`std::fill(first, last, value)`	Mit Wert füllen
`std::copy(first, last, dest)`	Kopiert Elemente in einen Bereich ab `dest`.
`std::transform(first, last, dest, function)`	Wendet `function` auf alle Elemente von `first` bis `last` an und kopiert sie in einen Bereich ab `dest`.
`std::replace(first, last, old, new)`	Ersetzt Werte.

Tabelle 18.4 Eine Auswahl von Algorithmen der Bibliothek <algorithm>

18

Algorithmus	Beschreibung
`std::reverse(first, last)`	Kehrt die Reihenfolge um.
`std::sort(first, last)`	Sortiert aufsteigend.
`std::partition(first, last, pred)`	Teilt Elemente nach einem Kriterium auf.
`std::accumulate(first, last, init)`	Summiert Werte auf.

Tabelle 18.4 Eine Auswahl von Algorithmen der Bibliothek <algorithm> (Forts.)

18.3 Fortgeschrittene Sprachelemente

Neben den grundlegenden Containern bietet die Standardbibliothek zahlreiche Datentypen, die die Programmierarbeit erleichtern.

18.3.1 Verbundtypen der Standardbibliothek

Die Standardbibliothek definiert in dem Header <utility> einige sogenannte *Verbundtypen*, die mehrere Datentypen in einem Container zusammenfassen. Diese bieten Ihnen Möglichkeiten, die aufregender sind, als es auf den ersten Blick erscheint.

Die Klasse »std::pair«

Die Klasse `std::pair` ist ein einfacher Container für genau zwei Werte, die unterschiedliche Typen haben können. Die Werte sind über die Member `first` und `second` zugänglich:

```
// listings/18/pair.cpp
...
   std::pair<std::string, int> person{"Andrea", 42};
   std::cout << person.first << " ist "       // first: Andrea
             << person.second << " Jahre\n";  // second: 42
   auto koord = std::make_pair(3, -1);  // Typen abgeleitet
```

```
05    auto [x, y] = koord;  // x = 3, y = -1
06    std::cout << "Koordinate (" << x << "," << y << ")\n";
```

Hier ist der Datentyp über das Template in Zeile (01) explizit angegeben worden. Über die Funktion `std::make_pair` in Verbindung mit dem Datentyp `auto` in Zeile (04) leitet der Compiler die Typen automatisch aus den übergebenen Werten ab. Der Zugriff über die Member `first` und `second` in Zeile (02) und Zeile (03) ist eher unübersichtlich. Wie Sie bereits in Kapitel 10 zu Strukturen erfahren haben, können Sie mit *Structured Binding* die Elemente eines Verbundtyps direkt in einzelne Variablen aufteilen. Das sehen Sie in Zeile (05) mit der Initialisierung über `auto`. Für die beiden Variablen `x` und `y` werden ihre Datentypen und Werte mit Structured Binding vom Pair `koord` abgeleitet, und die Verwendung erfolgt direkt im Anschluss.

Ohne es explizit zu erwähnen, haben wir `std::pair` bereits bei der `std::map` verwendet. Hier werden die Schlüssel-Wert-Paare entsprechend verwaltet.

Besonders nützlich ist `std::pair` als Rückgabewert von Funktionen. Sie können zwar nur einen Wert zurückgeben, das kann aber auch ein `std::pair` sein, das zwei Werte kapselt:


```
00 // listings/18/pair_fkt.cpp
...
01 std::pair<std::string, int> get_person() {
02   return {"Bente", 26};  // Direkte Rückgabe
03 }
04 int main() {
05   auto [name, alter] = get_person();
06   std::cout << name << " ist " << alter << " Jahre\n";
07 }
```

Hier ist besonders bemerkenswert, dass die Funktion in Zeile (01) durch Angabe des Rückgabetyps `std::pair<std::string, int>` in Zeile (02) die Rückgabe von `{"Bente", 26}` ermöglicht, die das entsprechende Rückgabeobjekt direkt initialisiert. Das Structured Binding in Zeile (05) ist dann bereits wieder wie oben.

Auch wenn `std::pair` praktisch ist, sollten Sie es nicht als Ersatz für eine sinnvolle Klassenstruktur verwenden: Sobald die Werte eine logische Einheit bilden oder weitere Funktionalität benötigt wird, ist eine eigene Klasse mit aussagekräftigen Membernamen die bessere Wahl.

Die Klasse »std::tuple«

Neben `std::pair`, das genau zwei Werte speichert, gibt es auch `std::tuple` für eine beliebige Anzahl von Werten:

```
auto person = std::make_tuple("Andrea", 42, 1.81);
auto [name, alter, groesse] = person;  // Structured Binding
```

Tuples werden vor allem in fortgeschrittenen Techniken verwendet. Für die meisten Anwendungsfälle sind `std::pair` oder eigene Klassen aber geeigneter.

Die Klasse »std::optional«

Manchmal möchte man mit Werten arbeiten, die nicht immer vorhanden sein müssen. Die Klasse `std::optional` bietet seit C++17 genau diese Möglichkeit:

```
// listings/18/optional.cpp
...
std::optional<double> read_temperature() {
    // Hardware auslesen in temperatur...
   if( /* Auslesen erfolgreich */)
    return temperatur;  // Erfolgreiche Messung
  else
    return std::nullopt;  // Sensorfehler
}
int main() {
  double last_valid = 20.0;  // Start mit Raumtemperatur
  // Mehrere Messungen durchführen
  for (int i = 0; i < 4; ++i) {
    auto messung = read_temperature();
```

```
13      std::cout << "Messung " << i << ": ";
14      if (messung) {
15        double temp = *messung;
16        std::cout << temp << " Grad\n";
17        last_valid = temp;  // Erfolgreiche Messung speichern
18      } else {
19        double temp = messung.value_or(last_valid);
20        std::cout << "Fehler, letzte Temperatur (" << temp
21                  << " Grad)\n";
22      }
23    }
24  }
```

Ein Messwert wird im Rückgabetyp `std::optional<double>` gekapselt. Im Erfolgsfall wird in Zeile (**04**) der Wert zurückgegeben, bei einem Fehler signalisiert `std::nullopt` in Zeile (**06**), dass kein Wert vorliegt. Wie in Zeile (**14**) gezeigt, kann der `std::optional` in der Variable `messung` wie ein `bool` abgefragt werden oder alternativ explizit mit der Methode `has_value()`. Der unterlegte Wert kann wie in Zeile (**15**) wie bei einem Zeiger mit * ausgelesen werden. Alternativ zu einer solchen Verzweigung kann mit `value_or()` auch ein Defaultwert verwendet werden, wenn kein Wert vorhanden ist. Das sehen Sie in Zeile (**19**).

»std::optional« oder »std::expected«?

Sie haben in Kapitel 16, »Ausnahmebehandlung (Fehlerbehandlung)«, `std::expected` kennengelernt. Beide Klassen helfen bei Funktionen, die nicht immer einen Wert liefern können:

- `std::optional` eignet sich, wenn »kein Wert« ein normaler Zustand ist, etwa bei unterbrochenen WIFI-Verbindungen.
- `std::expected` verwendet man, wenn das Fehlen auf ein Problem hinweist und der Grund wichtig ist, zum Beispiel bei Datei-Operationen.

18.3.2 Mit »std::ranges« Container als Ganzes behandeln

Wir haben Container bisher über ihre Iteratoren angesprochen:

```
// listings/18/ranges.cpp
std::sort(werte.begin(), werte.end());
std::for_each(werte.begin(), werte.end(), ausgabe);
```

Das ist fehleranfällig: Die Iteratoren müssen zueinander passen und können leicht vertauscht werden. Wenn jetzt Anweisungen verschachtelt werden, beispielsweise um Start und Ende eines Bereichs erst zu ermitteln, wird es schnell unübersichtlich. Seit C++20 bieten Ranges eine Alternative: Sie behandeln einen Bereich als Einheit. Eine *Range* ist dabei alles, was einen Anfang und ein Ende hat, typischerweise ein Container oder ein Teil davon. Um Ranges zu verwenden, werden `<ranges>`-Header inkludiert. Damit lassen sich die obigen Anweisungen direkt knapper und leichter lesbar implementieren:

```
std::ranges::sort(werte);
std::ranges::for_each(werte, ausgabe);
```

Hier wird mit `std::ranges` ein neuer Namespace verwendet, der überarbeitete Algorithmen enthält, die einen Bereich als Ganzes erwarten. Dieser Bereich, hier also `werte`, kann ein Container oder Teil eines Containers sein. Damit das funktioniert, gibt es die Algorithmen wie `sort`, `find` oder `for_each` in zwei Varianten:

- `std::sort` im Namespace `std`: klassisch mit Iteratoren
- `std::ranges::sort`: modern; erwartet einen Bereich.

Noch mehr Flexibilität durch Views

Views, die ebenfalls in `<ranges>` definiert sind, erweitern das Range-Konzept. Sie erstellen eine neue Sicht auf einen Bereich, ohne die Daten zu kopieren. Statt des ganzen Containers können wir mit Views beispielsweise bestimmte Ausschnitte betrachten.

Wir verknüpfen eine Range über den Pipe-Operator `operator-|` mit einem sogenannten Range-Adapter. Das Resultat dieser Operation ist eine View (ein View-Objekt), die wir wie ein Range-Objekt verwenden können:

```
// View für umgekehrte Reihenfolge
std::vector<int> werte {1, 2, 3, 4, 5};
auto reversed = werte | std::views::reverse;
std::ranges::for_each(reversed, ausgabe);  // 5 4 3 2 1
```

Im ersten Beispiel wurde mit der Range und dem Range-Adapter `std::views::reverse` die neue View erzeugt. Die `auto`-Deklaration ist hier besonders praktisch, da die tatsächlich erzeugten View-Typen wie `reverse_view<vector<int>>` kompliziert sind. Die Ausgabe erfolgt dann über den Algorithmus `std::ranges::for_each` und die hier nicht explizit dargestellte Funktion `ausgabe`.

Views sind auch Ranges. Damit macht es die Pipe-Notation sogar möglich, Views effizient miteinander zu verketten:

```
// Verkettete Views
auto chained = werte | std::views::reverse    // 5, 4, 3, 2, 1
                     | std::views::take(3);   // 5, 4, 3
```

Views und Veränderungen

Views sind Sichten auf einen Bereich. Elemente eines Bereichs können durch die View hindurch modifiziert werden (wenn der zugrunde liegende Bereich Modifikationen erlaubt):

```
std::vector<int> vec{1, 2, 3, 4, 5};
auto first3 = vec | std::views::take(3);
for (auto& x : first3) { x *= 2;}      // Okay: Elemente ändern
```

Elemente im Sichtbereich können in anderer Reihenfolge angezeigt (`reverse`, `sort`) oder ausgeblendet werden (`filter`), es können aber keine Elemente hinzugefügt oder gelöscht werden.

18

18.4 Fortgeschrittene Funktionskonzepte

In diesem Abschnitt stellen wir Ihnen fortgeschrittene Sprachelemente vor, die das Arbeiten mit Funktionen erweitern und vereinfachen. Diese

Konzepte bauen auf den Grundlagen aus Kapitel 8, »Funktionen«, auf und sind besonders in Verbindung mit Templates und der Standardbibliothek nützlich.

18.4.1 Typermittlung mit »decltype«

Wir haben Ihnen früh das Schlüsselwort `auto` vorgestellt, mit dem der Compiler Sie bei der Ermittlung des Datentyps für Variablen unterstützt (*Typinferenz*). In den meisten »normalen« Einsatzfällen ist `auto` genau das, was Sie benötigen. Für die Entwicklung von Bibliotheken oder für andere verzwicktere Fälle gibt es aber noch ein weiteres Werkzeug.

Mit dem Schlüsselwort `decltype` können Sie den Typ eines Ausdrucks ermitteln und das Ergebnis als Datentyp nutzen, ohne wie mit `auto` direkt eine Variable damit zu definieren:

```
00 // listings/18/decltype1.cpp
...
01    decltype(3 * 7.5) var;
02    var = 3 * 7.5;
03    std::vector<decltype(var)> vec;
04    vec.push_back(var);
```

In Zeile **(01)** wird der resultierende Typ aus dem Ausdruck ermittelt, es folgt keine Initialisierung. In Zeile **(02)** bekommt die Variable, die den Typ `double` erhalten hat, dann einen entsprechenden Wert zugewiesen. Sie können den ermittelten Datentyp auch so nutzen wie in Zeile **(03)**, um ein Template zu typisieren.

Genauso können Sie `decltype` auch verwenden, um den Rückgabetyp einer Funktion anzugeben:

```
decltype(99.) fkt() {
  return .5;
}
```

Die Ermittlung der Typen findet beim Übersetzen statt; `decltype` hat zur Laufzeit keinerlei Auswirkung.

18.4.2 Rückgabesyntax mit nachlaufendem Rückgabetyp

Wie wir bereits in Kapitel 8, »Funktionen«, kurz erwähnt haben, können Sie Funktionen in C++ auch mit dem sogenannten *nachlaufenden Rückgabetyp* (engl. *trailing return type*) deklarieren und definieren. Dort wird der Datentyp der Rückgabe nicht vor der Funktion angegeben. Stattdessen steht vor dem Bezeichner der Funktion das Schlüsselwort `auto`, und nach dem Bezeichner und dem Parameter folgt ein -> und erst dann der Datentyp der Rückgabe. Die Deklaration einer Funktion sieht dann beispielsweise so aus:

```
auto funktion(double x) -> int;
```

Das ist gleichbedeutend mit:

```
int funktion(double x);
```

In dieser trivialen Form stellt das noch keine Erleichterung dar. Über diese Notation kann aber zur Ermittlung des Rückgabetyps schon auf die Parameter der Funktion oder bei einer Methode auf die Attribute der Klasse zugegriffen werden. Eine Definition kann dann auch so erfolgen:

```
auto multiply (int i, double d ) -> decltype(i*d) {return i*d;}
```


Das ist auch hilfreich, wenn Sie eine fremde Schnittstelle verwenden, aber nicht genau wissen oder nicht nachsehen wollen, welchen Datentyp sie verwendet. Verwenden Sie einfach `decltype` wie folgt:

```
// listings/18/decltype2.cpp
...
  public:
   void setStamp() {
     stamp = time(nullptr);
   }
   auto getStamp() const -> decltype(time(nullptr)) {
     return stamp;
   }
   private:
```

```
09      decltype(time(nullptr)) stamp;
10  };
```

In Zeile (09) wird das private Attribut stamp als Zeitstempel festgelegt, möglicherweise weil Sie diese Werte für eine fremde Schnittstelle benötigen. Welchen Typ die Uralt-Funktion time() aus der Headerdatei <ctime> zurückliefert, wissen Sie nicht (vielleicht möchten Sie es auch gar nicht wissen). Sie speichern die Werte nur und verwenden sie nicht selbst. Sie lassen den Compiler den Typ für die Rückgabe in Zeile (05) ebenfalls per decltype(time(nullptr)) ermitteln. Den Datentyp time_t, den die Funktion time() liefert, bekommen Sie damit nie zu sehen und bewahren ihn doch in einer eigenen Klasse auf.

Nützlich ist die Kombination dieser Techniken auch, um für Templates die Typinformationen aus einem Ausdruck zu extrahieren:

```
// listings/18/decltype3.cpp
template<typename T1, typename T2>
auto add(T1 a, T2 b) -> decltype(a + b) {
  return a+b;
}
```

Dieses Template können Sie mit beliebigen Typen aufrufen, beispielsweise mit add(double, int), add(int, double) und add(short, float).

Mithilfe des Schlüsselworts auto, der neuen Rückgabesyntax und decltype legen Sie den Rückgabetyp fest. Bei gemischten Typen wie add(short, double) wird der größere der Typen verwendet. Im Beispiel ist es double. Das Vorgehen funktioniert, sofern der entsprechende +-Operator vorhanden ist. Ein Aufruf von add(std::string("wort1"), std::string("wort2")) gibt einen zusammengefügten String zurück.

Die nachlaufende Rückgabesyntax mit auto -> Typ ist besonders nützlich bei komplexen Typen und Templates.

18.4.3 Automatische Ermittlung des Rückgabetyps

Seit C++14 kann eine Funktion den Typ ihres Rückgabewerts sogar komplett automatisch anhand des return-Ausdrucks ermitteln, ohne explizite

Typangabe mit ->. Diese Weiterentwicklung der nachlaufenden Rückgabesyntax macht den Code noch kompakter und lesbarer.

Ähnlich wie mit dem Schlüsselwort `auto` bei Variablen kann der Compiler beispielsweise aus `return 3.333;` ermitteln, dass es sich um einen `double`-Wert handelt. Wird `auto` ohne nachfolgend angegebenen Rückgabetyp verwendet, gibt es allerdings zwei Einschränkungen: Alle `return`-Anweisungen in der Funktion müssen denselben Typ zurückgeben und die Funktion muss vor ihrer Verwendung definiert worden sein, damit der Compiler den Typ an der Stelle der Verwendung auch kennt. Nur die Deklaration reicht nicht aus. Hier ein Beispiel:

```
00 // listings/18/autoreturn.cpp
...
01 template <typename T1, typename T2>
02 auto add(T1 a, T2 b) {return a + b;}
05 int main() {
06   auto result = add(.1, 10L);
07   std::cout << result << '\n';
08   std::string h = "Hello, ", w = "World";
09   std::string res = add(h, w);
10   std::cout << res << '\n';
11 }
```


Im Gegensatz zum Beispiel mit `decltype` muss der Compiler hier den Rückgabetyp vollständig aus dem `return`-Ausdruck ableiten. Das funktioniert sowohl für numerische Typen (siehe Zeile **(06)**) als auch für komplexere Typen wie `std::string` in Zeile **(09)**.

Die automatische Ermittlung des Rückgabetyps wird umso hilfreicher, je länger und komplizierter die Datentypen werden, und ist gerade für Templates nützlich. Die Anforderung, dass die Funktion an der Stelle, an der sie aufgerufen wird, bereits definiert sein muss, macht den Einsatz für »normale« Funktionen allerdings weniger attraktiv. Bei deren Verwendung ist oft nur die Deklaration vorhanden und die Definition kommt erst später über den Linker hinzu.

18.4.4 Funktionsobjekte (Funktor)

Ein *Funktor* (auch *Function Object* oder *Functor* genannt) ist ein Objekt, das wie eine Funktion verwendet werden kann. Dies wird in C++ durch die Überladung des Funktionsoperators `operator()` erreicht. Funktoren kombinieren die Flexibilität von Objekten mit der Syntax von Funktionsaufrufen.

Im Gegensatz zu normalen Funktionen können Funktoren einen Zustand speichern und bieten dadurch mehr Möglichkeiten. Sie sind besonders nützlich in Verbindung mit den Algorithmen der Standardbibliothek.

```
// listings/18/functor.cpp
...
class GroesserAls {
private:
  int schwelle;
public:
  GroesserAls(int s) : schwelle(s) {
  }
  bool operator()(int wert) const {
    return wert > schwelle;
  }
};
int main() {
  std::vector<int> zahlen = {1, 5, 7, 10, 2, 8};
  // Funktor direkt in einer if-Anweisung verwenden
  GroesserAls schwelle5(5);
  if (schwelle5(7)) {
    std::cout << "7 ist größer als 5\n";
  }
  // Mit Ranges-Algorithmus
  auto anzahl = std::ranges::count_if(zahlen, schwelle5);
  std::cout << "Anzahl > 5: " << anzahl << '\n';  // 3
}
```

Die Ausgabe ist:

```
7 ist größer als 5
Anzahl > 5: 3
```

Der Funktor `GroesserAls` wird in Zeile (**07**) bis (**16**) definiert und speichert bei seiner Instanziierung einen Schwellenwert. Bei einem Aufruf des Funktionsoperators prüft er, ob ein der übergebene Wert größer als der Schwellenwert ist. In Zeile (**22**) wird er direkt in einer `if`-Anweisung verwendet, was die funktionsähnliche Verwendung demonstriert. In Zeile (**25**) wird er mit dem Ranges-Algorithmus `std::ranges::count_if` eingesetzt, der den Funktor mit jedem Element des Vektors aufruft.

Funktoren können pro Instanz einen eigenen Zustand speichern und können damit bei der Erstellung individuell konfiguriert werden. Dabei ermöglichen sie eine bessere Kapselung als globale oder statische Variablen.

Funktoren sind weiterhin wichtig für wiederverwendbare Operationen, werden in modernem C++ aber mittlerweile häufig durch die gleich vorgestellten Lambda-Ausdrücke ersetzt, die eine kompaktere Syntax bieten.

18.4.5 Lambda-Funktionen

Lambda-Funktionen werden auch als *anonyme Funktionen* (Funktionen ohne Namen) bezeichnet. Mit ihnen können Sie Funktionen direkt an der Stelle ihrer Verwendung implementieren.

Den Algorithmus `for_each()` haben Sie schon für Container und Ranges verwendet:

```
00  // listings/18/lambda1.cpp
...
01  void ausgabe(int x) {
02    std::cout << x << " ";
03  }
04  int main() { // Ohne Lambda
05    std::vector<int> werte{11, 22, 33, 44, 55};
06    std::ranges::for_each(werte, ausgabe);
07  }
```

In Zeile (**06**) wird über `std::ranges::for_each` die Funktion `ausgabe()` aus Zeile (**01**) für jedes Element der Range aufgerufen. Das gibt einfach jeden Wert des Containers aus:

```
11 22 33 44 55
```

Wenn eine Funktion sehr kurz ist und nur einmalig verwendet wird, kann es übersichtlicher sein, sie direkt an der Stelle zu definieren, an der sie verwendet wird. Genau das ist mit den namenlosen Lambda-Funktionen möglich. Das Äquivalent zur Funktion `ausgabe()` als Lambda-Funktion sieht so aus:

```
[] (int x) { std::cout << x << " "; }
```

Den Einstieg mit `[]` können Sie erst einmal als den Marker für den Start der Lambda-Funktion betrachten. Mit den Parametern in den runden Klammern und den Anweisungen in den geschweiften Klammern sehen Sie die Parallelen zu den bereits bekannten Funktionen. Mit diesem Lambda erzielen Sie den gleichen Effekt wie im obigen Listing:

```
00 // listings/18/lambda2.cpp
...
01 int main() {
02   using std::cout;  // using erlaubt knappere Notation
03   using std::ranges::for_each; // im Beispiel
04   std::vector<int> werte{11, 22, 33, 44, 55};
05   for_each(werte, [](int x) {cout << x << " "; });
```

Für wirklich kurze Funktionen, die auch nicht mehrfach verwendet werden, kann dieses »Zusammenrücken« der Elemente die Lesbarkeit und Verständlichkeit des Codes verbessern.

Lambda-Funktionen sind vollwertige Objekte. Sie können als Parameter und Returnwerte für Funktionen dienen und können durch Zuweisung auch in Variablen gespeichert werden:

```
06   auto lambda = [](int x)
07   {
08     std::cout << x << " ";
09   };
10   lambda(100); // Gibt 100 aus
```

In den Zeilen (**06**) bis (**09**) wird die Lambda-Funktion definiert und dem Bezeichner `lambda` zugewiesen. Der korrekte Typ wird vom Compiler mit auto ermittelt. Danach lässt sich wie in Zeile (10) die Funktion aufrufen, hier mit dem Wert 100, der dann ausgegeben wird.

Die vollständige Syntax einer Lambda-Funktion ist folgendermaßen:

```
[Bindung] (Parameter) -> Rückgabetyp { anweisung(en); }
```

Sowohl die Parameter als auch der Rückgabetyp können entfallen – die Parameter, wenn keine benötigt werden, und der Rückgabetyp, wenn er sich aus dem Anweisungsblock eindeutig ableiten lässt. Zwischen () schreiben Sie wie gewohnt die Argumente für die (Lambda-)Funktion, die hier natürlich auch optional sind. Sie können für den Parameter auch auto als Typ nutzen. Optional legen Sie hinter -> den Rückgabetyp fest. Nach diesen Angaben folgt der Anweisungsblock {} mit den Anweisungen.

Die bisher gezeigten Lambdas arbeiten ausschließlich mit den übergebenen Parametern. Sie können aber auch Elemente aus der Umgebung, in der ein Lambda definiert wird, an das Lambda binden. Dies geschieht über die sogenannte Bindung. Mit [Bindung] geben Sie zwischen [] die gewünschte Bindung einer Variablen aus dem aktuellen Bereich an. Bei einem leeren [] gibt es keine Bindung, mit [=] werden die lokalen Werte kopiert, und mit [&] werden sie referenziert. Vorzugsweise geben Sie explizit an, was an das Lambda gebunden werden soll. Wir sehen uns einige unterschiedliche Bindungen anhand von Beispielen an:


```
// listings/18/lambda3.cpp
...
    int a = 1, b = 2;
    auto lambda1 = []() { return 1; };
    auto lambda2 = [a, b]() { return a + b; };
    auto lambda3 = [=]() { return a + b; };
    auto lambda4 = [a, &b]() { return a + ++b; };
    auto lambda5 = [&]() { return ++a + ++b; };
    std::cout << lambda1() << ", " << lambda2() << ", ";
    std::cout << lambda3() << ", " << lambda4() << ", ";
    std::cout << lambda5() << ", ";
    std::cout << "a: " << a << ", b: " << b << '\n';
```

In Zeile (02) wird ein Lambda ohne Bindung definiert: Hier sind nur übergebene Parameter in der Lambda-Funktion bekannt. In Zeile (03) werden mit `[a,b]` die beiden Variablen des lokalen Gültigkeitsbereichs explizit als Kopie gebunden. Innerhalb des Lambdas besteht danach Zugriff auf Bezeichner mit den Namen `a` und `b` und auf deren entsprechende Werte. In Zeile (04) werden mit `[=]` die Variablen des Gültigkeitsbereichs insgesamt per Kopie gebunden. Diese allgemeine Bindung sollten Sie allerdings vermeiden: Picken Sie sich die Variablen heraus, die Sie wirklich benötigen.

In Zeile (05) wird mit `[a, &b]` die Variable `a` per Kopie gebunden und `b` als Referenz. Damit kann aus dem Lambda heraus als Referenz auch schreibend auf `b` zugegriffen werden.

Die Zeile (06) bindet die Variablen des Gültigkeitsbereichs insgesamt per Referenz. Da jetzt auch Werte verändert werden können, gilt hier die Warnung noch mehr, so ein Vorgehen zu meiden und die verwendeten Werte explizit zu binden. Die Ausgabe unseres Programms sieht dann so aus:

```
1, 3, 3, 4, 6, a: 2, b: 4
```

Lambdas als Prädikate für die Standardbibliothek

Lambdas sind insbesondere dann eine gute Wahl, wenn eine Funktion nur an einer Stelle im Code benötigt wird und die Operation selbst kurz und im Kontext selbsterklärend ist. Mit dem optionalen Zugriff auf lokale Variablen kann man mit Lambdas sehr leicht Prädikatsfunktionen oder auch *Prädikate* (engl. *predicates*) implementieren. Das sind Funktionen, die für einen Eingabewert auf eine bestimmte Eigenschaft prüfen und `true` oder `false` zurückgeben. Solche Funktionen kommen oft in der Standardbibliothek zum Einsatz, beispielsweise in der Funktion `find_if()`, die das erste Element eines Containers zurückgibt, das die mit dem Prädikat spezifizierte Bedingung erfüllt:

```
// listings/18/lambda4.cpp
...
int main() {
  std::vector<int> werte{11, 22, 33, 44, 55};
  int schwelle = 35;  // Suche erste Zahl über schwelle
  auto pos = std::ranges::find_if(werte,
```

```
07          [schwelle](int wert) {return wert > schwelle; });
08      if (pos != werte.end()) {
09        std::println("Erste Zahl über {}: {}", schwelle, *pos);
10      }
11  }
```

In Zeile (05) wird `schwelle` definiert. Die Funktion `find_if` ab Zeile (06) sucht das erste Element im Container `werte`, das die vom Lambda aus Zeile (07) definierte Bedingung erfüllt. Das Lambda-Prädikat bindet mit `[schwelle]` die lokale Variable `schwelle` mit ein. Im Ablauf wird für jedes Containerelement als `wert` überprüft, ob `wert>schwelle` zutrifft. Das Ergebnis von `find_if` ist ein Iterator, der auf `werte.end()` zeigt, wenn es keinen Treffer gab; ansonsten zeigt er auf das erste Element, dessen Wert die Grenze überschreitet. Die Ausgabe für das Beispiel wäre:

```
Erste Zahl über 35: 44
```

Das Lambda erfüllt die gleiche Funktionalität wie der Funktor `GroesserAls` aus Abschnitt 18.4.4, »Funktionsobjekte (Funktor)«, lässt sich aber deutlich knapper schreiben.

Lambda-Funktionen sind sehr vielseitig, und es gibt über die hier gezeigten Bindungsoptionen hinaus auch noch weitere.

Wann sollten Sie Lambda-Funktionen vermeiden?

Lambda-Funktionen sind nicht geeignet, wenn die Operation einen aussagekräftigen Namen verdient oder die Implementierung komplex ist (mehr als 2 bis 3 Zeilen). Ebenso wenig eignen sie sich für Funktionen, die Teil einer öffentlichen Schnittstelle sind oder getestet und dokumentiert werden müssen.

18.5 Smart Pointer

In Kapitel 10, »Strukturen, Aufzählungen und dynamische Speicherobjekte«, haben Sie `std::unique_ptr` kennengelernt, der dynamisch allozierten Speicher automatisch verwaltet. Jetzt vertiefen wir dieses Thema und Sie lernen weitere Smart Pointer kennen.

Zeiger auf dynamisch verwaltete Ressourcen repräsentieren die Art der Eigentümerschaft an dem verwalteten Element und stellen gleichzeitig einen »Griff« (*Handle*) dar, mit dem Sie diese Ressource »greifen« können. Um verschiedene Szenarien abzubilden, gibt es drei Arten von smarten Zeigern: `unique_ptr`, `shared_ptr` und `weak_ptr`. Alle werden über die Headerdatei `<memory>` eingebunden. Die Zeiger bieten eine Art automatischer Speicherverwaltung, mit der Ressourcen freigegeben werden, wenn die Zeiger ihren Gültigkeitsbereich verlassen. Damit vermeiden Sie Speicherlecks, die bei rohen Zeigern so leicht auftreten.

Das folgende Beispiel demonstriert diese Verwendungen. Die Klasse `Person` gibt dabei bei jeder Konstruktion und Destruktion eine Meldung aus, sodass wir den Lebenszyklus der Objekte nachvollziehen können.

18.5.1 »unique_ptr«

Der `std::unique_ptr` ist der am häufigsten verwendete Smart Pointer. Wie sein Name andeutet, repräsentiert er exklusiven Zugriff – er ist die richtige Wahl, wenn die Eigentümerschaft an der Ressource nicht geteilt werden soll. Wenn Sie Smart Pointer verwenden, sollten Sie zuerst an `std::unique_ptr` denken.

Sie können einen solchen Zeiger in einer Klasse als Attribut verwenden, und der für den Zeiger allozierte Speicher wird automatisch aufgeräumt. Sie müssen für die Klasse dazu keinen eigenen Destruktor bereitstellen.

Sie können mit smarten Zeigern sogar dynamisch allozierte Ressourcen aus einer Funktion zurückgeben, ohne sich um deren korrekte Freigabe sorgen zu müssen. Einige Beispiele zeigen diese Verwendungen:

```
// listings/18/unique_ptr.cpp
...
class Person {
 public:
  Person(std::string n = "") : name(n) {
    std::cout << "C'tor " << name << '\n';
```

```
  }
  Person(const Person& other) {
    name = other.name + "(copy)";
    std::cout << "CopyC'tor " << name << '\n';
  }
  Person(Person&& other) {
    name = std::move(other.name);
    other.name = "(re)moved";
    std::cout << "MoveC'tor " << name << '\n';
  }
  ~Person() {std::cout << "D'tor " << name << '\n';}
 private:
  std::string name = "";
};
class Wrapper {
 public:
  Wrapper(std::string name)
      : pers(std::make_unique<Person>(name)) {}
 private:
  std::unique_ptr<Person> pers;
};

std::unique_ptr<Person> fkt(std::string s) {
  return std::make_unique<Person>(s); // Sicher zurückgeben
}

int main() {
  auto ptr1 = fkt("Andrea");
  ptr1 = fkt("Bente");
  fkt("Charlie");
  auto daniele = std::make_unique<Person>("Daniele");
  // auto daniele_copy = daniele; // Fehler, nicht kopierbar
  std::cout << "std::move()" << '\n';
  auto daniele_move = std::move(daniele);
  auto wrap = Wrapper("Wrapper");
  // auto wrap_copy = wrap; // Fehler, nicht kopierbar
```

```
39     auto wrap_move = std::move(wrap);
40     std::cout << "main() endet" << '\n';
41  }
```

In Zeile (01) bis Zeile (18) wird eine einfache Klasse `Person` definiert, deren Konstruktoren und Destruktoren jeweils eine Meldung ausgeben, wenn sie aufgerufen werden. Die Funktion `fkt()` in Zeile (26) bis Zeile (28) erzeugt auf dem Heap jeweils eine Instanz der Klasse `Person` und gibt einen `unique_ptr` darauf zurück. Dieser Zeiger kann wie in Zeile (30) einer Variablen zugewiesen werden. Auch wenn die Variable in Zeile (31) mit einem neuen Zeiger überschrieben wird, wird die zum vorherigen Zeiger gehörige Instanz direkt korrekt freigegeben. Selbst der Fall in Zeile (32), dass der zurückgegebene Smart Pointer nirgendwo festgehalten wird, ist kein Problem: Die zugehörige Instanz wird korrekt freigegeben. Die Instanz zu der Zuweisung aus Zeile (33) wird am Ende des Programms freigegeben, wenn `ptr1` seinen Gültigkeitsbereich verlässt.

Ein von einem `unique_ptr` repräsentiertes Objekt kann immer nur genau einen Eigentümer haben. Ein solcher Zeiger kann nicht kopiert werden. Der in Zeile (33) erzeugte Zeiger kann nur zusammen mit der Eigentümerschaft verschoben werden, wie in Zeile (36) gezeigt wird. Der abgebende Smart Pointer verliert dabei die Eigentümerschaft sowie den »Griff« und damit auch den Zugriff. Die dabei verwendete Move-Semantik über `std::move` sprechen wir in Abschnitt 18.5.4 noch einmal an.

Die Nutzung von »std::move«

`std::move` selbst implementiert keine konkrete Aktion! Stattdessen informiert `std::move` den Compiler, dass sein Argument kurzfristig entfernt werden darf. Wenn eine passende Verschiebeoperation verfügbar ist, darf diese dann angewendet werden, wodurch die eigentliche Move-Operation stattfindet, beispielsweise durch einen Verschiebekonstruktor.

In den Zeilen (37) bis (39) wird dieses Vorgehen noch einmal für eine in Zeile (19) bis (25) definierte Klasse demonstriert, die einen `unique_ptr` als Attribut enthält. Auch diese Klasse kann, wie der `unique_ptr` selbst, nur verschoben werden. Die Ausgabe des kompletten Programms haben wir hier zur Erläuterung noch kommentiert:

```
Programm-Ausgabe    // Erläuterung
---------------     // ------------
C'tor Andrea        // ptr1 wird erzeugt
C'tor Bente         // Neue Person wird ptr1 zugewiesen
D'tor Andrea        // Person Andrea von ptr1 wird freigegeben
C'tor Charlie       // Temporäres Objekt in Zeile 32
D'tor Charlie       // nicht zugewiesen, sofort destruiert
C'tor Daniele       // Pointer daniele wird erzeugt.
std::move()         // Move zu daniele_move
C'tor Wrapper       // wrap wird erzeugt
main() endet        // Programm endet, Aufräumen beginnt
D'tor Wrapper       // wrap_move wird zerstört
D'tor Daniele       // daniele_move wird zerstört
D'tor Bente         // ptr1 wird zerstört
```

Sie sehen, dass kein einziges Mal der Verschiebekonstruktor der Klasse `Person` aufgerufen wird. Die `Person`-Instanzen werden nur konstruiert und destruiert. Verschoben werden jeweils nur die `unique_ptr`; die verwalteten `Person`-Objekte bleiben dabei unverändert an ihrer Stelle im Speicher. Der `unique_ptr` sorgt dafür, dass der allozierte Speicher automatisch wieder freigegeben wird, sobald der letzte auf ihn zeigende Smart Pointer zerstört wird.

18.5.2 »shared_ptr«

Der `shared_ptr` ermöglicht geteilte Eigentümerschaft, d. h., mehrere Zeiger können auf dasselbe Objekt zeigen. Dieser smarte Zeiger führt einen internen Referenzzähler und hält nach, wie viele `shared_ptr` auf dieses Objekt verweisen. Erst wenn dieser Zähler auf 0 fällt, wird das verwaltete Objekt gelöscht. Mit der Methode `use_count()` können Sie die Zahl der aktiven Verweise abfragen. Mit der Methode `reset()` können Sie einen `shared_ptr` von dem referenzierten Objekt trennen, bevor er seinen Gültigkeitsbereich verlässt. Solange noch weitere Nutzer existieren, bleibt die zugehörige Instanz erhalten. Betrachten wir hierzu ein einfaches Beispiel:

```
00 // listings/18/shared_ptr.cpp
...
01 class Simple {
02  public:
03   Simple() {std::cout << "C'tor\n";}
04   ~Simple() {std::cout << "D'tor\n";}
05 };
06 int main() {
07   auto sp1 = std::make_shared<Simple>();
08   std::cout << "use_count: " << sp1.use_count() << '\n';
09   auto sp2 = sp1;
10   std::cout << "use_count: " << sp1.use_count() << '\n';
11   std::cout << "sp1.reset() aufrufen" << '\n';
12   sp1.reset();  //  Instanz von Klasse besteht weiter
13   std::cout << "use_count: " << sp2.use_count() << '\n';
14   // sp2.reset(); // Simple wird dann hier destruiert
15   std::cout << "main() endet" << '\n';
16 }
```

In Zeile (02) bis Zeile (05) definieren wir eine einfache Klasse `Simple`, über die wir zur Laufzeit Information erhalten, was passiert.

In Zeile (07) erzeugen wir mit `std::make_shared` eine dynamische Instanz `Simple` und erhalten den `std::shared_ptr` `sp1`. Das Erstellen des Zeigers `sp2` in Zeile (09) erhöht den Referenzzähler auf 2, es ist aber weiter nur eine Instanz der Klasse `Simple` im Speicher vorhanden. Mit `sp1.reset()` wird der Zeiger `sp1`, mit dem die Simple-Instanz durch `make_shared` erzeugt wurde, von dieser getrennt. Da aber noch ein weiterer Zeiger auf die `Simple`-Instanz existiert, bleibt diese davon unberührt. Erst wenn mit dem Ende von `main()` der smarte Zeiger `sp2` seinen Gültigkeitsbereich verlässt, existieren keine Verweise auf die dynamische Instanz mehr und sie wird (automatisch) beseitigt. Die Ausgabe des Programms sieht damit so aus:

```
C'tor
use_count: 1
use_count: 2
sp1.reset() aufrufen
```

```
use_count: 1
main() endet
D'tor
```

Der Konstruktor wird nur einmal aufgerufen, es gibt nur eine `Simple`-Instanz. Der Referenzzähler steigt und fällt mit den Zeiger-Operationen, und der Destruktor wird erst aufgerufen, wenn kein `shared_ptr` mehr auf das Objekt zeigt – in diesem Beispiel beim Verlassen von `main()`. Würde vor dem Ende von `main()`, beispielsweise wie es hier in Zeile **(14)** auskommentiert ist, ein `sp2.reset()` eingefügt, fiele der Zähler schon dort auf 0 und die dynamische Instanz würde bereits an dieser Stelle abgebaut.

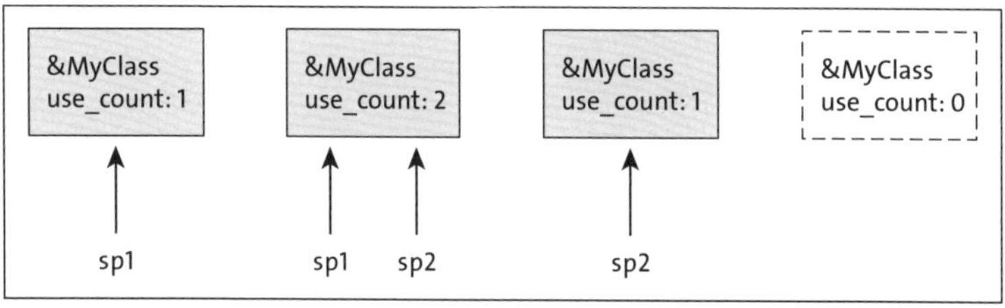

Abbildung 18.2 Lebenszyklus des »shared_ptr« im Beispiel

18.5.3 »weak_ptr«

Ein klassisches Problem bei `shared_ptr` sind zyklische Referenzen: Zeigen mehrere Instanzen mit einem `shared_ptr` gegenseitig aufeinander, entsteht ein Zyklus. Dadurch wird keine der beteiligten Instanzen vor der anderen freigegeben, da jede Instanz auf die Freigabe der anderen wartet. Dass führt dazu, dass keines der Objekte gelöscht wird und der Heap sich unbeabsichtigt füllt.

Der folgende Codeausschnitt demonstriert das Problem:

```
// listings/18/weak_ptr1.cpp
...
class Person {
 public:
  Person(std::string n) : name(n)
    {std::cout << "C'tor " << name << '\n';}
```

```
    ~Person()
      {std::cout << "D'tor " << name << '\n';}
    void set_kennt(std::shared_ptr<Person> ptr)
      { kennt_ptr = ptr;}
  private:
    std::shared_ptr<Person> kennt_ptr;
    std::string name = "";
};
int main() {
auto andrea = std::make_shared<Person>("Andrea");
auto charlie = std::make_shared<Person>("Charlie");
andrea->set_kennt(charlie);
charlie->set_kennt(andrea);
std::cout << "main() endet" << '\n';
}
```

Die beiden erzeugten Instanzen `charlie` und `andrea` werden auch nach dem Ende von `main()` nicht zerstört, da in der jeweils anderen Instanz noch ein `shared_ptr` auf die eigene Instanz existiert. Daher wird der dynamisch allozierte Speicher trotz der Verwendung von Smart Pointern nicht »automatisch« freigegeben. Jeder wartet auf den anderen – wir haben ein Speicherleck erzeugt.

Die Lösung für dieses Problem ist der `weak_ptr`, ein »schwacher« Zeiger, der den Referenzzähler nicht inkrementiert. Anders als `shared_ptr` kann `weak_ptr` nicht direkt auf das verwaltete Objekt zugreifen, da er kein Eigentümer ist. Stattdessen muss erst mit der Methode `lock()` geprüft werden, ob das Objekt noch existiert:

```
// listings/18/weak_ptr2.cpp
...
class Person {
  public:
    Person(std::string n) : name(n)
      {std::cout << "C'tor " << name << '\n';}
    ~Person()
      {std::cout << "D'tor " << name << '\n';}
```

```
07    void set_kennt(std::shared_ptr<Person> ptr)
08      {kennt_ptr=ptr;}
09    void print() {
10      if (auto shared = kennt_ptr.lock()) {
11        std::cout << name << " kennt " << shared->name << '\n';
12      } else {
13        std::cout << name << " kennt keinen" << '\n';
14      }
15    }
16   private:
17    std::weak_ptr<Person> kennt_ptr;
18    std::string name = "";
19  };
20  int main() {
21    auto andrea = std::make_shared<Person>("Andrea");
22    auto charlie = std::make_shared<Person>("Charlie");
23    andrea->set_kennt(charlie);
24    charlie->set_kennt(andrea);
25    andrea->print();
26    charlie.reset();
27    andrea->print();
28    std::cout << "main() endet" << '\n';
29  }
```


Die Klasse ist in Zeile (**09**) bis Zeile (**15**) um eine Methode `print()` ergänzt worden, die Informationen zu einem möglichen Bekannten der Person ausgibt. Vor dem Zugriff auf den entsprechenden `weak_ptr` wird in Zeile (**10**) der Versuch unternommen, aus dem schwachen Zeiger mit dessen Methode `lock()` einen starken Zeiger zu machen. Das funktioniert nur, wenn das hinter dem Zeiger liegende Objekt noch existiert. Nur wenn das der Fall ist, erfolgt die gewünschte Ausgabe. In Zeile (**25**) und (**27**) werden beide Varianten initiiert. Beachten Sie auch, dass der erzeugte »starke« Zeiger nur temporär existiert, da er bereits in Zeile (**14**) seinen Gültigkeitsbereich verlässt. Die Ausgabe des Programms sieht dann so aus:

```
C'tor Andrea
C'tor Charlie
Andrea kennt Charlie
D'tor Charlie
Andrea kennt keinen
main() endet
D'tor Andrea
```

18.5.4 Die Move-Semantik

Sie haben schon einiges über das »Verschieben« erfahren. Die Move-Semantik wird verwendet, wo unnötiges Kopieren vermieden werden soll oder muss. Sie ermöglicht es, Ressourcen von einem Objekt auf ein anderes durch eine »Verschiebung« zu übertragen, anstatt die Ressourcen zu kopieren.

Traditionell wurde bei C++ zwischen *LValues* (eigentlich *Locator Values*) und *RValues* unterschieden:

```
int var;
var = 2;
```

Hier ist `var` ein LValue: Er hat eine Speicheradresse und kann eine Zuweisung entgegennehmen. Alles, was kein LValue ist, ist per Definition ein RValue. Es kann nur auf der rechten Seite einer Zuweisung stehen und existiert nur temporär während der Auswertung. Werte ohne eigene Adresse, denen nichts zugewiesen werden kann, sind beispielsweise:

```
2 = var;          // FEHLER
(var + 3) - 9;    // FEHLER
funktion(1) = 2; // FEHLER (wenn nicht Referenz)
```

Die Überlegung ist nun, solche Werte als sogenannte RValue-Referenzen mit dem `&&`-Operator zu nutzen. Mit diesen `&&`-Referenzen lassen sich temporäre Werte (RValues) binden und als Parameter verwenden, wie das beispielsweise bei einem Verschiebekonstruktor getan wird:

```
Person(Person&& other) {...}
```

Über diese Notation und Bindung können wir – beispielsweise über einen Verschiebekonstruktor – die Elemente aus einem entsprechenden RValue »verschieben«, bevor dieser temporäre Wert wieder zerstört wird. Dadurch werden an vielen Stellen unnötige Kopien vermieden.

Kopieren vs. Verschieben

Beim *Kopieren* werden die Daten dupliziert. Ein instanziierendes `a(b)` oder `a = b` bedeutet, dass der Inhalt von `b` nach `a` kopiert wird und somit zweimal im Speicher vorhanden ist. Beim *Verschieben* mit `move()` wie `a(std::move(b))` bzw. `a = std::move(b)` wird das Kopieren vermieden, indem der Inhalt von `b` nach `a` verschoben wird. Nach dem Verschieben befindet sich `b` in einem Zustand, in dem es keine gültigen Daten mehr enthält, es ist sinngemäß »leer«.

Auch die Standardbibliothek mit ihren Containern und Algorithmen nutzt diese Möglichkeiten. In Verbindung mit dem Container `std::vector` sieht das beispielsweise so aus:

```
00 // listings/18/vector_move.cpp
...
01     std::vector<int> vec{111, 222, 333};
02     std::vector<int> vec_copy = vec;
03     std::vector<int> vec_move = std::move(vec);
04     std::cout << "vec.size(): " << vec.size() << '\n';
05     for (const auto wert : vec_move) {
06       std::cout << wert << " ";
07     }
08 }
```


In Zeile (**02**) sehen Sie die Kopiersemantik, nach dem Kopieren sind zwei gleiche Vektoren im Speicher vorhanden sind. Mit der Verschiebesemantik in Zeile (**03**) wird der Inhalt von `vec` nach `vec_move` verschoben. Das bedeutet auch, dass `vec` nun leer ist. Die Ausgabe in Zeile (**04**) und danach bestätigt dies:

```
vec.size(): 0
111 222 333
```

18.6 Textansichten und Formatierung

Mit C++17 und C++20 hat sich das Texthandling erheblich verbessert. Mit `std::string_view` für einen effizienten lesenden Zugriff auf Text und mit dem konfigurierbaren `std::format` für flexible Textformatierung stellen wir Ihnen die wichtigsten Klassen dazu vor.

18.6.1 Effiziente Textansichten mit »std::string_view«

Wenn wir ein Objekt `std::string` erstellen, wird immer eine Kopie des Textes in der Instanz erstellt. Der kann danach erweitert und verändert werden; oft wissen Sie aber vorab, dass nur lesender Zugriff erfolgen wird.

Für solche Fälle können Sie über die Klasse `std:string_view` eine Sicht auf bestehenden Text erstellen. Die Klasse bietet eine größere Flexibilität und funktioniert mit mehr String-Typen, als die konstanten Referenzen, die Sie bereits kennen:

```
// listings/18/string_view.cpp
#include <string>
#include <string_view>
#include <iostream>
// Die Funktion akzeptiert jeden String-Typ
void print_text(std::string_view text) {
  std::cout << text << '\n';
}
int main() {
  std::string str1 = "Hallo";
  const char* str2 = "Welt";
  print_text(str1);       // Funktioniert mit std::string
  print_text(str2);       // Funktioniert mit C-String
  print_text("Direkt");  // Funktioniert mit Literal
}
```

In Zeile (05) wird eine Funktion definiert, die `text` nur lesend verwendet. Ein Funktionsparameter vom Typ `std::string` würde bei jedem Aufruf eine Kopie des Textes erzeugen. Die Nutzung von `std::string_view` vermeidet diese Kopien und arbeitet dennoch auch mit den unterschiedlichen String-Typen in Zeile (11) bis (13).

Auf diese Weise können Sie insbesondere effiziente Funktionsschnittstellen gestalten. Sie müssen aber immer beachten, dass eine solche View nur auf vorhandenen Text verweist, der sich während der Lebensdauer der View nicht verändern darf, sonst wird das Verhalten der Klasse undefiniert.

Wichtig: »string« oder »string_view«?

Verwenden Sie `std::string`, wenn Sie den Text speichern oder ändern möchten, und nutzen Sie `std::string_view` für temporären, nur lesenden Zugriff.

18.6.2 Mehr zu »std::format«

Mit `std::format` bietet die Standardbibliothek seit C++20 eine typsichere und flexible Möglichkeit, Text zu formatieren. Die Funktion erkennt bereits beim Übersetzen Fehler, wenn beispielsweise Zahlen und Text vertauscht sind oder Argumente fehlen.

Die Funktion erhält einen Format-String als erstes Argument, der mit Platzhaltern in Form geschweifter Klammern `{}` und optionalen *Format-Spezifizierern* bestimmt, wie die folgenden Argumente formatiert werden sollen. Der formatierte Text wird als `std::string` zurückgegeben und kann direkt ausgegeben oder gespeichert werden. Hier sehen Sie das an einem Beispiel:

```
// listings/18/format.cpp
...
#include <format>
#include <iostream>
int main() {
```

```
04    int         zahl = 42;
05    double      pi   = 3.14159;
06    std::string text = "Text";
07    std::string ausgabe = std::format("Zahl: {}\n", zahl);
08    std::cout << ausgabe;
09    std::cout << std::format("{} = {:.2f}\n", text, pi);
10    std::cout << std::format("|{:>10}|\n", text);
11    std::cout << std::format("|{:*<10}|\n", text);
12    std::cout << std::format("Dez: {:d}, Hex: {:x}\n",
                               zahl, zahl);
13    }
```

Ausgabe:

```
Zahl: 42
Text = 3.14
|      Text|
|Text******|
Dez: 42, Hex: 2a
```

In Zeile (07) wird `zahl` mit `{}` unverändert in den String übernommen und in der Folgezeile ausgegeben. In Zeile (07) wird der erste Wert auch unverändert ausgegeben, an zweiter Stelle wird aber mit `{:0.2f}` der Fließkommawert auf zwei Nachkommastellen gekürzt. In Zeile (10) wird Text mit `{:>10}` rechtsbündig auf eine Breite von 10 Zeichen mit Leerzeichen aufgefüllt. In Zeile (11) wird linksbündig gefüllt, aber mit dem Zeichen *. In Zeile (12) wird die gleiche Zahl als dezimaler und als hexadezimaler Wert formatiert.

Die geschweiften Klammern können verschiedene Format-Spezifizierer enthalten, die durch einen Doppelpunkt eingeleitet und auch kombiniert werden können (siehe Tabelle 18.5). Zum Beispiel formatiert `{:#>8.2f}` eine Gleitkommazahl rechtsbündig auf 8 Stellen mit zwei Nachkommastellen und füllt mit # auf:

```
std::format("|{:#>8.2f}|", 3.1415); // Ausgabe: |####3.14|
```

Bedeutung	Beispiel	Erläuterung
Ausrichtung	`{:<10}`	`<` links, `>` rechts, `^` zentriert
Auffüllen	`{:*<10}`	Füllzeichen * mit Ausrichtung und Breite
Breite	`{:10}`	minimale Feldbreite
Präzision	`{:.2f}`	Nachkommastellen bei Gleitkomma
Darstellung	`{:d}`	`d` dezimal, `x` hex, `f` float, `s` string

Tabelle 18.5 Ersetzungsfelder des Format-Strings

Experimentieren Sie am besten schrittweise mit den Optionen: erst ohne Formatierung, dann mit Breite und Ausrichtung für übersichtliche Ausgaben und schließlich mit Anpassung der Zahlendarstellung.

Reihenfolge der Parameter

Die Argumente nach dem Format-String werden standardmäßig der Reihe nach eingesetzt. Mit einer Zahl in den geschweiften Klammern können Sie aber die Reihenfolge ändern. (Denken Sie an die 0-basierte Zählung.)

```
std::cout << std::format("{1}, {0}\n", "Rot", "Blau");
// Ausgabe: Blau, Rot
```


Im nächsten Abschnitt sehen wir uns an, wie wir das Formatierungssystem für eigene Datentypen erweitern können.

18.6.3 Eigene Datentypen formatieren mit »std::formatter«

Sie haben `std::format` bisher mit Typen wie `int` oder `std::string` verwendet. Damit auch eigene Typen wie Klassen oder Strukturen formatiert werden können, müssen wir dem Format-System beibringen, wie es diese ausgeben soll. Unser Ziel ist es, von einem Objekt des Typs `Person` unterschiedliche Ausgaben per Format-Spezifizierer zu ermöglichen. Dadurch soll beispielsweise `std::format("{}", person)` einen String mit Name und

Rolle in Klammern erzeugen, während `std::format("{:nU}", person)` nur den Namen verwendet, den allerdings in Großbuchstaben (engl. *Uppercase*). Hier können wir einige Techniken aus den vergangenen Kapiteln anwenden:

```
// listings/18/formatter.cpp
...
struct Person {
    std::string name;
    std::string rolle;
};
template <>
struct std::formatter<Person> {
    enum class Style { Normal, NurName, NurRolle };
    Style style = Style::Normal;
    bool uppercase = false;

    constexpr auto parse(auto& ctx) {
        auto it = ctx.begin();
        if (it == ctx.end()) return it;

        while (it != ctx.end() && *it != '}') {
            switch (*it) {
                case 'n': style = Style::NurName; break;
                case 'r': style = Style::NurRolle; break;
                case 'U': uppercase = true; break;
            }
            ++it;
        }
        return it;
    }
    auto format(const Person& p, auto& ctx) const {
        std::string result;
        // Inhalt basierend auf Style erstellen
        switch (style) {
            case Style::NurName:
                result = p.name;
```

```
36                  break;
37              case Style::NurRolle:
38                  result = p.rolle;
39                  break;
40              default:
41                  result = p.name + " (" + p.rolle + ")";
42          }
43          // Großbuchstaben anwenden, wenn gewünscht
44          if (uppercase) {
45              for (auto& c : result) {
46                  c = std::toupper(c);
47              }
48          }
49          return std::format_to(ctx.out(), "{}", result);
50      }
51  };
```

Der Formatter wird ab Zeile (**10**) definiert. Zunächst werden in Zeile (**12**) bis (**14**) die Formatierungsoptionen festgelegt. Wir nutzen einen `Style`-Enum für die Anzeigeoptionen (`Style::Normal`, `Style::NurName` oder `Style::NurRolle`) und einen booleschen Wert für die Großschreibung. Die `parse`-Methode in Zeile (**16**) verarbeitet die angegebenen Format-Spezifizierer, die in den geschweiften Klammern angegeben werden. Der übergebene Formatierungskontext `ctx` enthält einen Iterator, mit dem wir durch die Format-Spezifizierer navigieren können.

Ab Zeile (**17**) bis (**18**) prüfen wir, ob überhaupt Optionen vorhanden sind. Die nachfolgende Schleife verarbeitet dann alle Zeichen bis zum schließenden `}`. Mit dem `switch`-Statement werden die verschiedenen Optionen `n` für »nur Name«, `r` für »nur Rolle« und `U` für Großbuchstaben erkannt. Diese können unabhängig voneinander gesetzt werden. Die Funktion gibt einen Iterator zurück, der auf das Ende der verarbeiteten Optionen zeigt.

Die `format`-Methode in Zeile (**30**) erzeugt die eigentliche Ausgabe. Sie erhält als Parameter die zu formatierende Person und einen Formatierungs-Kontext. In Zeile (**33**) bis (**42**) erstellen wir den Ausgabetext basierend auf dem gewählten Stil. Je nach Option wird entweder nur der Name, nur die Rolle oder beides zusammen verwendet.

Wenn die Option für Großbuchstaben aktiviert wurde, wandeln wir in Zeile (**44**) bis (**48**) alle Zeichen des Ergebnisses in Großbuchstaben um. Schließlich wird in Zeile (**49**) mit `std::format_to` die Ausgabe in den Formatierungskontext geschrieben, wobei `ctx.out()` den Ausgabebereich repräsentiert. Die Formatierung selbst erfolgt wie bei `std::format` mit einem Format-String und den entsprechenden Argumenten.

Der Formatter kann dann verwendet werden. Dabei können wir die Spezifizierer beliebig kombinieren:

```
52 int main() {
53   Person andrea{"Andrea Algorithmus", "Team-Lead"};
54   // Standardformatierung
55   std::cout << std::format("{}\n", andrea);
56   std::println("{:n}", andrea);   // Nur Name
57   std::println("{:r}", andrea);   // Nur Rolle
58   std::println("{:U}", andrea);   // Alles in Großbuchstaben
59   std::println("{:nU}", andrea);  // Name in Großbuchstaben
60   std::println("{:Ur}", andrea);  // Nur Rolle in Großbuchst.
61 }
```

Damit erzeugen wir folgende Ausgabe:

```
Andrea Algorithmus (Team-Lead)
Andrea Algorithmus
Team-Lead
ANDREA ALGORITHMUS (TEAM-LEAD)
ANDREA ALGORITHMUS
TEAM-LEAD
```

In dem Beispiel ist für die erste Ausgabe `std::cout` mit `std::format` verwendet worden, für alle folgenden das etwas kürzere `std::println`; beide verwenden unseren neuen Formatter.

Warum »constexpr«?

Die `parse`-Funktion muss als `constexpr` markiert werden, damit `std::format` die Format-Strings bereits beim Übersetzen prüfen kann.

18.7 Die Zeitbibliothek

C++ bietet mit der chrono-Bibliothek umfangreiche Funktionen zur Zeitmessung und Zeitdarstellung. Sie bietet Messungen mit unterschiedlicher Auflösung inklusive eines eigenen Datentyps, der Einheiten eigenständig umrechnet. Dabei wird mit Zeiträumen gerechnet, den sogenannten *Durations*. Nach der Einbindung der Zeitbibliothek `<chrono>` haben Sie Zugriff auf die entsprechenden Elemente im Namensraum `std::chrono`:

```
00 // listings/18/duration.cpp
...
01 #include <chrono>
02 int main() {
03   using namespace std::chrono;
04   minutes duration = hours(2) + minutes(11);
05   duration -= 31min;  //
06   seconds duration_sec = minutes(duration);
07   nanoseconds nano = duration_sec;
08   std::cout << duration.count() << "min = ";
09   std::cout << duration_sec.count() << "s = ";
10   std::cout << nano.count() << "ns" << "\n";
11 }
```


In Zeile (**03**) binden wir den Namensraum innerhalb der Funktion ein, um die Zeilenlänge im Beispiel im Zaum zu halten. Jetzt können Sie komfortabel mit den Zeiteinheiten arbeiten. In Zeile (**04**) definieren wir den Zeitraum `duration` als Summe von zwei Stunden und elf Minuten, und in der folgenden Zeile ziehen wir mithilfe der in der Bibliothek definierten Literale für die Einheiten wieder 31 Minuten von dem Zeitraum ab. In Zeile (**06**) und (**07**) erstellen wir Variablen mit anderen Zeiteinheiten für denselben Zeitraum. Die Ausgabe der entsprechenden Zeiteinheit können Sie dann ebenfalls ganz bequem mit dem Objekt, gefolgt von der Elementfunktion `count()`, durchführen, wie Sie es in Zeile (**08**) bis (**10**) sehen. Sie erhalten die erwartete Ausgabe:

```
100min = 6000s = 6000000000000ns
```

18.7.1 Zeitdauer (Duration)

Die Bibliothek bietet die wichtigsten Zeiträume bereits vordefiniert als Synonyme an. Die vordefinierten Zeiteinheiten können Sie Tabelle 18.6 entnehmen.

Zeiteinheit	Synonym für	Literalendung
`nanoseconds`	Nanosekunden	`ns`
`microseconds`	Mikrosekunden	`us`
`milliseconds`	Millisekunden	`ms`
`seconds`	Sekunden	`s`
`minutes`	Minuten	`min`
`hours`	Stunden	`h`
`days`	Tage	`d`
`weeks`	Wochen	`w`
`months`	Monate	`mo`
`years`	Jahre	`y`

Tabelle 18.6 Vordefinierte Zeiteinheiten

Die Zeiteinheiten größer als Stunden sind erst mit C++20 hinzugekommen. Da sie unterschiedlich lang sein können, sind `months` und `years` auch nicht exakt definiert und werden hauptsächlich für Kalenderfunktionen verwendet.

Benutzerdefinierte Literale

Die Suffixe wie `ms` und `min` sind benutzerdefinierte Literale, die durch Operatorüberladung implementiert werden. Sie können nach diesem Muster auch eigene Literale für Ihre Datentypen erstellen.

18.7.2 Vorhandene Zeitgeber

Sie können mit der C++-Zeitbibliothek auch Zeitmessungen durchführen. Ihnen stehen drei verschiedene Zeitgeber zur Verfügung:

- **`system_clock`:** Die Systemzeit, die in der Regel auch mit einer externen Uhr synchronisiert wird. Diese Zeit kann auch durch eine Zeitumstellung oder andere Systemeinstellungen verändert werden. Hier beginnt die Zeitrechnung in der Regel am 1.1.1970.
- **`steady_clock`:** Diese Zeit läuft mit einer immer konstanten Geschwindigkeit und kann nicht explizit verändert werden. Diese Zeitrechnung beginnt in der Regel ab dem Boot-Zeitpunkt des Rechners.
- **`high_resolution_clock`:** Das ist die Uhrzeit mit der höchsten auf dem System verfügbaren Genauigkeit. Auf manchen Systemen entspricht dies allerdings lediglich `system_clock` oder `steady_clock`.

Den aktuellen Zeitpunkt der Uhren können Sie jederzeit mit `now()` erhalten. Ein einfaches Beispiel demonstriert dies:

```
// listings/18/clock.cpp
...
void funktion() {
  for (int i = 0; i < 123456789; ++i)
    ;
}
int main() {
  using namespace std::chrono;
  auto zeitpunkt = std::chrono::steady_clock::now();
  auto uptime = zeitpunkt.time_since_epoch();
  auto uptime_hour = duration_cast<hours>(uptime);
  std::cout << "Uptime: " << uptime_hour.count() << "h\n";
  time_point<system_clock> jetzt = system_clock::now();
  auto zeit = std::chrono::system_clock::to_time_t(jetzt);
  std::cout << std::format(
     "system_clock::now(): {:%Y-%m-%d %H:%M:%S}\n", jetzt);
  constexpr auto anzahl = 10;
  const auto start = std::chrono::steady_clock::now();
  for (auto i = 0; i < anzahl; ++i)
```

```
18       funktion();
19     const auto stop = std::chrono::steady_clock::now();
20     nanoseconds dauer = (stop - start) / anzahl;
21     std::cout << "Dauer (durchschnittlich): \n"
22               << dauer.count() << "ns = ";
23     std::cout << duration_cast<milliseconds>(dauer).count()
24               << "ms\n\n";
25   }
```

In Zeile (**07**) holen wir uns den aktuellen Zeitpunkt und speichern ihn in `zeitpunkt`. Der Rückgabewert von `steady_clock::now()` ist vom Typ `steady_clock::time_point`, aber wir machen uns das Leben mit `auto` einfacher. In Zeile (**08**) ermitteln wir zu diesem Zeitpunkt die Dauer seit dem Start der Epoche, also dem Startzeitpunkt der Uhr. Wir wollen anzeigen, seit wie vielen Stunden der Rechner läuft. Da bei der Umwandlung Genauigkeit verloren geht, müssen Sie diesen Wert explizit mit `duration_cast<>` konvertieren. Der Compiler erzwingt diese explizite Konvertierung, um Sie auf den möglichen Informationsverlust hinzuweisen. Bei Umwandlungen ohne Genauigkeitsverlust, wie von Sekunden zu Millisekunden, ist das nicht erforderlich.

In Zeile (**13**) bis Zeile (**14**) geben wir die aktuelle Systemzeit aus. Auch für die Formatierung von Daten und Zeiten können wir auf `std::format` zurückgreifen. Eine Auswahl der wichtigsten Spezifizierer dazu finden Sie in Tabelle 18.7.

Spezifizierer	Bedeutung	Beispiel
`%Y`	Jahr vierstellig	2025
`%m`	Monat als Zahl (mit führender Null)	08
`%d`	Tag des Monats (mit führender Null)	31
`%B`	Monat ausgeschrieben	August

Tabelle 18.7 Spezifizierer für Zeitpunkte am Beispiel des 31.08.2025 um 23:45:59 Uhr

Spezifizierer	Bedeutung	Beispiel
%H	Stunde im 24-Stunden-Format (mit führender Null)	23
%M	Minute (mit führender Null)	45
%S	Sekunde (mit führender Null)	59
%F	ISO-Datumsformat (Kurzform für %Y-%m-%d)	2025-08-31
%T	ISO-Zeitformat (Kurzform für %H:%M:%S)	23:45:59

Tabelle 18.7 Spezifizierer für Zeitpunkte am Beispiel des 31.08.2025 um 23:45:59 Uhr (Forts.)

In Zeile (**15**) bis (**19**) verschwenden wir ein wenig Rechenzeit, indem wir eine nutzlose Funktion aufrufen und deren durchschnittliche Laufzeit messen. Wir sichern den aktuellen Zeitpunkt vor und nach dem Start der wiederholten Ausführung und speichern ihn in `start` und `stop`. In Zeile (**20**) ermitteln wir die Differenz der beiden Zeiten in Nanosekunden und teilen durch die Anzahl der Wiederholungen. Die durchschnittliche Laufzeit geben wir in Zeile (**21**) bis Zeile (**24**) aus. Bei der Umrechnung in Millisekunden geht wieder Genauigkeit verloren, daher ist hier eine explizite Konvertierung mit `duration_cast<>` notwendig.

Wenn `steady_clock::duration` auf dem verwendeten System eine niedrigere Präzision als `nanoseconds` hat, wäre auch in Zeile (**20**) noch ein `duration_cast` erforderlich.

Optimierung

Um das Programm zu testen, sollten Sie keine zu aggressive Optimierung bei der Übersetzung wählen. Wenn wir auf unserem Testrechner die höchste Optimierungsstufe anfordern, erkennt der Compiler, dass in den Schleifen eigentlich nichts passiert, und die durchschnittlich gemessene Laufzeit sinkt von der eines Wimpernschlags auf wenige Nanosekunden, da gar nichts mehr ausgeführt wird.

18.7.3 Die »ratio«-Bibliothek

Bei der Verwendung der Zeitbibliothek haben Sie die Umrechnung von Zeiteinheiten in Aktion gesehen. Die Umrechnung und die entsprechenden Faktoren basieren auf der `ratio`-Bibliothek Mit dieser lassen sich rationale Zahlen, also ganzzahlige Brüche, darstellen. Ein Bruch besteht jeweils aus einem Zähler (engl. *numerator*) und einem Nenner (engl. *denominator*). Der Bruch wird dabei automatisch auf die einfachste Form gebracht. Das Besondere daran ist, dass es sich hier um Templates handelt, die die Berechnungen bereits während der Übersetzung des Codes ausführen und nicht erst zur Laufzeit:

```
// listings/18/ratio.cpp
...
#include <ratio>
int main() {
  typedef std::ratio<1, 4> r1;
  typedef std::ratio<1, 8> r2;
  typedef std::ratio_add<r1, r2> r3;
  std::cout << "1/4 + 1/8 = " << r3::num << "/" << r3::den;
  typedef std::ratio_multiply<r1, r2> r4;
  std::cout << ", 1/4 * 1/8 = " << r4::num << "/" << r4::den;
}
```

Der Code führt zu dieser Ausgabe:

```
1/4 + 1/8 = 3/8, 1/4 * 1/8 = 1/32
```

Natürlich gibt es auch Templates, um zu dividieren, zu subtrahieren oder zu vergleichen. Besonders interessant ist an der Bibliothek, dass sie auch die passenden Definitionen für SI-Einheiten enthält, beispielsweise:

```
typedef ratio<1,                     1000> milli;
typedef ratio<1,                      100> centi;
typedef ratio<                     100, 1> hecto;
typedef ratio<                    1000, 1> kilo;
```

Durch die Berechnung zur Übersetzungszeit ist es möglich, zusammen mit benutzerdefinierten Literalen (analog zur chrono-Bibliothek) auch eigene Einheiten mit entsprechenden Suffixen und deren Umrechnung zu definieren.

18.8 Ausblick auf das Multithreading

Die Standardbibliothek von C++ unterstützt auch *Multithreading*, also die parallele Ausführung von Programmteilen. Voraussetzung für echte Parallelität sind mehrere Prozessorkerne, die heute aber in fast allen Computern und zunehmend auch in Mikrocontrollern verfügbar sind.

Auch Prozessoren mit nur einem Kern können vom Multithreading profitieren; dort ist das Verhältnis von Aufwand und Nutzen allerdings kritisch. Wenn sich Aufgaben in möglichst voneinander unabhängige Teilaufgaben zerlegen lassen, ist mit Multithreading auch hier eine deutliche Beschleunigung möglich.

Bevor Sie Multithreading für Ihre Anwendungen nutzen, sollten Sie allerdings C++ sehr sicher verwenden können, denn die Parallelität eröffnet eine ganze Welt neuer Fehlermöglichkeiten, die auch gestandene C++-Entwickler und -Entwicklerinnen ins Schwitzen bringen. Wir stellen Ihnen daher nur einige grundlegende Aspekte des Themas vor. Lauffähige Codebeispiele für die ersten Gehversuche finden Sie im Beispielcode zum Kapitel.

Laufende Threads sind nicht voreinander geschützt. Bei den im Buch verwendeten Programmen mit nur einem Thread ist das nicht relevant. Arbeiten aber mehrere Threads schreibend auf demselben Speicher oder mit gemeinsamen Ressourcen wie Dateien oder Konsolenausgaben, benötigen sie Synchronisation. Reiner Lesezugriff auf gemeinsame Daten ist dagegen unproblematisch. Die Multithreading-Bibliothek liefert zwar Lösungen zur Synchronisation von Threads, die korrekte Anwendung erfordert allerdings einiges an Erfahrung.

Am leichtesten starten Sie daher mit dem Multithreading, wenn Sie Teilaufgaben haben, die unabhängig voneinander bearbeitet werden können. Sie könnten beispielsweise eine Grafik in vier Teile zerlegen und vier Threads gleichzeitig an den unterschiedlichen Bereichen arbeiten lassen.

Die Threads auf einem Rechner werden voneinander unabhängig parallel ausgeführt. Manchmal müssen Threads jedoch koordiniert werden, etwa für die Ausgabe von Zwischenergebnissen. Unkoordinierte Zugriffe auf gemeinsame Daten, bei denen mindestens ein Thread schreibend zugreift, werden als *Data Race* bezeichnet. Um das zu verhindern, können Sie einen *Mutex* verwenden (kurz für engl. *mutual exclusion*, »gegenseitiger Ausschluss«). Ein solcher Mutex verhält sich wie ein Staffelstab: Nur wer ihn besitzt, darf den geschützten Bereich betreten.

Werden mehrere Mutexe verwendet, etwa zum Schutz verschiedener Ressourcen, können sich die Threads durch ungünstige Reihenfolge beim Anfordern der Mutexe gegenseitig blockieren (*Deadlock*).

Wie wir bereits am Anfang dieses Abschnitts erwähnt haben, sollten Sie ausführlich mit Singlethreading arbeiten, bevor Sie sich am Multithreading versuchen. Das Fehlerpotenzial durch die Gleichzeitigkeit ist hoch.

Die korrekte Zusammenarbeit von Threads erfordert ganz neue Überlegungen. Sie sollten sich merken, dass mit Threads nicht immer alles so funktioniert, wie Sie es vielleicht von »normalen« Programmen her kennen. Fehler durch gleichzeitigen Zugriff sind schwer zu finden, da sie oft nur unter bestimmten Bedingungen auftreten. Starten Sie daher mit einfachen, unabhängigen Teilaufgaben und erweitern Sie Ihre Erfahrung schrittweise.

Verwenden Sie »std::jthread«

Neben `std::thread` gibt es seit C++20 auch `std::jthread`. Diese neue Klasse bietet zusätzliche Funktionen wie ein automatisches Beenden beim Verlassen des Scopes, bessere Unterstützung für Abbruch und Koordination und generell eine einfachere Handhabung.

Anhang A
Lösungen der Übungsaufgaben

A.1 Lösungen zu Kapitel 2

1. Die Streams sind:
   - `cout` für die Ausgabe auf dem Bildschirm
   - `cerr` für die ungepufferte Ausgabe von Fehlern
   - `cin` für das Einlesen von Daten (in der Regel von der Tastatur)
2. *Case sensitive* bedeutet, dass C++ zwischen Groß- und Kleinschreibung unterscheidet. Damit sind »zahl«, »Zahl«, »ZahL« oder »ZAHL« vier verschiedene Bezeichner.
3. Ein *Ausdruck* ist eine Kombination aus Operatoren/Operanden, die einen Wert ergibt (z. B. `5+4`). Eine *Anweisung* ist eine ausführbare Einheit mit Semikolon (z. B. `return 0;`), und eine *Ausdrucksanweisung* ist ein Ausdruck mit Semikolon als Anweisung (z. B. `c = 3 + 4;`).
4. Die fett hervorgehobenen Teile wurden verbessert:

```
// listings/02/loesungen/loesung01.cpp
#include <cstdlib>
#include <iostream>
int main() {
  int ivar = 0;
  // std:: vor cout, cin und endl
  std::cout << "Bitte einen Wert eingeben: ";
  std::cin >> ivar;
  std::cout << "Die Eingabe lautete: " << ivar;
  return EXIT_SUCCESS;
}
```

5. In dem Programm fehlt zur Verwendung von `std::println` die `#Include`-Directive `#include <iostream>`

A.2 Lösungen zu Kapitel 3

1. Die grundlegenden eingebauten Typen zum Speichern von Ganzzahlen sind `char`, `short`, `int`, `long` und `long long`.
2. Der grundlegende Datentyp für Zeichen ist `char`.
3. Integer-Variablen sind laut Standard vorzeichenbehaftet (`signed`). Eine Ausnahme stellt der Datentyp `char` dar. Hier lässt der Standard beide Varianten zu, und es ist von der Implementierung des Compilers abhängig, ob `char` negative Werte aufnehmen kann. Um explizit einen Integer-Wert mit oder ohne Vorzeichen zu vereinbaren, stellen Sie das Schlüsselwort `signed` oder `unsigned` voran.
4. Die drei grundlegenden Typen für Fließkommazahlen sind `float`, `double` und `long double`.
5. Das Schlüsselwort `const`.
6. Eine mögliche Lösung wäre:

```
// listings/03/loesungen/loesung01.cpp
...
#include <limits>
int main() {
  std::cout << std::numeric_limits<long long>::min()
            << '\n';
  std::cout << std::numeric_limits<long long>::max()
            << '\n';
  std::cout << std::numeric_limits<long long>::digits;
  std::cout << std::endl;
  return EXIT_SUCCESS;
}
```

A.3 Lösungen zu Kapitel 4

1. Eine Typumwandlung findet statt, wenn Sie unterschiedliche Typen bei einer Operation (beispielsweise einer arithmetischen Berechnung) miteinander mischen. Hierbei gibt es die implizite Typumwandlung,

die der Compiler automatisch nach seinen Regeln durchführt, und die explizite Typumwandlung, die Sie selbst durchführen.

2. Die Ausgaben wurden als Kommentar hinzugefügt:

```
int i = 1;
std::cout << i-- << '\n';  // = 1
std::cout << ++i << '\n';  // = 1
std::cout << i++ << '\n';  // = 1
std::cout << ++i << '\n';  // = 3
```

3. Auch hier haben wir die Ausgaben als Kommentar hinzugefügt:

```
int ival1, ival2 = 2;
double dval1 = 3.5;
ival1 = dval1;
std::cout << ival1 << '\n';  // = 3
std::cout << dval1 / ival2 << '\n';  // = 1.75
std::cout << static_cast<int>(dval1 / ival2) << '\n';  // = 1
std::cout << static_cast<double>(dval1 / ival2) << '\n';
             // = 1.75
```

4. Eine Musterlösung:

```
// listings/04/loesungen/loesung03.cpp
#include <cstdlib>
#include <iostream>
int main() {
  constexpr double km_pro_meile = 1.60934;
  double km = 0.0, ml = 0.0;
  std::cout << "Umrechnung Kilometer in Meilen\n";
  std::cout << "Kilometer eingeben: ";
  std::cin >> km;
  if (std::cin.fail()) {
    std::cerr << "Fehler bei der Eingabe\n";
    return EXIT_FAILURE;
  }
  ml = km / km_pro_meile;
  std::cout << km << " km sind " << ml << " Meilen\n";
  return EXIT_SUCCESS;
}
```

Das Programm bei der Ausführung:

```
Umrechnung von km in miles
Kilometer eingeben: 42.195
42.195 km sind  26.2188 Meilen
```

A.4 Lösungen zu Kapitel 5

1. Die sequenzielle Programmausführung können Sie mit folgenden drei Konstrukten ändern:
   - Verzweigungen (`if`, `switch`)
   - Schleifen (`while`, `do while`, `for`)
   - Sprunganweisungen (`break`, `continue`)
2. Ergibt die Auswertung des Ausdrucks einer `if`-Verzweigung `true`, wird die folgende Anweisung (beziehungsweise der folgende Anweisungsblock) ausgeführt. Ergibt die Auswertung `false`, fährt die Ausführung mit der `else`-Anweisung fort. Gibt es keine `else`-Anweisung, läuft der Code nach der `if`-Anweisung und ihrem Anweisungsblock weiter.
3. Der Programmfluss lässt sich entweder mit weiteren `if`-Verzweigungen (beispielsweise in Form von `else if`) oder mit einer alternativen `else`-Verzweigung steuern.
4. Mit dem logischen NICHT-Operator (`!`) negieren Sie einen Ausdruck.
5. Eigentlich sollte das Beispiel alle geraden Zahlen ausgeben und alle ungeraden Zahlen mithilfe von Zeile (**14**) überspringen. Da allerdings nach der ersten ungeraden Zahl die Bedingung in Zeile (**13**) immer weiter wahr ist, springt das Programm wegen der `continue`-Anweisung in Zeile (**14**) immer wieder an den Schleifenanfang zurück. So wird Zeile (**16**), in der der Wert von `iwert` dekrementiert wird, niemals erreicht. Entweder verwenden Sie bei diesem Beispiel eine `for`-Schleife, in der Sie `iwert` inkrementieren, oder Sie verzichten gleich ganz auf die `continue`-Anweisung, wie der folgende Codeausschnitt als Beispiel zeigen soll:

```
00  // listings/05/loesungen/loesung01.cpp
...
13    while (iwert >= 0) {
```

```
    if (!(iwert % 2)) {
      std::cout << iwert << "\n";
    }
    --iwert;
  }
  return EXIT_SUCCESS;
}
```

A.5 Lösungen zu Kapitel 6

1. Ein Array ist eine Reihe von Elementen desselben Datentyps. Abgesehen von Referenzen (siehe Kapitel 7, »Referenzen und Zeiger«), kann der Datentyp beliebig sein. Auf die einzelnen Elemente im Array greifen Sie mit dem Indexoperator `[]` zu. In C++ haben Sie die Möglichkeit, die Containerklassen `std::vector` und `std::array` zu verwenden. Die klassischen C-Arrays können weiter verwendet werden. In der Regel ist `std::vector` komfortabler zu verwenden und weniger fehleranfällig und daher den Alternativen vorzuziehen.
2. Zum Speichern von Zeichenketten sollten Sie die C++-Standardklasse `std::string` nutzen. Sie können auch die klassischen C-Arrays (ein Array vom Typ `char`) verwenden. Es empfiehlt sich aber, mit `std::string` die C++-Bibliothek zu nutzen. Von den alten C-Arrays sollten Sie Abstand nehmen, weil sie sehr fehleranfällig sind.
3. In dem Beispiel kommt es zu einem Pufferüberlauf, da außerhalb der Array-Grenzen zugegriffen wird. Statt der zehn Elemente im Array werden elf Elemente mit einem Wert belegt, da auch `array[10]` einen Wert zugewiesen bekommt. Der Fehler steckt in der Bedingung der `for`-Schleife. Statt auf `i<=SIZE` (kleiner gleich) muss hier auf `i<SIZE` (kleiner als) überprüft werden. Eine Lösung mit `std::vector`, die auch `size()` und `at()` nutzt, könnte wie folgt aussehen:

```
// listings/06/loesungen/loesung01.cpp
#include <vector>
...
constexpr int SIZE = 10;
std::vector <int> array(SIZE);
```

```
for(std::size_t i = 0; i < array.size(); i++) {
  array.at(i) = i+1;
}
...
```

4. Das Problem bei diesem Beispiel resultiert aus dem direkten Einlesen von der Tastatur aus `std::cin`. Hierbei erfolgt keine Längenüberprüfung. Es können beliebig viele Zeichen eingegeben werden, der Benutzer kann auch mehr als die im C-Array vorgesehenen zehn Zeichen eingeben. Alle eingegebenen Zeichen werden in das vorgesehene Array geschrieben und können dort einen Pufferüberlauf verursachen. Wenn unbedingt ein C-Array verwendet werden soll, kann eine begrenzte Anzahl von Zeichen über `std::cin.getline(text, SIZE);` eingelesen werden:

```
// listings/06/loesungen/loesung02.cpp
#include <vector>
...
constexpr int SIZE = 10;
char text[SIZE];
std::cout << "Text eingeben: ";
std::cin.getline(text, SIZE);
std::cout << "Ihre Eingabe: " << text << "\n";
...
```

Als eindeutig bessere Alternative ist hier aber die C++-Klasse `std::string` zu empfehlen.

A.6 Lösungen zu Kapitel 7

1. Eine Referenz ist im Grunde nichts anderes als ein anderer Name (Alias) für ein vorhandenes Speicherobjekt. Obwohl Referenzen auf ein Speicherobjekt verweisen, mit dem sie initialisiert wurden, werden sie wie gewöhnliche Variablen verwendet. Eine Referenz erkennen Sie bei der Deklaration daran, dass zwischen dem Typ und dem Bezeichner das Ampersand `&` steht. Sie können mit Referenzen andere Namen für bestehende Variablen erzeugen. Referenzen sind besonders wichtig bei der Verwendung von Funktionen.

2. Einen Zeiger erkennen Sie am Sternchen * in der Deklaration zwischen dem Typ und dem Bezeichner. Zeiger werden verwendet, um Adressen zu speichern – genauer gesagt, um eine bestimmte Speicheradresse im Arbeitsspeicher zu referenzieren. Der Typ des Zeigers muss dem Typ entsprechen, auf dessen Adresse er verweist (referenziert).
3. Mit einer Dereferenzierung greifen Sie auf den Wert des Speicherobjekts zu, das der Zeiger referenziert. Für diesen indirekten Zugriff auf das Speicherobjekt wird der Indirektionsoperator * vor den Bezeichner des Zeigers gestellt.
4. Alle drei Angaben entsprachen nicht dem zugehörigen Text. Hier sehen Sie die Lösung (fett hervorgehoben):

```
std::cout << "Wert von val     : " << *ptr << "\n";
std::cout << "Adresse von val: " << ptr << "\n";
std::cout << "Adresse von ptr: " << &ptr << "\n";
```

5. Die Ausgabe des Programms ist:

```
123 234 456 678
```

A.7 Lösungen zu Kapitel 8

1. *Call-by-Value* bedeutet, dass eine Kopie des Arguments als Funktionsparameter übergeben wird. Änderungen dieses kopierten Wertes innerhalb der Funktion haben dabei keine Auswirkungen auf den Wert auf der Seite des Aufrufers.
2. Mit dem Schlüsselwort `return` wird die Funktion an der entsprechenden Stelle beendet. Außer wenn die Funktion den Rückgabetyp `void` hat, sollten Sie immer ein Ergebnis zurückliefern, da das Verhalten sonst undefiniert ist. Innerhalb der `main()`-Funktion bedeutet ein `return`, dass das Programm damit beendet wird. Die Funktion `main()` kann auch ohne `return` oder mit `return` ohne Rückgabewert beendet werden. Sie sollten aber ein `return EXIT_SUCCESS` oder `return EXIT_FAILURE;` bevorzugen.
3. Zunächst einmal ist der Prototyp in Zeile (03) falsch: Es fehlen die Angaben zu den beiden Eingabeparametern. Auch der Rückgabetyp (hier: `void`) ist im Prototyp in Zeile (03) und bei der Definition in Zeile (15)

falsch. In Zeile (**17**) wurde außerdem vergessen, das Ergebnis der Berechnung zurückzugeben, das in Zeile (**16**) in der lokalen Variablen erg gespeichert wurde. In der Praxis könnten Sie auf die lokale Variable erg auch ganz verzichten und gleich die Berechnung mittels return zurückgeben. Hier sehen Sie das korrigierte Beispiel, in dem die Änderungen fett hervorgehoben sind:

```
00 // listings/08/loesungen/loesung01.cpp
...
03 double multiplizieren(double val1, double val2);
04 int main() {
05   double dval1 = 0.0, dval2 = 0.0;
06   std::cout << "Bitte 1. Zahl eingeben: ";
07   std::cin >> dval1;
08   if (std::cin.fail()) { return EXIT_FAILURE; }
09   std::cout << "Bitte 2. Zahl eingeben: ";
10   std::cin >> dval2;
11   if (std::cin.fail()) { return EXIT_FAILURE; }
12   std::cout << "Das Ergebnis ist: "
13             << multiplizieren(dval1, dval2) << "\n";
14   return EXIT_SUCCESS;
15 }
16 double multiplizieren(double val1, double val2) {
17   double erg = val1 * val2;
18   return erg;  // oder: return val1*val2;
19 }
```

4. Der Fehler in diesem Listing besteht darin, dass in Zeile (**09**) die lokale Variable aus Zeile (**08**) als Referenz an den Aufrufer zurückgegeben wird. Diese lokale Variable wird bei Ausführung der Funktion als Speicherobjekt auf dem Stack angelegt und bei deren Beendigung wieder zerstört. In diesem Fall bedeutet dies, dass der Aufrufer mit einer Referenz auf undefinierte, nicht mehr gültige Werte weiterarbeiten würde (sofern das Programm nicht abstürzt).
5. Eine einfach gehaltene Musterlösung ist:

```
00 // listings/08/loesungen/loesung02.cpp
...
```

```
double recht_f(const double& l, const double& b);
double recht_u(const double& l, const double& b);
int main() {
  double l = 0.0, b = 0.0;
  std::cout << "Rechteckberechnungen" << std::endl;
  std::cout << "Laenge: ";
  std::cin >> l;
  if (std::cin.fail()) {
    std::cerr << "Fehler bei der Eingabe\n";
    return EXIT_FAILURE;
  }
  std::cout << "Breite: ";
  std::cin >> b;
  if (std::cin.fail()) {
    std::cerr << "Fehler bei der Eingabe\n";
    return EXIT_FAILURE;
  }
  std::cout << "Flaeche: " << recht_f(l, b) << '\n';
  std::cout << "Umfang : " << recht_u(l, b) << '\n';
  return EXIT_SUCCESS;
}
double recht_f(const double& l, const double& b) {
  return l * b;
}
double recht_u(const double& l, const double& b) {
  return ((2 * l) + (2 * b));
}
```

A.8 Lösungen zu Kapitel 9

1. Der Präprozessor ist ein spezielles Programm, das noch vor der Übersetzung durch den Compiler ausgeführt wird. Es handelt sich dabei um einen Ersetzungslauf, der nach Zeilen sucht, die mit dem Zeichen # beginnen, und Quelltextersetzungen an diesen Stellen durchführt. In modernem C++ wird hauptsächlich `#include` zum Einbinden von Header-Dateien verwendet sowie `#ifndef`, `#define` und `#endif` als Include-

Guards, um ein mehrfaches Einbinden derselben Header-Datei zu verhindern.

2. Einen neuen Namensbereich erstellen Sie mit dem Schlüsselwort `namespace` gefolgt von seinem Namen. Die zugehörigen Deklarationen und Definitionen werden in geschweiften Klammern angegeben. Mit Namensbereichen lassen sich Variablen, Funktionen und Klassen logisch gruppieren, um sie unter einem gemeinsamen Namen zu organisieren. Das ist besonders nützlich, wenn Sie mehrere Klassenbibliotheken verwenden, die identische Bezeichner für Klassen, Funktionen oder Konstanten enthalten. Namensbereichen helfen, solche Namenskonflikte zu vermeiden.

3. Einen kompletten Namensbereich können Sie mit der `using`-Direktive über `using namespace Namensbereich;` verfügbar machen. Die einzelnen Bezeichner können dann im entsprechenden Gültigkeitsbereich fast so verwendet werden, als seien sie außerhalb des Namensbereichs deklariert. Einzelne Bezeichner können Sie mit einer `using`-Deklaration in den Geltungsbereich einführen, und zwar in der Form `Namensbereich::Bezeichner;`.

4. Das Beispiel enthält zwei Fehler. Zunächst fehlt bei der Funktionsdefinition im Quellcode *abc.cpp* der Zugriff über den qualifizierten Namen:

```
#include "abc.h"
#include <iostream>
namespace ABC {
   void abc_funktion() {
      std::cout << "Funktion abc gestartet\n";
   }
}
```

Oder auch:

```
...
void ABC::abc_funktion() {
     std::cout << "Funktion abc gestartet\n";
}
```

In der `main()`-Funktion wurde dann noch vergessen, den Namensbereich entweder mit der `using`-Direktive komplett zu importieren oder die Funktion mit einer using-Deklaration einzuführen. Im Musterbeispiel haben wir uns für Letzteres entschieden:

```
// listings/09/loesungen/aufgabe1/main.cpp
...
#include "abc.h"

int main() {
  using ABC::abc_funktion;
  abc_funktion();
  return EXIT_SUCCESS;
}
```

5. Mit dem Schlüsselwort extern teilen Sie dem Linker nur mit, dass er die Verweise der Variablen iwert in einer anderen Übersetzungseinheit auflösen soll. Bei der Verwendung von extern in der Headerdatei *xyz.h* handelt es sich somit nur um eine Deklaration der Variablen iwert. Die Definition muss daher noch explizit im Quellcode *xyz.cpp* erfolgen:

```
// listings/09/loesungen/loesung2/xyz.cpp
#include "xyz.h"
#include <iostream>

int iwert;

void xyz_funktion() {
  std::cout << "Funktion xyz gestartet\n";
  std::cout << iwert << std::endl;
}
```

A.9 Lösungen zu Kapitel 10

1. Die folgende Musterlösung fällt vielleicht einfacher aus, als Sie zunächst erwarten:

```
// listings/10/loesungen/loesung01.cpp
#include <string>
#include <vector>
```

```
...
struct Datum {
  int tag = 1;
  int monat= 1;
  int jahr = 1970;
};

struct Person {
  std::string vorname;
  std::string nachname;
  Datum geburtsdatum;
};

int main() {
  std::vector<Person> vektor(10);
  vektor[0].vorname = "Erika";
  vektor[0].nachname = "Mustermann";
  vektor[0].geburtsdatum.tag = 12;
  vektor[0].geburtsdatum.monat = 9;
  vektor[0].geburtsdatum.jahr = 1945;
  // ...
  std::cout << vektor[0].nachname << ", ";
  std::cout << vektor[0].vorname << "; ";
  std::cout << vektor[0].geburtsdatum.tag << "."
            << vektor[0].geburtsdatum.monat << "."
            << vektor[0].geburtsdatum.jahr << std::endl;
  // ...
  return EXIT_SUCCESS;
}
```

2. Speicher zur Laufzeit fordern Sie mit dem Operator `new` an. Als Rückgabewert erhalten Sie die Anfangsadresse des neu reservierten Speichers, den Sie in einem Zeiger speichern. Benötigen Sie diesen Speicher nicht mehr, muss er mit `delete` wieder freigegeben werden. Von den beiden Operatoren gibt es auch noch mit `new[]` und `delete[]` eine Version, um Arrays dynamisch zur Laufzeit anzufordern beziehungsweise wieder zu zerstören. Eine bessere Alternative dazu ist der smarte `unique_ptr`-

Pointer. Der Vorteil dieses smarten Zeigers ist es, dass Sie sich nicht mehr selbst um die Freigabe von zuvor reserviertem Speicher kümmern müssen.

3. Für Einzelobjekte verwenden Sie `new/delete`, für Arrays `new[]/delete[]`. Die falsche Kombination führt zu undefiniertem Verhalten.
4. Es gibt drei Vorteile:
   - keine manuelle Speicherverwaltung notwendig
   - automatische Speicherfreigabe beim Verlassen des Gültigkeitsbereichs
   - wählt automatisch den korrekten Operator `delete/delete[]`
5. Eine Musterlösung ist:

```
// listings/10/loesungen/loesung02.cpp
#include <vector>
...
int main() {
  size_t elements = 0;
  std::cout << "Wie viele Werte wollen Sie speichern? ";
  std::cin >> elements;
  if (std::cin.fail()) {
    std::cerr << "Fehler bei der Eingabe\n";
    return EXIT_FAILURE;
  }
  // Speicher reservieren
  std::vector<int> dynarray(elements);
  for (size_t i = 0; i < dynarray.size(); i++) {
    std::cout << i + 1 << ".Wert: ";
    std::cin >> dynarray[i];
    if (std::cin.fail()) {
      std::cerr << "Fehler bei der Eingabe\n";
      break;
    }
  }
  int sum = 0;
  std::cout << "Die Summe aller Werte lautet: ";
```

```
  for (size_t i = 0; i < dynarray.size(); i++) {
    sum += dynarray[i];
  }
  std::cout << sum << std::endl;
  return EXIT_SUCCESS;
}
```

A.10 Lösungen zu Kapitel 11

1. Eine Klasse können Sie außer mit dem üblichen Schlüsselwort `class` auch mit dem Schlüsselwort `struct` erstellen. Beim Schlüsselwort `struct` sind alle Mitglieder der Klasse von Haus aus öffentlich und von außen zugänglich. Beim Schlüsselwort `class` hingegen sind alle Mitglieder der Klasse zunächst privat und nicht von außen erreichbar.
2. Der Zugriff auf Daten einer Klasse, die gewöhnlich `private` sind – also von außerhalb der Klasse nicht erreichbar –, erfolgt über Methoden der Klasse. Damit die Methoden einer Klasse von außen verwendet werden können, müssen sie von dort zugänglich sein. Mit dem Schlüsselwort `public` sorgen Sie dafür, dass Mitglieder der Klasse von außerhalb verwendbar sind.
3. Der Konstruktor ist eine spezielle Methode. Der Konstruktor wird ausgeführt, wenn das Objekt erzeugt wird, und zeichnet sich dadurch aus, dass er denselben Namen hat wie die zugehörige Klasse (`X::X()`). Er dient dazu, die Daten eines Objekts mit gültigen Werten zu initialisieren. Damit wird verhindert, dass ein Objekt mit undefinierten oder nicht zueinander passenden Werten arbeitet.
4. Der Destruktor ist das Gegenstück zum Konstruktor und ebenfalls eine spezielle Methode. Er wird in der Regel automatisch aufgerufen, wenn ein Objekt zerstört oder freigegeben werden soll. Einen Destruktor können Sie selbst definieren, um beim Zerstören von Objekten bestimmte Ressourcen (Heap-Speicher, Dateien, Sperren und andere) freizugeben. Der Name entspricht dem des Konstruktors, ihm wird aber ein Komplement-Zeichen vorangestellt (`X::~X()`).
5. Der `this`-Zeiger ist ein Zeiger auf das Objekt, für das die Methode aufgerufen wurde, praktisch ein Zeiger auf die eigene Instanz.

6. Hier wurden die Daten (in diesem Fall allerdings nur der Wert `var`) mit `public` ausgezeichnet. Sie sind somit öffentlich zugänglich, was man beim Klassendesign mit der Datenkapselung unbedingt vermeiden will. In der Praxis sollten Sie die Daten mit `private` kennzeichnen. Die folgende Klassendefinition behebt diesen Designfehler:

```
// listings/11/loesungen/aufgabe1/aufgabe01.h
#ifndef _AUFGABE01_H_
#define _AUFGABE01_H_

class XYZ {
  public:
    XYZ(int v) : var {v} {}
    XYZ() : var {0} {}
    int getVar() const { return var; }
    void setVar(int v) { var = v; }

  private:
    int var;
};
#endif
```

7. In der Klassendefinition der Headerdatei *aufgabe02.h* muss in Zeile (**09**) das Schlüsselwort `const` entfernt werden, ebenso wie beim Quellcode aus *aufgabe02.cpp* in Zeile (**02**), weil sonst der Aufruf der nicht konstanten Methode verboten ist. Des Weiteren fehlen bei der Methodendefinition in Zeile (**02**) der Quelldatei *aufgabe02.cpp* der Klassenname und der Bereichsoperator (`XYZ::`), sodass es sich nur um eine gewöhnliche Funktionsdefinition handelt. Hier ist der überarbeitete Code:

```
// listings/11/loesungen/aufgabe2/aufgabe02.cpp
#include "aufgabe02.h"
// Klassenname und Bereichsoperator hinzugefügt
void XYZ::manipVar(int v)  /* const entfernt */ {
  setVar(v);
}
```

A.11 Lösungen zu Kapitel 12

1. Der `this`-Zeiger kann innerhalb einer (nicht statischen) Methode verwendet werden und stellt einen Zeiger auf das Objekt dar, für das die Methode aufgerufen wurde. Der Zeiger wird intern immer mit an eine Methode übergeben. Er muss dazu nirgendwo explizit angegeben werden. In der Praxis ist die explizite Verwendung des `this`-Zeigers beispielsweise dann nützlich, wenn Sie aus einer Methode eine Referenz auf die Instanz zurückgeben wollen.
2. Für die Freigabe eines dynamisch reservierten Speichers in Form eines rohen Zeigers sind Sie selbst verantwortlich. Der Destruktor zerstört das Objekt und dessen Attribute. Attribute wie Smart Pointer geben reservierten Speicher in ihrem Destruktor frei. Werden rohe Zeiger zerstört, geben diese den Speicher auf dem Heap aber nicht automatisch frei. Sie müssen deren angeforderten Speicher im Destruktor manuell mit `delete` oder `delete []` wieder freigeben, sonst haben Sie ein Speicherleck.
3. Um bei Klassenelementen auf rohe Zeiger zu verzichten, können Sie fertige Container der Standardbibliothek wie beispielsweise `std::vector`, `std::string` oder `std::list` verwenden. Wenn Sie unbedingt Zeiger zur dynamischen Speicheranforderung verwenden wollen bzw. müssen, sollten Sie smarte Zeiger wie `std::unique_ptr` zusammen mit `std::make_unique` verwenden, damit Sie sich nicht mehr um `delete` bzw. `delete[]` kümmern müssen.
4. Es bietet sich an, dieses Klassenelement mit `static` zu deklarieren. Damit ist sichergestellt, dass diese Klassenvariable nur einmal im Speicher vorhanden ist und von allen Objekten gemeinsam benutzt werden kann. Die Klassenvariable kann auch verwendet werden, ohne dass Instanzen existieren.
5. Mit dem Schlüsselwort `friend` können Sie innerhalb einer Klassendefinition Funktionen oder Fremdklassen bestimmen, die Zugriff auf die als `private` deklarierten Elemente einer Klasse haben. (Das geht auch bei `protected` Elementen, siehe Kapitel 14, »Vererbung (Abgeleitete Klassen)«.)

6. Ein statisches Element muss in der Klassendefinition `inline` oder außerhalb der Klasse in einer Datei definiert und gegebenenfalls initialisiert werden. Im Beispiel könnte dies in der Datei geschehen, in der auch die Konstruktoren definiert wurden. In der Praxis könnte dies wie folgt aussehen. Entweder so:

   ```
   // listings/12/loesungen/aufgabe1/kunde.h
   class Kunde {
    public:
     inline static unsigned int kunden_zaehler = 0;
   ```

   oder so:

   ```
   // listings/12/loesungen/aufgabe1/kunde.cpp
   ...
   unsigned int Kunde::kunden_zaehler = 0;
   ```

A.12 Lösungen zu Kapitel 13

1. Die Operatorüberladung wird dazu verwendet, Operatoren für die benutzerdefinierten Datentypen wie Klassen, Strukturen und Aufzählungen (`enum`) zur Verfügung zu stellen. Mit den überladenen Operatoren lassen sich einige Operationen so darstellen, dass sie deutlich leichter zu erfassen sind.
2. Die folgenden Operatoren können nicht überladen werden: der Operator zur Elementauswahl (`.`), der Operator zur Elementauswahl durch einen Elementzeiger (`.*`), der Bereichsoperator (`::`), der Operator zur bedingten Auswertung (`?:`) und der `sizeof`-Operator.
3. Operatorfunktionen werden wie gewöhnliche Funktionen oder Methoden deklariert. Der Name besteht aus dem Schlüsselwort `operator`, gefolgt vom Operatorzeichen (z. B. `operator+`). Die vollständige Deklaration umfasst außerdem den Rückgabetyp, gegebenenfalls den Klassennamen mit Bereichsoperator und die Parameterliste.
4. Sie können einen Operator als Methode einer Klasse oder Funktion (gegebenenfalls mit einer `friend`-Deklaration in der zugehörigen Klasse) implementieren. Der Zuweisungsoperator `=`, der Funktionsoperator `()`, der Indexoperator `[]` und der Zeigeroperator `->` benötigen allerdings

die Anbindung an eine Klasse und können daher nur als Methode implementiert werden.

5. Ein Konvertierungskonstruktor ist zunächst nichts anderes als ein gewöhnlicher Konstruktor. Wenn der Konstruktor nicht besonders gekennzeichnet ist, wird er allerdings auch mit einer impliziten Konvertierung angewandt. Insbesondere wenn der Konstruktor nur einen Parameter hat, kann es leicht vorkommen, dass ein solcher Konstruktor überraschend verwendet wird und in einen unerwarteten Parametertyp konvertiert.
6. Stellen Sie das Schlüsselwort `explicit` vor den Konvertierungskonstruktor. So fordern Sie die explizite Konvertierung durch die Funktionsschreibweise an.
7. Mit einer Konvertierungsfunktion. Eine solche Funktion beginnt mit dem Schlüsselwort `operator`, gefolgt von einem Leerzeichen und dem Zieltyp, in den konvertiert werden soll.
8. Hier sehen Sie die entscheidenden Codeausschnitte der Musterlösung. Zunächst die Headerdatei *dint.h*:

```
// listings/13/loesung/dint.h
...
class Dint {
  public:
  ...
  friend bool operator<=(const Dint& lhs,
                         const Dint& rhs);
  friend bool operator>(const Dint& lhs,
                        const Dint& rhs);
  private:
    double dval = 0.0;
    int ival = 0;
};
```

Und ist hier die Definition in der Quelldatei *dint.cpp*:

```
// listings/13/loesung/dint.cpp
...
bool operator>(const Dint& lhs, const Dint& rhs) {
```

```
  return (rhs < lhs);
}
bool operator<=(const Dint& lhs, const Dint& rhs) {
  if (lhs == rhs) { return true; }
  return lhs < rhs;
}
...
```

A.13 Lösungen zu Kapitel 14

1. Durch Vererbung erbt eine Klasse Klassenelemente von der Elternklasse (Basisklasse). Diese Klassenelemente können je nach Zugriffsrechten übernommen und/oder erweitert werden.
2. Damit Klasse `B` von Klasse `A` erbt, müssen Sie bei der Klassendefinition hinter `class B` einen Doppelpunkt setzen. Anschließend vergeben Sie die Zugriffsrechte, gefolgt vom Klassennamen `A`, zum Beispiel so:

   ```
   class A { // ... };
   class B : public A { // ... };
   ```
3. Neben `public` und `private` gibt es mit `protected` ein Zugriffsrecht, dessen Wirkung zwischen den beiden zuvor erwähnten liegt. Abgeleitete Klassen können dank dieses Schlüsselworts auf die `protected`-Klassenelemente der Basisklasse zugreifen. Dieser Bereich ist allerdings wirklich nur für abgeleitete Klassen erreichbar. Für alle anderen Klassen oder von außen ist er nach wie vor unzugänglich und verhält sich wie `private`. Sie sollten `protected` für eigene Klassenhierarchien nicht verwenden.
4. In diesem Fall wird automatisch das Zugriffsrecht `private` verwendet.
5. Hier sehen Sie die Auflösung des Codeausschnitts mit Kommentaren. Die Fehler sind fett hervorgehoben:

   ```
   // listings/14/loesungen/aufgabe1/aufgabe1.cpp
   ...
   class Basisklasse {
    public:
     int int_public;
   ```

```
  Basisklasse(int val1 = 0, int val2 = 0, int val3 = 0)
      : int_private{val1},
        int_protected{val2},
        int_public{val3}
        {}
 protected:
  int int_protected;
 private:
  int int_private;
};

class AbgeleiteteKlasse : public Basisklasse {
 public:
  AbgeleiteteKlasse(int val1 = 0, int val2 = 0, int val3 = 0)
  {
    // int_private = val1; // Fehler, da private!
    int_protected =val2;    // Okay, da protected;
    int_public =val3;       // Okay, da public
  }

  // Bessere Variante des Konstruktors
  AbgeleiteteKlasse(int val1 = 0, int val2 = 0, int val3 = 0)
      : Basisklasse{val1, val2, val3} {}

  void reset_ints() {
    // int_private = 0;  // Fehler, da private!
    int_protected = 0;    // Okay, da protected
    int_public = 0;       // Okay, da public


  }
};

int main() {
  AbgeleiteteKlasse ak;
  return EXIT_SUCCESS;
}
```

Um die Klasse wie gewünscht zu initialisieren, sollte der Konstruktor der abgeleiteten Klasse bei der Konstruktion die Basisklasse entsprechend initialisieren:

```
AbgeleiteteKlasse(int val1 = 0, int val2 = 0, int val3 = 0)
      : Basisklasse {val1, val2, val3} {}
```

Diese Variante hat nicht nur den Vorteil, dass sie funktioniert, sie ist auch noch eleganter.

Der gewünschte Zugriff mit der Funktion `reset_ints` zum Zurücksetzen der Werte ist nur möglich, wenn die Basisklasse auf irgendeine Art erweitert wird, beispielsweise mit einer entsprechenden Funktion im `protected`-Bereich.

A.14 Lösungen zu Kapitel 15

1. Templates sind Schablonen von Funktionen oder Klassen, die der Compiler bei Bedarf instanziiert und die dann als normale Funktionen oder Klassen zur Verfügung stehen.
2. In C++ gibt es Funktions-Templates und Klassentemplates.
3. Die Ausgabe des Programms lautet:

   ```
   300, 199.88, Hallo, Welt
   ```

   Dazu muss angemerkt werden, dass die Addition mit der String-Klasse nur deshalb funktioniert, weil in der Klasse `std::string` der Operator `+` entsprechend implementiert ist (also zum Aneinanderhängen von Strings).
4. Die fehlerhaften Zeilen in der Klasse wurden korrigiert und fett hervorgehoben:

   ```
   // listings/15/loesungen/aufgabe2/main.cpp
   ...
   template <class T>
   class Daten {
    public:
     Daten() : Daten{0} {}
   ```

```
    Daten(T iVal) : wert(iVal) {}
    void set_wert(const T& i) {
      wert = i;
    }
    T get_wert() const {
      return wert;
    }

  private:
    T wert;
};
```

A.15 Lösungen zu Kapitel 16

1. Mit der Ausnahmebehandlung haben Sie die Möglichkeit, auf unerwartete oder ungewöhnliche Zustände des Programms zu reagieren, indem eine Ausnahme ausgelöst wird. Diese Ausnahmen werden an zentralen Stellen abgefangen und behandelt.
2. Der risikobehaftete Code wird mit dem Schlüsselwort `try` abgesondert und gewöhnlich in einem Anweisungsblock eingeschlossen. Dann folgt mindestens ein Block, der mit dem Schlüsselwort `catch()` eingeleitet wird. Mithilfe von `catch()`-Blöcken richten Sie eine oder mehrere Ausnahmebehandlungen ein. Ausgelöst wird eine Ausnahme mit dem Schlüsselwort `throw` und einem dementsprechenden Fehlerobjekt, das Sie mit einem `catch()` abfangen sollten.
3. Wurde für eine Ausnahme keine Behandlung eingerichtet, wird die Funktion `terminate()` zum Beenden des Programms aufgerufen. Alternativ richten Sie ein `catch(...)` mit drei Punkten als Parameter ein, das stattdessen alle unbehandelten Ausnahmen auffängt.

A.16 Lösungen zu Kapitel 17

1. Die Streamklasse `std::ifstream` wird zum Lesen von Dateien verwendet, die Streamklasse `std::ofstream` zum Schreiben, und die Streamklasse `std::fstream` dient zum Lesen und Schreiben von Dateien.

2. Um eine Datei mit einem Dateistream zu verbinden, können Sie entweder die Methode `open()` oder direkt den Konstruktor verwenden.

3. Im Beispiel wurde irrtümlicherweise zweimal `std::ofstream` mit dem Bezeichner `f` verwendet: einmal in Zeile (**02**) und einmal in Zeile (**06**). Da das zweite `std::ofstream` in Zeile (**06**) in einem eigenen Gültigkeitsbereich verwendet wurde, ist es auch kein Fehler – nur wird eben dieser Stream nach dem Verlassen des Gültigkeitsbereichs hinter Zeile (**08**) geschlossen. Das formatierte Schreiben in Zeile (**09**) gilt daher für den Stream aus Zeile (**02**), der allerdings noch mit überhaupt keiner Datei verbunden gewesen ist. Das Problem lässt sich beispielsweise lösen, indem Sie den Stream in Zeile (**06**) mit `open()` öffnen. Hier sehen Sie eine Musterlösung:

```
...
01    std::string filename;
02    std::ofstream f;
03    std::cout << "Datei zum Schreiben: ";
04    std::getline(std::cin, filename);
05    if (filename != "") {
06      f.open(filename);
07      if (!f) { return EXIT_FAILURE; }
08    }
09    f << " Text in die Datei " << std::endl;
10    return EXIT_SUCCESS;
11  }
...
```

4. Zum byteweisen Lesen bzw. Schreiben können Sie `get()` bzw. `put()` verwenden, für zeilenweises Lesen bzw. Schreiben `getline()` und den `<<`-Operator, und für das Lesen bzw. Schreiben ganzer Blöcke nutzen Sie `read()` bzw. `write()`.

Index

--Operator (minus) ... 79
---Operator ... 83
->-Operator ... 232
:: ... 34, 177
! (logisches NICHT) ... 109
!=-Operator (Vergleich) ... 99
?:-Operator (Bedingung) ... 108
*-Operator (multiplizieren) ... 79
/-Operator (dividieren) ... 79
&& (logisches UND) ... 109
&&-Referenz ... 492
#define ... 196
#endif ... 198
#if ... 198
#ifdef ... 198
#ifndef ... 198
#include ... 194
  algorithm ... 405
  array ... 135
  chrono ... 501
  concepts ... 403
  cstdlib ... 53
  format ... 495
  fstream ... 436
  ios ... 440
  iostream ... 37
  limits ... 75
  memory ... 484
  print ... 38
  stdexcept ... 426
  string ... 140
  string_view ... 494
  thread ... 507
  vector ... 127
%-Operator (Modulo) ... 79
++-Operator ... 83
+-Operator ... 79
<=-Operator (Vergleich) ... 98
<-Operator (Vergleich) ... 98
==-Operator (Vergleich) ... 99
= default ... 273, 361, 363
= delete ... 279, 293, 354
>=-Operator (Vergleich) ... 99
>-Operator (Vergleich) ... 99
|| (logisches ODER) ... 109

A

Abgeleitete Klasse → Vererbung
abort() ... 180
Adressoperator ... 150
Alias ... 214
Anonymer Namensraum ... 214
Anweisung ... 35
Anweisungsblock ... 35, 36, 102
Arithmetische Konvertierung ... 89
Arithmetischer Operator ... 78
  Kurzschreibweise ... 83
Array ... 310
  array ... 462
  C-Array ... 136
  dynamisches ... 127
  feste vs. veränderliche Größe ... 127
  rohes (raw) ... 136
  vector ... 127
ASCII-Code ... 59
Assoziative Container ... 453, 464
at ... 453
Aufzählungstyp
  enum ... 235
Ausdruck ... 35
Ausdrucksanweisung ... 36
Ausgabe, cout ... 37

Ausgabeoperator
überladen ... 357
Ausgabestream ... 37
Ausnahme ... 414
auslösen ... 415
behandeln ... 413
Stack-Abwicklung ... 425
System ... 430
auto ... 71

B

bad_alloc ... 242
Basisdatentyp ... 46
initialisieren ... 48
Werte ermitteln ... 74
Basisklasse ... 373, 374
abstrakte ... 391
Bedingte Anweisung
if ... 101
mit Initialisierung ... 105
Bedingte Kompilierung ... 197
Bedingungsoperator ... 108
Bereichsauflösungsoperator ... 34, 177
Bezeichner ... 43
bool ... 97
bounds check ... 129
break ... 112
break-Anweisung ... 121
Buffer Overflow → Pufferüberlauf

C

C++11
char16_t ... 66
char32_t ... 66
decltype ... 474
for ... 132
Smart Pointer ... 483
Typumwandlung beschränken ... 91
C++20
char8_t ... 66, 142
Concepts ... 403
Designated Initializers ... 228
Drei-Wege-Vergleichs-operator ... 362
Gleichheitsoperator ... 361
Ranges ... 472
std::format ... 94, 495
std::jthread ... 508
std::source_location ... 434
C++23 ... 24, 26, 31
import std; ... 195
std::expected ... 431
std::print ... 38, 95
Call-by-Value ... 164
C-Array ... 136
Funktion ... 190
case-Marke ... 112
catch ... 416, 421
alternatives ... 421
cerr → std::cerr
char ... 51, 58
Vorzeichen ... 60
Character ... 58
cin ... 39
clang++ ... 23, 24
class ... 397
Class Template Argument Deduction → CTAD
clock
high_resolution ... 503
steady ... 503
system ... 503
Compiler ... 20, 203
Concepts ... 403, 404
const ... 73, 221, 330
constexpr ... 72, 220
Container ... 452
assoziativer ... 453, 464
sequenzieller ... 453, 462

Container-Adapter ... 463
Containerklasse ... 127, 318
continue-Anweisung ... 122
cout ... 37
C-String ... 142
Funktion ... 190
C-Style-Cast ... 93
CTAD ... 409
C-Zeichenkette → C-String

D

Datei
Lese- oder Schreibposition ändern ... 447
öffnen ... 437
schließen ... 439
Streams ... 436
Zugriff ... 436
Datentyp ... 46
arbeiten mit ... 78
feste Größen ... 53
für Zeichen ... 64
vorzeichenbehaftete ... 53
vorzeichenlose ... 53
Debugger ... 21
decltype ... 474
Default-Konstruktor ... 272
default-Marke ... 112
Definition
Funktion ... 160
Variable ... 47
Deklaration
Funktion ... 162
Struktur ... 227
Variable ... 47
Dekrementoperator ... 83
Delegation
Konstruktoren ... 269
delete ... 240
delete[] ... 243
deque → Double-ended Queue
Dereferenzierung ... 152
Destruktor ... 281
definieren ... 284
deklarieren ... 283
für abgeleitete Klasse ... 383
wann erforderlich ... 282
Division durch Null ... 79
double ... 69
Double-ended Queue ... 462
do-while-Anweisung ... 116
Drei-Wege-Vergleich ... 362
Druckbare Zeichen ... 60
Duration ... 501, 502
Dynamisches Objekt ... 238, 311

E

Eingabe, cin ... 39
Eingabeoperator
überladen ... 357
Elementfunktion → Methode
Elementinitialisierer ... 267
else-if-Verzweigung ... 105
else-Verzweigung ... 103
endif ... 198
Entwicklungsumgebung ... 21, 26
enum ... 235
Escape-Zeichen ... 60
exit() ... 180
explicit (Schlüsselwort) ... 273, 275
Explizite Typumwandlung ... 92
Expression ... 35
extern ... 48, 215, 219

F

fail ... 438
failbit ... 418

Fehlerausgabe, cerr ... 40
Fehlerbehandlung ... 413
Fehlerarten ... 413
Feld → Array
final ... 390
Fließkomma-Arithmetik ... 86
Fließkomma-Typumwandlung ... 91
Fließkommazahl ... 68
Literale ... 70
float ... 68
flush ... 64
for, C++11 ... 132
for-Anweisung ... 117
foreach → range-for
Format-Spezifizierer ... 95
forward_list ... 462
Forward Declaration ... 163
friend ... 302
fstream ... 436, 437
Function-Style-Cast ... 93
Fünferregel ... 334
Funktion
Call-by-Reference ... 182
C-Array-Rückgabe ... 191
Definition ... 160
Deklaration ... 162
große Parameter ... 188
konstante Parameter ... 166, 183
Lambda ... 479
main() ... 178
Parameter ... 164
Parameterliste ... 166
Referenz ... 180, 182
Referenzparameter ... 182
Referenzrückgabe ... 185
Rückgabewert ... 169
Signatur ... 172
Standardparameter ... 167
überladen ... 172
Vorwärtsdeklaration ... 162
Zeiger ... 187
Funktionslöschung ... 279, 354
Funktionstemplate ... 395

G

g++ ... 23, 24
Ganzzahltypen ... 51
Literale ... 56
Zeichen ... 58
get() ... 443
Gültigkeitsbereich ... 175
Global ... 175
Namensraum ... 209

H

Headerdatei ... 164
einbinden ... 33
using ... 212
Heap-Speicher ... 239
Hochkommata ... 59

I

if ... 198
ifdef ... 198
ifndef ... 198
ifstream ... 436
if-Verzweigung ... 101
Implizite Typumwandlung ... 88
abgeleitete Klasse ... 385
import std; ... 195
include
cstdlib ... 35
Include-Wächter ... 198
Indirektionsoperator ... 152
Indizierungsoperator ... 128

Initialisierung 49, 50
Initialisierungsliste, C-Array 137
Inkrementoperator 83
inline 222, 287, 327
int 51
Integrale Datentypen 51
Integral-Fließkomma-
Typumwandlung 90
Integral-Typumwandlung 91
Vorzeichen 91
Integrated Development
Environment (IDE) 21
ios 440
beg 446
cur 446
end 446
ISO Latin-1 64
Iteration 97

K

Kapselung 253
Klasse 250
abgeleitete 370
ableiten 373
abstrakte 391
indirekter Zugriff 263
Punktoperator 260
Vererbung 370
Klassenattribut 313, 318, 321
Klassendefinition 250
Klassenelement
konstantes 330
rohe Zeiger 332
statisches 326
Klassenobjekt 313
Klassentemplate 405
mehrere Parameter 410
Methoden definieren 406
Methoden spezialisieren 407
Kommandozeile 24
Kommentar 44
Kompilierung
bedingte 197
Konstante 72
Konstruktor 264
abgeleitete Klasse 379
definieren 266
deklarieren 266
Delegation 269
delegieren 269
Konvertierungs- 365
Standard- 272
überladen 268
vererben 381
Kontrollstrukturen 97
Konvertierung 273
arithmetische 89
implizite verhindern 273
Konvertierungsfunktion 366
Konvertierungskonstruktor 273, 365
Konvertierungsoperator 364
Kopierkonstruktor 276, 353
abgeleiteter 383
löschen 279
Kurzschlussauswertung 111

L

Lambda-Funktion 479
LIFO-Prinzip 463
Linker 20
Liste
doppelt verkettete 462
einfach verkettete 462
list → Liste, doppelt verkettete
Literal 43
Logische Operatoren 109
long 51
long double 69

long long ... 51
LValue ... 492

M

main ... 160
argc ... 179
argv ... 179
main()-Funktion ... 34
Manipulator ... 63
Mehrfachvererbung ... 383
Memory Leak ... 239
Methode ... 233, 256, 286
Elementfunktion ... 286
Inline- ... 287
konstante ... 290, 292
rein virtuelle ... 391
überschreiben ... 377
virtuelle ... 387
Wertübergabe ... 300
Microsoft Visual Studio ... 23, 26
Modularisierung ... 193, 199
Move-Semantik ... 307, 492
Multithreading ... 507
Mutex ... 508

N

Namensraum ... 205
anonymer ... 214
Gültigkeitsbereich ... 209
importieren ... 212
Namespace → Namensraum
Narrowing ... 91
new ... 240
new[] ... 243
Newline-Zeichen ... 60
NICHT-Operator ... 111
nodiscard ... 433
noexcept ... 424
nullptr ... 153
Nullregel ... 333

O

Object Slicing ... 386
Objekt ... 259, 297
als Parameter ... 297
an Funktion übergeben ... 297
an Methode übergeben ... 300
Arrays ... 310
dynamisches ... 311
erzeugen und benutzen ... 259
Klassenobjekt ... 313
konstantes ... 292
Lebensdauer ... 281
Rückgabewert ... 304
ODER-Operator ... 110
ofstream ... 436
Operator
arithmetischer ... 78
binärer ... 78
logischer ... 109
operator ... 346
operator-- ... 348
operator! ... 109
operator!= ... 99, 235
operator?: ... 108
operator. ... 230
operator() ... 346, 364
operator[] ... 128, 346, 364, 453
operator (Indirektion)* ... 152
operator& ... 150
operator&& ... 109
operator++ ... 348
operator< ... 98, 362
operator<< ... 357
operator<= ... 98
operator<=> ... 362
operator= ... 346, 352, 355

Operator (Forts.)
operator== 99, 235, 361
operator> 99
operator>= 99
operator>> 357
operator|| 109
operator bool() 368
Spaceship 362
ternärer 108
überladen 338, 357
überladen, einstellig 348
überladen, zweistellig 341
überladen als Funktion 346
überladen als Methode 343
unärer 78
operator 340
override 389

P

Pointer → Zeiger
Präprozessor 193
Präprozessor-Direktiven 193
Priority-Queue 463
private 252, 384
Profiler 22
Programmende 179
Projekt anlegen 26
Projektverwaltung 22
Promotion 89
protected 376, 384
Prototyp 163
public 252, 384
Vererbung 375, 385
Pufferüberlauf 126, 144
Punktoperator 230
push 463
put() 443

Q

Qualifikator 217
queue → Warteschlange

R

RAII → Resource Acquisition Is Initialization
Range 472
Rangebasierte Schleife → Schleife
range-for 133
Range-for → Schleife
Raw Array → C-Array
read() 446
Referenz 146
Adresse 155
Funktion 180
Resource Acquisition Is Initialization 282, 321, 425
return-Anweisung 123
Rückgabe
C-Array 191
Referenz 185
Rückgabetyp 475
automatisch ermitteln 476
nachlaufender 475
Rule of Zero 333

S

Schablone → Template
Schalter 25
Schleife 97
bereichsbasierte 132
fußgesteuerte 116
kopfgesteuerte 114
while 114
Scope Operator 177
seekg 446

Seiteneffekt 85
Semikolon 35
Sequenzielle Container 453, 462
shared_ptr 487
short 51
short-circuit evaluation 111
signed 55
Single Quotes 59
size_t 129
sizeof 73
Slicing 385
Smart Pointer 246, 321, 483
Speicherklassenattribut 217
Speicherleck 239
Speicherobjekt 238
dynamisches 238
Spezialisierung
Template 399
Spezifizierer 217
Sprachkern 19
Sprunganweisung 97
kontrollierte 121
stack 463
Stack-Abwicklung 425
Ausnahme 425
Standardbibliothek
Ausnahmen 418
Standardkonstruktor 272
Statement 35
static 217, 326
std 215
array 126, 135
cerr 40
chrono 501
cin 39, 418
cout 37
endl 60, 63
exception 426
expected 431
flush 64
format 495
formatter 497
fstream 436
getline 141, 443
ifstream 436
integral 403
invalid_argument 427
ios_base 418, 428
jthread 507
logic_error 426
make_shared 487
make_unique 247, 484
map 364
max 405
move 357, 486
ofstream 436
out_of_range 427
print 38
println 38
ratio 506
runtime_error 426
shared_ptr 487
size_t 129
source_location 434
string 139
string_view 494
thread 507
unique_ptr 246, 484
vector 126, 310
weak_ptr 489
std:: 216
std::cerr 40
std::filesystem 449
Steuerzeichen 60
STL
Algorithmus 465
Stream 37
Ausgabe- 37
Eingabe- 39
Fehlerausgabe 40

String ... 139
string (Klasse) ... 140
String-Ende-Zeichen ... 142
Stringliteral ... 62, 144
struct ... 227
Structured Binding ... 469
Struktur ... 226
deklarieren ... 227
switch-Fallunterscheidung ... 111
Systemausnahme ... 430

T

Template ... 395
Funktions- ... 395
Klassen- ... 405
Spezialisierung ... 399
Template Argument Deduction 134
template ... 396
terminate ... 180, 418
Textliteral ... 63
this ... 293, 304, 330
throw ... 415
weiterwerfen ... 422
Type-Casting ... 88
typedef ... 238
typename ... 397
Typumwandlung ... 88
explizite ... 92
implizite ... 88
Typumwandlungsoperatoren ... 92

U

Überladen
Funktion ... 172
Konstruktor ... 268
Operatoren ... 338
Vergleichsoperator ... 361
Zuweisungsoperator ... 352
Überschreiben ... 377
verhindern ... 390
UND-Operator ... 110
Unicode ... 65, 141
unique_ptr ... 246, 484
unsigned ... 53
Unterstrich ... 43
using ... 212, 237
UTF ... 65, 67, 142

V

Variable ... 46
Bezeichner ... 47
Definition ... 47
Deklaration ... 47
global ... 175
Gültigkeitsbereich ... 175
vector (Klasse) ... 127
Vektor ... 125, 462
Vererbung ... 370, 374
implizite Typumwandlung ... 385
Konstruktor ... 379, 381
public ... 375, 385
verhindern ... 390
Vergleichsoperator ... 98, 361
Verschiebekonstruktor ... 278, 353
abgeleiteter ... 383
Standard- ... 281
Verschiebezuweisung ... 355
Verzweigung ... 97
virtual ... 387, 388
Virtuelle Methode ... 387
Visual Studio Code ... 23
void ... 161
Vorausdeklaration ... 163

W

Warteschlange 463
weak_ptr 489
Werte
formatiert ausgeben 94
while-Anweisung 114
write() 446

Z

Zeichen
druckbare 60
Zeichenkettenliteral 62, 144
Zeichenkette → String
Zeiger 149, 157
Alternativen 157
Dereferenzierung 152
Funktion 187
Null- 155
Syntax 149
this 293
Zeilenende 63
Zeitbibliothek 501
Zuweisung 36, 49

Moderne User Interfaces mit C++

198 Seiten, exklusiv als E-Book erhältlich, 29,90 Euro
ISBN 978-3-367-10631-8
www.rheinwerk-verlag.de/6045